国家出版基金项目
NATIONAL PUBLICATION FOUNDATION

“十四五”国家重点图书出版规划项目
国家出版基金资助项目

中国德育研究大系

德育基本理论研究

总 主 编 | 檀传宝

本册著者 | 程红艳 等

长江出版传媒 | 湖北教育出版社

图书在版编目（CIP）数据

德育基本理论研究 / 程红艳等著. -- 武汉 : 湖北教育出版社, 2023.12
（中国德育研究大系）
ISBN 978-7-5564-5976-6

Ⅰ. ①德… Ⅱ. ①程… Ⅲ. ①德育—理论研究 Ⅳ. ①G41

中国国家版本馆CIP数据核字(2023)第191471号

ZHONGGUO DEYU YANJIU DAXI · DEYU JIBEN LILUN YANJIU

中国德育研究大系 · 德育基本理论研究

出品人 方 平
责任编辑 孙亦君　责任校对 李庆华　封面设计 荆棘设计
版式设计 刘静文　责任督印 刘牧原

出版发行 长江出版传媒 430070 武汉市雄楚大道268号
湖北教育出版社 430070 武汉市雄楚大道268号
经　　销 新华书店
网　　址 http://www.hbedup.com
印　　刷 湖北新华印务有限公司
地　　址 武汉市硚口区长风路31号
开　　本 710mm×1000mm 1/16
印　　张 30
字　　数 415千字
版　　次 2023年12月第1版
印　　次 2023年12月第1次印刷
书　　号 ISBN 978-7-5564-5976-6
定　　价 158.00元

总　序

重视道德教化、以伦理组织社会，是中国传统文化的显著特点。[①] 新中国成立后，中国共产党继承并发扬了这一优良传统，先后提出了“德育为首”[②]“德育为先”[③]等命题，并从“落实立德树人根本任务”[④]的战略高度来定位德育的崇高地位和神圣使命。这既为中国当代德育研究提供了良好的政治条件和社会氛围，也对德育研究提出了迫切的期望和最高的要求。

不同于古代的经验型教育，包括德育在内的现代教育早已是一种以科学研究为基础的专业性实践活动。而德育研究作为一种严肃的学术活动，其目的正在于揭示德育问题、探寻德育规律、建构德育理论，从而引领德育实践。中华人民共和国成立以来，我国德育研究直面社会现实需要，关怀学校德育实践，取得了许多重要成就。70余年的当代中国德育研究大致经历了批判化改造、灾难性停滞、科学化探索、人性化追求和本土化建构五个不同历史阶段。总体上看，中国德育研究不断拓展研究领域，不断深

---

① 梁漱溟.中国文化要义［M］.上海:上海人民出版社,2005:20－21.

② 江泽民.在庆祝中华人民共和国成立四十周年大会上的讲话［J］.党建研究,1989(8):2－12.

③ 教育部关于整体规划大中小学德育体系的意见［J］.中华人民共和国教育部公报,2005(6):25－29.

④ 习近平.决胜全面建成小康社会 夺取新时代中国特色社会主义伟大胜利［M］.北京:人民出版社,2017:45.

化研究主题，已经初步建立了富有中国特色和时代精神的德育理论体系。

一、新中国德育研究不断发展的历史脉络

中国很早就有礼仪之邦的美名。在传统中国社会，道德、政治、教育三位一体，相互为用。几千年的中华文明史，伦理道德、道德教育或道德教化占据了相当重要的位置。

辛亥革命推翻清朝专制统治建立中华民国之后，国人开始了建立新道德的伦理努力和教育尝试。共和国的主体是公民，而公民需要相应的公民道德,公民教育因而是民主政治制度建立的基石。五四运动在呼唤“德先生”（DEMOCRACY）、“赛先生”（SCIENCE）的同时，也没有忘记还有一位“莫先生”（MORALITY）。中国共产党的创始人之一陈独秀先生就曾指出，只有伦理的觉悟才是最后的觉悟。在此背景下，民国时期的德育研究有一定程度的开展，出版了不少著作。[①] 同一时期高校的教育系，也开设了德育原理（训导原理）等课程。有论者据此认为，现代德育论开始在中国建立起来。[②]

随着 1949 年中华人民共和国成立，中国政治、教育、教育研究都进入了新的时代。[③] 社会主义制度的建立，在根本性质与根本方向上提出了告别传统道德、传统德育的新要求，理所当然地要求建立自己的德育理论与德育体系。迄今为止，新中国德育研究历经风风雨雨 70 多年，大体以 1978 年改革开放为界，分为“前三十年”和“改革开放四十年”两个大的

① 主要有：蒋拙诚．道德教育论［M］．上海：商务印书馆，1920；吴俊升．德育原理［M］．上海：商务印书馆，1935；姜琦．德育原理［M］．重庆：柏庵书屋，1944.

② 檀传宝．学校道德教育原理［M］．北京：教育科学出版社，2000：16；郑金洲，瞿葆奎．中国教育学百年［M］．北京：教育科学出版社，2002：288.

③ 陈元晖．中国教育学七十年［J］．北京师范大学学报，1991 (5)：52 − 94.

历史时期。若进一步细分，则有五个重要历史阶段：批判化改造（1949—1966年）、灾难性停滞（1966—1976年）、科学化探索（20世纪70年代末至80年代）、人性化追求（20世纪90年代）和本土化建构（2000年至今）。

（一）德育研究的批判化改造（1949—1966年）

1949年，新中国成立。中华人民共和国，这个新生的人民政权、社会主义国家，在根本性质上与封建专制社会、资本主义社会存在本质差别。这从根本上决定了必须对那个半殖民地半封建的旧中国进行脱胎换骨的改造。新生的人民政权、新中国的领导人也从不避讳这一点。毛泽东在《论人民民主专政》中明确指出要对反动阶级实行专政，即强制性改造；对人民则用民主的方法，进行教育和改造。[①]在这样的历史背景下，新中国要建立自己的德育理论与德育体系，首要任务就是改造旧的教育体系，特别是改造旧思想。1949年12月，教育部召开了第一次全国教育工作会议，讨论新中国的教育方针和对旧教育进行改造的问题，强调“把改造思想作为理论学习的直接目的”[②]。

那么，用什么来改造？改造的底气从何而来？

当然是用社会主义思想来改造，用马列主义毛泽东思想来改造。教育的目的是“以社会主义思想教育学生，培养他们成为社会主义社会全面发展的成员”[③]。改造的底气来自共产党领导的中国革命的巨大成功。在大革命时期、土地革命时期、抗日战争时期、解放战争时期，只要是建立了新的革命政权的时期，就有新的道德标准产生，就把整个旧的风俗习惯基本上改变过来。正如徐特立所说：“中国在帝国主义和封建统治下的社会状

① 毛泽东选集：第四卷［M］. 北京：人民出版社，1991：1468－1482.

② 冯刚，沈壮海. 中华人民共和国学校德育编年史［M］. 北京：中国人民大学出版社，2010：5.

③ 中央人民政府政务院关于改进和发展中学教育的指示［J］. 人民教育，1954（7）：16－17.

况总是土豪劣绅、土匪盗贼、流氓地痞等，横行乡里，民生不安，国家衰败……大革命，土地革命，到抗日的民族革命，凡是改变了社会关系的地区，即实行了减租减息平分土地以及发扬起广大人民民主的地区，于是社会习惯和个人道德也就来了历史上空前的大转变：犯法作乱的人，很少看见；烟赌盗贼，不禁自绝；以至夜不闭户，一切坏分子都变成劳动者。”[①]这种新旧社会的巨变，新旧社会关系的巨变，带来了社会风气的根本好转，带来了个人脱胎换骨的改造。徐特立还对此进行了理论总结，即社会决定人的好坏、善恶。他强调，这种社会决定人性论是符合马克思主义的，因为马克思说“人的本质不是单个人所固有的抽象物”，而是“一切社会关系的总和”。[②]

德育改造的目的是弘扬共产主义道德，培养共产主义新人，根本方针就是学习苏联的共产主义道德教育。“学习苏联的教育理论和教育经验也是必要的和正确的，……是我们刚开始在全国建设社会主义的时期的必要步骤和有效的方法。”[③]当时被介绍到中国的苏联的道德教育是这样的：一是对劳动采取共产主义的态度，即“劳动是一种荣誉的物事，是一种光荣的物事，是一种勇敢和英雄主义的物事”，而剥削阶级认为劳动是辛苦的、耻辱的；二是培养苏维埃爱国主义精神，即“爱祖国、爱人民、爱光荣的共产党及其领袖——列宁、斯大林，养成随时为祖国的幸福牺牲一切的精神”；三是集体主义的教育，“所谓集体，并不是许多同样的儿童一种简单的机械结合，而是儿童的各种活动建立在同志爱和友爱的基础上”。[④]在“一边倒”的学习苏联的方针下，克鲁普斯卡娅、加里宁、凯洛夫等人的理论被介绍到中国，并风靡一时。

---

① 徐特立．论国民公德：上［J］．人民教育，1950 (3)：17 － 19.

② 马克思恩格斯选集：第一卷［M］．北京：人民出版社，2012：135.

③ 陈元晖．中国教育学七十年［J］．北京师范大学学报，1991 (5)：52 － 94.

④ 王雁冰．介绍“苏联的新道德教育”［J］．人民教育，1950 (4)：67 － 70.

在这一历史阶段，德育理论批判改造的对象主要有两个方面：一是彻底批判中国封建社会的传统道德。因为“无产阶级忠于祖国、忠于人民、忠于党、忠于社会主义事业的道德原则是‘从无产阶级斗争的利益中引伸出来的’”[①]。二是彻底批判以杜威为代表的西方资产阶级的德育思想。因为“杜威关于道德的理论，是帝国主义时期资产阶级用以确立善恶标准和规范人类行为的罪恶工具，是资产阶级统治人民思想意识的理论武器”[②]。“杜威关于道德教育的理论是荒谬而反动的。……是一些资本主义国家进行道德教育的指针；而且就我国而论，由于过去教育深受杜威的影响，……存在着杜威理论的残余毒素；所以对于杜威的道德教育论给以彻底的批判……”[③]

比德育理论、学术上的批判更为猛烈的是舆论上对思想界的批判浪潮。1951 年批判电影《武训传》，1954 年批判胡适，1955 年批判胡风反革命集团，1957 年反右派斗争，1963 年批判母爱教育。在一浪高过一浪的批判浪潮中，德育改造逐渐演变成德育领域的阶级斗争，从而为十年“文革”期间德育及其研究的灾难性停滞埋下了伏笔。

在批判旧世界的同时，也有许多建立共产主义、社会主义道德教育理论的努力。在对社会主义新道德以及中国特色教育路径的探究中，徐特立、王焕勋、黄济、胡守棻等一批教育研究者投入了道德教育的研究。1957 年出版的胡守棻编著的《中小学共产主义道德教育的内容和方法》，可以视为这种努力的突出代表。该书共分四章：第一章说明什么是道德（承认道德是人们共同生活及其行为的标准和规则，特别强调道德是社会意识形态之一），什么是共产主义道德（其阶级本质是工人阶级的道德，是从无产阶级斗争利益中引申出来的，同时也代表着全体劳动人民的利益，“它是

---

① 阎长贵．必须坚决摒弃封建道德：从忠孝谈起［J］．哲学研究，1963 (6)：16 − 25 + 15.

② 滕大春．批判杜威的道德论［J］．哲学研究，1957 (4)：60 − 72.

③ 滕大春．批判杜威关于道德教育的理论［J］．河北天津师范学院学报，1957 (1)：1 − 11.

人类历史上最高类型的道德”“它是未来全人类的道德”[①]），共产主义道德教育的意义和任务是什么。第二章介绍中小学共产主义道德教育的内容（爱国主义、国际主义、爱劳动和公共财物、自觉纪律、集体主义精神、坚强意志与性格）。第三章讲共产主义道德教育的方法。第四章说明各种道德教育的相互联系，以及如何创造性地运用道德教育方法。

（二）德育研究的灾难性停滞（1966—1976 年）

1981 年党的十一届六中全会通过的《关于建国以来党的若干历史问题的决议》明确指出，“实践证明，‘文化大革命’不是也不可能是任何意义上的革命或社会进步”，而是一场“给党、国家和各族人民带来严重灾难的内乱”。2021 年《中共中央关于党的百年奋斗重大成就和历史经验的决议》也明确指出，十年内乱“使党、国家、人民遭到新中国成立以来最严重的挫折和损失，教训极其惨痛”。

由于德育所具有的突出的特殊性，“文化大革命”对新中国的德育事业来说当然更是灾难，学校教育饱受摧残，德育完全沦为“阶级斗争”的简单工具。正如有研究者指出的那样：无情批判、战斗的“革命道德”取代了讲究温良恭俭让的传统道德；人与人之间关爱、诚信、友善等千古流传的道德准则被推翻，团结友爱、助人为乐和勤勤恳恳为人民服务的美德，被斥为缺少阶级观念；公正无私、实事求是、诚实正直的德行，被诬为缺乏革命斗争精神；学校德育对学生提出的那些道德要求，诸如礼貌谦虚、尊长爱幼、遵纪守法及文明行为等，不仅被认为是无关痛痒的“小德”，而且被指为“资产阶级之德”“修正主义之德”。[②]

这一时期德育的一个突出特点是否定个性、否定独立思考，反对个人

① 胡守棻. 中小学共产主义道德教育的内容和方法［M］. 上海：新知识出版社，1957：7.

② 蒋制心，张嘉馥. 德育概念运用上的混乱应该结束［J］. 兰州学刊，1980 (3)：89－91＋96.

奋斗，倡导禁欲主义。青少年在思想汇报或介绍学习“毛选”的心得体会时，都以自己个人的情感、需要和利益为鞭挞的内容，主张“灵魂深处爆发革命”“狠斗私字一闪念”，把“无欲”“无我”奉为至高的道德大加宣传。[①]奉行没有“小我”的禁欲主义道德原则被认为是无产阶级道德的本质特点。由于个人的合理利益被完全否定，极端的国家第一、集体至上的观点泯灭了青年一代的主体意识，个人的独立思考被全然否定。

憎恨教育、斗争教育、禁欲教育造成了教育的非人性化。德育事业也因此遭到了严重的破坏。这表现在：其一，师生关系严重扭曲。中国师道尊严的教育传统被推翻，学生在肉体上毒打老师、在精神上羞辱老师的案例层出不穷。有研究指出，中学教师受到的冲击比小学教师大，大部分批斗教师的事件发生在中学。[②]其二，阶级观点在学生群体之间制造了对立。家庭出身不同的学生、注重学习成绩的学生和追求政治积极的学生之间形成矛盾与对立。其三，在这样一种教育氛围中，学生们是非混淆。在教育与生活中，同情心不再被肯定，善良不再被肯定；无情被误认为革命的坚定性，野蛮被错看作革命者应有的勇敢。一种畸形的情感和道德观形成。

这一时期德育如果说有什么“理论成果”，那就是“阶级斗争德育论”的形成。其主要内容是：

第一，强调道德是阶级的道德，阶级性是道德的本质属性。在阶级对立的社会，“道德始终是阶级的道德”[③]。

第二，教育是为阶级斗争服务的，是阶级斗争的工具。“教育从来就是阶级斗争的工具，我们从不讳言我们的教育是无产阶级斗争的工具，必

---

① 孙少平．十年“文革”时期学校德育的实践特征及其异化[J]．现代教育论丛，1998 (6)：17－20＋16.

② 于珍．“文革”时期农村基础教育的面相：一项口述史的研究[J]．中国校外教育，2014 (21)：56＋87.

③ 畅广元．“知、仁、勇”是为“复礼”服务的反动道德[J]．陕西师范大学学报（哲学社会科学版），1974 (1)：39－43.

须为无产阶级的政治服务。为了在与资产阶级争夺下一代的斗争中取得胜利，把儿童培养成为共产主义事业的接班人，我们就必须对他们加强无产阶级的阶级教育，抵制剥削阶级思想对他们的侵蚀。"①

第三，学校德育的根本任务是培养无产阶级道德，提高学生的社会主义觉悟。"学生社会主义觉悟的提高，共产主义道德的养成，无产阶级世界观的树立，主要是德育的任务。德育主要是以社会主义、共产主义思想来武装学生的头脑，培养学生的无产阶级的道德品质。"②

第四，学校德育的内容尽管有多个方面，但核心是阶级观点的教育。"归结起来，就是对学生进行马克思列宁主义、毛泽东思想的教育，使学生具有无产阶级的阶级观点、革命观点、群众观点、集体观点和劳动观点……核心就是阶级和阶级斗争的观点。"③

第五，阶级教育的具体内容：其一，使学生具有阶级和阶级斗争的基本认识；其二，让学生了解阶级斗争的历史；其三，使学生了解社会主义时期阶级斗争的实际，增加不断革命的思想；其四，让学生认识国际工人运动和民族解放斗争的情况；其五，教育学生学习、继承和发扬无产阶级的革命精神，培养革命的品质和作风；其六，帮助学生学习运用阶级观点和阶级分析的方法来观察问题，提高阶级觉悟。④

第六，阶级斗争一抓就灵，阶级斗争也是学校德育工作的好方法。由于现实生活中普遍存在着阶级斗争，一小撮阶级敌人企图腐蚀青少年，所以，"发现一条规律，就是学生的思想反复，总是同南京路上阶级斗争的风浪息息相关"⑤。总之，阶级斗争是一门主课，忆比教育（回忆旧社会的

---

① 曾尚友．掌握儿童特点，加强阶级教育［J］．江苏教育，1965 (2)：10 － 12.

② 何辛．学生阶级教育在德育中的地位和内容［J］．学术研究，1964 (1)：48 － 52.

③ 同②.

④ 同②.

⑤ 上海市培光中学党支部．毛主席哲学思想指导我们做好学生思想工作［N］．文汇报，1972 － 12 － 01.

苦难，对比新社会的成就与人民的幸福生活）是一种基本方法，参加现实的阶级斗争是基本途径，学习马列和毛主席著作是学校主导性的课程安排（低年级学习语录，中年级学习马列和毛主席的部分著作和章节，高年级通读《毛泽东选集》和马列部分著作），最终目的是把学生培养成为反修防修的战士。[①]

（三）德育研究的科学化探索（20世纪70年代末至80年代）

1976年，“文化大革命”结束。在经历了短暂的徘徊之后，党的十一届三中全会决定冲破长期的“左”的错误的严重束缚，把全党的工作重点和全国人民的注意力转移到社会主义现代化建设上来，由此导致了德育价值观的转折，即由德育“为阶级斗争服务”转变为德育“为社会主义现代化建设服务”[②]。

从教育学界来看，人们最初是通过否定“文革”、反思“文革”来寻找教育发展的方向的。潘懋元先生曾经谈到，“文革”结束后，我国教育界在反思时，提出要研究、探索教育规律，因为“文革”的教训就是不尊重教育规律。[③]理所当然地，要做好德育工作，就必须尊重德育规律，按德育规律办事。这就是当时理解的德育科学化的内涵。因此在德育理论界，对德育过程规律的探寻成为研究的热点。几乎所有的德育理论研究学者，

---

① 大寨大队党支部．加强党的领导，把学校办成无产阶级专政的工具［M］//瞿葆奎．教育学文集·德育．北京：人民教育出版社，1989：352－359.

② 鲁洁，班华．德育理论在科学化轨道上前进［J］．教育研究，1988（12）：6.

③ 潘懋元．对高等教育若干问题的思考［J］．西北工业大学学报（社会科学版），2018（2）：26－30.

如鲁洁①、班华②、郭文安③、李道仁④、涂光辉⑤等都先后参与了德育过程规律的研究，仅《教育研究》就先后发表了30余篇相关论文。由此，德育过程规律研究成为改革开放之后我国德育理论研究的第一个高峰，研究内容涵盖德育过程的概念、本质、特点、结构、要素、基本矛盾，中国古代的德育过程思想，苏联的德育过程理论等，特别是把德育过程与人的思想品德形成过程区分开来，把有目的的德育影响与自发的社会影响区别开来。

从目前已有的总结反思改革开放初期德育研究的著述来看，改革开放初期对德育过程理论研究的意义与价值被大大低估了。总体上看，这一研究表达了尊重德育规律、追求德育科学的雄心；表达了不甘心智育第一、德育第二的现实窘境；与当时的学科制度化活动相互促进，促使德育原理成为一门独立的学科（以1989年胡守棻主编的高等院校教材《德育原理》出版为标志）。当时所研究的问题，事实上奠定了德育学科的理论基础，引发了对德育本质、德育功能、德育人性化的研究，具有建构独立的德育学科的建设性价值，并具有德育原理的奠基性价值。

当然，这一阶段德育研究的主题还包括德育与个性发展、德育目标的依据与层次性、德育内容序列化、德育方法科学化等。

---

① 鲁洁．德育过程初探［J］．教育研究，1981(2)：56－60；鲁洁．试评我国古代教育家有关德育过程的论述［J］．南京师大学报（社会科学版），1980(3)：21－25.

② 班华．思想品德教育过程［J］．教育研究，1980(3)：78－83.

③ 郭文安．试论青少年学生的德育过程［C］//北京师范大学教育系资料室．德育过程论文选编，1983：23－40.

④ 李道仁．试析德育过程的基本规律［J］．教育研究与实验，1984(1)：32－38.

⑤ 涂光辉．试论德育过程的基本规律［J］．湖南师院学报（哲学社会科学版），1984(3)：8－12.

（四）德育研究的人性化追求（20 世纪 90 年代）

以人为本是教育的基本逻辑。鲁洁曾经指出："总结……近 10 年来（1988—1998 年——作者注）德育理论的发展，便会发现一个明显的趋势，那就是一方面德育理论继续在科学化的轨道上前进，另一方面表现出人性化倾向，而且二者正在逐渐走向整合。"[①] 班华也曾撰文论述了新世纪德育的人性化走向。[②]

20 世纪 90 年代，德育研究在科学化探索之后，之所以出现人性化的追求，原因是多方面的。

第一，源于从计划经济向市场经济或者商品经济转型所带来的冲击，中国人的人格要求由计划经济下的单位人、被动人、集体人，转向主体人、自由人等。[③] 这是现实生活的需要，是最根本的需要。学术研究的转向是对这种社会现实和社会实践的表达和回应。

第二，源于德育理论界对道德、道德教育本质与功能的创新性认识。鲁洁提出，"道德教育是一种超越"，"道德教育不是对现实的行为与关系的复制与重现，而是按照某种超越于现实的道德理想去塑造与培养人，促使人去追求一种理想的精神境界与行为方式"。[④] 道德不全部是、不纯粹是规定、限制人自己的力量，也是人探索、认识、肯定、发展和创造自己的力量。

第三，源于思想界和学术界关于人道主义的论争，使人和人的主体性成为哲学的主题。人性化是对教育的本质、人的本质认识的提升，是对把

---

① 王啸，鲁洁．德育理论：走向科学化和人性化的整合［J］．中国教育学刊，1999 (3)：17 － 21.

② 班华．德育理念与德育改革：新世纪德育人性化走向［J］．南京师大学报（社会科学版），2002 (4)：73 － 80.

③ 同①.

④ 鲁洁．道德教育：一种超越［J］．中国教育学刊，1994 (6)：2 － 8.

人的本质完全归结于阶级性，把个人完全看作社会的工具、集体的工具的阶级人性论的反对。

因而，在这个时期，“人是主体”的教育思想得以确立，主体性德育思想应运而生。主体性德育认为道德教育应以培养学生主体性道德人格为目标，以人的内在需要为动力，把价值引导与自主建构相结合，在活动与交往中生成主体性道德人格。[①]

这个时期，不仅追求德育的人性化，同时也追求德育的现代化，二者相互交织。教育要现代化，德育也要现代化。[②]学者们批判指出了当时学校德育的低效及无效问题，试图在借鉴西方德育理论与德育实践的基础上勾画出现代德育的理想特征。鲁洁、王逢贤主编的《德育新论》（1994年）、班华主编的《现代德育论》（1996年）以及戚万学、杜时忠编著的《现代德育论》（1997年）等著作或教材，均试图围绕现代德育构建、促进德育现代化的中心议题发力突围。而活动德育论[③]、情感德育论[④]、德育美学观[⑤]等当代中国德育理论的创新与建构也使中国德育研究开始呈现出百花齐放的局面。与此同时，在德育现代化话语的召唤下，西方道德教育的理论与

---

① 肖川．主体性道德人格教育［M］．北京：北京师范大学出版社，2002：152－183.

② 班华．近十年来德育思想现代化的进展［J］．教育研究，1999(2)：18－22.

③ 戚万学．活动道德教育论［M］．南京：南京师范大学出版社，1994；戚万学．活动道德教育模式的理论构想［J］．教育研究，1999(6)：69－76.

④ 朱小蔓．情感教育论纲［M］．南京：南京师范大学出版社，1993；刘慧，朱小蔓．多元社会中学校道德教育：关注学生个体的生命世界［J］．教育研究，2001(9)：8－12；朱小蔓．情感德育论［M］．北京：人民教育出版社，2005.

⑤ 檀传宝．德育美学观［M］．太原：山西教育出版社，1996；檀传宝．让德育成为美丽的风景：欣赏型德育模式的理念与操作［M］．合肥：安徽教育出版社，2006；檀传宝．美学是未来的教育学：德育世界的探寻［M］．上海：华东师范大学出版社，2015.

实践，如道德认知发展理论[①]、价值澄清理论[②]、建构主义德育理论[③]等也被大量引介到中国，成为中国德育人性化、现代化理论与实践探究的思想资源与历史镜鉴。

（五）德育研究的本土化建构（2000 年至今）

经过 20 多年的改革开放，当历史的车轮跨入 21 世纪时，我国的经济、社会、教育、文化都发生了巨大的变化，德育理论也进入了一个多元化发展的新时期。这是因为：第一，德育理论经过科学化与人性化两个阶段的积累，已经有了比较深厚的基础。第二，世纪之交的基础教育改革为德育理论研究提供了难得的机遇与广阔的舞台（生活德育论大有用武之地）。第三，随着大量的、多样性的西方德育思想、德育理论的引进，我国德育理论研究也在不知不觉中融入了多元化的趋势。第四，社会转型的文化冲突、文化危机导致各种文化思潮的兴起，“这也直接影响了德育理论流派的产生与交替”[④]。

在这一时期，中国德育研究不断回应本土性需要，走上了本土化建构的道路。典型表现有三个方面：

第一，推进中华优秀传统文化研究。经过 20 世纪 80 年代、90 年代的理论储备，复兴中华优秀传统文化已经势不可挡，并从底层走向政策、从理论走向实践，成为主导学校德育的一股重要力量。研究者多认同中华优

---

① 郭本禹. 道德认知发展与道德教育：科尔伯格的理论与实践［M］. 福州：福建教育出版社，1999; 岑国桢. 吉利根对道德认知发展理论的修正［J］. 心理科学，1992 (4) : 33 − 37 + 66.

② 冯增俊. 价值澄清德育理论述评［J］. 海南师院学报，1992 (3) : 28 − 33 + 43.

③ 肖川. 建构主义学习观与学校德育［J］. 教育导刊，1998 (Z2) : 36 − 37; 肖川. 建构主义与道德教育中的灌输［J］. 河北师范大学学报（教育科学版），1999 (4) : 10 − 15.

④ 叶飞，檀传宝. 改革开放 30 年德育理论发展脉络探析［J］. 教育研究，2009 (1) : 19 − 24 + 85.

秀传统文化是中国人的精神家园，在西方强势文化风靡世界的时候，必须要坚持走文化自主路线。[①] 有论者认为，2014 年教育部颁布《完善中华优秀传统文化教育指导纲要》，意味着中国的德育指导思想实现了结构性变革，即由 2010 年之前受马克思主义和社会主义道德一元指导的局面，调整为一种复合型建构性的德育指导方针。[②] 一些研究者致力于从传统文化中发掘现代道德教育的资源，探讨全球化进程中具有中国本土特色的道德教育。如认为传统道德可贵之处在于其强调精神，道德教育的中国形态应该是精神形态，而非西方的理性形态；强调伦理与天理良知相通，而非理智狡黠的算计。[③] 或认为传统“天人合一”“仁民爱物”道德观可生发出现代生态道德教育思想。或认为传统道德蕴含丰富的生命教育意识、德性教育传统可资利用，可以将传统美德中的感恩教育、孝道教育、自强教育、责任教育作为突破口，开拓新德育。[④] 或主张在教育理论研究中，应以整体的、多视角的范式来实现对中国传统道德文化的多层次、立体式开发与利用，而非简单的、分割的碎片式继承。[⑤]

第二，加强社会主义核心价值观教育。社会主义核心价值观凝聚着社会价值共识，吸纳了世界先进思想，中华优秀传统文化是社会主义核心价值体系建构的前提与基础。社会主义核心价值观明确而完整地回答

---

① 鲁洁 . 应对全球化 : 提升文化自觉［J］. 北京大学教育评论 , 2003 (1) : 27 － 30.

② 张亚月 . 德育的历史性变革 : 从政治认同走向社会认同［J］. 中国青年研究 , 2016 (8) : 35 － 40.

③ 樊浩 . 道德教育的“‘精神’形态”与“中国形态”［J］. 教育研究 , 2013 , 34 (2) : 44 － 53.

④ 沈建华 . 传统文化视角下青少年道德教育的活化和链接［J］. 教育研究 , 2015 , 36 (11) : 25 － 29 + 48.

⑤ 易连云 . 传统道德教育研究的范式转换［J］. 教育研究 , 2010 , 31 (4) : 30 － 33.

了“教育之道”，表达了中国学校教育的价值立场。[①]对于教育来说就是要解决好学生的人生价值取向问题。培育和践行社会主义核心价值观需要从理论引领、舆论宣传、文化熏陶、实践养成和制度保障五个维度入手。[②]社会主义核心价值观应通过具体化、日常化、形象化和生动化的形式引导学生自觉认同。[③]社会主义核心价值观融入学校教育，应立足于优秀德育教材的开发、高水平师资队伍的建设、德育话语体系的合理转换及德育方式的多元创新。有论者指出，把社会主义核心价值观融入教材，要掌握三种逻辑，即知识逻辑、生活逻辑和教育逻辑，打通三个世界，即符号世界、意义世界和生活世界。[④]

第三，立足于中国学校德育实践场域的多种德育理论应运产生。20 世纪 80 年代以来，中国经济高速增长，取得了举世瞩目的经济奇迹。然而，也产生了环境污染、道德滑坡、贫富悬殊、官员腐败诸多问题。德育研究者们冷静审思伴随着现代化进程而泛滥的经济主义、唯科学主义、极端个人主义、工具理性至上及人类中心主义等谬误[⑤]，凸显生活、情感、生态、制度等过去被忽视、压抑或被边缘化的主题，由此形成了多种德育理论“百花齐放”的可喜局面。除了上一时期出现的活动德育论、情感德育论、德

① 杜时忠，曹树真. 社会主义核心价值观“进教材”的教育学探索[J]. 教育研究，2015，36 (9)：34 − 39.

② 王琰. 将社会主义核心价值观融入高校立德树人全过程的五个维度[J]. 思想理论教育导刊，2015 (1)：124 − 127.

③ 靳玉军. 论社会主义核心价值观教育的实践要求[J]. 教育研究，2014，35 (11)：4 − 7 + 15.

④ 同①.

⑤ 鲁洁. 教育的返本归真：德育之根基所在[J]. 华东师范大学学报(教育科学版)，2001 (4)：1 − 6 + 65.

育美学观继续活跃之外，这一时期新产生的主要德育理论有生活德育论[①]、公民教育论[②]、制度德育论[③]等。

综上所述，新中国成立以来，“前三十年”的德育研究伴随新民主主义革命胜利之后的喜悦与自信，力图改造旧道德、旧德育。它以革命者的姿态，否定中国传统道德文化与德育思想，否定西方近现代德育理论与德育模式，“一边倒”地学习苏联思想、政治与道德体系、教育经验与教育理论，也尝试在德育理论建构上追求中国特色。“文化大革命”期间，由于错误地估计了国内外形势，错误地坚持无产阶级专政条件下“继续革命”的理论，强调“阶级斗争”，最终导致学校德育沦为阶级斗争的工具，德育理论的发展也处于完全停滞的状态。

以改革开放为始的“后四十年”的学校德育研究，则在解放思想的旗帜下，乘改革开放的东风取得了重要进步。其重要原因，一是彻底反思、批判并否定错误的教育理论，二是大胆学习借鉴外国德育研究成果。反思与批判中，最根本的教训就是两条：一是不尊重教育规律；二是不尊重人，

---

① 鲁洁．德育课程的生活论转向：小学德育课程在观念上的变革［J］．华东师范大学学报（教育科学版），2005（3）：9－16＋37；鲁洁．生活·道德·道德教育［J］．教育研究，2006（10）：3－7；高德胜．生活德育论［M］．北京：人民出版社，2005；高德胜．生活德育简论［J］．教育研究与实验，2002（3）：1－5＋72.

② 檀传宝，等．公民教育引论：国际经验、历史变迁与中国公民教育的选择［M］．人民出版社，2011；李萍，钟明华．公民教育：传统德育的历史转型［J］．教育研究，2002（10）：66－69；万明钢．论公民教育［J］．教育研究，2003（9）：37－43.

③ 杜时忠．制度德性与制度德育［J］．教育研究与实验，2002（1）：38－43；刘超良．制度德育论［M］．武汉：湖北教育出版社，2007；杜时忠．制度何以育德？［J］．华中师范大学学报（人文社会科学版），2012，51（4）：126－131＋4；杜时忠．人文教育与制度德育［M］．合肥：安徽教育出版社，2013；杜时忠，张敏．国家道德即德育［J］．教育研究与实验，2013（1）：7－10；张添翼，杜时忠．再论制度何以育德［J］．教育研究与实验，2018（5）：12－15＋25；杜时忠．德育十讲：制度何以育德［M］．武汉：华中师范大学出版社，2019；杜时忠，张添翼．三论制度何以育德［J］．教育学报，2020，16（4）：20－29.

否定教育主体性。对前者的反思，产生了探索教育规律、德育规律，追求德育科学化的思潮，典型表现就是对德育过程规律的研究；对后者的反思，引燃了主体性教育、主体性德育思潮。大胆学习借鉴外国德育研究成果，则给德育研究带来了最新研究信息、理论想象力和世界眼光。当然，当代中国德育研究并不满足于反思过去，更期待未来，不仅借鉴，更追求创新。它既客观理性地批判，更热情洋溢地建设，那就是追求并建构现代化、科学化、人性化的德育理论，并在本土德育理论建构方面收获了累累硕果。毫无疑问，这四十来年是中国德育研究突飞猛进、全面进步的时期，是中国德育学术发展历史上最好的时期。

二、新中国德育研究的重要成就、局限与发展逻辑

新中国德育研究走过了 70 多年不平凡的历程，在思想产出、学科建设、人才培养、实践引领等方面都取得了显著成绩。德育研究获得了独立的学科地位，初步建立起具有明确研究对象、体现时代精神的德育理论体系。与此同时，德育研究也面临着十分严峻的时代挑战，存在着知识体系比较陈旧、研究方法比较单一、原创性成果十分稀少等亟待解决的问题。

（一）德育研究的重要成就

1. 德育研究获得了丰硕的理论成果

新中国成立以来，在 70 多年的理论探索中，不同思想的交锋让中国德育理论研究不断取得进步。在德育研究中实际上存在两种学术争鸣：一种表现为历史性的反思，另外一种表现为同一时期不同理论观点的竞争、交流，最终促成了百花齐放的繁荣局面。特别是 20 世纪 90 年代以来，中国德育研究在不长的时间内，围绕德育本质、德育功能，以及德育与个体、

德育与社会生活的关系等主题开展了有影响力的学术争鸣，彰显了德育研究的学术魅力，提升了德育研究的科学品质，提高了德育研究的学术声誉。

与学术争鸣相伴而生的，是我国德育研究在科学化、人性化论述上的新进展，先后出现了主体德育论、活动德育论、情感德育论、德育美学观、生活德育论、公民教育论、制度德育论等多种德育理论主张。它们从不同的视角出发，运用多种方法，对学校德育乃至社会道德现象和问题进行了深入的研究，各成一家之言，并以各自的方式力图影响和变革学校德育实践。它们深化了我们对德育的认识，丰富了德育理论体系，促进了德育研究的繁荣。

2. 德育研究取得了独立的学科地位

德育逐渐从教育学的一个研究领域，分化发展成为一个独立的二级学科。人们一般在两种意义上使用“学科”一词：一是依学问性质而划分的知识门类，如物理、化学等；二是学校教学的科目，如语文、数学等。无论在哪一意义上，德育科学研究，尤其是“德育原理”，都已经成为教育学体系中一门相对独立的重要分支学科。其主要理由有三：

首先，德育学科是关于德育的学术知识体系，既有明确的研究对象（德育现象或德育问题）[①]，也具备了相应的研究方法（虽无特有的研究方法，但社会科学常见、通用的方法或移植于其他学科的特色方法似乎足以支持德育学科的研究需要），还形成了自己的理论体系。

其次，德育学科是教育学科中的一类教学内容。在高等院校，特别是师范院校或者教育学院中，“德育原理”“德育论”或“德育学”是作为一门课程广泛开设的，德育学科作为一个教学科目是普遍的社会事实。

---

① 班华．略论德育论学科对象与任务的几个问题［J］．教育科学研究，2007 (4)：5 − 9；班建武．“十一五”期间德育学科发展的回顾与总结［J］．教育科学研究，2011 (7)：67 − 75.

最后，德育原理内部，也正在形成一个可观的分支学科群，包含德育主体论[①]、德育过程论[②]、德育课程论[③]等，以及与其他学科交叉而产生的德育心理学[④]、德育社会学[⑤]等。这样，德育原理不仅从教育学母体中分化独立出来，而且成为一个拥有众多分支学科的独立学科群，其学科地位和学科特色日益彰显。

德育研究成为独立的学科体系的突出标志，是德育原理形成了相对完整的理论体系：一是思想观念体系，如道德是可教的，品德发展及道德教育是有规律可循的，德育的本质是一种超越，以道德的制度培养道德的人等；二是概念范畴体系，如道德、品德、德育，直接德育、间接德育、隐性课程意义上的德育，以及品德形成、德育过程、德育实效等；三是教材结构体系，目前已经相对稳定，大体分为“学科总论”“理论基础”“实践应用”等几大部分，具体展开为德育学科论、德育本质论、品德发展论、德育目的论、德育过程论、德育课程论、德育方法论、德育环境论、德育管理论、德育评价论、德育比较论等。

经过 70 多年的努力，我国建立了自己的德育理论体系。值得一提的是，这不是通过全盘否定中国传统德育文化和接受西方德育理论而实现的，而是更加理性地对待中国传统德育文化和世界先进德育理论。许多学者都主张要实现传统德育的创造性转化，包容、自信地借鉴国外德育理论，从单向度地盲从外国德育理论，到提出教育研究、德育研究的中国化，建立具有中国风格、中国气派的德育理论。

---

① 肖川．主体性道德人格教育［M］．北京：北京师范大学出版社，2002；于光．德育主体论［M］．北京：中国社会科学出版社，2010.

② 范树成．德育过程论［M］．北京：中国社会科学出版社，2004.

③ 佘双好．现代德育课程论［M］．北京：中国社会科学出版社，2003.

④ 韩进之，王宪清．德育心理学概论［M］．上海：上海人民出版社，1986.

⑤ 鲁洁．德育社会学［M］．福州：福建教育出版社，1998.

3. 德育学科的社会建制逐渐完备

综合经典和现代学科分类理论，可以认为：一门学科的独立或成熟，两个方面标准或条件最为重要：一是专业化的知识建构，如明确的研究对象、行之有效的研究方法和严谨的理论体系；二是制度化的社会建制，如专门的研究机构、专业性的研究共同体、专业研究期刊，以及专门人才培养等。德育学科在制度化建设上从无到有、从弱到强，显示出德育研究得到了越来越多的社会支持和越来越高的社会认可。

70 多年来，中国德育研究共同体日益壮大（2017 年全国专业德育研究者有 70 人左右，关注德育研究的专业研究者约有 500 人[①]），不仅成立了全国性的德育论专业委员会（现为“全国德育学术委员会”）等专业学术团体，而且一些大学还建立了多个专门德育研究机构，如教育部人文社科重点研究基地南京师范大学道德教育研究所、北京师范大学公民与道德教育研究中心、华中师范大学道德教育研究所等，还出现了多种专业期刊，如《中国德育》《中小学德育》《班主任之友》《班主任研究》等。此外，在全国众多的教育学术刊物中，也有为数不少的德育栏目，发表大量的德育研究论文。在德育研究专业人才培养方面，我国从 20 世纪 80 年代开始招收硕士生、博士生，目前已经形成了一个由学士、硕士、博士和博士后构成的完整德育人才培养体系，目前在校研究生约为 1500 人。这既是德育学科兴旺发达的标志，更是德育学科持续发展的根本支撑。

4. 德育研究提升了对于德育实践的影响力

我国德育研究有强烈的实践取向，并体现出鲜明的时代特征。“直面社会现实、关怀德育实践，是 40 年来中国德育学科发展最重要的理论品格。

① 刘峻杉，平和光．知识生产视角下我国德育研究的特征与展望［J］．全球教育展望，2017，46（9）：61－72＋85.

从 20 世纪 80 年代对于基础道德重建的呼吁、世纪之交对于新世纪挑战的思考，到近年对于社会主义核心价值观教育、国际理解教育等议题的集中关注，中国德育理论工作者均及时回应了当代社会对于德育实践变革的迫切需要……”①

德育研究者积极参与国家德育决策，指导中小学德育改革。如主持修订义务教育阶段国家德育新课程标准、主编德育教材、开展学校德育诊断、推动教师德育专业化、通过大学与中小学合作（U–S 协同）推进学校德育深度变革等。在德育理论研究的推动之下，我国学校德育正在发生可喜的变化：由过度政治化的强制灌输式的德育逐步走向科学化、人性化、生活化的德育，由追求不食人间烟火的圣贤道德转变为追求社会正义和社会关怀的现代伦理，从封闭式德育走向开放性德育，从学校德育的教育孤岛走向学校、家庭、社会相互支持的合力德育。

（二）德育研究的现存局限

新中国德育 70 多年的发展，在取得长足进步的同时，也存在一些亟待突破的局限。这集中表现在：

1. 德育研究的学科视野相对封闭

道德现象与道德行为是复杂的，是多学科的研究对象。道德理论研究者往往强调道德是社会行为，忽略道德行为的多学科基础，导致对于哲学、伦理学的研究关注较多，而对生物学、心理学、人类学、社会学、经济学、政治学等相近学科关注较少，对于语言学、美学、艺术等跨学科领域对人类道德行为研究成果则更为陌生。一个明显的证据是，尽管对于哲学、伦理学的新进展相对敏感，但德育研究者也仍然未能敏锐地把握当前人文社

---

① 檀传宝，陈国清．改革开放 40 年我国德育学科建设的探索与进步［J］．中国教育学刊，2018 (10)：28 － 34．

会科学研究范式的转换，对于道德哲学和伦理学、政治学研究中的权力批判和语言转向等还比较漠视。

权力批判的目的是要揭示道德与权力之间的联系，将道德从压制性的意识形态中剥离出来，以防权力借助道德之名畅通无阻。许多研究者批判道德专制与道德灌输，然而其批判的语言依然是大而化之的宏大叙事，未能深入地揭示与批判微观领域中权力运行规则，诸如借用道德之名所实施的隐蔽的性别偏见、歧视、压制以及不平等。哲学和伦理学研究的语言转向，强调思维必须通过语言符号体现，思想的内容受制于说话的方式。同样，研究道德教育问题必须依凭语言来进行，研究所用的概念不清会带来理论混乱。如有人支持道德的相对性，有人反对道德相对主义，有人赞扬消费文化的好处，有人批判消费主义的害处，但道德的相对性与道德相对主义、消费文化与消费主义之间的本质区别是什么，其界限该如何准确划分，则缺乏必要的语言学澄清。对语言缺乏审视，限制了理论研究者之间的对话与交流，使得许多德育理论研究无奈地成了研究者们的“自说自话”。

2. 德育研究的方法论基础相对薄弱

许多德育理论研究者仍然坚守着哲学思辨范式，尤其是受规范伦理学的影响，以直线性演绎逻辑为主，缺乏复杂性、动态性及整体性思维方式，德育研究的方法论基础相对薄弱。表现在：第一，大量研究直接套用哲学、伦理学、政治学的术语与理论来诠释德育问题，对于理论的教育适切性缺乏反思；第二，德育研究注重对道德规范进行合理性论证，轻视批判性思维的培育，也轻视个体道德内化的生成过程；第三，道德哲学—主体维度的研究偏重于道德认知，对于道德情感的研究则相对薄弱。[①]

此外，许多德育研究者往往忽视也窄化了实证研究，习惯于运用问卷

---

① 孙学功．道德情感研究综述［J］．哲学动态，1998 (1) : 17－19.

调查去“处理”复杂的德育问题，而对于批判主义与诠释主义视角下的质性研究则相当陌生。与之相对，一些研究者已经用高质量的研究成果证明，质性研究的两种方法——人种志研究和扎根理论，都是可以较好地从经验中通过归纳来建构理论的方法，它们既保留了理论的系统性，又不阉割教育事实的丰富性。

3. 对重大现实问题缺乏道德审视

“道德教育是整个共同体的事业……进而，它对我们有双重意义。它指教育在某种程度上是道德的，所有计划和实施着的教育都努力将所有与道德相关的内容包括在内；它指这样一种教育，旨在提升受教育者的伦理理想，使得他们能够持续地与他人道德地相遇。”[①] 因此学校教育的伦理基础理应包括自由、公正、民主、关怀、幸福等基本道德价值。这些基本价值不仅是教育哲学、政治哲学的研究领域，更应是道德教育研究者思考的重大问题。德育理论研究有义务追问什么样的教育是道德的，如何以道德的方式培养道德的人，依循这个思路，道德教育研究者对现实的反思和批判力度是不够的。

在教育制度领域，道德教育研究者需要思考如何突破教育制度科层化、等级化、工具理性化的桎梏，将学校建设成为道德共同体以及民主生活共同体[②]；在教育政策领域，道德教育研究者应审视教育政策的正当性，审视政策制定的程序正义与实质正义[③]；在教育改革方面，道德教育研究者应批判反教

---

① 诺丁斯．关心：伦理和道德教育的女性路径［M］．武云斐，译．北京：北京大学出版社，2014.

② 金生鈜．为什么要塑造学校的道德文化：学校作为一个道德共同体的再道德化思考［J］．西北师大学报（社会科学版），2005 (4)：71 － 75.

③ 杜时忠，张添翼．教育制度和教育政策的伦理属性及其实现［J］．中国教育科学（中英文），2017 (4)：91 － 105.

育行为的伪改革，将教育的道德标准作为重要的维度纳入评价指标之中[①]。

此外，我国德育研究还存在一些“痼疾”。比如，不少研究者习惯于做当下教育政策的简单诠释，而损害了德育研究应有的科学品质，其结果是德育概念的大而不当、名实不符等问题至今悬而未决。依据我国学校教育的制度安排，德育的外延远远超出道德教育，不仅包含了政治、思想、道德、心理、法治五大内容，而且教育政策上强调的所有不属于智育、体育、美育的教育任务都会归于“德育”名下。为了迁就这一现实，德育原理教科书只好宣称我国的德育是“大德育”。然而在实际的德育研究中，无论是德育理论的建构、德育规律的阐述，还是德育过程的展开，以及学生品德发展规律的论述等，实质内容仍然主要是道德教育而没有包括政治教育、思想教育、心理教育和法治教育。[②]德育概念理解“守一而望多”[③]的原则落实，仍然任重道远。

（三）德育研究发展的学术逻辑

上述成绩与不足同时存在，其中原因值得深思。人文社会科学与研究物质世界、强调事实与规律的自然科学不同，有其自身的学术逻辑，即以人文世界、社会世界为研究对象，关注价值与意义，注重呼应时代精神、回应时代挑战，强调研究活动的社会历史和人文精神属性。德育研究本质上属于人文社会科学研究，有其内在的学术逻辑，有其内部独特的矛盾和困惑要去面对和解决。在学科信念上，是学科独立与学科依附之间的拉锯；在价值取向上，是集体主义与个人主义的博弈；在发展路径上，是西方化与本土化的此消彼长；在研究方法论上，是人文主义与科学主义的融合。

---

① 吴康宁．教育改革成功的基础［J］．教育研究，2012，33 (1)：24 − 31.

② 张忠华．论中国特色的德育概念之研究［J］．现代大学教育，2008 (3)：86 − 92 + 113.

③ 檀传宝．学校道德教育原理［M］．北京：教育科学出版社，2000：4 − 5；檀传宝．德育原理［M］．北京：北京师范大学出版社，2017：4 − 5.

1. 德育研究的学科信念：学科独立与学科依附之间的拉锯

在教育学的众多二级学科之中，德育研究的政治从属性特别明显。这一特征可能与其研究对象的政治属性有着重要的关联。德育最突出的特点之一是深受政治影响，因为道德与政治之间具有千丝万缕、密不可分的亲缘关系，有的道德要求本身就是意识形态的要求。从理论上讲，道德教化、道德教育是政治实施的基石。[①] 在我国传统政治思想中，"修身"一直是"治国"与"平天下"的逻辑起点。今天，"培养什么样的人"依然是教育的核心问题，它决定道德教育的走向。因此，道德教育不应也不可能摆脱政治的影响。

然而，德育研究作为揭示德育问题、探索德育规律的科学活动，毕竟不能直接混同于政治上意识形态的宣传工作，不能满足于对现行政策的简单解释和论证。故如何保持学科的相对独立性，这成为道德教育学者们努力的一个重要方向。鲁洁曾经指出："……基础性的工作，就是努力把德育作为一门学问来研究它，既不是对党和政府的政策的诠释，也不是直观经验的描述。"[②]

改革开放以来，道德教育研究经历了三次重大的主题转换，其中对人的关切一直是不变的价值诉求与研究基点。[③] 德育研究者以其对人的关切、对人性的呼唤来建构学科的独立性，来促进学科的原创性。主体性德育、欣赏型德育、生活德育、情感德育、制度德育、公民教育等理论都是围绕着德育的现代化与人性化而进行理论建构的，它们响应了时代精神，试图将德育从政治的附庸变成为人的德育、属人的德育。尽管各自使用的术语

---

① 任剑涛．道德与中国传统政治的合法性［J］．华中师范大学学报（人文社会科学版），2005 (1) : 27 － 34.

② 鲁洁．回望八十年：鲁洁教育口述史［M］．北京：教育科学出版社，2014 : 233.

③ 胡金木．改革开放以来道德教育研究主题的回顾分析［J］．江苏教育研究，2009 (4) : 16 － 18.

不同，但它们的追求完全一致。第一，反对道德教育的专制化、唯知识化、唯理性化，希冀道德教育促进人的完整发展、促进人的美好生活；第二，德育理论研究更多地关注儿童，特别是儿童的解放，更多地借鉴现代道德心理学的研究成果，更多地关注儿童的道德发展与道德学习；第三，追求道德理性、道德自主和道德宽容，而反对道德强制、道德绑架和道德高压。

2. 德育研究的价值主线：集体主义与个人主义的博弈

中国德育研究面临的一个理论难题是在社会日趋多元的环境下，如何重构道德价值，并形成道德共识。新中国成立以后，共产主义、集体主义道德观实际上延续了中国传统伦理观中的整体主义（由家族血缘伦理转到集体组织伦理），如重义轻利、重群轻己的道德价值观。之后，集体主义教育在学校教育实践中产生了异化，否定了个人合理欲望及追求个人幸福之行为存在的价值。[①] 改革开放后，随着市场经济对个人利益的肯定、保障及刺激，义利关系发生了重大的变化与重组，即大众意识形态推崇义利并举，甚至重利轻义。这一过程持续了数十年，使得学校德育面临一个复杂的社会道德环境。社会主义核心价值观的提出，在某种意义上可以看作义利关系重组过程的阶段性完成，自此义利并重、群己和谐应该成为主导的价值观。

在义利关系和群己关系的转型中，道德价值观逐渐突破了传统价值观，走向多元。诺丁斯的关怀伦理的引入[②]，不仅符合中国重视人际关系的传统，而且其充满人性关怀的笔触也填补了康德、涂尔干、杜威理论中忽视个人情感的缺陷，成为教育理论的润滑剂。并且，诺丁斯所代表的女性主义伦理学，对过于注重理性与公正伦理的男性主义伦理学提出了挑战，引入了

---

① 杨建朝．从虚假到真实：集体主义教育反思［J］．教育学报，2011，7（5）：41－47.

② 侯晶晶，朱小蔓．诺丁斯以关怀为核心的道德教育理论及其启示［J］．教育研究，2004（3）：36－43；孙彩平．在道德关系建构中生成德性：析诺丁斯道德教育的新理念［J］．比较教育研究，2003（9）：6－10.

道德教育的性别视角，进一步推进了道德教育理论的多元化。21 世纪以来，随着社会发展不平衡矛盾的凸显，大众对社会公平的呼声渐高。在这种背景下，罗尔斯的社会正义理论产生了广泛的影响。[①]至此，德育理论界基本达成了价值共识，即推崇康德式的道德自由与罗尔斯式的社会正义、涂尔干式的理性权威、杜威式的教育民主与诺丁斯式的教育关怀。自由、正义、理性、民主、关怀已经成为德育学者共同的价值追求，这与整个中国社会转型中的时代精神是相符合的。

3. 德育研究的路径选择：西方化与本土化的此消彼长

中国现代化进程包括现代教育发展中始终有一组基本的矛盾，即如何处理传统文化与现代文化之间的冲突，如何在东方文化与西方文化之间进行取舍。

自五四新文化运动直至整个 20 世纪 90 年代，传统文化都被视为落后文化、黑暗文化而被攻击、被批判。于是，教育现代化的目标一度是科学化与民主化，其过程是不断舍弃传统文化，不断学习、引进和复制西方文化教育。[②]21 世纪以来，随着经济全球化过程中民族主义的复兴、后现代哲学思想对西方中心主义和后殖民主义的挑战，世界各国的文化自觉与本土化需求变得越来越强烈和深刻，传统文化复兴成为必然的趋势。现代化不是西方化、一元化，而是本土化、多元化。这一趋势同样表现在德育理论研究中。德育理论研究者开始自觉地反思全球经济和信息一体化带来的价值多元与文化多元对道德教育的冲击[③]，批判现代化对人精神需求的漠

---

① 罗尔斯. 正义论［M］. 何怀宏，何包钢，廖申白，译. 北京：社会科学出版社，1988; 赵敦华，江立成. 罗尔斯的正义说［J］. 求索，1994 (2) : 66 − 68; 姚大志. 罗尔斯正义理论的道德基础［J］. 江海学刊，2002 (2) : 37 − 42.

② 杨东平. 艰难的日出：中国现代教育的 20 世纪［M］. 上海：文汇出版社，2003 : 4.

③ 黄书光. 全球化时代的学校德育思考［J］. 思想・理论・教育，2002 (2) : 3 − 7.

视，自觉地肩负起道德教育研究应承担的社会责任与文化使命。德育研究者业已形成的共识是：德育现代化必然立足于中国大地，必然包含传统文化教育的现代转型，也必然包含德育理论本土化的探索。[①] 当前对传统德育资源的挖掘，对优秀传统道德文化的重新阐述，对中国特色的德育理论的探索，均属于德育理论本土化的自觉尝试。

4. 德育研究的方法转换：人文主义与科学主义的融合

纵观中国德育研究的主题，经历了从学科本位、主义本位到问题本位的发展历程。20 世纪 80 年代，德育理论研究的重点是探索德育规律，推动学科独立。20 世纪 90 年代，德育理论大量借鉴西方哲学流派和社会思潮，同时，德育各分支学科也开始萌芽，如德育社会学、德育文化学等。及至 21 世纪，聚焦于德育问题的研究更多了，特别是关于德育实效、德育课程、德育改革等实践命题的研究，问题导向得到了前所未有的强调。

从学科本位、主义本位到问题本位，这一过程背后也体现了德育研究方法论的转换。学科本位、主义本位侧重于哲学思辨，主要的研究方法是逻辑演绎，即用某一哲学理论的视角来看德育问题，将其基本原理推至德育研究，其思维方式是整体的、人文的，关涉很多问题，并不聚焦于特别具体的教育实践问题。而以问题为本位的研究，则聚焦于一个个具体的德育问题的解决，常常不拘泥于教育学科，而是用多学科的视野来研究，从而凸显了德育研究的跨学科性质[②]；或者运用实证研究的方法对问题存在的频率、后果进行揭示，用定量研究方法尤其是以问卷法为主、访谈法为辅来揭示德育问题成为一种普遍的做法；或者用行动

---

① 易连云．全球共同利益视阈下的中小学德育课程改革思考［J］．教育学报，2018，14（1）：45－50.

② 戚万学，唐爱民，韩笑．改革开放 40 年德育理论研究的主题及进展［J］．教育研究，2018，39（10）：20－31.

研究来验证德育理论的效用，用质性研究方法对教育现象的精神意味做更深入、立体的揭示。总体看来，目前中国德育研究在方法论上正在努力超越简单的“主义”与“问题”的二元对峙，逐步走向人文主义与科学主义的深度融合。

以上，我们在回望70多年中国德育的发展历程的基础上，努力总结了中国德育研究的历史、成就与不足以及德育学术发展的基本逻辑。“缺什么，补什么。”这一历史的全面总结，尤其是现存局限的分析，其实已经构成了对未来中国德育研究发展应有趋势的严肃探讨。

当然，任何理论研究从来都不可能没有实体性研究对象或者研究的“质料”。对中国德育研究未来发展方向更为准确的把握，当然还需要从对于新时代中国社会的发展方向以及由这一方向所决定的中国德育发展的逻辑中去获得进一步的深入理解。也就是说，只有清晰了解新时代中国需要有什么样的德育，我们才能更为明晰也更为脚踏实地回答新时代中国德育研究应有的努力方向。

三、时代逻辑的转换与中国德育事业及德育研究应努力的方向

2017年，党的十九大宣布“中国特色社会主义进入新时代”，我国社会主要矛盾已经转化为“人民日益增长的美好生活需要和不平衡不充分的发展之间的矛盾”。[①] 与此相应，新时代的中国德育如何为切实解决“人民日益增长的美好生活需要和不平衡不充分的发展之间的矛盾”作出应有贡献？进一步说，依据新时代的发展逻辑，我们需要什么样的德育实践、德育研究？对于这些时代之问题作出全面、认真的回答，实乃新时代中国德

① 习近平．决胜全面建成小康社会　夺取新时代中国特色社会主义伟大胜利［M］．北京：人民出版社，2017：11.

育理论工作者必须承担的重要历史使命。

（一）新时代教育发展逻辑的重要转换

由于改革开放以来中国社会经济的长足发展，我们已经进入了一个“物质丰裕的时代”，而这无疑是新时代教育发展逻辑转换的物质基础。

我们可以2019年的经济发展指标为例。这一年，中国有两项发展指标特别具有划时代意义：一是人均GDP首次超过1万美元（国家统计局的数据显示，2019年中国人均GDP达到10276美元①）；二是城乡居民平均恩格尔系数（居民食物支出占家庭生活总支出的比重）首次降到30%以下（国家统计局的数据显示，2019年全国城乡居民平均恩格尔系数为28.2%②）。

人均GDP首次超过1万美元、恩格尔系数首次降到30%以下，都是了不起的成就，但对于人民的幸福生活而言，平均恩格尔系数显然更为重要。这是因为国家、社会发展的终极目标都是人民生活的改善，而恩格尔系数所直接反映的，正是人民生活水平的高低。虽然横向比较，我们与发达国家尚有不小差距，现实发展的挑战甚多（如基尼系数居高不下），未来发展也未必会一直一帆风顺，但若纵向比较或做大历史的总体考察，我们仍然要承认一个基本的事实——中国已经进入了一个全新的历史发展阶段：几乎所有国民都摆脱了极端贫困、解决了温饱问题、实现了全面小康，国家在整体上已经进入了一个国民物质生活普遍较为富足的新时代——而这一点具有特别重要的历史意义。因为支持各项事业发展的经济基础日益雄厚，所以我们才有可能、有底气达成许多过去可能难以企及的成就。即便还存在教育质量有待提升等诸多挑战，我国教育事业已有长足的发展就

---

① 据《每日经济新闻》2020年1月17日发表的文章，2019年，中国人均GDP首破1万美元，GDP总量与日、德、英、法四国之和大体相当。国家统计局2022年2月28日公布的《2021年国民经济和社会发展统计公报》显示，2021年中国人均GDP已经达到80976元，按当时的年均汇率折算为12551美元，已经超过世界平均线。

② 2019年全国居民恩格尔系数28.2%　连续8年下降[N].中国青年报，2020－01－22.

是不争的事实。我们再以 2019 年的数据为例。据有关部门的统计：2019 年，我国九年义务教育巩固率为 94.8%，义务教育普及程度达到世界高收入国家的平均水平；2019 年，我国高等教育毛入学率从 2000 年的 12.5% 提高到 51.6%[①]，高等教育在校学生总规模超过 4000 万人，实现了从大众化向普及化的历史性跨越，中国已建成世界上最大规模的高等教育体系[②]……这些成就，无疑都以改革开放以来国家综合国力大幅度提升从而能够有力支持教育事业的发展为基本前提。以国家对教育的投入为例，2012 年以来，国家财政性教育经费支出连年超越 GDP 的 4%，总规模以数万亿元计[③]。因此，我们完全可以预期，只要国家保持目前的发展势头，不断提升的经济实力、综合国力也必定会在未来支撑中国教育事业的进一步腾飞。

不过，"物质丰裕"的社会对人类发展，尤其是对教育事业的发展的挑战也是空前巨大的。中国教育事业发展从现在开始必须直面的挑战至少来自两个方面：一是教育需求类型的升级；二是社会人口结构的变化。

所谓教育需求类型的升级，指的就是无论受教育者（学生）还是教育者（教师），大家接受和从事教育的动机类型都已经悄然发生范型上的变化。受教育者，以后当然还会继续考虑教育的工具性价值（如获得文凭、找一份好工作），但越来越多的人会从过去接受教育的"饥饿逻辑"（如"跳农门"、找工作等）的控制中逐步摆脱出来，更多地关注通过教育去追求修身养性、实现人生梦想等教育的本体性价值。2020 年，湖南省一位贫困家

---

① 根据美国学者马丁·特罗的研究，以高等教育毛入学率为指标，可以将高等教育发展历程分为精英（15% 以下）、大众（15% 至 50%）和普及（50% 以上）三个阶段，当高等教育毛入学率超过 50%，高等教育就进入了普及化阶段。

② 据《2019 年国民经济和社会发展统计公报》，2019 年我国九年义务教育巩固率达到 94.8%。据 2021 年全国教育事业统计主要结果，2021 年我国九年义务教育巩固率达到 95.4%，各种形式的高等教育在学总规模 4430 万人，高等教育毛入学率达到 57.8%。以上数据均不包括我国港澳台地区。

③ 国家统计局数据：2020 年教育经费总投入达 53014 亿元。

庭出生的高分考生不顾网上许多人的劝阻，没有选择更赚钱的金融专业而毅然报考了自己所心仪的考古系，就是一个典型案例。贫困子弟的这一抉择，虽然未必已是普遍现象，但在过去物质匮乏的时代却一定是更难想象的。类似心理需求的变化，在教育工作者身上也呈现出了同样的变化趋势。2015 年河南省一位重点中学教师辞职的理由居然是“世界那么大，我想去看看”，这封“史上最具情怀的辞职信”，当然不是说明教师们以后都不在意薪酬、待遇了，而是意味着在新的历史时期，除了物质上的回报，将会有越来越多的人更倾向于在教育工作、日常生活中寻求生命的安顿、意义的获得。

以上接受、从事教育的动机范型的变化，其实是可以理解的。因为“仓廪实则知礼节，衣食足则知荣辱”（《管子・牧民》）。依据心理学家马斯洛的需要层级理论，当一个人的基础需要获得满足之后，其“优势需要”就一定会转移到对真善美、自我实现等高级需要、超越性需要上去。接受教育、从事教育的心理需求类型变化，或者学习与工作动机类型的变化，正是悄然发生的时代巨变的典型表征之一。就德育而言，获得良好生活所需的道德教养、建构安身立命的价值观念、追求人生的终极意义，同时在社会生活中成为拥有公共参与能力的有尊严的社会主体，对于新时代学习者的重要性将越来越大。

所谓社会人口结构的变化，指的是由于社会经济以及教育事业的迅速发展，我国人口的社会阶层、文化素养等正在悄然发生的结构性变化。首先是中等收入群体（或者中产阶层）的不断壮大。目前中等收入群体有多大，学术界尚有争议，但是改革开放以来中等收入群体迅速发展壮大的趋势，则是大家普遍认可的。而且，只要中国经济、社会继续向前发展，中等收入群体就会不断壮大。中等收入群体，并不只是一个合乎某些财富指标的人群，其突出特征之一就是基本生活问题已经解决，与之相应，心理需要的类型也会随之变革——与获得个体尊严、寻求社会正义等精神需要相关的自由、平等、公正、民主、法治的意识、诉求都会普遍提高。

除了社会阶层结构的变化，还有一项与教育发展直接相关的结构性变化，就是人口文化素养结构的变化——中国受教育人口的比重已经达到前所未有的高度。与新中国成立初期 80% 以上国民是文盲相比较，九年制义务教育已经全面实现、高等教育进入普及化阶段的中国，其人口文化素养结构——其实就是受教育人口占比已经发生翻天覆地的变化。越来越多的国民接受了良好的基础教育、高等教育，固然是我们时代最伟大的成就，也更有利于国家治理现代化的实现，同时，由于“民智已开”，包括教育治理在内的全部社会治理将面临全新的挑战，也是不言而喻的。我们可以肯定地讲，许多不讲公平正义或“不讲道理”的社会治理与教育治理的旧模式必将越来越不合时宜，而社会主义核心价值观所蕴含的自由、平等、公正、民主、法治等精神，将成为我国公民普遍而真实的现实诉求。近年来一些人们过去习以为常的社会“小问题”常常能在一夜之间就迅速形成重大网络“舆情”，重要原因之一，也在于此。

总之，“中国特色社会主义进入新时代”，或者中国进入“物质丰裕的时代”，都已经让国家教育需求的类型、社会大众的结构发生了重要变化。中国教育只能顺应历史大势，努力做出与时俱进的改革。换言之，新时代教育发展逻辑即将发生重要转换——中国教育实践与理论建设一定要有回应“2019 年以后”时代要求的范型之变[①]——以提供优质、公平的教育供给为教育事业发展的基本逻辑。而在德育领域，顺应“物质丰裕的时代”来临的历史大势，我们应该努力做出与时俱进的变革，形成优质、公平的教育供给，至少包括完成在德育主题（内容）、德育形态（形式）两个方面的继往开来与品质提升。

再换言之，依据新时代教育发展的大逻辑，中国德育研究如何为推进德育实践在教育主题（内容）、教育形态（形式）两大转型提供全面、专

---

① 檀传宝．发展范式转型的意味：论“2019 年以后”的中国与中国教育应有的变革［J］．中国教育学刊，2022(8)：64－69.

业的理论支持，也就势必成为新时代中国德育理论建构责无旁贷的使命。

（二）新时代必须坚守的德育主题

1. 加强基础道德教育——讲求基本人伦与道德教养

人类生活有一个重要且普遍的常识：若日常社会生活不讲基本人伦和道德修养，社会成员行为粗鄙，人际以及家庭、社会关系普遍紧张，何谈美好生活？所以，加强基础道德教育，既是教育领域一个千古不变的旧主题，又是“物质丰裕的时代”亟待应对的新课题。

中国是一个伦理型的文明古国，一直有强调基础道德的传统。孟子有云：“恻隐之心，人皆有之；羞恶之心，人皆有之；恭敬之心，人皆有之；是非之心，人皆有之。恻隐之心，仁也;羞恶之心，义也;恭敬之心，礼也;是非之心，智也。仁义礼智，非由外铄我也，我固有之也，弗思耳矣。”（《孟子 · 告子上》）“四端”说固然重点讲的是仁义礼智的发端，但也同时强调了基础道德发乎自然的“天理”属性。“父子有亲，君臣有义，夫妇有别，长幼有序，朋友有信”（《孟子·滕文公上》）等“五伦”与天理的自觉结合，强化了基础道德教育的重要性。故古代设立学校，“夏曰校，殷曰序，周曰庠，学则三代共之，皆所以明人伦也”（《孟子 · 滕文公上》）。“明人伦”等道德教育无疑是学校德育的基础或者根本。

“道德教育是学校德育的根本”[①]其实也是许多西方教育学家的共识。杜威曾经明确指出：“民主政治热心教育，这是众所周知的事实。”“民主主义不仅是一种政府的形式；它首先是一种联合生活的方式，是一种共同交流经验的方式。人们参与有共同利益的事，每个人必须使自己的行动参照别人的行动，必须考虑别人的行动，使自己的行动有意义和方向，这样

① 檀传宝．道德教育是学校德育的根本［J］．全球教育展望，2001 (6)：9 – 14.

的人在空间上大量地扩大范围，就等于打破阶级、种族和国家之间的屏障，这些屏障过去使人们看不到他们活动的全部意义。”[①] 美国著名的品德教育倡导者里克纳也曾经明确指出：“我们民主的奠基人认为，道德教育是我们民主社会得以存在的关键。”“他们的理由是：民主的政府是由人民当家做主，人民自己对社会的自由与公正承担责任。这意味着人民至少在某种意义上说必须是善良的，他们必须理解民主的道德基础，并为之尽责……”[②] 因此他们的一个共同点就在于他们看到了政治教育虽然重要，但必须建立在最基本和最有效的道德教育基础之上。

对于当代中国社会而言，基础道德教育不仅具有永恒的、理论的意义，而且还具有十分迫切的现实意义。这是因为，物质生活的相对富裕会凸显人们对于精神生活的强烈需求。2014 年，人民论坛问卷调查中心曾经进行过一项有关中国“社会肌体健康”的调查（调查对象 8015 人）。据此形成的分析报告显示，超过八成的受访者认为当前中国社会正处于“亚健康状态”（“若请您为当今中国社会的健康程度打分，从 0 到 10，分值越高越健康，您的打分是？”选择 5 分及 4 分以下的各为 24.4% 和 57.7%），网民们认为最大的“社会病”包括：信仰缺失（55.3%，百分比越高意味着越多人认为这是最大的“社会病”）、看客心态（48.7%）、社会焦虑症（44.5%）、习惯性怀疑（40.4%）、炫富心态（38.9%）、审丑心理（36.5%）、娱乐至死（34.3%）……传统中国是一个乡土社会，特别强调以道德和信仰形成社会规范来规约各种利益主体。但这一调查发现，当今社会有高达 88.0% 的人认同（完全认同、比较认同者分别占 60.2% 和 27.8%）“信仰缺失、道德滑坡”是中国当代社会一种普遍的“社会病”。[③] 基础道德本身及其信仰基础的缺失，恰好与先秦儒家、宋明理学建立的基础道德的“天理”“伦常”的论证逻辑

---

① 杜威．民主主义与教育［M］．王承绪，译．北京：人民教育出版社，1990：92.

② 里克纳．美式课堂　品质教育学校方略［M］．刘冰，等译．海口：海南出版社，2001：5.

③ 数据来自人民论坛问卷调查中心 2014 年 9 月发布的《当前社会病态调查分析报告》。

以及杜威和里克纳的共识走向了完全相反的方向，同时也反映出了日渐富裕的中国社会在精神层面的饥渴状态以及人民群众心理需求的时代转向。

为了因应新时代社会发展趋势和人民群众的精神需要，2019 年 10 月 27 日，中共中央、国务院印发了《新时代公民道德建设实施纲要》。该纲要开宗明义指出："中国特色社会主义进入新时代，加强公民道德建设、提高全社会道德水平，是全面建成小康社会、全面建设社会主义现代化强国的战略任务，是适应社会主要矛盾变化、满足人民对美好生活向往的迫切需要，是促进社会全面进步、人的全面发展的必然要求"，"要把社会公德、职业道德、家庭美德、个人品德建设作为着力点。推动践行以文明礼貌、助人为乐、爱护公物、保护环境、遵纪守法为主要内容的社会公德，鼓励人们在社会上做一个好公民；推动践行以爱岗敬业、诚实守信、办事公道、热情服务、奉献社会为主要内容的职业道德，鼓励人们在工作中做一个好建设者；推动践行以尊老爱幼、男女平等、夫妻和睦、勤俭持家、邻里互助为主要内容的家庭美德，鼓励人们在家庭里做一个好成员；推动践行以爱国奉献、明礼遵规、勤劳善良、宽厚正直、自强自律为主要内容的个人品德，鼓励人们在日常生活中养成好品行。"对于教育工作者来说，这不仅是对社会发展中道德建设的强调，更是对于基础道德教育最为明确的强调。

基础道德教育既是对儿童道德发展逻辑的尊重，也是完整人格建设逻辑的必然要求。因为儿童总是在与身边人友好相处的日常生活中发展其道德的；而没有基本道德人格建设，任何宏大的社会政治理想、价值观念都会失去其有效生长的起码逻辑基础。强调基础道德教育，既是一个超越时空的永恒、普遍的教育命题，也是当代中国德育直面当代中国社会现实精神需要必须作出的理性回答。

2. 开展民主法治教育——协力政治文明建设

"美好生活"一定是共和国每一个公民都拥有人格尊严，合法权利都得到充分保障的生活。因此"不断满足人民对美好生活的向往"，一方面要求大力加强民主与法治建设，建设社会主义政治文明，另一方面则需要扎实开展民主、法治教育，确保公民成为负责任的权利主体、共和国真正的主人翁与建设者。因此，民主与法治教育、社会主义民主政治教育，或者中国特色社会主义的公民教育的开展就是这一美好生活建构的应然之义。

关于人的现代化，美国社会学家阿历克斯·英格尔斯曾经有过精彩的论述。在深入研究西方发达国家现代化进程并考察了第三世界国家现代化发展出现的诸多问题之后，英格尔斯发现：一个国家或企业即使有先进的制度，但如果缺乏能赋予这些制度以真实生命力的广泛的现代心理基础，如果执行和运用这些现代制度的人自身还未从心理、思想、态度和行为上都经历一个现代化的转变，那么就会导致制度的畸形发展甚至失败。再完善的现代制度和管理方式、再先进的技术工艺，也会在一群“传统人”的手中变为废纸一堆。这就是著名的“英格尔斯效应”。因此，英格尔斯断言：“人的现代化是国家现代化必不可少的因素。它并不是现代化过程结束后的副产品，而是现代化制度与经济赖以长期发展并取得成功的先决条件。”[①]

中共中央、国务院于2019年2月颁布的《中国教育现代化2035》明确指出，要“大力推进教育理念、体系、制度、内容、方法、治理现代化，着力提高教育质量，促进教育公平，优化教育结构，为决胜全面建成小康社会、实现新时代中国特色社会主义发展的奋斗目标提供有力支撑”。而与之配套的由中共中央办公厅、国务院办公厅印发的《加快推进教育现代化实施方案（2018—2022年）》所制定的5年教育现代化总体目标则是：“经过5年努力，全面实现各级各类教育普及目标，全面构建现代化教育制度体系，教育总体实力和国际影响力大幅提升。实现更高水平、更有质量的普及，教育改革发展成果更公平地惠及全体人民，教育服务经济社会发展的能力显著提高，社会关注的教育热点难点问题得到有效缓解，多样化可

① 英格尔斯．人的现代化［M］．殷陆君，编译．成都：四川人民出版社，1985：8.

选择的优质教育资源更加丰富，人民群众受教育机会进一步扩大，学习大国建设取得重要进展。”在以上两个文件中，无论是“推进教育理念、体系、制度、内容、方法、治理现代化，着力提高教育质量，促进教育公平，优化教育结构”，还是“教育改革发展成果更公平地惠及全体人民，教育服务经济社会发展的能力显著提高，社会关注的教育热点难点问题得到有效缓解，多样化可选择的优质教育资源更加丰富，人民群众受教育机会进一步扩大”，都说明教育现代化在制度、观念层面均得到了前所未有的强化。这是因为，无论我们的教育现代化在器物层面的进步指标如何亮眼，若教育制度民主与法治水平还不够高，若我们培育的社会主义建设者和接班人还不完全具备独立人格和创造精神、不能积极和理性参与社会治理，若我们不能在制度、精神层面实现彻底的现代化，我们就不可能真正意义上全面实现教育现代化。

若是做国际比较，社会主义民主法治教育、社会主义民主政治教育、社会主义核心价值观教育，其实就是世界各国所说的公民教育。我们与他人的区别，只在于我们的公民教育是中国特色社会主义的公民教育。公民教育所要培育的“公民”，既与“臣民”相对，也与“私民”相对。前者要求社会成员告别等级社会和人身依附，成为民主社会的权利和责任主体，因此公民教育的核心内容就必然包括自由、平等、公平、正义、民主、法治等；后者要求受教育者告别自给自足、不问政治的小农人格，成为有责任感、有能力参与社会治理的社会成员，因此公民教育的内容就必然包括道德责任、法治精神、爱国、敬业、诚信、友善等。无论中外，公民教育的目的，都在于促进受教育者健全的公民身份（Citizenship）的建构，从而在人格上告别人身依附和小农人格，实现人的现代化。正是在这个意义上，公民教育是现代教育性质的体现，是现代教育的目的性要求，因而公民教育意味着“全部教育的转型”[①]。当然，中国公民教育是中国特色社会主义公民教育。

---

① 檀传宝．论公民教育是全部教育的转型：公民教育意义的现代化视角分析［J］．安徽师范大学学报（人文社会科学版），2010，38（5）：497－503.

教育即生活。要实现人的现代化、培养现代公民，不仅需要设置如“道德与法治”“思想政治”等专门的德育课程，还需要系统“重构学校制度生活”。因此加强学校制度建设以及开展与之相应的制度德育，就成为加强民主与法治教育的必然选择。依据制度德育论的理论主张，第一，“制度是教育资源”，应当彰显学校制度正向的多方面的育德功能；第二，“制度是教育过程”，应当确立优良学校制度的品质，对现行学校制度进行批判性审视，建构公平正义、民主平等、自由发展的学校教育制度，把制度建构活动变成教育过程；第三，“制度是生活方式”，应当把成文的制度规定与有组织的制度活动，通过内化与外化双向机制，变成稳定的制度化行为模式，化为学校制度生活，通过学校制度生活来培养学生品德。[①]从本质上看，制度德育论是从学校制度重建、优化的角度主张加强教育生活意义上的民主与法治教育。

3. 推进“人类命运共同体”教育——促进全球公民责任和团结

当代社会，人类生活已经是一个相互依存的整体。一国人民的“美好生活”，一定与其他国家有直接和间接的关联。所以近年中国一直大力倡导构建“人类命运共同体”（a Community of Shared Future for Mankind）。“人类命运共同体”这一理念的提出，既是为了维护中国人民的尊严，维护国家的核心利益、主权、安全及发展，也是为了更好地承担国际义务，反对单极化霸权，推动建立更加公平正义的全球治理新秩序。“人类命运共同体”，是一种政策宣示、一种社会理想，更是一种客观现实。[②]

“人类命运共同体”理念之所以成立，首先是因为世界经济的“全球化”

① 杜时忠．制度何以育德？［J］．华中师范大学学报（人文社会科学版），2012，51（4）：126－131＋4.

② 据中国外文局当代中国与世界研究院2020年9月15日发布的《中国国家形象全球调查报告2019》，已有六成以上海外受访者认可“人类命运共同体”这一理念对个人、国家、全球治理的积极意义。

已经是一个具有突出现实性、普遍性的客观事实与发展趋势。市场经济的发展已经使得全球化市场成为当代各国经济面临的客观现实，产业、市场、资本的全球化分工会使得资源配置更好地实现优势互补，世界经济的发展也更有效率与活力。所以尽管在理论上一直存在对于全球化进一步加剧了国家间的贫富差距，加重资本对于普罗大众的经济剥削、政治压迫，导致政治、文化、生态危机日益严重等广泛的批评，尽管近年一些发达国家出于一己之私也采取了许多“逆全球化”的政策干预，经济全球化仍然是一个不可阻挡的历史潮流。

经济全球化除了使得世界变小、成为“地球村”，还加快了科技、文化、教育的交流，互联网的产生与发展，新媒体尤其是智能化的社交媒体的涌现和全球化覆盖，也使得整个世界在信息交流方面实现了前所未有的相互开放，而更加开放的世界反过来又使得全球化的范围和程度不断加深，“人类命运共同体”建构的现实性也因此得到进一步强化。

此外，当代世界还面临着许多亟待解决的现实问题，如战争与冲突、环境和气候问题、发达国家与发展中国家的贫富差距等。这些问题也都具有全球性，非一个国家或者某一国家集团可以单独解决。因此，各国如何和平相处、各国国民如何作为“全球公民”参与国际秩序的重建，迫切需要我们努力在德育上开展“人类命运共同体”意识的教育或者“全球公民”身份的培育。

联合国教科文组织 2015 年发布的《反思教育：向“全球共同利益”的理念转变》（*Rethinking Education: Towards a global common good*, 2015）[①] 明确指出，虽然“目前关于公民的定义仍以民族国家为核心，但在全球化

---

① 中文版已经由教育科学出版社于 2017 年出版。原文“common good”应译作“公共善”而非“共同利益”(common interest)。公共善着眼于社会正义，共同利益强调利害关系。联合国教科文组织的这一报告强调应该重新思考教育的使命，将教育视作在全球范围内促进公平正义、培育全球公民身份的事业。

的影响下，这种概念和相关做法正在改变”[①]。跨国社会和政治共同体，民间社会和行动主义都是新型“后国家”公民的表现形式。全球化创造出了超越民族国家的新型经济、社会和文化空间，正在促成超越民族国家界限的新的身份认同和动员模式。而“国家教育”面临挑战，人类社会要“重新思考多元互联世界中的公民教育”。[②]

超越民族国家层面的“人类命运共同体”教育，与国际上通行的“全球公民教育”（Global Citizenship Education，简称 GCE）相通。总结联合国及世界各国全球公民教育的政策与实践经验，为了真正“促进全球公民责任和团结”，“人类命运共同体”教育，或者“全球公民教育”至少应当包括如下几个重要的教育主题：第一，文化理解与和平教育。第二，经济发展与可持续发展教育。第三，全球治理与公民的建设性参与。

以上基础道德教育、民主法治教育、“人类命运共同体”教育，刚好构成了一个由近及远的逻辑系列。只有在教育内容上不断扎实强化这些主题的教育，我们的世界才可能更加美好，中国德育也才能满足人民群众对于美好生活的向往。但无论是基础道德教育、民主法治教育还是“人类命运共同体”教育，在内容选择、界定和有效开展上，都有许多需要德育理论工作者勇敢面对、深度回应的重大课题。

（三）新时代应当建构的德育形态

实现优质、公平的教育供给这一新时代中国教育事业发展的基本逻辑，不仅要求有高品质的德育内容安排，也要求有高品质的德育形式保障。让中国德育在教育形态上更加美好、让新时代少年儿童有更多接受优质德育

① 编译自 TAWIL S. Education for ‘global citizenship’: A framework for discussion［C］// ERF Working Papers, Series No. 7. Paris: UNESCO, 2013.

② 联合国教科文组织．反思教育：向“全球共同利益”的理念转变［M］．联合国教科文组织中文科，译．北京：教育科学出版社，2017：57.

的幸福感，具体说来，让中国德育成为专业的德育、审慎的德育、美好的德育，理应成为新时代德育形态变革的主要方向。

1. 让德育成为专业的教育——对德育规律的严格遵循

立德树人是教育的根本任务，故在教育上“人民日益增长的美好生活需要”也就自然表现为人民群众对于德育实效提高的广泛期待。而要让中国德育实效提高、让德育形态更为美好，这就需要严格遵循德育的客观规律，实现经验型德育向专业化德育的历史转型。

首先，由经验型德育向专业化德育的历史转型，要求德育实践充分尊重儿童道德发展的客观规律。

关于儿童的道德发展，劳伦斯·柯尔伯格（一译科尔伯格）曾经在道德认知发展上有过经典的描述。柯尔伯格不仅通过实证研究归纳出了儿童道德判断三水平（前习俗、习俗、后习俗）、六阶段（奖惩与服从定向、工具主义的相对主义定向、好孩子定向、法律与秩序定向、社会契约定向、普遍伦理原则定向）的发展轨迹，而且通过图利尔等人的试验得出结论：发展性道德教育的第一个心理学原则是，儿童只能同化在发展意义上合乎他们自身水平的那些道德说理；第二个心理学原则是“道德发展上的向前运动不仅依赖于向儿童揭示下一阶段的思维，而且要使儿童体会到运用他们自己当前的思维水平到道德问题情景中发生认知冲突的经验，如果经验不到足够多的认知冲突和不确定性，道德发展就不会发生”。[①] 柯尔伯格的道德认知发展理论及其生发出来的两难讨论、公正团体等德育方法至今仍然有重要的应用价值。当然，儿童道德发展并不只有道德认知发展一个维度，精神分析理论、社会学习理论、积极心理学等许多品德发展理论都从

---

① KOHLBERG L.Cognitive-developmental theory and practice of collective moral education [M] // WOLINS M, GOTTESMAN M. Group care: the education path of youth aliyah. NY: Gorden & Breach,1971 : 367.

人格发展、道德情感、亲社会行为等方面补充了儿童道德发展的其他维度。即便是儿童道德认知发展理论本身，通过图利尔、努奇等人的努力，也发展出了社会认知领域理论，将道德发展领域与社会习俗、个人生活领域的发展严格区分开来，人们对儿童道德认知发展图景的描绘也越来越具体、准确。吉利根、诺丁斯等人则以他们在关怀教育理论上的杰出贡献，从性别视角补充了我们对于儿童道德发展的认识。道德发展理论的不断发展已经告诉我们的基本常识是，儿童道德发展的阶段性特征是客观存在的，发展的逻辑也是有规律可循的。而要求得德育实效提升，教育实践只能遵循这些规律。若我们将“德育”定义为思想、道德、法治、心理教育等更广泛的领域，则思想、道德、法治、心理教育等教育实效提升的前提，也一定是对儿童思想、道德、法治、心理发展实际与客观规律的敬畏与遵循。

其次，由经验型德育向专业化德育的历史转型，还要求德育实践充分尊重德育活动的客观规律。

在当代中国德育实践探索中，德育的课程改革一直是德育实践改进的重点领域，而德育课程改革的一大进步，就是在课程理念上对于德育规律的尊重。其中最重要的就是鲁洁所倡导的“生活德育”理念对于课程改革的巨大贡献。鲁洁指出：“道德学习的本质，不是知识学习，而是生活的、实践的学习。”[①]“当代的教育却无视道德之知的实践特性，同其他知识一样也把它放在科学理性主义的过滤器中筛选成普遍化、客体化的知识，彻底割断了它长在母体身上的脐带，断绝了它与生活实践的联系，也就使它再也回不了自己的家。”[②]因此，“新德育课程的基本理念是回归生活。德育课程要‘源于生活，通过生活，为了生活’，在课程的实施中，不仅要关注课程的内容贴近生活，

---

① 鲁洁.江苏社科名家文库：鲁洁卷［M］.南京：江苏人民出版社，2015：18.

② 鲁洁.边缘化　外在化　知识化：道德教育的现代综合症［J］.教育研究，2005（12）：11－14＋42.

还要努力促使课程学习能真正改变生活”[①]。德育课程改革的具体目标应当表现为“道德观：从知识道德向生活道德转变”“课程观：从唯知识论走向生活经验论”“学习观：从单向传输转向交互作用”[②]。

不管德育课程标准与课程实践如何发展，我们可以肯定的是：不仅德育课程，而且全部德育实践，在坚持中国特色社会主义德育方向的同时，如何克服德育内容“假大空”、德育方式“强制灌输”等违背规律的德育惯习，始终是中国德育追求进步的重要方向之一。

再次，由经验型德育向专业化德育的历史转型，在教育实践上必然要求德育工作专业化水平的全面提升。

“德育专业化”既是历史的趋势，也是逻辑的必然。在进入现代社会之前，包括德育在内的所有教育活动都是经验型的。从事个体化教学工作的教师，其教育实践与手工艺人师傅带徒弟的模式并无本质差异。其基本逻辑在教育内容上都是“会什么，教什么”，在教育形式上也都是借助经验探索教育的有效性。尽管中外都不乏杰出的教育家和教育思想家，但是他们的教育实践、教育理论都是经验性的探索。以机器大工业为代表的现代生产的迅猛发展以及义务教育普及运动所催生的大规模学校教育，特别是“师范教育”的产生，是经验型教育到专业化教育的一个重要分水岭。师范院校的产生，意味着人类社会在制度上认可了教育工作两种专业性：一是在教育内容上，现代科学各学科知识意义上的“学科专业性”得到进一步认可；二是在教育方式上，教育学、心理学、教学法等所代表的“教育专业性”得到了体制性的认可。如果说“学科专业性”是旧式教育“会什么，教什么”逻辑的延续与升级，那么“教育专业性”则是现代教育与古代教育的根本区别所在。从此，包括德育在内的全部现代教育，都必须

① 鲁洁．江苏社科名家文库：鲁洁卷［M］．南京：江苏人民出版社，2015：18.

② 鲁洁．德育课程的生活论转向：小学德育课程在观念上的变革［J］．华东师范大学学报（教育科学版），2005（3）：9－16＋37.

兼顾“学科专业性”和“教育专业性”。在这一意义上，现代教育、德育必须实现由经验型到专业化的范式变革，当然就是一个历史的必然。

之所以说“德育专业化”不仅是历史的趋势而且也是逻辑的必然，还因为：若全部教育都要承认“学科专业性”和“教育专业性”，实现由经验型到专业化的范式变革，德育作为教育的“根本任务”当然也要完成这一历史的转型。而要完成这一历史转型，德育就必须在研究、决策和教师的德育专业化等方面做出应有的努力。

完整的“德育专业化”无疑应当包括德育研究的专业化和德育决策的专业化。因为没有研究的专业化，德育决策及实践就没有“专业”的基础，专业化也就无从谈起。而德育决策的专业化则是德育事业专业化发展的关键。因为没有对于儿童道德发展规律的把握，没有对于德育原理、德育规律的尊重，就不可能有教育政策所追求的德育实效的取得与提高。“文革”时期一些政策对于德育规律的否定直接导致了德育内容的混乱以及德育方式非理性，其结果是灾难性的。“文革”结束后，“五讲四美三热爱”运动在全国范围内广泛开展，其实就是因为绝大多数国民已经意识到基本德性丧失的灾难性后果。20 世纪 70 年代末 80 年代初出现的青年一代的“信仰危机”更是意味着强制灌输无法建构真正的信仰。而新世纪伊始开启的德育课程改革之所以取得重要进步，最为根本的经验无疑也是教育决策对于德育专业或德育规律的应有尊重。

“德育专业化”还应当包括教师德育专业化。① 迄今为止，日常教育生活中人们常常将教师专业化理解为课程、教学意义上的专业化，这是一个严重的“概念的缺损”。其结果，“一方面，教师大学毕业拿到教师资格证书时基本没有学习过如何进行德育，在继续教育过程中对德育的学习也是偶然和不系统的，故所有教师都在以‘摸着石头过河’的方式

---

① 蓝维．德育专业化的关键：德育教师的专业发展［J］．教育研究，2007 (4)：26 － 27.

从事德育；另外一方面，现代教育与心理科学已经在德育理念、德育基础理论、德育策略与技能、品德及德育心理等许多维度都累积了十分丰富的研究成果，但这些成果只在教育研究者圈子里面循环，而较少与一线教师和其他实际教育工作者联系”[①]。因此，如何分门别类让所有实际承担着德育使命的从教人员都获得相应教育岗位所必需的德育观念、德育理论与德育事务等方面的专业知识与能力，是新时代中国教育事业尊重德育规律，实现德育实效、品质提升的关键之关键。

2. 让德育成为审慎的教育——对后真相时代的理性应对

当前，由于经济全球化的不断深化以及媒介生活形态的突飞猛进等原因，社会生活的复杂性、价值观的复杂性都已经空前提高。如何应对“后真相时代”的挑战成为全球性话题。

2016 年，《牛津英语词典》将“后真相”（post-truth）一词选为年度词汇，并将之定义为“诉诸情感与个人信仰比陈述客观事实更能影响民意的一种情形”。尔后《经济学人》在一篇文章中将“后真相”解释为：“真相并未被篡改，也未被质疑，仅仅是变得次要了。”[②]也就是说，“后真相时代”的公众在求真相没有希望的情况下，往往不再“较真”，人们更趋向于相信他们在情感上愿意相信的“事实”。概括说来，“后真相时代”的突出特征有二：一是由于种种原因，尤其是基于各种利益的考量，与过去相比，当代社会已是一个真相更难把握的社会；二是由于媒体发达、信息爆炸，人类很难像过去那样轻易获得真相，因此许多人便“方便行事”“反求诸己”，只相信自己愿意相信的“真相”。后者不仅让形形色色的民粹思维大行其道，也让真相的求索、共识的形成变得更为困难。而“未经反思就接受的观点

① 檀传宝．再论“教师德育专业化”［J］．教育研究，2012，33（10）：39－46.

② NOGUEIRA J. Post-truth politics：art of the lie［J］. The Economist，2016（9）：a27－a33.

和草率作出的决定有可能给我们的家庭、朋友、同事、社会、环境以及星球造成破坏性的灾难”①。

虽然“后真相时代”的到来,也有碍于自然世界里真相的发现,但是“诉诸情感与个人信仰比陈述客观事实更能影响民意的一种情形”肯定更多地发生在社会领域，尤其是价值观及其教育领域。故在当代社会，德育不可避免地面临两大维度的时代挑战。

首先是在教育目标、内容上，当代德育会面临不同价值观的同台竞技，其次是德育的形式方面，如德育的方式、方法等，同样会在不同制度、不同意识形态的国家间竞争，这都要求德育能够帮助道德学习主体在复杂的当代社会生活中作出明智且经得起考验的价值选择。此外，在“后真相时代”，人们对情感与信仰的服膺往往超过了对事实真相的究问。批判性思维有助于人们基于事实追求道德生活的真相。故在“后真相时代”，德育要理性应对上述挑战,批判性思维(Critical Thinking,又译作“审慎性思维”)就显得前所未有地重要。

所谓批判性思维，不过是“做出有目的、自我监督的判断的过程”，是“就观点和行为建构一个合理且公正的判断”。②批判性思维的关键能力，包括质疑能力和理性思考能力。③与彼得·法乔恩的前述定义相似，诺希克列举过另外三个有代表性的定义：“批判性思维是合理的、反思性的思考，着重于决定相信什么或做什么”(来自恩尼斯)；“批判性思维是熟练的、可靠的思考。因为它对背景很敏感，依赖于标准，并且是自动调整的，所以有助于形成有效的判断”(来自李普曼)；“批判性思维是你

① 法乔恩.批判性思维:思考让你永远年轻[M].李亦敏,译.北京:中国人民大学出版社,2013:6.

② 同①7.

③ 美国学者恩尼斯的观点,转引自 COTTRELL S.批判性思考:跳脱惯性的思考模式[M].郑淑芬,译.台北:寂天文化,2007:12.

在思考的时候，考虑自己的想法，以使自己更好地思考”（来自理查德·保罗）。[①]

批判性思维所要求人的，不过是严肃反思自己的判断和行动，不过是“讲理”（reasoning）——依据“理”（依据可靠标准并推理）、“据”（客观事实）作出理性的抉择并服从真理。批判性思维是一种明智的思维方式，其本身并不等同于某种道德上的善或恶。换言之，一些邪恶之徒也可能具有某种批判性思维的能力并让这一能力为犯罪服务。但对于德育而言，批判性思维要求分析信息来源与背景，依据一定标准，通过重新组织概念、展开逻辑推理，从而合理反思、评估所获取的信息及其附着的价值观，这不仅会帮助个体获得事实意义上的真相，更有利于帮助个体在置身于价值信息的洪流时能够以公正客观的态度作出理性的道德判断，避免无意中被未经反思的道德情感带来的猛烈冲击俘获而成为无脑的“乌合之众”。很显然，当代人要在纷繁复杂的价值世界中真正安顿自己、安顿年轻一代的精神生命，与其在眼花缭乱的价值观面前无所适从，不如在德育实践中强化批判性思维的培育，让德育对象在“风吹雨打”中自由、理性地选择并牢固建构起自己的价值观。由于批判性思维具有特别强调反思、强调标准、强调真实、强调理智等特性[②]，批判性思维的培育当然也一定会让合理的德育活动在内容、形式的竞争中拥有更强大的竞争力。

“物质丰裕的时代”和“后真相时代”无疑是同一个时代。前者意味着精神需要的凸显和德育对于这一需要高质量回应的必要；后者则要求高品质的德育，应该将批判性思维纳入日常德育生活，不仅提升德育的实效，而且因为实效的获得而让德育对象体会自主、自由地接受德育的美好。

---

① 诺希克．学会批判性思维：跨学科批判性思维教学指南［M］．柳铭心，译．北京：中国轻工业出版社，2005：2.

② 同①3－5.

3. 让德育成为美好的教育——主体自由的真正实现

如果用发展批判性思维的方式去应对“后真相时代”的德育的挑战是一种相对“防守”的策略，那么更为积极的教育战略就是让德育成为一种最“美好”的教育事业。当代德育应当成为一种能让道德学习主体自由真正实现的德育，一种自主、生活和审美的德育。

与自主的德育相反，在德育领域最不美好的学习体验，当然就是蔑视学习者的主体性、“按着马头让其喝水”（杜威语）式的强制灌输了。关于“灌输”，或者“强制灌输”，柯尔伯格曾经有过一段十分精辟的论述：“灌输既不是一种教授道德的方法，也不是一种道德的教授方法。说它不是一种教授道德的方法，是因为真正的道德应当包含对可能出现的价值冲突作出审慎的抉择；说它不是一种道德的教授方法，是因为合乎道德的教学必然意味着尊重儿童正在发展的对所学内容进行推理与评价的能力。”[①]

与灌输式的德育相反，让道德学习主体自由真正实现的德育，一定是自主、生活的德育。“唯物辩证法认为外因是变化的条件，内因是变化的根据，外因通过内因而起作用。”[②]因此自主的德育不仅是现代教育学、心理学的主张，也符合唯物辩证法的基本原理。就像石头不可能孵化出小鸡一样，没有德育对象内在学习动机的发动，没有对特定价值观念的情感接纳、认同，没有学习者学习经验（生活）、发展阶段等“内因”条件的支持，就没有任何有效学习发生的可能性。由于涉及情感、态度、价值观的改变，与一般文化课知识学习相比较，强制灌输在德育上会更加无效。也正是因为这一点，柯尔伯格才说灌输“不是一种教授道德的方法”。自主的德育、自我建构的德育不仅是教育“效益”的要求，而且是教育伦理的要求。现

---

① POWER C, KOHLBERG L. Using a hidden curriculum for moral education [J]. Education Digest, 1987 (2) : 12.

② 毛泽东选集：第一卷［M］. 北京：人民出版社，1991 : 302.

代德育乃至全部教育之所以区别于古代德育、教育，一方面是彻底的人身依附的否定，另一方面是教育基于人是目的而非手段的伦理基础。因为无视学习主体的尊严，将学习者看作达成某种目的的工具或者器皿，所以“按着马头让其喝水”式的强制灌输意义上的德育才“不是一种道德的教授方法”。就是说，由于违背现代教育伦理，德育的强制灌输范式在本质上是反德育的。

自主的德育可能面临价值观教育的强制与放任之间的矛盾；强调生活的德育也可能面临德育对生活的适应与超越之间的张力。而促成价值引导与自主建构的矛盾解决的“中庸之道”，在于德育内容与形式的审美化。因为“道德教育的内容与形式如果可以处理成一幅美丽的画、一曲动听的歌，那么与这幅画、这首歌相遇的人就会在‘欣赏’中自由地接纳这幅画、这首歌及其内涵。道德教育的价值引导与道德主体的自主建构两个方面就可以在‘欣赏’过程中得以统一”①。所以，让道德学习主体自由真正实现的德育更一定是审美的德育。

正如自主、生活德育的意义不仅在于德育绩效的提升，也在于教育伦理的落实一样，审美化的德育最为重要的也不仅仅在于通过对德育内容、形式、师生关系等的审美化改造而使得德育更为生动、克服道德规范之于学习者的“顽强的疏远性”，审美化的德育最重要的意义，也在于席勒所言的“在有文化教养的圈子里，在审美的国度里，人就只需以形象显现给别人，只作为自由游戏的对象而与人相处”②这一极富美感的教育境界的达成。由于道德及其学习自由的真实获得，德育才可能让学习主体摆脱奴隶式的被动道德规训状态，也脱离“人和人以力相遇”的丛林法则所支配的

---

① 檀传宝．德育美学观［M］．北京：教育科学出版社，2021：224.

② 席勒．美育书简［M］．徐恒醇，译．北京：中国文联出版公司，1984：145.

野蛮生活。因此，审美化的德育实践是一种能使道德主体的意义求索和学习自由兼得的当代德育之道。

无论是自主的、生活的、审美的德育，或是其他许多浪漫、理想的中国当代德育理论主张，本质上都是在主张让德育成为因道德学习主体自由的真正实现而变得更加“美好”的教育，而这正是“物质丰裕的时代”中国社会对于德育最核心的要求。

依据新时代的发展逻辑，我们需要什么样的德育实践、德育研究？

我们认为，加强基础道德建设、开展民主法治教育、促进“人类命运共同体”的形成，应该成为新时代必须坚守的最重要德育主题；让中国德育成为专业的德育、审慎的德育、美好的德育，理应成为新时代德育形态变革的最重要的改革方向。如果上述德育主题（内容）、德育形态（形式）的发展方向的确是新时代发展逻辑的必然，那么新时代的德育研究理所当然服从这一时代转型的逻辑去求得自身的发展。新时代的中国需要高品质的德育，相应地也就需要与之相应的更高品质的德育研究。换言之，如果中国德育理论工作者要“将论文写在大地上”，就一定要投身于以高质量的学术研究推进中国德育在内容与形式维度的品质提升这一伟大的事业之中。

在这一时代背景之下，《中国德育研究大系》可谓当代中国德育学人对于高品质德育实践与理论建构这一时代责任的一次集体性的学术承担。

四、《中国德育研究大系》的缘起与编撰历程

湖北教育出版社是一家情系教育、志存高远的专业出版社。自 2002 年以来，出版社曾经与多位德育研究者一起合作研制、出版国家义务教育新课程标准教材《品德与生活》《品德与社会》（鄂教版），为基础教育课程改革添砖加瓦。在愉快而高效的合作过程中，出版社与德育专家们不仅加深了了解，而且获得了高度互信。2020 年 10 月，全国德育学术

委员会第 29 届学术年会在海南召开，湖北教育出版社方平社长专程与会，提出与全国德育学术委员会合作出版《中国德育研究大系》的详细设想。《中国德育研究大系》选题价值也受到了全国德育学术委员会许多专家的高度肯定。会后，我们就立即着手谋划书系的框架、邀请和遴选作者、商讨编撰工作的日程安排。

2021 年 6 月，《中国德育研究大系》启动会在华中师范大学召开。长江出版传媒股份有限公司领导、湖北教育出版社领导和多位编辑参加会议，全国德育学术委员会时任理事长檀传宝教授、副理事长杜时忠教授，以及十位作者：孙彩平教授、卜玉华教授、齐学红教授、唐爱民教授、程红艳教授、班建武教授、叶飞教授、刘长海教授、李敏教授、刘春琼副教授参会研讨。为了认真总结中国当代德育研究的重要成果、应对德育研究面临的时代挑战、回应社会对德育实践的重大关切，与会专家一致认为在“两个一百年”的历史交汇点，编写《中国德育研究大系》适逢其时。在这次会议上，大家对《中国德育研究大系》的编写思想、风格定位、内容体例等问题进行了深入讨论，并形成如下共识：第一，丛书要成为高水平研究成果的集成，要优先考虑德育研究的学术性、专业性。第二，要突出时代气息和中国特色，充分反映中国德育发展和德育理论进步的整体风貌。第三，要具有国际视野、中国立场，要成为一个具有民族特色和世界眼光的德育研究精品系列。

最终呈现的《中国德育研究大系》由《德育基本理论研究》《学生品德发展研究》《教师道德研究》《德育课程研究》《班级德育研究》《家庭与社会德育研究》《德育方法研究》《德育评价研究》《中国传统德育研究》《中国德育研究新进展》十个分册组成，基本实现了预期目标。为了确保《大系》的学术水准与出版质量，在十册图书编写、审校完成后，我们又特别邀请了十位学者分别对上述十部书稿进行了审阅，他们分别是：周小李教授、张添翼副教授、蔡辰梅教授、郑航教授、李家成教授、李太平教授、朱晓宏教授、唐汉卫教授、冯永刚教授、郑富兴教授。十位审稿人认真阅读了书稿，并提出了大量中肯而有益的建设性意见，各册作者在此基础上进行了修改完善。

在此，我们对十位审稿人表示衷心感谢!

这十册图书汇集了中外德育研究的最新成果，在深入探讨德育基本理论、中国传统德育及面向未来的中国德育等诸多理论课题的同时，也系统分析、回应了教师道德、品德发展以及影响青少年品德成长的课程、教材、教学评价等德育领域的重大实践课题。《中国德育研究大系》既是汇集当代德育研究成果的百科全书，更是推进中国特色社会主义德育理论建构的工作平台。它不仅为中国特色社会主义德育理论的建构提供了一个系统、深入的崭新起点，更为构建方向正确、内容完善、学段衔接、载体丰富、常态开展的新时代德育工作体系，大力促进德育工作的专业化，提升德育的创新性、实效性，落实立德树人的根本任务，奠定了重要的教育理论之基。再加上作者团队——全国一批深具专业实力的德育研究者的积极参与和倾情奉献，我们有充分的理由相信：这是一套集权威性、公益性、原创性和实用性于一体的集大成之作。其出版，无论对于中国德育理论的建设还是德育实践品质的提升，都具有十分重要的时代意义。

汇集一批好学人，做成一桩大事情。在《中国德育研究大系》即将出版之际，作为主编，我们由衷感谢出版社有关领导、编辑团队对于本书系的有力支持，真诚感谢十位作者在百忙之中的积极响应、倾情投入和高品质的产出。与此同时，我们更是和全体作者一样，由衷地希望与更多的读者们同行，携手迎接一个中国德育研究更加美好的新时代!

檀传宝　杜时忠

目录

导　论

2000年，站在世纪新旧交替的十字路口，中国德育研究已经挣脱了泛政治化和意识形态化的僵化束缚，以更加矫健的身姿行进在科学化和现代化的轨迹上。在几代德育学者的努力下，德育研究已经迎来了一个崭新的起点：德育学科的基本框架和基本理论体系已经建构起来，系列德育教材相继出版，德育的知识体系和实践方法体系已经比较牢固地建构起来；德育专业在高校学科中已经取得了合法性，学术机构和组织不断壮大，新一代的人才被接连不断地培养出来；德育研究者以立足中国传统的脚步与放眼全球的眼光，翻译和引入了大量的西方德育思想资源；一群年轻而有抱负的青年学者脱颖而出，他们已经在德育理论研究的道路上进行了一些开拓性的研究，甚至超越了前辈。

一、新世纪德育研究的曙光

自2000年走来的20多年间，德育理论的学术研究面临着一个前所未有的机遇：研究环境相对宽松与安定、研究经费相对充裕、研究队伍进一步壮大、学术交流进一步活跃。同时，从社会发展和教育事业发展的整体态势来看，德育研究也面临着一些空前利好的机遇：

其一，中国社会伦理型文化重建基本完成。在现代化转型和市场经济推进的价值转型过程中，中国社会虽然历经了价值断裂、价值激荡的过程，但逐渐建立起来了义利并举的改革共识和价值共识；圣贤伦理已被成功地改造为尊重常识和恪守底线的大众伦理，以理性化、世俗化与平等性为主要特点的公民道德成为主流。道德理想主义已经转变为理性的现实主义——道德是为了人而存在的，而非人为了彰显道德的崇高性而存在。中国伦理道德在“滑坡—爬坡”的争议中建立起文化自信和道德共识，对于中国优秀伦理传统文化表现出认同和回归的自觉；伦理道德依然是中国社会大众安身立命和调节人际关系的首选；社会公德水平逐渐提升，社会大众对伦理道德发展的满意度不断提升，对于道德和幸福之间一致性的信念持续提升。[①] 适应市场经济和民主法治社会环境的诚信道德准则和契约伦理精神逐渐建立起来。社会主义核心价值观被广泛认可。

其二，以人为本的理念逐渐成为共识。人是目的、保障人的权利与尊严、促进社会正义等系列理念获得了政治制度安排和政府公共治理的承认。中国教育也经历了从普及义务教育到全面提升教育质量的历史发展的转折时期，从注重数量的增长到注重内涵的发展，教育理念的更新和教育体制的转型已经取得了阶段性成功。基础教育政策从注重效率为先的重点发展策略转变为重视公平的均衡发展战略，教育事业的公共属性和教育系统的道德属性进一步强化。人的自由而全面的发展成为教育者的理想，尊重学生的个性、主体性和尊严，奉行平等而民主的师生关系，剔除强制和灌输的教育方法，成为教育者的共识。教育学者包括德育学者大胆而活跃地围绕人本理念开展了多层次、全方位的探索。

其三，教育研究进一步现代化和国际化。教育对外交流持续扩大，国际视野被进一步强化；国际学术交流变得更为便捷和频繁。中国教育学者进一步融入国际研究的背景中，实证研究方法被更为广泛采用。中国教育研究者在国际的学术会议上发出自己的声音，在国际刊物上发表关于中国教育研究的论文。德育学者也可以更方便地与各国同行进行学术交流，与

① 樊浩．中国社会大众伦理道德共识的群体差异［J］．探索与争鸣，2020（11）：64－80＋178.

此同时反思文化传统对于国民教育的影响，在对比之中反思和总结中国学校德育的特色。

二、德育理论研究的时代挑战

毋庸讳言，德育理论研究遭遇到的挑战也是前所未有的。德育理论研究在以人为本的人性化道路上不断探索，努力与一个价值观转型和生活方式转型带来的新型生活方式和社会关系达成和解——一个日益后现代化的复杂社会、风险社会、陌生人社会、数字化社会，并对之进行解释。然而，这一思想探索过程是非常困难的，如同在概念的丛林和利益的沼泽地中寻求一条通达之路。

首先，是个人生活层面的现代性价值危机和精神危机。建立在尊重个人自由基础上的现代道德凸显了人的主体性，却不可避免地受到原子式个人主义和占有式个人主义观念的侵扰。这一价值危机过程又因社会转型和经济转型带来的各种共同体的解体、过度强调竞争的丛林法则而加剧。人们体验到更多以形而上意义存在的焦虑感、虚无感、不确定性和无意义感，越来越不清楚为何而活。失去了与他人和共同体的联系，原子式个人既无力承受生命之重，亦无力承受生命之轻。精神危机、意义危机、信仰危机应运而生。借用中国伦理学者樊浩的话语，可以将当前中国伦理道德现状总结为：道德在场、伦理缺席、精神隐退。①

其次，社会层面道德生活的系统危机。市场和商品将每个人的生活席卷其中，资本的力量无限扩张、无往不胜；国家和各种组织将个人吸纳其中，个人处于系统的匿名权力的持续规训之中，技术统治越来越盛行。诚如哈贝马斯所言，生活世界被行政系统和经济系统所殖民，权力和资本主宰了

① 樊浩，等．中国伦理道德报告［M］．北京：中国社会科学出版社，2012：2.

生活世界。公共领域与生活世界日趋萎缩，人日益被异化与物化。越来越多的人成为施特劳斯所指责的只关注八卦新闻、蜷缩于沙发吃薯条、沉浸在私人生活中的消极公民和消费公民。

再次，人类层面的现代性道德危机。人类自我毁灭的能力远远胜过人类相互信任合作及和平解决冲突的能力，全球正义和平与人类命运共同体的缔结面临着国际霸权和恐怖主义的持续挑战；生态危机拷问着人的现代性扩张的正义性，迫使人类重新反思与自然世界的关系；而互联网和人工智能的兴起，威胁着人类作为万物之灵的独特性，迫使人们重新界定人与机器、技术之间的关系，在“科技—人—社会”变化了的新关系中去重新反思人性及人类未来的命运。

最后，从学术研究层面来看，更为严峻的是，研究者遭遇到现代伦理知识和德育学科知识的合法性危机。科学理性主义和现代技术的扩张使得人们对普遍性和精确性的科学知识的追求成为学术的惯例，而建立在理论思辨和经验归纳基础上的德育知识生产方式和话语体系面临着挑战，其方法论基础和研究方式亟待转型。

表 0-1　当前德育理论研究面临的挑战

维度	挑战	危机
个人层面	共同体的解体、占有式个人主义的兴起	现代精神危机
社会层面	生活世界被殖民、消费社会、技术统治	社会系统危机
人类层面	国际霸权、战争威胁、生态危机	现代性道德危机
学术层面	科学理性主义、研究范式转型	知识合法性危机

无疑，德育学科研究者感受到了社会转型和学科转型所带来的多种危机，努力将德育学科建立在一个视野更加开阔的多学科基础上，并自觉去寻找和重建德育研究的方法论基础，将德育研究更加聚焦于时代发展中人

的精神状况和心理需求。他们取得了很多成绩，当然也留下了诸多问题，尚待进一步解决。本书试图对改革开放以来中国德育基本理论研究的脉络、历程、主要成就及其不足进行综述，重点揭示 20 世纪 90 年代以来德育研究进展，揭示德育理论学者们为应对上述问题所做的努力和探索。

三、本书内容概览

本书试图从德育基本理论研究的视角，对于中国教育现代化过程中德育基本理论在德育思想研究方面取得的进展、达成的共识、存在的问题进行总结，并对德育理论研究的未来趋势进行展望。更深入地，本书试图对德育理论研究的学科基础、方法论进行总结与反思；对德育基本理论嵌入其中的文化价值背景进行反思。本书以德育理论现代化为研究的中心旨趣，尤为关注 2000 年以来德育研究的新思想和新趋势，试图揭示在价值多元化和经济全球化背景下德育基本理论面临的挑战，并总结阐述中国学者在价值一元与多元、中国文化与西方文化、全球视角与本土利益、现代性与后现代性的交织互补的知识脉络中对中国特色德育理论的探索。

顾名思义，德育基本理论应该关注德育学科和德育问题中最基本的、在历史的进程中反复出现的、在空间共存中渗透于各个不同层次的一些重要问题。从历史发展来看，德育基本理论最初以《德育原理》《德育论》等教科书或专著的形式出现，对于德育内涵、价值、功能、目标、过程、方法中的一般原理或原则进行阐述。随着这些一般性原理成为学科共识，德育研究者对更为具体化、更有针对性的德育思想和德育问题进行了专门化研究。而随着这种研究的不断积累和深入，德育研究在量变中逐渐发生了质变——德育基本理论的知识基础和方法论基础被不断更新，德育学者对于学科发展和学术研究的认识不断被重塑。因此，德育基本理论研究的发展始终沿着两条基本路径推进——一方面是学术共同体对于作为知识载体的学科发展及其知识基础、价值基础与方法范式的自觉反思，另一方面则是直面德育理论问题和德育实践问题，对其进行持续思考、批判、解释、重构等，形成了德育观念和德育思想。前者是对研究的前提进行反思，是对在什么知识基础上开展研究、用什么方法开展研究、持何种价值规范开展研究等基本问题的思考；后者则是学者们发掘的重要事实及事实之间的相互联系、提出的有影响力的观念与思想。前者实际上是研究之研究，与“元研究”有类似之处，只是它的重点并不在于逻辑分析与语言分析，而聚焦于总结和反思学术研究的知识基础与方法范式；后者则是研究的实质性成果产出。德育基本理论研究显然应该囊括上述两方面内容。具体而言，本书对于中国德育基本理论的研究包含以下六个方面：

其一，对德育学科发展和演进中的一些基本范畴开展研究的回顾。包括德育原理教材体系中的基本内容，如德育的内涵、功能、地位等，本书第一章记录了改革开放至2000年左右，德育前辈学者重建这一学科的历史性努力及他们对于相关问题的思考。

其二，揭示我国德育理论研究的多学科基础。早在教育学学科创始之初，赫尔巴特就指出教育学的学科基础有二：伦理学与心理学。伦理学指出了教育的道德目的，而心理学则告诉如何采取合适方式实现目的。笔者也认为，伦理学或道德哲学提供了对于道德规范、道德理性、语言等基本问题进行反思的视角，构成了德育理论研究的重要学科基础；心理学关于道德认知发展、道德推理、移情能力、人类美德、幸福、人格、自我等问题的相关研究，也为德育理论提供了扎实的实证研究基础。另外，鉴于中国社会转型期所造成的伦理道德困境，如行为失范、社会整合等问题，社会学也提供了解释道德问题和道德教育问题的视角，有助于将人的社会行为和道德教育问题嵌入宏观的社会结构和社会背景中去理解。本书第二章对于作为德育理论研究学科基础的道德哲学、道德心理学和道德社会学的相关研究进行了较为系统的论述。

其三，反思德育研究的方法论基础。本书第三章试图反思当前德育理论研究诸多研究方法的优劣，在融合科学主义与人文主义研究范式的基础上，吸纳复杂系统理论，提出重构德育理论研究方法体系的若干设想。

其四，揭示德育的文化价值和道德规范基础。道德价值关注善与正当，试图追问“人们该怎么生活”“人们该怎么行为”。在现代化的过程中，对于善与正当等德育价值问题，我国德育研究者既受到传统伦理价值尤其是儒家传统的影响，也受到现代以来以理性、自由、公正为主流的现代价值观的影响，并在此基础上建立起独具特色的社会主义核心价值观。本书第四章试图聚焦于各种道德价值观，揭示文化体系中对其内涵的认识和界定。

其五，对于德育思想的现代化进程进行研究。第五章主要揭示改革开放之后德育研究的现代化进程，这一进程以科学化为开端，以人性化为皈依。2000 年以来，德育理论研究呈现出愈加浓厚的人性化发展趋势，从主体性德育理论开始走向情感德育、制度德育、交往德育、德育美学、生活德育等多种人本化维度。而与此同时，随着中国整体现代化的推进，后现代社会发展趋势也逐渐凸显。社会变得越来越碎片化，价值多元、道德相对主义、道德虚无主义挑战了现代性道德的普遍化、一元化。第六章聚焦于德育思想的多样化和后现代化趋势。后现代主义思潮对现代性道德的绝对性、一元化、话语霸权等展开反思和讨伐，道德教育研究呈现出浓厚的多元化色彩，一些被现代宏大德育理论所忽略的相对边缘化地带，如多元文化、女性主义、非人类中心主义等，开始发出自己的声音，为争取知识合法性而斗争。

其六，关注德育研究者对于中国特色学校德育理论的研究。从实践来看，中国学校德育实践有其鲜明特点，在塑造国民道德中扮演着重要角色，学校德育应是中国德育实践研究之中心和重点。把握中国学校德育实践和学校德育体系的主要特点，无疑有助于人们对中国德育理论的发展做全景式的理解。因此，第七章聚焦学校德育体系，从德育规范建构、模式建构、系统建构三个角度对学校德育研究进行了综述和评论。

第一章 德育基本理论范畴研究

德育基本理论的建构，首先来自改革开放后德育原理学科重建的要求。要将德育原理这个学科重建起来，学者们就必须划定学科的研究范围，并寻找建构学科的基本范畴，这些范畴围绕着研究对象、基本性质、主要联系与规律等展开。首先要回答这个学科研究的对象是什么，即德育是什么、有什么用，这便是对德育本质和德育功能的研究；还需要回答德育理论研究所生产的知识具有什么特性，是否能登入大学知识的大雅之堂，这在当时便激起了学者们对德育规律的研究兴趣。另外，由于教育学学科研究整体上所具备的实践属性，德育基本理论研究还需要从反思实践和引导实践的应然角度，回答学校德育的一些基本问题，如学校德育目的应该是什么、学校德育在教育系统中应该处于什么地位。通过对德育本质、德育功能、德育规律、德育目的和德育地位等基本问题的较为系统的反思，德育基本理论的知识框架被逐渐建构起来，其知识合法性获得承认。这一阶段的德育理论研究虽显稚嫩，却是后续纵深研究的必由之路。在后续研究中，学者们又不断回顾学科建立之初的这些问题，为这些问题的解答给出新的思路和观点。这种研究上的反哺也构成了一种理论研究的解释学循环。

第一节　德育本质研究

德育本质问题是德育原理最基本的问题之一。本质一般被认为是被事物具有的特殊矛盾所规定，是事物比较深刻的一贯的和稳定的方面，是标明某一事物独特性的东西。[①] 区别于智育、体育、美育等教育活动，德育本质应该是丰富多彩的道德教育活动现象之中映射出来的区别于其他事物的根本属性，能够反映出道德教育在社会道德价值链形成中独特的存在方式、功能和特征。要明确德育的本质，首先要依据德育的内涵与外延为其下定义。尽管对于德育的外延是什么学者们意见并不统一，对于是否应该将思想政治等纳入德育的范畴存有争议，但总体上对于德育的定义达成了一致意见：德育是养成人道德品质的社会活动。[②]

1978 年以来，有关德育本质的研究不断深化。最初，对于德育本质的认识没有脱离当时政治话语的影响，如从德育工作与生产力的关系来界定德育本质，认为德育本质是“人的精神生产力的解放和发展”[③]，德育本质是“群众工作”，德育本质在于“政治性”，等等。随着思想解放尺度的增大，学者们试图脱离生产力—生产关系、经济基础—上层建筑的话语体系，对德育本质进行更为深入的思考。从改革开放到 20 世纪 90 年代，德育本质研究主要关注德育活动和德育过程的本质，主要持转化论，认为德育本质上是将外在的社会性思想政治与道德品质规范转化为受教育者个体的品

---

① 关于当代道德教育问题的讨论［J］. 教育研究, 1996 (7) : 33 − 39.

② 申明 . 德育 : 养成人道德品质的社会活动 : 德育本质的探索［J］. 湖湘论坛, 2006 (5) : 72 − 73.

③ 郁顺华, 毛惠彬 . 思想政治工作的本质及其功能性分析 : 从社会主义本质谈起［J］. 河池师专学报 (社会科学版), 1995 (3) : 78 − 79.

德；20 世纪 90 年代中后期，德育本质的研究集中于关注德育系统乃至教育系统与社会系统的关系，主要讨论在一个急剧变化时代德育体系的应然状态，出现了适应论与超越论观点的交锋。

一、德育本质研究的两大主题

从 1978 年至 20 世纪 90 年代，德育本质是德育学者们关注的重要问题。如前文所述，对于“德育是什么”的研究无法脱离“德育应该是什么”的价值预设，因此德育本质研究其实是将事实性研究和规范性研究结合起来，两者呈现水乳交融的态势，很难分割。在此，为化繁为简，姑且把两类问题划分开——对于“德育是什么”的事实性研究，主要在于揭示德育过程中的构成要素、独特矛盾、动态过程等；对于“德育应该是什么”的规范性研究，主要揭示德育体系在与外部社会互动过程中应该坚守的独特品性与价值追求。

（一）外化论与内化论

1. 德育过程“外化论”

李道仁较早提出德育本质的概念，认为把握德育内部的特殊矛盾是探讨德育本质的前提，也是探讨德育本质科学的方法论。德育本质即德育的基本规律，也是德育的特殊矛盾运动形式。德育的矛盾是德育过程中的三个基本要素，即教育者（德育工作者）、思想言行规范（德育内容）、受教育者（学生）三者之间发生联系时产生的矛盾运动。在此过程中，矛盾运动的形式表现为教育者根据社会向人们提出的思想言行规范对受教育者提出要求，受教育者自觉地选择、消化、吸收、运用这些要求时转化为个人的要求，形成个人品德，此即为德育转化论的基本观点。[①] 这种观点主

① 李道仁 . 德育本质问题的探讨［J］. 华中师院学报（哲学社会科学版），1982 (6)：105 － 110.

要强调社会和教育者对受教育者的塑造，受教育者要接受社会和教育者的教化，自觉提升道德水平，由此道德规范发生了由外部到内部的转化，即为外化论。因此在《中国大百科全书·教育》一书中德育被定义为“教育者按照一定社会或阶级的要求，有目的、有计划、有组织地对受教育者施加系统的影响，把一定的社会思想和道德转化为个体的思想意识和道德品质的教育”①。而胡守棻也认为德育的本质即“把一定社会思想道德规范转化为受教育者品德的教育”②。从外化论的角度出发，德育本质即“把一定社会思想和道德规范转化为受教育者品德的教育”。德育本质的“外化论”主要强化外部教育影响，可以理解为外塑本质论，突出教育者对受教育者的塑造，强调了德育的目的性和社会性，忽视了受教育者主体品德的发展过程。

2. 德育过程“内化论”

“内化论”认为德育通过一定的道德理论、道德规范或道德观念等作用于人们，使人们产生身心的某种影响和需要，使人们不仅真诚地信服、接受和遵守社会的道德原则和规范，而且自觉地将社会要求的思想观念和行为规范纳入自身品德结构之中，变为自己的观念和信念，成为支配、控制自己思想、情感和行为的内在力量的过程。③如王道俊等按照德育本质“内化论”将德育界定为“德育是教育者按照一定社会或阶级的要求，有目的、有计划、系统地对受教育者施加思想、政治、道德影响，通过受教育者积极的认识、体验、身体力行，以形成他们的品德和自我修养能力的教育活动”④。此外孙喜亭认为“德育是教育者按照一定社会的要求，通过

① 中国大百科全书总编辑委员会．中国大百科全书·教育［M］．北京：中国大百科全书出版社，1985：59.

② 胡守棻．德育原理［M］．北京：北京师范大学出版社，1989：36.

③ 张忠华．德育本质研究与反思［J］．江苏大学学报（社会科学版），2010，12（5）：23－29.

④ 王道俊，王汉澜．教育学［M］．北京：人民教育出版社，1999：330.

特定的教育活动，把特定社会的思想和道德规范内化为受教育者的思想意识和道德品质的过程”[①]。德育本质“内化论”的观点相比“外化论”观点而言，更加突出了受教育者个体的能动性因素，尤其强调了个体实践活动的重要作用。并且，他们对于道德内化过程进行了更为具体的探讨，提出了道德内化过程遵从理解—认同—信奉的发展规律，内化是综合的，包括社会道德规范在认识上、情感上和行为上的内化等。显然这些观点具有积极的进步色彩,但有研究指出德育本质“内化论”也有一定的缺陷，这种内化与道德主体自身主动建构道德仍有一定的距离，另一些研究者则认为“内化论”也存在着对于形塑个体道德的外部因素关注不够的缺陷。[②]

3. 德育过程“内外化统一论”

结合德育本质“外化论”与“内化论”的观点，德育本质“内外化统一论”不仅弥补了德育本质“外化论”忽视个体主动因素的影响，还考虑到转化过程中个体主动建构道德的关键问题。鲁洁、王逢贤认为“德育是教育者根据一定社会和受教育者的需要，遵循品德形成规律，采用言教、身教等有效手段，通过内化和外化，发展受教育者的思想、政治、法治和道德几方面素质的系统活动过程”[③]。扈中平进一步指出“德育是指教育者根据一定社会的要求和受教育者的个体需要及身心发展特点和规律，有目的、有计划、有系统地对受教育者施加影响，并通过受教育者积极主动的内化和外化，促进其养成一定品德的教育活动”[④]。学者进一步指出德育本质“内外化统一论”实质上是两个转化，即社会道德个体化和个体品德社

---

① 孙喜亭. 教育原理［M］. 北京：北京师范大学出版社，1993：290.

② 张忠华. 德育本质研究与反思［J］. 江苏大学学报（社会科学版），2010，12（5）：23－29.

③ 鲁洁，王逢贤. 德育新论［M］. 南京：江苏教育出版社，1994：95.

④ 扈中平. 教育学原理［M］. 北京：人民教育出版社，2008：394.

会化，社会道德个体化是指社会政治思想、道德规范向个体内部转化的过程；个体品德社会化是指个体内化的思想、观念和信念，再外化为个体的品德行为，使之符合社会道德规范，再现社会道德规范，这是外化过程。德育本质就是社会道德个体化与个体品德社会化的统一过程。无疑，内化与外化的结合，使得对于德育本质的研究更为全面与辩证，但是，内化与外化的结合依然显得较为机械和生硬。并且，这些对于德育本质的研究仍然将德育过程主要看作是一种社会道德规范的继承性过程，受教育者在这个过程中只是一个“中介”，一方面内化、继承既定的社会道德规范，另一方面把内化的道德规范在实践中再现出来完成外化。这就忽视了受教育者的主观感受和主观体验，将受教育者的品德修养过程看作是一种“线性”活动。[①] 这一理论问题，在 21 世纪建构主义理论和儿童道德学习的心理学成果被广泛引入中国之后，得到了更好的解答与突破。

2000 年以来，学者们对于德育过程本质进行了多学科的研究，提出了主体—发展论、自由论、沟通论、对话论、社会活动论、实践论、体验论、交往论等一系列的理论和观点，体现出德育过程本质思想的多元化。后文对相关内容有所涉猎，在此不一一赘述。

（二）适应论与超越论

20 世纪 90 年代初期以来，德育本质适应论与超越论作为教育专题研究是在教育的适应论和超越论争论展开后产生的。随着市场经济体制的建立，我国的改革开放不断深入，社会生活发生巨大变化，这使得教育面临着新的挑战。“教育应该在社会发展中如何发挥积极作用”的问题成为教育改革和教育研究关注的重点问题。学者们逐渐突破了德育系统及教育系统对社会系统的单向适应，更倾向于采取积极的态度看待两者之间的关系。

---

① 张忠华．德育本质研究与反思［J］．江苏大学学报（社会科学版），2010，12 (5)：23 － 29.

1. 德育本质“适应论”

一直以来，德育本质研究遵循“转化”的思想，要么是由社会的道德要求转化为个体内在德育品质的“外化论”，要么是个体主动将社会德育需求内化为自身品德的“内化论”，要么是二者结合的“内外化统一论”，事实上都是在实然层面的“适应论”，即强调德育要适应当下社会发展需要。德育本质“适应论”主要强调“适应”，即受教育者养成社会认可或适应社会需要的思想道德品质，而德育应根据社会发展的需要培养受教育者的道德品质。[①] 德育适应论在改革开放以后的 40 年间一直影响着德育学术研究，如 20 世纪 80 年代班华提出德育应适应“四化”需要、培养德智体全面发展的创造型人才[②]，随后也有学者认同该观点，提出社会主义德育是培养“四化”人才的重要组成部分[③]；20 世纪 90 年代计划经济体制下人们的思维模式和思想观念在市场经济条件下发生着根本变化，在此情况下，德育研究者指出，要在认清社会主义市场经济和现代企业性质的基础上，按照社会主义市场经济对人的道德品性的要求开展德育，即德育要体现时代特征。[④] 一方面，学者们认为德育不可能脱离社会，只要社会发展和时代演变对德育的要求与影响继续存在，德育适应社会发展需要的观点与实践就具有一定程度的必要性和合理性；另一方面，学者们对社会机械决定论也展开了批判，警惕“适应论”使得教育失去独立性和自主性。檀传宝认为“新中国的教育，尤其是德育在取得一定成就的同时遭遇许多挫折的一个重要主观原因就在于思想上的机械唯物主义。这种庸俗和机械的唯物论

---

① 周小李．改革开放40年德育本质研究回望［J］．高等教育研究，2018，39（10）：15－20.

② 班华．德育要适应培养创造型人才的要求［J］．南京师范大学学报（社会科学版），1986（1）：31－35.

③ 王忠先．社会主义德育是培养四化人才的重要组成部分［J］．教学与管理，1985（3）：48－49＋57.

④ 袁桂林．更新德育观念适应市场经济：兼论借鉴西方道德教育理论的问题［J］．中国教育学刊，1994（2）：22－24.

以‘教育要适应 ×× 需要’的伪命题将德育和教育完全简单地看成政治或经济活动的附属物”①。

2. 德育本质“超越论”

鲁洁最先打破了德育本质的定式思维，提出“德育是一种超越”的观点，提出德育本质超越论，指出在现代化过程中出现的物质主义危机下，道德教育应有超越本质，即“教育是指向未来的，从这个意义上说，教育的任何部分都具有超越现实的本性”②。随后，她在《论教育之适应与超越》一文中充分肯定了教育的超越性特征，提出我国的教育学在教育哲学观上应实现“从适应论到超越论的根本转变”③。具体而言，超越论的主要观点包括：

第一，道德的超越性、人之为人的超越性规定了德育必然具有超越性，社会实践本身所具有的超越性必然规定了德育的本质即超越。道德本身既具有现实性又具有超越性，其功能是指导和约束人们未来的道德选择和道德行为，是以行为规范为基本的存在方式来发挥社会作用的，道德又以“应然”为本质特征。作为一种价值观念体系，道德总是要阐明有价值的行为准则和规范，总是要体现超功利的、美好的追求理想。④此外，人也具有超越性，即人能按照自己的愿望，使自身从本能和现实环境中超越出来，通过自身创造性的实践活动打破生命本能和现实规定性的关系束缚，使自己的存在获得开放的、应然的和生成的性质，从而彻底超越动物那种封闭的、预成的、宿命式的生存方式。⑤鉴于此，与道德、人密切相关的道德

---

① 檀传宝．超越论教育哲学及其建构:20 世纪 90 年代鲁洁教授教育思想的特质［J］．教育学报，2010 (1)：3 － 7.

② 鲁洁．道德教育：一种超越［J］．中国教育学刊，1994 (6)：2 － 8.

③ 鲁洁．论教育之适应与超越［J］．教育研究，1996 (2)：3 － 6.

④ 王孝哲．论道德的现实性与超越性［J］．东南大学学报（哲学社会科学版），2011，13 (4)：19 － 22 + 126.

⑤ 冯建军．人的超越性及其教育意蕴［J］．教育研究与实验，2005 (1)：17 － 22.

教育也同样具有超越性，德育实践也具有超越性。[①]

第二，德育的超越性体现为按照某种超越于现实的道德理想去塑造与培养人，促使人去追求一种理想的精神境界与行为方式。[②]也就是说，每个时代的德育，总是通过为未来培养具有主体性的人的现实活动来超越“现时代”的，而不是通过约束、束缚人的种种活动来维持“现时代”的。[③]第三，在物欲膨胀、消费主义泛滥的时代，德育更应努力超越而非被动适应社会现实，应培养能够对现实生活做出反思和批判的人，培养勇于改变生活、改造世界的人，培养具有自我超越意识和能力的人。[④]

综上可见，“超越性”强调的是道德教育超越于物质的精神性、超越于社会病态的理想性、超越于眼前当下而创造未来美好生活和美好社会的可能性。诸多学者们肯定了“超越论”的价值，认为“德育的超越性从根本上反映了对主体人的尊重”[⑤]，体现了“教育本身潜藏着的批判现实的巨大力量”[⑥]。沿着“超越性”的学术理路，学者们对社会本位的教育目的观、泛政治化的德育内容、知识中心主义的教学观和灌输式德育展开反思和批判。[⑦]但是，一部分学者不同意超越论，认为适应性是教育更为根本的规定性。[⑧]另一些学者试图揭示超越论与适应论之间复杂的辩证关系。超越性本质不仅是一种价值目标，而且是一种现实过程，超越不应是一种简单

---

① 刘承焜，陈玉玲．论道德教育实践的超越性及其选择[J]．教育探索，2001 (9)：90 － 91.

② 鲁洁．道德教育：一种超越［J］．中国教育学刊，1994 (6)：2 － 8.

③ 关于德育超越性本质的讨论（笔谈）［J］．教育研究，1996 (3)：17 － 28.

④ 鲁洁．论市场经济条件下的德育价值取向［J］．求是，1994 (4)：37 － 40.

⑤ 王啸．德育本质刍议［J］．上海教育科研，1988 (5)：24 － 26.

⑥ 项贤明．论教育之适应与超越的辩证关系［J］．教育研究与实验，1997 (3)：34 － 35.

⑦ 李景春，李倩．灌输式教育在和谐德育中的反思与扬弃[J]．湖北社会科学，2009 (12)：167 － 169.

⑧ 钟晓琳，朱小蔓．德育的知识化与德育的生活化：困境及其“精神性”问题［J］．课程・教材・教法，2012，32 (5)：91 － 98.

否定，而应有复杂的中介，是适应与超越的辩证统一。[①]道德教育应以现实的世界、人为基础，同时要把握德育的超越性的度，避免一味地“高空作业”。[②]适应是教育的实然状态和基本使命，超越是教育的应然价值和潜在可能，适应与超越对教育具有同等的价值效能。[③]还有的学者认为，不能脱离具体实践情境来谈适应性与超越性，教育是适应社会还是超越社会，往往并不是教育内在运行的规律所致，而经常是社会权力选择的结果。[④]

二、德育本质研究评价

德育本质研究是明确德育内涵的基本研究，是促进德育理论发展的重要环节。学者们试图在各种德育活动的细节中删繁就简、去芜存菁，由此把握德育过程和德育活动的本质特征；在社会转型剧变中去反思德育活动不应改变的本质，推动了德育理论的发展。然而，他们的研究也打上了时代的烙印，存在一定的局限性。

（一）取得的成就

从促进德育理论发展的效果上来看，德育本质研究建立的学科体系和基本共识，主要包括以下两个方面。

第一，对于德育本质的认识摆脱了将德育及教育活动意识形态化痕迹，摆脱了将德育仅仅看作是被经济基础决定的上层建筑。学术话语逐渐取代了政治话语，自由探索和自由思考的风气逐渐流行。

① 关于德育超越性本质的讨论（笔谈）[J]. 教育研究，1996 (3)：17－28.

② 同①.

③ 黎君. 教育之适应与超越的哲学界说 [J]. 教育研究与实验，1998 (2)：23－27.

④ 马凤岐，聂晓光. 教育之适应与超越：兼与鲁洁教授、杨昌勇博士商榷 [J]. 郑州工业大学学报（社会科学版），2001 (1)：26－29.

第二，超越论引起了众多学者的关注，并引发了学术界热烈的讨论与争鸣，正是有此冲突与讨论，才不断推动德育本质研究的继承与创新。超越论与适应论的争鸣使得学者们更清晰和自觉地去认识在一个变动的社会中，教育所具备的改良社会的理想价值，以及这种理想实现的现实条件。

德育学者们对德育过程的本质属性的研究成果，加深了人们对德育本质的认识，突破了将德育实践看作是单向灌输的过程，为后来的理论研究者提出实践、交往、体验、对话等德育理论奠定了基础，丰富了德育实践。

（二）研究的不足

2000 年之后，关于德育本质的研究逐渐淡出了学者视野。一些学者虽然使用“德育本质”这一术语，但多是对德育活动和德育过程的多样化属性进行解读，而不是对德育系统、德育与社会的关系进行体系化的解读和建立统整化的宏大理论。其原因在于，一方面在社会变化的过程中学者的兴趣发生了从本质到现象、从主义到问题的变化①，另一方面是因为本质主义思维遭到批判。本质主义思维在德育研究中的表现，即“德育研究者们努力透过复杂的德育现象，应用各种各样的方法，把探究一般的德育本质及各种具体德育活动的本质设定为研究的主要任务”②。本质主义思维不考察历史，不考察实践，单纯依靠抽象分析，并不能保证获得有用的真理。本质主义已经成为教育学界集体无意识，成为教育学者缄默的知识观和认识论信条；虽然这种思维方式促进了学术活跃与观点的争鸣，但是也存在逻辑缺陷和消极影响，如对人的抽象化理解，对于教育实践的多样性、生成性、交互性和情景性关注不够，造成了独断论的流行。

---

① 石中英．本质主义、反本质主义与中国教育学研究［J］．教育研究，2004 (1)：11 － 20.

② 魏传光．批判与探索：当代德育本质主义思维方式分析［J］．南京社会科学，2006 (2)：119 － 122.

第二节 德育功能研究

功能是由若干要素按照一定结构有机构成的系统与特定的环境相互作用时产生的结果。功能是表示系统与环境相互作用关系的范畴，体现了系统与环境之间物质、能量和信息的输入与输出的交换关系。功能侧重于表示系统对环境产生的作用，但功能又依赖于环境而存在，在系统与环境的相互作用中表现出来。①

一、德育功能的内涵与特性

德育功能既不同于德育价值或德育效果，也不同于德育目的，其概念在学术界达成了一定的共识，即认为必须关注这个问题——“德育（本来）能够干些什么？”② 德育价值承继了价值的基本概念，主要是指德育的属性、功能对德育价值主体的需要之满足所产生的效应；而德育功能回答的是德育究竟有什么作用，能够做什么，为实现确定的价值目标，德育应发挥什么功能以及如何发挥等问题。③ 教育主管部门及学校德育系统都会在宏观和微观上设定德育工作的目标、任务等，如果离开了对于德育功能的正确认识，这些设定可能会产生副作用：设定的目标或任务大大高于或低于德育功能所能允许的阈限。前者的结局是德育的“力不从心”，德育目标是虚妄的，实践当然会落空；后者则是对德育功能的潜力认识与发掘不够，

① 李太平.德育功能·德育价值·德育目的[J].湖北大学学报(哲学社会科学版),1999(6):89－92.

② 檀传宝.论德育的功能[J].中国德育,2008(9):12－18.

③ 徐贵权.德育功能与德育价值之关系[J].教育评论,1995(6):15－17.

德育的形象受损，德育实践亦将流于琐碎。[①]

具体而言，从德育功能发生过程的结构系统来说，德育功能是德育系统内外部诸要素之间以及系统与环境之间相互作用时所产生的结果。德育系统内部诸要素包括教育者、受教育者、德育目的、德育内容和方法等相互作用所产生的结果，被称为德育的内部功能。德育系统与外部环境相互作用所导致的结果，被称为德育的外部功能。[②]

德育结构是指德育诸要素、诸层次有机的联系、相互作用、相对稳定的组织形式。德育结构是德育功能的前提和基础，德育结构决定德育功能；德育功能是德育结构的归宿和表现，并反作用于德育结构。德育结构和德育功能同处在德育过程中，没有德育结构的德育功能和没有德育功能的德育结构都是不存在的。德育结构是怎样的呢？受耗散结构理论的启发，有研究者提出德育结构是人的行为结构、有机的结构、开放的结构，这一结构中诸要素体现出最优化、互补性、动态性的关系，使得德育系统具备能够依据内外部信息反馈进行自动调解和应对挑战的特点。[③]德育功能具有整体性与差异性[④]、超越性与适应性[⑤]、服务性与发展性[⑥]、直接性与间接性相结合的特点，德育功能还具有有限性特点[⑦]。

---

① 檀传宝．德育功能简论［J］．中国教育学刊，1999 (5)：8 − 12.

② 李太平．德育功能·德育价值·德育目的［J］．湖北大学学报（哲学社会科学版），1999 (6)：89 − 92.

③ 张玉堂．德育结构与功能初探［J］．四川师范大学学报（社会科学版），1992 (1)：20 − 26.

④ 程建平．现代德育功能论［J］．求实，2004 (4)：84 − 87.

⑤ 褚雷．论德育发展的几个理论问题［D］．南昌：江西师范大学，2005.

⑥ 曹世敏．文化视野下德育本质、功能观的两个要点［J］．上海教育科研，1997 (7)：14 − 16.

⑦ 喻学林．从德育功能看学校德育的有限性［J］．教育科学，2006 (3)：30 − 32.

二、德育功能的具体内容

在很长的一段时期内，德育几乎单一地被界定为体现统治阶级意志的政治工具，德育泛政治倾向表现突出。随着国家工作重点转移至经济建设，有关德育的经济功能的论证应运而生；社会上出现了文化问题、生态危机，于是又有了德育文化功能的研究、德育生态功能的研究等。德育功能的研究由一元转向多元，可依据不同的维度被分为个体性功能和社会功能、规范功能和发展功能、意识形态功能和非意识形态功能、显性功能和隐性功能等形态。①

随着德育功能研究的不断深入与稳定，德育的两大核心功能即社会性功能和个体性功能在学术界得到确认。其中社会性功能包括政治功能、经济功能、文化功能、自然性功能，个体性功能包括个体品德发展功能和享用性功能。此外，许多学者还对德育功能作了不同类型的划分。檀传宝把德育的主要功能分为三大类，即社会性功能、个体性功能和教育性功能。从 20 世纪 90 年代到 21 世纪初，关于德育功能的论述不断拓展，从德育的政治功能、经济功能、文化功能到民族性格功能、性格优化功能、认知发展功能、批判功能②、开发功能③、服务功能④，等等，不一而足。

总体而言，学术界按照社会与个体为依据来将德育功能划分为两类，即社会性功能与个体性功能。二者既有一定的联系，也有一定区别，两种

---

① 王莉英．德育功能的多维分析及其应对策略［J］．西安政治学院学报，2009，22(6)：45－47.

② 王长乐．论德育的批判功能［J］．哈尔滨师专学报，2000 (6)：87 － 93.

③ 孙艳萍，王仕民．论德育的开发功能［J］．黑龙江高教研究，2005 (9)：46 － 47.

④ 欧阳明．德育服务功能与德育创新［J］．经济与社会发展，2004 (1)：177 － 180.

功能的发挥具有不同步性。[①]

（一）德育的社会性功能

德育的社会性功能特指德育对社会所发挥的客观作用，具体指的是道德教育对社会经济、政治、文化、生态文明等产生的积极影响，包括经济功能、政治功能、文化功能和生态功能等。[②]

德育功能首先被关注的是文化功能，即德育包含于文化之中，是社会文化的一个结构单位，德育之文化功能指的是它对社会文化结构的各要素，如各种意识形态、价值观念、行为规范、科学技术等以及对整个社会文化结构所产生的客观结果（或称之为互动影响），体现为维系性功能和变异性功能。维系性功能是德育对既定的社会文化具有一种维系性的功能，即德育具有使文化各要素发生协同作用，维持原有的文化及其结构，保持文化的相对稳定性的功能；此外，德育具有使社会文化改变其内容与结构，使其不断发展的功能。[③]随着新时期的发展，文化功能也逐渐成为德育的首要功能，尤其是在政治功能、经济功能以及生态功能中，从德育的本质及其存在的现实出发，文化功能不仅是其他功能的基础，从逻辑而言也是德育的首要功能。[④]

德育的政治功能指的是施教者以思想政治教育来促进年青一代的政治社会化发展，同时推动国家的政治制度与政治文化的传播与更新发展。表现为学校德育养成公民政治意识和政治素养，引导政治行动，再生产一定的社会政治关系。学校德育还可以通过培养政治人才，充实与更新政治机

---

① 龚昊．试述德育的社会性功能与个体性功能的有机整合［J］．学校党建与思想教育，2003 (6) : 34 − 36.

② 檀传宝．论德育的功能［J］．中国德育，2008 (9).

③ 鲁洁．德育之文化功能探索［J］．教育研究，1992 (1) : 12 − 15.

④ 路琳．生态文明建设背景下的德育文化功能探析［J］．河南社会科学，2013，21 (6) : 77 − 79.

构，从而充分实现其政治功能。[①] 有学者也指出在德育的多种社会功能中，政治功能是首要的，学校的德育工作首先是通过思想政治教育引导青年确立正确的政治思想观念。[②] 随着时代的发展，德育政治功能不断拓宽，其内涵也随着国际和国内的政治发展而发展，尤其是在世界各国平等竞争、合作与尊重的关系下，德育政治功能在于促进社会公正、和谐，维护国际和平、合作、团结方面具有积极作用，并在德育政治功能中突出了和平教育的重要目标。[③]

德育的经济功能是指学校德育通过培养受教育者特定的思想道德素质，而对经济发展具有推动作用，主要表现为直接影响劳动者的素质、制约科学技术的发展、影响生活方式等。[④] 德育对经济的作用还表现为德育可以形成和变革一定的社会意识形态，形成一定的经济思想、经济道德、经济体制和经济行为的价值取向[⑤]，其特点具有导向性、潜在性、长效性、不可量化性[⑥]。

德育的生态功能也指自然性功能，是指通过学校教育在受教育者思想上树立一种崭新的人生观、自然观。[⑦] 道德关系中既包含了人与社会的关系，又包含了人与自然的关系，因此德育具有生态功能，且德育内容也不仅有世界观、人生观的内容，也要有树立热爱大自然的观念。[⑧]

（二）德育的个体性功能

德育的个体性功能是指德育对德育对象个体发展能够产生的实际影

---

① 戚万学，杜时忠．现代德育论［M］．济南：山东教育出版社，1997：17－19.
② 王巍一．学校德育功能新探［J］．常州教育学院学报（综合版），2001，19（3）：8－9.
③ 谢廷平．德育新功能论［J］．韶关学院学报（社会科学版），2002（8）：110－113.
④ 戚万学，杜时忠．现代德育论［M］．济南：山东教育出版社，1997：19－20.
⑤ 同①.
⑥ 梁吉．对德育经济功能的几点认识［J］．教育探索，2004（1）：86－87.
⑦ 鲁洁．试述德育的自然性功能［J］．教育研究与实验，1994（2）：13－14.
⑧ 同③17－19.

响。具体是指道德教育对教育对象个体所产生的积极影响，德育能够影响个体的人生观、价值观，引导个体制定正确的人生目标。德育的个体性功能不仅包括个体的发展功能，也包括个体的享用功能。

德育的个体性功能不仅表现为个体品德发展功能，也表现为个体智能发展功能。个体的品德是由多种维度的要素构成的，其中包括品德形式维、品德内容维以及品德功能维，其中每一维又各自由不同的因素构成一个相对独立的结构。德育具有促进个体智能发展的功能，即德育在个体的认知发展中发挥着重要的功能，它通过世界观以及道德观等的形成，以认知图式为中介，对于个体认知对象的选择、信息整理的规范以及对认知结果的解释等方面都起着支配和控制的作用，包括影响认知能力的强化或抑制、认知能力的动力与热情并充当了教育过程中的认知发展的条件保证。① 德育的个体性功能在人际关系中也发挥着积极作用②，有助于建立公平意识。道德能够调节人们之间利益关系的价值取向和价值态度，有效地处理人们之间的利益关系，实现公平而和谐的社会。③

德育对每个个体来说，除具一般的个体品德发展功能之外，还具有一种享用功能，即它可使个体实现其某种需要、愿望（主要是精神方面的），从中体验满足、快乐、幸福、获得一种精神上的享受。④ 德育具有个体享用功能，其缘由有四：首先，德育是人精神需要的满足。德育的根本任务就在于发展与完善受教育者的思想品德，这是满足人内在需要的一种主要途径；其次，享用功能与发展功能是一致的，各种道德规范不再被视为约束与限制的异己力量，而当作自我肯定、自我完善的发展需要；再次，个

---

① 鲁洁，王逢贤. 德育新论［M］. 南京：江苏教育出版社，2010：200.

② 朱家安. 发挥德育的个体性功能 建立人与人之间的和谐关系［J］. 广西教育学院学报，2006（5）：30－33.

③ 朱家安. 和谐社会与德育功能［J］. 教育研究与实验，2006（3）：24－27.

④ 鲁洁. 试论德育之个体享用性功能［J］. 教育研究，1994（6）：46－47.

体通过主体道德对象化、外化的活动进而构建一个更善、更美的外部世界；最后，德育将逐渐使受教育者获得高尚的人生境界，从而获得审美愉悦。

总的看来，研究者们对德育功能的设想比较丰富，从社会和个体两个层面揭示得比较完备，充分地体现了理论研究的批判性与想象力，但对于德育功能发挥的现实条件、实践机制及其赖以依托的德育结构则关注较少。对于德育结构的认识才刚刚起步，对于结构与功能之间相互关系的理解也很模糊。

第三节　德育规律研究

党的十一届三中全会后，在“解放思想、实事求是”的旗帜指引下，党和国家开始了对各个领域包括教育领域的拨乱反正工作。学者们在批判与反思“文化大革命”时期教育的基础上，致力于探讨研究教育规律，遵循教育规律、按照教育规律办事成为重建教育学科的前提。在此阶段，对历史的反思、对规律的探寻成为理论界的关注中心。就德育界而言，遵循德育规律，按德育规律办事也成为共识。在此背景下，学者们开始注重德育科学化的探索、德育理论体系的建构、德育规律的揭示，以更好推进德育建设。

一、德育原理研究的科学定位

改革开放头十年以德育科学化研究为显著标志。1981 年，《教育研究》第 1 期发表《当前青少年思想特点》一文，第 2 期至第 6 期发表了《德育过程初探》（鲁洁）、《青年思想工作要科学化》（王敬璋）、《加强儿童思想品德教育的科学性》（吴奇程）、《共产主义道德教育的过程和规律》（钟伦士）等文章，提出反思“文化大革命”期间德育方针、内容、方法，“尽快恢复思想政治工作的本来面目和科学地位”“把思想品德教育作为一门科学来看待”“建立思想品德教育的科学体系”和“实现科学化”的任务，这成为德育科学化研究的发端。20 世纪 80 年代中期，德育科学化研究进一步深化，呈现“由分散趋于集中、由部分趋于整体、由自发趋于有组织”的特点。[①] 德育科学化建设不仅体现为系统的德育理论体系，还包括实践操作体系。有学者认为，1988 年，中共中央《关于改革和加强中小学德育工作的通知》标志着德育科学化思想在政策制定中占据主流，确定了德育概念，提出了德育的科学内涵，界定了德育的任务和内容，并指出科学认识德育对象、德育活动。1988 年制定的中小学德育纲要文件——《小学德育纲要（试行草案）》和《中学德育大纲（试行）》，是改革开放后德育科学化思想形成的标志性政策成果。[②] 在此基础上，德育科学化思想获得了进一步发展。

（一）德育学科建设的科学化

作为年轻的学科，学科理论建设可以说是德育学科建构的基点，具有重要价值。德育学科理论建设主要涉及德育学科的研究对象、德育学科的理论基础、德育学科的性质、德育学科的发展史方面的研究。

要促进德育学科建设的科学化，首先要明确德育学科的研究对象。在德育学科的研究对象方面，主要形成了五种观点：一是现象规律说，认为德育学科是研究德育现象及其规律的学科，如胡守棻的《德育原理》。二是德育问题说，认为德育学科的研究对象是德育问题，如胡厚福的《德育学原理》。三是德育规律说，认为德育学科是研究德育规律的科学，如华

① 全国教育情报交流网中心站．教育科学情报综览［M］．贵阳：贵州教育出版社，1992：248.

② 朱永新，李学农．中国教育改革大系：德育卷［M］．武汉：湖北教育出版社，2016：13－19.

中师范大学等六院校编写的《德育学》。四是理论与实践说，认为德育学的研究对象不是德育规律，不是德育现象，也不是德育问题，而是“学校范围和条件下的德育理论与实践（包括实践中产生的德育经验与德育思想）”[①]，是“学校条件下的德育实践以及在此基础上产生的经验与思想”[②]。五是现象与问题说，认为德育学科的研究对象应该是主体与客体的统一，是问题事实与问题价值的统一，历史问题与现实问题的统一，是“以客观存在的德育现象为基础，研究德育的一般问题的科学”；德育规律是研究目的，非直接的研究对象。[③]受教育学科研究对象的影响，很多学者都将德育学科的研究对象定位为德育问题和德育规律，从德育问题的研究中揭示德育规律。

要促进德育学科建设的科学化，就要进一步明确学科奠基的理论基础。在理论基础方面，学者们普遍认为德育学科必须建立在道德哲学、心理学及社会学的基础上。在具体研究方面主要有两种取向：一是整体论述德育学科的理论基础。二是专门论述其中的某一个。如戚万学、唐汉卫在《现代道德教育专题研究》中将道德哲学、心理学以及社会学作为德育学科的理论基础，并论述了三者之间的关系和局限。鲁洁《道德教育的当代论域》一书探讨了德育的人学基础的思想，张澍军在《德育哲学引论》运用哲学理论对德育展开研究，杨绍刚的《道德教育心理学》从心理学角度对德育展开心理分析。道德哲学、道德心理学等交叉学科的发展进一步深化了德育学科的理论基础研究。其中，研究者特别强调心理学在德育原理科学化研究中的作用。德育与心理学在研究对象方面存在交合点，都研究人的精

① 冯文全．关于德育学的研究对象的考察［J］．西南师范大学学报（人文社会科学版），2005 (2)：54 － 59.

② 夏国英．试论学校德育学的科学性与适宜性［J］．绍兴文理学院学报（哲学社会科学版），2001 (2)：35 － 39.

③ 张忠华．“德育原理”学科建构探索［J］．教育导刊，2008 (2)：4 － 7.

神领域、精神世界，且二者之间相互作用。健康稳定的心理状态是形成良好的政治、道德品质的基础，而一个人的世界观、人生观一旦形成，又制约着心理活动。所以德育必须和心理学有机结合，遵循心理过程的发展规律，包括遵循认识心理过程的规律，加强德育的理论性；遵循情感心理过程的规律，加强德育过程中的情感效应；培养坚定的意志品质，增强承受挫折的能力。[①]

德育学的学科性质是德育学领域的根本性问题，要促进德育学科建设的科学化，就要明确德育学科的学科特点和学科归属。在德育学科性质方面，有学者认为德育学科是应用学科，如赵瑞祥认为："学校德育学是党性很强的一门科学，是实践性很强的一门科学，是一门涉及多种科学知识的综合性科学，是一门以理服人的应用科学。"有学者认为德育学科首先是一门人文社会科学，又是一门理论研究为主兼有应用性质的学科，还是一门多学科关照下的具有综合性质的学科。[②]有学者认为德育学科是一门规范性与经验性、科学性与实践性相结合和统一的学科。[③]可以看到，德育活动与德育研究的复杂性，常常体现为事实性与价值性、实践性与理论性的融合并存，由此而导致人们对德育学究竟是何性质的科学存在一些分歧。

（二）德育原理的研究成果

德育教材直接反映了德育学科发展的成熟程度。1989 年，胡守棻教授主编的第一本《德育原理》教材开启了对德育学科问题的探索之路，随后，德育教材如雨后春笋般涌现。有学者指出德育学科教材不断深化的同时也面临两个问题：第一，德育学科整体的名称是冠以"德育学"还是"德育（概）

---

① 吴亚芬．德育与心理学的融合：德育科学化的新视角［J］．道德与文明，1995 (5)：30 − 32.

② 张忠华．"德育原理"学科建构探索［J］．教育导刊，2008 (2)：4 − 7.

③ 冯文全．关于德育学学科性质的思考［J］．高等教育研究，2007 (10)：22 − 26.

论”或者“德育原理”？第二，德育学科概论性的教材是合作编写，还是独著为好？[①]德育教材在形态上主要有三种：作为德育基础学科的德育原理学术著作、面向一线德育工作者的具有较强操作特征的德育教材、比较教育视角中的德育学科教材。在学术著作方面主要有德育分支学科研究、德育交叉学科研究、德育问题研究和德育学科译著四种。通过对“十一五”期间德育学科在教材建设、著作出版、课题规划、学术刊物出版、学术会议召开、人才培养、理论研究和实践应用等方面的研究，可以发现各个方面都取得了长足进步：学科研究的自觉程度不断加强；研究的专业化水平和科学化程度不断提高；交叉研究成为德育学科发展的重要方向；学科研究的实践取向日益凸显。但是，学科发展的元研究、学科实践研究的深化、德育学科群的建设等方面还需加强。[②]

二、德育规律的相关研究

“对于一种事物矛盾运动发生、发展过程的正确认识和概括，是实现一门学科科学化的必由之路。要使德育科学化，就必须从研究它的过程着手。”[③]德育过程研究显现出两个特点：一是专文论述。仅 1979 年至 1988 年在《教育研究》上发表的就有 35 篇，德育过程研究的论文约占所有转载德育论文总数的 60%，形成了改革开放后第一个德育研究的高峰。[④]此外，北京师范大学教育系资料室对 1979 至 1983 年间的重要德育论文进行了收录选编，并于 1983 年推出了《德育过程论文选编》，成为改革

---

① 杜时忠 . 德育研究［M］. 福州：福建教育出版社，2019：45.

② 班建武 .“十一五”期间德育学科发展的回顾与总结［J］. 教育科学研究，2011（7）：67 － 75.

③ 鲁洁 . 德育过程初探［J］. 教育研究，1981（2）.

④ 同 ① 176.

开放以来第一部德育论文选编集。二是专章论述。许多德育原理教材将德育过程作为专门章节论述，促进了德育过程研究的专门化和系统化。如《德育原理》（八院校，1985 年），《德育学》（六院校，1986 年），《德育原理》（胡守棻，1988 年）。1988 年至今，德育过程研究在追求科学的基础上进一步深化，无论是研究主题、研究内容、研究视角、研究方法都呈现出多元化、丰富化的特征，提高了德育过程研究的理论化、系统化与科学化水平。

（一）德育过程的规律总结

德育过程的结构研究即德育过程由哪些因素构成，这些因素之间有何关系。通过收集整理文献发现，根据德育过程要素的划分，可以分为“三要素论”“四要素论”“五要素论”“其他要素论”等。具体而言，德育过程规律研究主要有以下几种观点：

其一，从知、情、意、行相互作用和转化进行研究。认为德育过程有四条规律：德育过程具有多端性；德育过程的社会性和可控性；思想品德形成及教育的同时性与反复性；德育过程是教育和自我教育相结合的过程。①

其二，根据德育过程的矛盾性进行研究。认为在德育过程中，教育者、受教育者、品德规范三者相互联系，并与德育环境之间形成各种矛盾关系。德育过程的基本规律是德育过程发展的主要矛盾和本质联系。主要包括德育过程的统一性、多端性规律；德育过程的实践性和社会性规律；德育过程的教育与自我教育相结合的规律；德育过程的反复性、渐进性规律。②

其三，对学生品德形成过程进行研究。认为德育过程的规律有四条：

---

① 李世芬 . 论德育过程及其规律［J］. 中国高教研究 , 2001 (7) : 52 － 53.

② 韩丽筠 . 略论德育过程的规律性［J］. 河南大学学报 , 1996 (6) : 49 － 51.

第一，德育过程是受多重因素影响的过程；第二，思想品德各要素相互促进与提高；第三；活动和交往在品德形成中发挥作用；第四，受教育者思想内部矛盾运动促进品德发展。[①]德育过程是知情行相统一的过程；德育过程是一个循环往复的过程。[②]德育内化包括感受—分析理解—选择—深化巩固四个阶段。[③]德育过程的内在环节以及思想品德的形成机制主要有：教化和内在机制、体验体认机制、情景机制和固化机制。[④]

其四，从德育过程的因素及其相互关系的系统分析。认为德育过程的基本规律至少有两条：第一，德育过程与受教育者思想品德发展相互制约规律。这一规律揭示了德育活动与受教育者思想品德发展之间的本质的必然的联系及其矛盾运动的必然趋势，具体体现为德育活动与受教育者思想品德发展的相互制约。第二，德育过程及其构成要素与社会历史条件相互作用的关系。这一规律揭示了德育过程及其构成要素与社会历史条件之间的关系，具体体现为社会历史发展状况决定德育过程及其构成要素，德育过程及其构成要素对社会历史发展具有反作用。[⑤]

其五，对网络德育过程规律的研究。随着信息技术的普及，研究者对网络德育产生兴趣，试图揭示网络德育过程的规律：第一，教育者的主导作用与受教育者的主体作用辩证统一规律，简称双向互动规律；第二，协调自觉影响与控制自发影响辩证统一的规律，简称协调控制规律；第三，虚拟的思想品德行为与现实的思想品德行为的辩证统一规律。[⑥]

---

① 胡守棻．德育原理［M］．北京：北京师范大学出版社，1989：104.

② 葛喜平．高校德育过程的实质、规律及评估依据［J］．黑龙江高教研究，2005 (3)：49 − 50.

③ 刘惊铎，权利霞．试论认知因素和情意因素在德育内化过程中的相互作用规律［J］．陕西师范大学学报（哲学社会科学版），1998 (2)：153 − 158 + 176.

④ 张澍军，王立仁．论德育过程的内化机制［J］．社会科学战线，2003 (2)：133 − 138.

⑤ 范树成．德育过程论［M］．北京：中国社会科学出版社，2004：71 − 102.

⑥ 蔡丽华．试论网络德育过程及其规律［J］．当代世界与社会主义，2006 (5)：145 − 148.

由上可知，学者对德育过程规律的看法并不一致。关于德育过程规律究竟有几条、德育过程规律究竟是什么等问题，并未形成广泛共识。有的学者将德育过程特点与德育过程规律混淆，将学生品德的形成过程完全等同于德育过程，造成道德教育过程的规律与学生品德发展规律相混淆。后续的研究者进一步指出德育过程具有预设与生成的双重特点，在德育过程中实现“价值增值”，生成新的意义与价值。并且，德育过程具有情境性。情境是物质环境、制度环境与人际环境交织共存的产物，是复杂多样与不断变动的，并且体现为“以师生关系为基础的关系实在性”。[①]无疑，这些研究不再执着于探究德育过程的规律和要素，而是寻求对于德育过程更为丰富和深入的理解。

（二）对于德育规律的进一步认识与研究反思

随着研究的深入，研究者进一步认识到德育规律的实践性、价值性和文化性，这使得德育规律不可能像数学、物理知识一样具有普遍性和精确性，可以放之四海而皆准。“教育活动也固然有其规律，但这种规律与自然现象中的规律是有所不同的。自然规律是刚性的，而教育规律往往具有一定的柔性和弹性，自然规律所指的普遍性中几乎没有例外，而教育规律所指的普遍性中不时有例外甚至反例。”“教育中的关系往往并不是线性的，而是极其复杂的。”因此，规律只是一种比拟的宽泛说法，是一种概率性的存在可能性,但不是必然会出现,也不是如数学定理那样精确无误。同时，教育规律的存在和作用的发挥都是与人的教育活动伴随在一起的，无法做到主客分离、价值中立，这就使教育规律不可能完全不与人的主观能动性和价值取向发生关系。[②]

围绕德育规律的价值性，有学者探讨了德育规律和人性假设的关系，

---

① 杜时忠.全面加强学校德育体系建设研究[M].北京：经济科学出版社，2019，34－36.

② 扈中平.教育研究必须坚持科学人文主义的方法论[J].教育研究，2003(3)：14－17.

指出人性假设影响人们对德育规律的研究、认识、理解、选择与应用。不同的人性论决定不同的德育目的，进而影响人们对用什么德育规律发展人的认识差异，也就产生了不同的德育规律观。故此，人性假设是德育规律合理性的支点。其中，性善论、性恶论、白板人性论、自然人性论、社会人性论、主体间人性论等人性观分别对应了内省德育规律、外炼德育规律、刺激—反应德育规律、自然发展德育规律、内外化相互作用德育规律、交往生成德育规律。德育规律具有合理性，合理性程度的高低取决于认识到的德育规律与客观的德育规律的一致性程度，二者越一致，德育规律的合理性就越高，德育的实效性就越强。①

围绕德育规律的经验属性和实践属性，一些研究者认为教育教学规律从本质来讲并不是对客观不变的既定教育教学事实的一种滞后的抽象，而是处于教育教学实践的不断制作、生成中的过程性存在。它是教育教学理想与现实、价值与事实相互作用的产物。要建立科学的德育学科体系，必须总结我国自古以来的德育理论与实践；开展德育实践研究；加强对成功经验的总结和推广，走理论与实践相结合的道路。

关于德育规律的文化性，早在 1993 年鲁洁就呼吁："中国的教育学以及各门社会科学要走向世界就必须本土化。中国的教育学要着重研究在中国这一特定空间和条件下的教育问题，找出解决这些问题的独特途径，探索中国教育运行的特殊规律，在此基础上形成我们的理论框架、研究方法和知识体系。"② 进入 21 世纪以来，教育规律这个带有科学主义色彩的词在学术论文中作为研究主题出现得越来越少，研究者更强调教育理论的文化属性，强调教育理论要从"本土化"走向本土建构。教育理论本土构建，"第一，要领会本土教育实践内在的意义建构、思维范式和文化图式，提升理

① 何善平，王碧云．论德育规律的合理性与人性假设［J］．现代教育论丛，2003 (5)：51 － 54.

② 鲁洁．试论中国教育学的本土化［J］．高等教育研究，1993 (1)：35 － 37.

论与本土实践的契合性；第二，彰示本土声音，与他者平等对话，并为世界教育发展提供新的可能性。”①

从德育规律的研究中可以看出，由于对于德育规律这一术语缺乏概念澄清和共识，学者们使用德育规律这一术语往往表达了不同的含义，可能将其缩小，也可能将其误用。早期研究对于德育规律的认识误区主要表现为：一是将德育过程本质混同于德育本质；二是将德育过程特点与德育过程规律等同；三是将德育过程与学生思想品德形成过程混同。20 世纪 90 年代以来对于教育规律的认识更加深化，认识到教育规律不同于数理规律的独特性，更加强调教育规律的价值性、意义性和实践性。然而，由于价值性、意义性等特点不可避免地与主观性缠绕在一起，导致学者们各说各话，难以对话，难以在共识中形成知识积累。

第四节　德育目的研究

德育目的是关于德育应该培养什么样的人的问题，重在揭示受过道德教育的人应当具有什么样的品质。德育目的是根据一定的社会要求，结合受教育者身心发展状况确定的，反映了一定社会对受教育者的要求。德育目的是学校一切德育工作的出发点和最终目标，也是选择德育内容、确定德育方法、实施德育评价的根本依据。德育目的至关重要，没有德育目的，德育活动就失去了方向，因此，德育目的研究成为学者们关注的重要问题，并取得了诸多研究成果。

① 于泽元. 教育理论本土构建的方法论论纲［J］. 教育研究，2010，31 (5)：3 − 10.

一、德育目的概念及特点研究

德育目的是对德育活动结果的期望与预设，是教育目标在人的思想品德方面的总体规格要求，是预期的德育结果①，它规定着所培养的人在思想品德方面的质量规格。②学者们多将德育目的看作是教育目的概念的延伸和细化。

（一）德育目的的特点

德育目的是制定德育目标的主要依据，德育目标是德育目的的具体体现。③有学者对德育目的与德育手段展开了区分，指出德育手段是完成、实现德育目的所采取的一切工具、途径、方式和方法，是使观念性的德育目的得以变为直接客观现实的那些东西。④有学者研究了德育目的与德育价值的关系，认为德育目的是有待实现的德育价值，二者通过德育活动相互转化，德育目的通过德育活动得以实现向现实价值的转化，从而改变原来的价值关系；而对新出现的价值关系的认识又会产生新的德性需要，经过德育系统内价值主体的思维加工和选择后提出新的目的，又实现价值向目的的转化。⑤

从历史发展与国际比较的角度来看，有学者认为德育目的具有普遍性和历史性、民族性和阶级性。⑥有学者认为德育目的具有社会性与价值性、

---

① 胡守棻．德育原理［M］．北京：北京师范大学出版社，1989：83.

② 张典兵．德育学原理［M］．徐州：中国矿业大学出版社，2014：70.

③ 同②71.

④ 戚万学，杜时忠，等．现代德育论［M］．济南：山东教育出版社，1997：222.

⑤ 李太平．德育功能·德育价值·德育目的［J］．湖北大学学报（哲学社会科学版），1999(6)：89－92.

⑥ 檀传宝．学校道德教育原理［M］．北京：教育科学出版社，2000：59.

预见性与层次性。[①] 德育目的的制定不仅应具有超越和超前的特点，还应考虑社会发展及德育对象的道德发展两方面的实际，具有实现的可能。[②] 有学者认为德育目的具有鲜明的社会性，主要表现为历史性、国家性和民族性、阶级性以及人类的共同要求和一定的时代特点，由此可以说德育目的是一个区域性、历史性的范畴。此外，德育目的还具有继承性、现实性和超前性。[③]

综上所述，学者们关于德育目的特点的论述见仁见智，从现实层面、历史层面、比较层面多方面地揭示了中国德育目的的综合性、复杂性与独特性。

（二）德育目的的类型研究

德育目的有很多不同的类型，学者从三种角度对其展开分类：第一，根据偏重个人或偏重社会的不同价值取向，将德育目的分为社会本位的德育目的和个人本位的德育目的。前者从社会利益出发界定德育目的，虽确认了个体的道德社会化这一道德使命，但容易导致德育过程中对个体的强制，造成受教育者个性丧失。后者从个人利益、需要、道德本性出发，将提升个体生存价值和生命质量，帮助个体成为自主自由的道德主体作为目的。个体本位德育目的论具有关注个体需要，反对强制灌输的积极意义，但容易带来道德相对主义和个人利己主义。在个人本位和社会本位二分法的基础上，有学者立足于中外德育发展史，将德育目的分为神学目的论、个人中心目的论、社会中心目的论和实践目的论四种形态。神学目的论强调德育目的是培养超人，培养“神性”的人；个人中心目的论即个人本位论，强调德育目的指向受教育者的本性和道德需要，使

① 张典兵．德育学原理［M］．徐州：中国矿业大学出版社，2014：70.

② 檀传宝．学校道德教育原理［M］．北京：教育科学出版社，2000：58－59.

③ 刘兴家．德育目的简论［J］．东北师大学报，1995（2）：88－92.

受教育者成为道德主体，实现道德自由；社会中心目的论即社会本位论，强调德育目的指向社会，根据社会需要制定，促进受教育者社会化；实践目的论以主体性道德哲学为理论基础，强调活动或实践道德生活是德育的根本目的，它有利于实现个人价值与社会价值在实践基础上的有机统整，是德育目的的新探索。[①]

第二，根据道德目的指向可以分为外在的德育目的与内在的德育目的。前者强调德性修养本身，后者注重德育的外在功利结果。一味关注内在目的会忽略其贡献社会与他人的一面，一味强调外在德育目的会导致道德功利主义。

第三，按照道德目的的超越程度，将德育目的分为理想的德育目的和现实的德育目的。前者指向理想人格提升，是"应然"目的；后者接近生活、现实的德育目的，是"实然"目的。前者是德育目的制定主体以成文的、合乎规范的形式所规定的并表述的正式德育目的，后者是德育过程的当事人在理论层面进行理解、贯彻、执行的德育目的。如果一味重视理想不与现实德育目的结合，往往导致德育目的过高过大，无法落地。如果只观照现实境况，也会使德育落入庸俗化泥潭。[②]

关于德育目的的分类，基于不同的分类标准，学者们提出了不同的类型划分，但都将社会本位德育目的与个人本位德育目的作为基本的类型，可见个人本位与社会本位的矛盾对立成为德育目的观的重要方面。对于个人本位和社会本位，在当时特定的社会转型环境下，学者们虽然强调个性和个人发展，但大多认为两者应该结合起来，很少持个人与社会两相对立、非此即彼的偏激思想。

---

① 戚万学，杜时忠，等．现代德育论［M］．济南：山东教育出版社，1997：233－247.

② 檀传宝．学校道德教育原理［M］．北京：教育科学出版社，2000：62－65.

二、德育目的的理论建构与现实考察

（一）德育目的的理论建构

确定德育目的的依据是什么？德育目的受到多种因素的制约，有学者认为德育目的具有强烈的主观性。人们在考虑德育目的时常受个人理念、人性假设和理想人格等观念和价值取向的影响，德育目的实则是教育活动中人的价值选择，这是德育目的的主观制约因素。另外，德育目的的主观性要以客观存在为前提，社会生产力和科学技术发展水平、一定社会经济和政治制度、历史发展的进程、文化传统、受教育者身心发展规律等诸多客观因素同样制约着德育目的的确定。① 由此可见，德育目的是主客观因素共同作用的结果。有学者认为德育目的确立是继承性与创新性的统一，是统一性与多样性的统一，是超越性与现实性的统一，是先进性与广泛性的统一，是主体需要与德育规律的统一。② 总的来说，德育目的并非单一因素影响的结果，而是多种因素相互作用、共同联结的产物。无论是政治力量，还是经济力量，都不可能完全操控学校德育目标，它是多种社会力量综合的产物。③

德育目的究竟应该是什么？学者们发表了不同的看法，主要回答“应该培养什么样的人”这一问题。总体来看，对于这个问题的回答主要从文化与人生的交汇处展开。一部分学者立足于文化视角，认为德育目的要发挥文化维系和文化变革两大功能，德育目的的具体内容是弘扬民族精神，

---

① 檀传宝．学校道德教育原理［M］．北京：教育科学出版社，2000：68－73.

② 张典兵．德育学原理［M］．徐州：中国矿业大学出版社，2014：75.

③ 周彬，高星原．学校德育变革 30 年：困境与突破［J］．教育科学研究，2009，(3)：29－33＋42.

保持优良的民族性；提高道德文化变革的意识与能力；提升个体的人生境界。[①]更多的学者围绕着人本身的发展需要分别从两个方面展开讨论，或强调德性，或强调道德能力。强调德性的论者，注重人格完善与终极关怀等非功利性价值。或认为人格是人的一切品质的总和，德育目的就是塑造完整的人格。[②]或立足于人学视域探讨德育目的，认为德育目的表征为促进人从动物性存在不断提升到人性存在；导引人们自觉占有自己的本质；推动人们自觉地追求人的终极关怀；教化人们学会追求觉悟，追求崇高精神境界的不断自我塑造生成。换言之，德育目的最终表现为对人性整体素质的提升，对人性完美的向往，对人自身全面发展的追求。[③]强调道德能力的论者，注重促进美好生活与人生幸福的能力品质。如有学者认为要从根本上转变德育目的观，培养个体的可持续发展能力，德育目的不仅仅是要培养出有道德的人，更重要的是培养一个具有道德发展性的人，实现德性的可持续发展。[④]道德上受过教育的人是具备自主关怀生活意义的意识和能力的人。[⑤]有学者基于杜威德育思想认为，只有能全面担当起社会责任的人，才是真正的有用的好人，才是真正有德行的人。从培养美德到养成良好公民是我国学校德育目的观的第一突破与必要选择。[⑥]

进入 21 世纪之后，随着生活德育论的兴起，也有学者从德育与生活的关系入手，认为德育源自生活，德育与生活共存并引领生活建构，德育即生活，生活的目的也就是德育本源性、终极性的追求。而生活以幸福为

① 鲁洁，王逢贤．德育新论［M］．南京：江苏教育出版社，2010：29 － 32.

② 边和平，施永红．人格塑造：大学德育的最终目的［J］．江苏高教，1994 (5)：36 － 37.

③ 张澍军，郭凤志．论人学视域的德育目的［J］．社会科学战线，2004 (5)：172 － 177.

④ 许瑞芳．德育目的观的现代化转换［J］．教学与管理，2005 (10)：37 － 38.

⑤ 李菲．成就自主关怀生活意义的人：基于终极关怀的学校德育目的研究［J］．教育学报，2006 (6)：85 － 90.

⑥ 刘长海，杜时忠．道德教育的广度批判：杜威德育思想及其启示［J］．教育研究与实验，2004 (3)：20 － 23.

目的，故德育目的即是幸福，追求幸福是德育目的与生活目的的统一。[①]可见，立足于不同视角，学者们对德育目的、德育应该培养什么样的人有不同的看法。

（二）我国德育目的的现实考察

学者们揭示了我国德育目的的历史演变过程，指出我国学校德育目标的演变大体分为三个时期：1988 年以前是德育课程目标时期；20 世纪 90 年代演进为德育分段目标时期；21 世纪迈向德育目标系列化时期。德育目标的总体走向是从社会本位走向人与社会的和谐，从依附个体走向独立人格，从模式化德育走向个性化德育。[②]

学者们对我国现行德育目的展开研究。1988 年 12 月 25 日《中共中央关于改革和加强中小学德育工作的通知》指出："现在的中小学生是二十一世纪社会主义建设的主力军。他们的思想道德和科学文化素质状况，不仅是当前社会文明程度的重要体现之一，而且对我国未来的社会风貌、民族精神有着决定性的影响。从现在起，就必须努力把他们培养成为有理想、有道德、有文化、有纪律的一代新人。"因此，有学者认为"有理想、有道德、有文化、有纪律的一代新人"（即"四有新人"）总体上反映了我国的德育目的。[③]德育目的又具体体现在中小学德育目标上。学者们多将《小学德育纲要》（1993）、《中学德育大纲》（1995）中规定的德育的培养目标、总体目标当作德育目的。[④]其中，《小学德育纲要》（1993）规定小学德育的培养目标是："培养学生初步具有爱国家、爱劳动、爱科学、爱社会主义的思想情感和良好品德；遵守社会公德的意识和文明行为习惯；良好的

---

① 严海 . 幸福何以成为德育的目的［J］. 教育研究与实验 , 2020 (4) : 19 － 27.

② 胡斌武 . 我国学校德育目标的演变与走向［J］. 教育导刊 , 2005 (12) : 11 － 13.

③ 檀传宝 . 学校道德教育原理［M］. 北京 : 教育科学出版社 , 2000 : 77.

④ 陈坤华 , 彭拥军 , 陈杰 . 现代教育学［M］. 湘潭 : 湘潭大学出版社 , 2012 : 188.

意志、品格和活泼开朗的性格；自己管理自己、帮助别人、为集体服务和辨别是非的能力，为使他们成为德、智、体全面发展的社会主义建设者和接班人，打下初步的良好的思想品德基础。”《中学德育大纲》（1995）规定中学德育的总目标是：“把全体学生培养成为热爱社会主义祖国的具有社会公德、文明行为习惯的遵纪守法的公民。在这个基础上，引导他们逐步树立科学的人生观、世界观，并不断提高社会主义思想觉悟，使他们中的优秀分子将来能够成为共产主义者。”也有学者认为 1995 年颁布的《中华人民共和国教育法》以法律的形式明确了教育目的是培养社会主义建设者和接班人，这也成为我国新时期的德育目的。①

有学者认为当前德育目的和德育目标与社会发展的不适应性日益明显。主要表现在：第一，德育目的主要是国家制定，缺少师生参与；第二，德育目的较多体现了国家主导的意识形态，难以取得应有的德育实效；第三，仍然是以社会本位为主的德育目的和目标体系，忽视了德育目标对个人生活幸福的影响；第四，对独立的价值思考和批判能力的强调仍然不够。②德育应是以人为本，将人视作目的的。当前德育目的偏重其工具性价值取向，偏离了其促使人性向善的本体性价值，将教育对象塑造成严重缺乏自主意识且无独立个性客体化的依附型人格的人，难以实现自由全面的发展。③

综观已有的德育目的研究，学者们围绕德育目的的概念与特征、功能与类型、内容与影响因素、我国德育目的等多方面展开了深入的研究，取得了丰富的研究成果。研究者注重德育目的的历史性与现实性、继承性与创新性，注重将德育目的与德育目标联结，形成了德育目的讨论的基本话

① 严海．幸福何以成为德育的目的［J］．教育研究与实验，2020（4）：19－27.

② 檀传宝．学校道德教育原理［M］．北京：教育科学出版社，2000：77－78.

③ 毋靖雨，周鸿．阙失与复归：高校德育目的何以诠释人性向善［J］．现代教育科学，2011（7）：1－4.

语体系。但总的来说，我国德育目的一方面受传统文化和意识形态影响，呈现为社会本位目的论，强调国家意识、集体主义观念，相对忽视德育与个体发展间的关联；另一方面受工具理性的影响，体现出工具目的论，强调德育为社会发展服务，忽视了个体良善品德的濡化和精神境界的提升这一内在目的。因此，德育目的应该重视在社会与个体之间达成平衡，正确处理服务社会与促进个体二者之间的矛盾，审慎把握二者之间的张力，做到既重视社会发展，更关注个体发展。

第五节　德育地位研究

"'德育'在整个教育中的地位，是教育界至为关注的问题。"[①] 德育地位标识着德育的重要程度。德育地位建立在德育目的、本质、内容与功能的基础之上，彰显着德育在社会发展与个体发展中所处的位置与重要程度。德育地位有广义和狭义之分。广义的德育地位是德育在整个社会活动与社会关系中的位置与重要性，狭义的德育地位是指德育在教育体系中所处的位置及其能够发挥的重要作用。[②] 学术界谈论的主要是后者。总的来说，德育地位研究一直是学者们关注的热点议题，它不但涉及德育学科和德育活动在教育系统中的合法性问题，也与本领域学者们的自身发展机遇与学术荣誉意识密切相关。

一、德育地位研究概述

德育地位研究不仅是德育理论发展的必然要求，也是德育实践的迫

① 陈桂生．"德育"在教育中的特殊地位［J］．上海教育科研，2003（4）：23－26．

② 张忠华．德育基本理论研究三十年［M］．哈尔滨：黑龙江人民出版社，2010：89．

切呼喊。改革开放以来,德育地位研究逐渐兴盛,产生了“德育首位论”“德育为先论”“诸育并举论”等诸多观点，出现了传统德育地位研究、中外德育地位比较研究、代表性德育地位观念研究等诸多议题，产生了诸多研究成果。随着时代的变迁，人们对德育地位的认识也随之发生变化，且更加深入和聚焦。具体而言，德育地位研究的主要内容包括以下几个方面。

（一）德育的独立实体性研究

谈论德育处于何种地位的前提是德育有无独立实体性的问题。如果德育没有独立实体性，只是依附于其他事物存在，谈论德育地位也就失去了意义。鲁洁指出，德育作为学校教育中的相对独立实体，不是人们主观臆造的，它具有三方面的客观规定性：第一，德（广义的）的社会存在和个体存在的同时性及其各自功能的不可代替性对教育提出的客观要求；第二，在社会的德与个体的德之间双向转化过程中，需要一种有效的媒体，这个媒体只能是德育，因为它的功能具有不可代替性；第三，德育在其经验的积累和理论指导下形成了独特的由德育对象、目标、内容、过程、原则、方法、途径、队伍、管理和评价等要素构成的可操作系统，这是无法否认的客观事实。德育以其坚实的客观规定性所构建的独立实体，在教育体系中确立了自己的位置，获得独立存在和与其他各育长期并存、共同发展的资格。此外，鲁洁还批评了否定德育独立实体性的几种错误观点：一是唯物质需要的“实惠论”和单纯物质刺激论对德育的否定；二是科技直接物化论和评价人的唯能力标准论对德育的否定；三是人的本性自私论和非道德论对德育的否定；四是商品经济“腐败难免论”和“代价论”对德育的否定；五是以智代德论对德育的否定；六是以法代德论对德育的否定；七是完全寓他论对德育的否定。[①] 这些错误观点无疑否定和淡化了德育的独

---

① 鲁洁，王逢贤．德育新论［M］．南京：江苏教育出版社，2010：105－114.

立实体性。人们应保持清醒头脑，看到这些观点的荒谬之处，坚持捍卫德育的独立实体性，并在此基础上理性探讨德育的地位问题。

（二）德育地位的古今之变

传统教育以伦理为本，十分重视德育，甚至可以说传统教育就是德育，很多学者对德育地位展开了历史研究。

一是传统德育地位的专门研究。学者们强调了德育在中国古代教育的核心地位和重要作用。在古代，德育居于首位，具有巩固政权、稳定政治、培养人格的重要作用。儒家之所以重视道德教育，是因为道德是一个国家赖以存在、得以治理的根本，道德教育对巩固国家政权具有特殊的绩效；道德是人区别于禽兽的主要标志。[①] 由此，德育被置于教育的中心位置。

二是德育地位的历史演变研究。大多学者认为古代教育实际上就是德育，德育成为古代教育的唯一目的。在近代，德育从社会意识形态分化出来成为与智育、体育并列的学科。德育不再是教育的唯一目的，但仍被看作是最高目的。在现代，智育成为第一，德育成为教育工作的辅助部分，德育由"教育目的"转变为"教育工作"。[②] 可以看出，从古代教育的唯一目的到近代教育的最高目的，再到现代教育的普通目的，从"教育目的"到"教育工作"，德育地位不断下降。特别是在"大德育"理论框架下，德育地位经历了从高到低直至发生异变的演变过程。[③] 很多学者揭露了现代"德育工作论"对德育地位的异化现象。如黄向阳认为现代德育成为一种工作，与学校的"教学工作""管理工作""辅助性服务工作"

---

① 刘哲，傅新民．应重新评价传统的德育首位论：对儒家德育地位理论的反思［J］．沈阳师范学院学报（社会科学版），1995 (3) : 47 − 50.

② 黄向阳．德育原理［M］．上海：华东师范大学出版社，2000 : 31 − 36.

③ 程天君．质疑"大德育"观［J］．中小学管理，2002 (12) : 14 − 17.

并论，属于“教育工作”范畴。德育不再是学校一切工作（包括思想政治工作）的目的或归宿，而是学校众多工作中的一项工作而已。[①]程天君认为“德育工作论”具有理论与实践的双重弊端。理论上，“德育工作论”容易导致教育工作者思想混乱；实践中，“德育工作论”一方面错把德育设置成学校的一项专职工作，要求学校配备专职德育工作者，进而阻滞了德育的全员参与。另一方面暗示学校存在“非德育工作”“非德育工作者”，由此妨碍了间接道德教育。[②]可见，“德育工作论”理念使得德育从目的范畴沦为工作范畴，从目的失落为手段、工具，德育地位不断下降，甚至在教育系统被边缘化。

二、德育首位论

根据已有文献发现，最早提出“德育首位论”的是赖立赓，他于1984年发表《谈谈德育在社会主义学校教育中的地位》，指出“社会主义学校教育的各个组成部分，各自有其不同的任务，都是年青一代全面发展教育极端重要和不可缺少的。但就它们之间的相互关系而论，德育相对于智育，不能不占首要地位”[③]。1989年，党和国家再次将德育抬到重要的高度。江泽民在庆祝中华人民共和国成立40周年大会上指出：“各级各类学校不仅要建立完备的文化知识传授体系，而且要把德育放在首位，确立正确的政治方向。”德育首位是教育的目的性、方向性和阶级性的最本质的体现。[④]在党和国家领导人的讲话精神的影响下，“德育首位”逐渐成为德育地位的主流观点。

---

① 黄向阳．德育原理［M］．上海：华东师范大学出版社，2000：37.

② 程天君．质疑“大德育”观［J］．中小学管理，2002（12）：14－17.

③ 赖立赓．谈谈德育在社会主义学校教育中的地位［J］．上海师范大学学报（哲学社会科学版），1984（2）：126－132.

④ 解传裕，杨占山．把德育放在成人师范教育首位的思考与探索［J］．辽宁教育学院学报，1992（1）：28－31.

（一）德育首位的含义与依据研究

德育首位是当前人们对德育地位的普遍提法。所谓德育首位，就是把坚定正确的政治方向放在统帅的地位，使它贯穿在学校工作的各个方面，贯穿于学校教育的全部过程中。德育处于统帅地位应贯彻到学校教育的全部过程中。[①]有学者进一步提出德育首位有四个方面：第一，在学校的总体教育中，坚持德育主导地位和主导作用的原则；第二，在学校个体教育对象的培养中，坚持政治思想素质第一位的原则；第三，在学校教学和管理的育人工作中，坚持育人以德育为首位的原则；第四，在学校的意识形态领域里，坚持用马克思主义占领思想文化阵地的原则。[②]有学者则认为德育首位包含四点：首先，德育首位思想并不在于德育这一具体的教育类别对智育、体育、美育等诸类别的统帅作用，不在于德育较之于其他各育位高一等，其真正的含义在于各育都共同承担着德育的功能，都应该把青少年坚定正确的政治方向放在首位。其次，德育首位思想应是大德育思想，即大家都要关心青少年的品德养成，发挥全员育人的作用。第三，德育首位思想应是社会主流思想和价值整合理念在德育中的反映，即社会要关心青少年的德育，家长也要关心青少年的德育，树立德育合力观，不要把德育当成只是学校的事情。其四，德育首位思想是指素质教育中，必须加强对青少年德育素质养成的重要性的认识，不能把它看成是可有可无的东西。[③]有学者认为德育首位既不体现在教育活动的内容上，也不体现在教育活动的过程中，只能体现在教育活动的目标和价值之中。由此认为“德

---

① 吴树青．关于落实德育首位问题的几点看法：在北京大学德育工作研讨会上的讲话［J］．中国高等教育，1991（10）：8－12.

② 于才思．关于高校把“德育放在首位”的思考［J］．辽宁高等教育研究，1992（2）：24－29.

③ 蒋永平．德育在新世纪素质教育中的地位和作用探析［J］．教育探索，2001（10）：87－88.

育首位”即“育德首位”，提出了“育德首位论”的观点，要求任何教育活动都要体现对人思想品德素质的培养。[①]

在“德育首位论”提出的依据方面，学者们认为主要有三点：第一，由社会主义学校的性质或社会主义办学方向决定的；第二，由教育自身规律决定的；第三，由学校的现实发展样态决定的。有学者指出：德育的首要地位是由教育的本质属性、功能和人才成长的规律所决定的；把德育放在首位，是长期以来我国高等教育经验教训的总结；把德育放在首位，是针对当前存在的问题对学校提出的要求。[②]

可见，德育首位论的提出主要是依据我国社会主义性质以及教育自身规律。德育首位强调德育的主导、统帅、灵魂作用，强调学生政治方向的正确性，而这并不意味着德育高于其他各育。当然，也有学者将德育首位看作德育第一，德育高于其他各育，由此引发了对德育首位论观点的质疑与批判。

（二）德育首位的批判研究

人们常常用“首位”一词表示某事物的重要性。有学者认为如果把“首位”作为量词或序词，很容易形成各种误解和不良影响。细言之，第一，夸大了德育而贬低了其他各育。第二，首位意味着德育第一，这种通过等级排序来理解各育的功能及其关系显得简单机械。第三，德育首位意味着应该在教育时间和空间的分配上多给德育一些，这样人为盲目地为德育争时间、抢空间的做法显然违背了教育规律。第四，“德育为首”可能被误认为“突出政治”，使德育高于一切，冲击一切，重犯“文化大革命”期

① 王维正，王守忠，赵明．德育首位是独立学院办学的价值指针［J］．教育探索，2009(4)：7－8.

② 姚启和．关于大学德育地位的思考［J］．高等教育研究，1992(1)：17－20＋61.

间的错误。由此主张“各育并重”。[①] 有学者认为党的三代领导人的这一思想是教育理论研究和教育实践活动的理论基础。但是，如果将“德育首位”直接照搬到教育理论中作为一个具体的命题，则容易引起歧义。[②] 有学者认为德育首位论是对德育地位的不正确表述。第一，“德育首位论”违背了教育的整体性特点；第二，“德育首位论”与教育的基本事实不符；第三，“德育首位论”降低了德育的实效。进而主张“德育核心论”，即德育与人的其他各育相互渗透、相互支持中，共同构成了一个人最基本的教育生态，在这个最基本的教育生态中，德育居于其“内核”地位，其他各育则环绕于德育之外，它们是一个任务和目标的有机共同体。[③] 由于“首”有“第一，最高的”之意，因此，有学者认为“德育为首”的提法意味着德育与智体美劳各育比高下；是将德育作为独立于智体美劳各育之外的一门课程看待，由此割裂了德育与智体美劳各育的密切联系；而且“德育为首”是针对并反对“智力中心论”提出的。由此，结合新课程改革背景提出“德育为本论”，即将德育作为学校教育教学、管理工作的根本和灵魂。[④] 总体而言，主张德育为首有利于将德育放在首要的、主导的地位，坚定学校的社会主义性质，坚定学生正确的政治方向。但是，人们很容易将“首”当作等级词，从而割裂德育与其他诸育的统整性，造成全员育人、全程育人、全方位育人的失落，最终导致德育地位的实际下降。由此，很多学者继而提出了“德育为本”“德育为先”“育人为本”“诸育并举”“德育是教育的灵魂、统帅与核心”等观点。

除此以外，有学者还展开了德育工作与其他教育工作之间的关系研究。一方面是德育首位与教学为主的关系研究。认为德育首位与教学为主同是

---

① 鲁洁，王逢贤．德育新论［M］．南京：江苏教育出版社，2010：120.

② 郭浩，曹中保，等．论“育德首位”［J］．湖北师范学院学报（哲学社会科学版），2003(1)：111－112.

③ 高岩．“德育首位论”质疑［J］．现代教育科学，2014(6)：92－94.

④ 朱小闯．对德育地位的一点认识［J］．中国德育，2006(1)：76－77.

高等教育本质属性所决定的基本要求；德育首位和教学为主统一于高等学校教育实践之中；德育首位与教学为主的结合必须发挥全体教育工作者和受教育者的共同作用。[①]另一方面是德育首位与素质教育的关系研究。有学者认为德育与素质关系是首位与目标的关系，德育与素质教育没有主次、先后之分，德育是首位问题，素质教育是培养目标，二者是相互促进、融合的关系。[②]有学者认为德育在素质教育中应居首位；发挥着导向、动力和保证作用；德育首位是素质教育的重要标志。[③]也有学者认为德育在素质教育中占据主导地位。[④]总的来说，不管何种提法，都指明了德育与素质教育有着非常紧密的内在关系。

总而言之，在讨论中，一方面学者们达成共识，即认为德育应该成为学校教育的灵魂，但另一方面人们在论述德育地位时，常以党和国家领导人、国家政策话语为依据，强调重视教育的社会主义方向，培养学生正确的政治方向，德育为首实际上被置于政治化的话语体系中。在教育实践德育内容被泛化，受教育功利化的影响，德育往往处于“说起来重要，做起来次要，忙起来不要”的困顿中，德育被虚化。从历史上看，德育地位在学校教育体系中的下降，是教育现代化以能力为本挑选人才的必然后果，但是德育地位的衰落也反映了学校人文精神和价值追求的失落。落实和保障德育的首要地位，亟待教育体系的人本化改革，同时，也需要学者们在理念、机制、现实条件、实践路径方面做更深入的探索。

---

① 吴贡环.德育首位与教学为主的辩证认识[J].贵州民族学院学报(社会科学版)，1992(1)：11－15.

② 李峰.首位·目标·协调：试析高校德育与素质教育之关系[J].江苏高教，1999(3)：48－50.

③ 刘良科.素质教育中的德育首位刍议[J].教育探索，2001(3)：71－72.

④ 唐俊智.论德育在素质教育中的地位和作用[J].西南民族学院学报(哲学社会科学版)，2002(S3)：221－222.

第二章
德育理论多学科基础研究

对德育本质、德育功能、德育规律、德育目的和德育地位等基本问题的系统反思只是建构德育原理学科的第一步，如果要深入推进，德育理论研究必须建立在更为扎实的知识基础和科学研究方法论之上。德育理论研究的知识基础是什么呢？赫尔巴特广为人知的一段话提出“教育作为一种科学，是以实践哲学与心理学为基础的。前者指明目的，后者指明途径、手段”。实践哲学主要体现为道德哲学，或曰伦理学。可见伦理学和心理学是德育理论的两大最基本和最传统的知识基础。19世纪末以来，随着社会科学发展的进一步专业化和精细化，自社会学家涂尔干著《道德教育》以来，道德教育研究便与社会学结下了不解之缘。社会学对人类存在的社会性和处境性的揭示、对历史和经验实在的内在合理性的发掘，动摇了人文主义传统在欧洲人思想和实践中的典范地位，这些都对伦理学构成了强大的挑战。今天的伦理学家不论是否同意社会学家的视角，都不可能无视道德和政治制度与社会体系之间的密切关联，不可能讨论柏拉图和亚里士多德的伦理学和政治学却无视希腊城邦的社会条件，更不可能无视人的社会境况而去谈论“人”。①

---

① 陈涛.社会学与伦理学的争执：涂尔干的道德科学[J].社会，2017，37(6)：71－104.

综上所述，道德教育是一门实践学科，围绕着其实践属性，伦理学、道德心理学和社会学构成了道德教育研究重要的知识基础，其中伦理学提供了对价值和道德规范的研究成果，心理学提供了对人的道德发展的研究成果，理解学生的道德心理机制、道德推理过程、道德情感发展、自我形成等提供了知识基础，为道德教育的改善提供了途径和方法。社会学提供了对道德现象和教育现象发生背景——社会系统和社会结构的研究成果。三门学科在研究方法和研究对象上相异而互补，成为德育理论研究的灵感来源。“问渠那得清如许，为有源头活水来。”这些学科综合起来成就了德育理论研究的“源头活水”。

第一节　道德哲学研究基础及启示

伦理学是探讨道德问题和道德现象的学科，它的中心问题是何为良好生活，它关涉价值和价值判断问题，研究行为的正邪善恶标准和社会道德规范与原则。伦理学关注人的完善，试图提供把自然的人转变成完善的人的手段；[①] 它对人类道德现象、道德规范和道德价值展开系统研究，为德育理论提供了坚实基础。

现代以来，西方学界一般把伦理学分为三种类型，即元伦理学、规范伦理学和应用伦理学。中国伦理学界更为常见的方法是把伦理学分为元伦理学、规范伦理学和美德伦理学。其中，元伦理学主要是对伦理语言的分析和对伦理基本问题的形而上反思；规范伦理学是研究人们正确的道德规范的理性反思活动，它努力发现在各种道德行为或规则背后的根本的或最高的道德原则，试图从理论上回答人们在道德上究竟应该怎么生活的问

① 凯利·克拉克，安妮·包腾格.伦理观的故事［M］.北京：世界知识出版社，2010：189.

题[1]；美德伦理学主要研究优良道德如何转化为个人美德。[2]本书并不准备对西方伦理学的发展脉络做系统梳理，而是结合道德教育研究的关注点，重点从20世纪以来伦理学的研究成果中汲取一些与“善”和“正当”等基本概念和“人应该怎么做”的道德义务、道德规范等基本问题相关并具有启发意义的观点。

一般认为，伦理学最关注的两个核心概念是“善”和“正当”。围绕这两个概念，元伦理学展开了系列的语言分析，而规范伦理学则试图建构关于善或正当的道德规范，美德伦理学则试图告诉我们善或者正当的人及其人生是怎样的。近代以来，西方伦理学中占主导地位的是以康德为代表的义务论和以边沁、密尔为代表的功利主义的后果论，义务论者主张正当高于善，脱离了正当没有善；功利主义者则认为善高于正当，用善的增加来定义正当。20世纪下半叶以来，复兴的美德伦理学则认为善与正当不能脱离个人的生活情境和整体的道德品质，因此更关注人的整体德性，而不是片段化的行为手段或行为结果。以下论述也围绕着“正当”和“善”是什么及其相关关系这一伦理学的主旋律展开论述。

一、元伦理学

元伦理学是西方分析哲学与伦理学结合的产物，强调对于道德语言、概念、规范等进行话语分析和意义澄清，对于道德问题做形而上学的哲学分析。“当我们在大海捞针的时候，我们甚至不知道针是什么”，元伦理学就是要弄清“针”到底是什么，因此它非常关注道德概念、判断、命题等道德语言的复杂性。元伦理学的研究范围主要包括下列五类问题：意义问题，即对道德话语的语义功能进行分析；形而上学问题，即对道德事实及

① 龚群，陈真．当代西方伦理思想研究［M］．北京：北京大学出版社，2013 : 7.

② 王海明．伦理学导论［M］．上海：复旦大学出版社，2009 : 1.

其属性进行分析；认识论问题，即对道德知识和道德判断的真伪及有效性进行分析；现象学问题，即对道德判断主体经验特征进行反思；客观性问题，即探寻道德真理，对道德判断及道德命题的正误及其标准进行反思。①

18 世纪的英国哲学家休谟指出，在以往的伦理学体系中，普遍存在一种思维误区：即从"是"或"不是"的事实命题直接推导出"应该"或"不应该"伦理命题，这种由事实命题转向价值命题的思想跳跃既缺乏相应说明，也缺乏逻辑根据和论证。由此，休谟指出事实与价值的"二分法"，主张价值判断不能从事实判断中推导出来。这一休谟难题就构成了后世特别是 20 世纪道德分析哲学讨论的一个主题。善是什么？与善相关的价值判断从何而来？这种价值判断的客观性如何证成？这些问题成为元伦理学思考的主要问题之一。

元伦理学研究的努力方向是试图采取经验的、科学的、非超自然的分析方法来分析道德概念和道德话语，元伦理学研究始于英国伦理学家摩尔。摩尔认为，善如何被定义的问题，是一切伦理学中最基本的问题。以往的伦理学家犯了所谓的自然主义的谬误，即以自然属性的事实或超自然的事实（如"上帝的意志"）来规定善或给善下定义。比如功利主义用快乐来定义善，但是摩尔质疑这种定义：虽然 × 具有令人快乐的属性，但 × 是否就是善呢？显然，善与善的东西不同。他认为用经验主义和理性主义来定义善同样都站不住脚，如下列命题都是有问题的：

（1）善即大多数人的幸福（功利主义）

（2）善即大多数认为善（卢梭）

（3）善即对理念的模仿（柏拉图）

（4）善即生存（浅薄的达尔文主义）

（5）善即服从（浅薄的独裁主义）

---

① 亚历山大·米勒．当代元伦理学导论［M］．张鑫毅，译．上海：上海人民出版社，2019：2－3.

（6）善即服从上帝的意志（浅薄的有神论）[①]

其实，善本身是不可下定义的。善为什么不能被定义呢？摩尔认为，定义只是列举了构成复杂物的更简单部分，只有复杂的概念可以被定义。善如同黄一样，是一个简单概念。你无法向尚不知它是什么的人解释什么是黄色，你只能指出它。[②]如何把握善呢？只能靠直觉来体验或领悟。为了确认某件事物是否是“作为目的的善”，判断其是否具有内在价值，人们必须省察自己的直觉。在摩尔看来，什么东西具有内在价值呢？他认为人的情感和审美享受包含一切最伟大的和迄今为止我们能想象的最伟大的善。[③]我们应该在一切活动中努力创造一个尽可能多友善和美的经验世界。比如，与好友在舒适的房间一边享受美食，一边讨论莫奈或听莫扎特之类的经验就非常美好。他认为审美体验和社交体验是普世的，各种道德规则却不是的。

艾耶尔秉持逻辑实证主义的立场，形成了情感表达主义的理论主张。他认为所有的综合命题都是经验命题，道德话语是综合命题，但在经验上又无法得到证实。分析之下，艾耶尔认为道德话语是情感的表达，不是事实命题，无所谓真假。它们的主要功能不过是表达肯定或否定的情感，同时要求他人也具有相似的情感。他说：“如果我对某人说‘你偷钱的行为是错误的’，比起我只说‘你偷钱’来，我并没有陈述更多的东西。在补充‘这一行为是错误的’这句话时，我并没有对‘你偷钱’做出进一步的陈述。我只是表明我道德上不赞成这种行为。就好像我用一种极度厌恶的口气说‘你偷钱’或在书写这句话时加上一些惊叹号一样。语调或惊叹号对句子的字面意义没有增加任何新的东西。它只是表明在表达这句话时伴

① 帕尔玛．为什么做个好人很难？伦理学导论［M］．上海：上海社会科学院出版社，2010：11.

② 凯利·克拉克，安妮·包腾格．伦理观的故事［M］．北京：世界知识出版社，2010：128.

③ 同②130.

随着说话者的某些情感。”[①] 在艾耶尔看来，“偷钱是错误的” 是一个没有事实意义的句子，即它并没有表达一个可以或真或假的命题，尽管它包含了某种事实的成分。它相当于“偷钱” 伦理话语经验上无法证明，因为它们根本就不是命题，没有真假。所以，道德话语既不能提供命令，也不是普遍的规范，甚至连事实都不是。

史蒂文森虽然承认伦理词有描述意义，但认为这种描述意义随使用场合而异。与艾耶尔相同，他认为伦理词主要表达对评价对象的称赞和不称赞的态度，任何道德命题只表达说话者的情感。无论是道德评价判断（“节约是美德”），还是道德规范判断（“应当守信”“不许欺骗”）都不反映什么东西，所表达的只是说话者的道德激情、意愿、态度和立场。道德判断的功能是激发、命令、劝说或感染听者，使他领会说话者的情感，或完成说话者所希望的行动。但与艾耶尔比较偏激思想的不同之处在于，史蒂文森认为伦理学与自然科学之间存在着深刻的学术差异，科学方法无法解决道德问题。科学以一致性为标志，而道德以分歧为显著特征[②]，分歧主要是认为这种表达是有意义的。道德分歧主要是来自信念分歧和态度差异，前者与对事实的看法相关，后者与自身喜好、欲望、抱负、立场等因素相关。前者如有人相信“社会就是大染缸，人就要努力去适应它”，有人则认为“人要超越社会”；后者如两人围绕一笔钱用途的争执，有人说应投入医院，有人说应投入学校。史蒂文森认为伦理学家应该悉心区别两类分歧，并揭示两者之间是怎么相互作用的。[③]

受艾耶尔表达主义（即主张道德话语不过是说话者的情感态度的表达）的冲击，哲学家开始思考道德话语的可辩护性问题。黑尔试图为道德话语

---

① 龚群，陈真．当代西方伦理思想研究［M］．北京：北京大学出版社，2013：273.

② 孙伟平．史蒂文森与黑尔的伦理观比较研究［J］．伦理学研究，2019 (6)：49 － 55.

③ 孙伟平．伦理分歧及其本质：史蒂文森关于“两种分歧”的理论［J］．湖北大学学报（哲学社会科学版），2019，46 (1)：16 － 22 + 168.

提供理性论证。他认为道德语言具有可普遍化的特征。在《道德语言》一书中，黑尔说："好的标准和'红色'的意义一样，通常是某种公开的和为人们所共同接受的东西。当我对某人解释红色的汽车是什么意思时，除非大家都知道我脾气非常古怪，否则他就会希望自己能够发现别人也以同样的方式使用这个词语。同样，他也会期望至少就汽车来说有一种为大家普遍接受的标准，在他从我这里弄清楚了好汽车的标准后，他就会期待自己能够通过使用'好汽车'这一词语，毫无混淆地向他人提供信息，或从他人那里获取信息。"简单地说，大家在同样的意义上使用"红色"这个词时，与此类似，大家也在同样的意义上使用"好""应当"这些词语。不仅仅是在把价值词用于"汽车"这样的非道德语境时存在可普遍化意义，而且在道德语境中，对事物的评价和义务的阐明，"好的"和"应该"同样具有这样的逻辑特征。①

在此基础上，黑尔试图建构道德命题的可普遍化特征，承继康德普遍主义的传统，提出道德的普遍规定主义理论。他认为至少有一个价值判断存在的前提下，才能推出价值判断；以纯粹的事实判断为前提，不可能得出道德判断。为了对"同样的描述性事实做出同样的道德判断"，必须排除道德上不相关的描述性事实，引入假设的事实性情境并将其与实际发生的事实同样看待。"道德上不相关的描述性事实"包括特定的人、物、地点等，进行判断时要将这些元素抹去悬置，尤其是要排除"我"的立场，剥去自己的兴趣爱好和动机，采纳他人的立场。因此，一个合道德的行为就是行为的所有相关方都理性地规定应该如此行事的行为。如果 X 考虑是否应该对 Y 做行为 A，普遍规定主义的道德思考步骤如下：

我应该对 Y 做 A：

所以在同样的情境下，任何处于与我相同立场的人都应该对与 Y 同样

---

① 杨松 . 康德、黑尔与普遍主义［J］. 道德与文明 , 2009 (1) : 39 － 42.

立场的人做 A；

如果 Z 之于我的关系与我之于 Y 的关系一样，那么 Z 就应该对我做 A；

所以在这种情况下，我可以对 Y 做 A。

在多边的道德关系和道德情境中，“可普遍化”要求将不同的人的不同偏好同等看待，如果相关方持不同的意见，则要看满足偏好的净值。在这种情况下，黑尔实际上比较倾向于功利主义。①

二、义务论伦理学

义务论伦理学以康德哲学为代表，强调主体对于普遍道德法则的敬畏以及由此产生的道德义务。随着历史的推演，义务论伦理学逐渐从建立在个体理性自由基础上强调“自我立法”的康德主义伦理学，发展到强调主体之间协商制定道德规则的契约论伦理学。20 世纪 70 年代以来，由于罗尔斯和哈贝马斯的贡献，建基于主体间性的契约论伦理学从霍布斯式的自利主义假设走了出来，获得了更为开阔的理论前景。

（一）康德主义伦理学

康德伦理学强调个体作为道德主体的理性自由。这种自由不是自由主义者所倡导的“做你喜欢的事情”的那种自由，而是不受制于自然因果律的自由，是人凭借普遍的实践理性进行选择的自由。这种自由使得人能为自己的行为立法，这样一来，法则由于具有普遍性特征，所以人不能为了自己的个人私利而制定法则，而只能选择“人是目的”“要只按照你同时也能成为普遍规律的准则去行动”。如此，康德一方面论证了运用实践理性摆脱各种社会陈规陋习和惯常做法的必要性和道德性，另一方面则树立

① 贾佳．从“可普遍化”到功利主义：论黑尔规范伦理学理论的逻辑基础［J］．华中科技大学学报（社会科学版），2012，26（2）：43－49.

了理性和良知控制个人行为的内部原则。这一道德观念革命无愧是启蒙时代的重要思想。人可以不顾上帝教导、不顾世俗要求、不管家族传统等，坚定地从理性和良知出发去审视和拷问各种道德实践和道德规范的合理性，勇敢地剔除其陈腐的专制因素。

康德道德思想中另一个重要遗产便是人的尊严。康德有一段著名的话语表明了他对个人尊严的看法：在目的的王国里，所有事物要么具有价格，要么具有尊严。有代价的事可以被其他事，也就是它的对等物所替代；而剩余的另一部分超越于所有的代价之上，所以没有对等物的事物是有尊严的。[①]

这一段凝缩而复杂的文字，是康德道德观的核心。他区分了两种价值：一种是可以物化的、相对的价值，如价格，因此也可以被替代；另一种是不可以被物化的、被替代的价值。拥有这些价值自身就可以构成目的，即有尊严。[②] 对康德来说，说某事有尊严，并不是赋予该物一项独立的价值，而是说他具有一种特定种类的价值——内在的、无条件的、不可比拟的。然而，只有一件事情，确实就有这种内在的、无条件的、不可比拟的价值：道德以及具有这种道德伦理的人性。既然道德以及人性，目前为止都具体地具有道德的能力，那么道德本身就具有尊严。人，理性的存在者本身就可以成为一个目的，只有通过这种方式，他们才可以成为目的王国中的立法者。人类是道德法则的肉身化，而道德法则的尊严让人类值得被尊敬。[③] 这一人类具有道德而具有内在尊严的观点，对现代社会制度和法律体系影响深远。如德国民法制度认为，“权利”源自人格，每个人都有要求其他任何人尊重他的人格、不侵害他的生存和私人生活的权利；与之相对应，“义务”则源自对他人人格的尊重，每个人都有尊重他人人格及不侵害他人权

---

① 康德．道德形而上学原理［M］．苗力田，译．上海：上海人民出版社，2012：41.

② 迈克尔·罗森．尊严：历史和意义［M］．石可，译．北京：法律出版社，2015：19.

③ 同②26.

利的义务。这种“人与人的相互尊重”，不仅是一切发达的法律制度的一项基本原则，而且是法律上的基础关系。它的基本要素是权利和义务。黑格尔认为，“法的命令是：成为一个人，并尊敬他人为人”[①]。

康德之后，个体实现自我完善的自我实现伦理学在托马斯·希尔·格林的著作中达到顶峰。格林认为人对于自身道德义务的认识是永恒而神圣的，伦理学本质上就是为了让这个普遍意识能在个人行为和个性中实现。格林赞扬自我牺牲，认为这是社会类型的善，是改革者的类型，但他似乎将中世纪类型的完善，即圣徒或宗教类型的善看得更高。他认为，道德努力的终极形式是心灵向着上帝提升的精神行为，在这种行为中，整个内在的精神都在追求个人神圣性之理想。这种努力具有内在的价值，并不是从此努力所促成的超越自身之外的某种结果中派生出来的。善良意志和这种精神行为均有内在价值和工具价值，有意识地寻求上帝类型的善，也都具有内在的价值，两者的价值都取决于品格、心地和意志。两种类型均不无效果，尽管在改革者的情形中，效果更为外露且短暂，而在圣徒式的情形中，其效果则更为玄妙且具有内在性。格林试图解决存在于社会改良式伦理和圣徒式伦理之间的不可调和性。[②]

继承了元伦理学直觉主义的罗斯则试图建立一种强调自明性的义务论伦理学。“自明”意味着不需要证明其性质就可以得到理解或把握。罗斯认为，“正当”是一个基础性的自明概念，围绕“正当”生发出一批的义务，需要运用直觉去把握。[③] 自明的义务包括七种：依赖于个人的先前行为所产生的责任，即忠诚的责任、补偿的责任；依赖于人际交往产生的责任，即感恩的责任；依赖于社会关系中幸福与福利所产生的责任，即正义的责

---

① 宋云博．对民法伦理基础的初步考察：以德国民法的人格主义为视角［J］．道德与文明，2010 (4)：140 － 144.

② 布尔克．西方伦理学史［M］．黄慰愿，译．上海：华东师范大学出版社，2016：324.

③ 龚群，陈真．当代西方伦理思想研究［M］．北京：北京大学出版社，2013：275.

任；依赖于人类共同存在而产生的责任，即仁慈的责任；依赖于个体生存而产生的责任，如自我完善的责任；最后一类责任是唯一的以消极方式表述的，即不伤害他人的责任。但自明的责任或义务并不意味着人非要如此做不可的绝对责任，因为人总是处于多种社会关系和由此带来的多种义务的冲突之中。至于在何种情况下做何事，则只能诉诸具体情况下的当下判断，权衡利弊，使得“一个行为要产生尽可能多的善”。①

（二）契约论伦理学

16 世纪以来，契约从经济生活和法律制度中的常用概念被提升为政治哲学和伦理学的一个专门概念，这主要归功于契约论。契约论诞生于从等级制到民主制的转型，其客观土壤在于国家和个人之间的市民社会空间的扩大。随着资本主义的推进，等级化而封闭的社会生活逐渐解体并重构，出现了一种越来越稳固而强劲的趋势，即发生了“从身份到契约”的转变，社会越来越体现为自由人之间的一种平等联合的特征。这一社会生活的变化，推动了欧洲传统伦理向现代伦理的转型。在这种情况下，政治权力如何能够放弃专制，建立起合法性？政治生活如何塑造公民品格，有利于公民的德性完善和幸福生活的实现？为了解决这些问题，契约论发展成为一种政治理论和道德学说，同时也成为一种具有方法主义色彩的思想方法。契约论常常预设一种无政府而混乱的原初自然状态，人们仿佛是船只失事后被抛到荒岛上的，和一群其他个体在一起，彼此都不相识。这时必须制订出若干规则，以便在这样一种境遇之下最大限度地保护其中的每一个人。契约是人们在知情同意和协商妥协的基础上，为了安全和保障而放弃这种任性妄为的自然状态而自愿接受政治共同体和道德共同体约束的过程与方法。

霍布斯在契约论的基础上建立起了公民哲学，为民族国家的君主政权

① 龚群，陈真．当代西方伦理思想研究［M］．北京：北京大学出版社，2013：278－283.

提供了论证。可惜，霍布斯的契约论中为君主专制保留了空间，契约的力量只用来约束臣民，君主凌驾于契约之上。自由主义政治家洛克结合英国的政治改革实践，更新了契约理论，提出了建立在自然权利基础上的契约论，认为法治也是社会契约的一部分，君主不能凌驾于法律之上，同时国家权力必须受制于个人的自由权利，不能侵犯个人的平等权、自由权和财产权。比如，国家不能剥夺公民的合法财产。及至启蒙运动时期，卢梭则在契约论的基础上提出了“主权在民”的观点，虽然“公意至上”“所有人统治所有人”“不自由，强迫你自由”等主张可能产生多数人的暴虐专制和激进主义，但卢梭依然以令人信服的笔触论述了契约对于政治共同体建设的重要意义，他强调了人民作为一个集合名词的重要性乃至神圣性。卢梭的社会契约论虽有缺乏实践经验和实践机制的问题，但其理论对于大多数缺乏民主传统、专制盛行的国家来说具有重要的思想启蒙意义。契约论的重要贡献在于提供了政治权力的合法性论证，认为政治统治必须建立在人民同意的基础上。

总体来看，契约伦理是现代社会由于终极价值和绝对道德权威的式微而产生的道德重构，也被认为是适合现代社会人平等而自由的联合与相互依存的交往状况的一种普遍的伦理准则。契约伦理以个人的独立与自由为前提，其价值基础是个人主义和功利主义，认为经由契约产生的道德原则才具有合法性和正当性。“在契约伦理的架构中，最典型的思路是诉诸理性的功利盘算。它把趋乐避苦看作人的自然本性，而把社会生活理解为一个广义的交易场所。因此可以做出如下推论：当个人进入这个交易场所的时候，基于对切身利害的精细权衡，他会适当收敛可能给自己带来更大损失的过度贪欲，理智地坐下来和竞争对手谈判，以互利的方式达到自利。”①然而，这种人性假设并未让契约伦理陷入利己主义不能自拔，契约伦理强

① 张凤阳．契约伦理与诚信缺失［J］．南京大学学报（哲学·人文科学·社会科学版），2002 (6) : 33 − 39.

调知情同意、理性选择、平等互惠、民主妥协、信守承诺的伦理准则。一般认为，以霍布斯为代表的契约论强调契约的利己主义特征，而以卢梭为代表的契约伦理强调契约的非自利特征。两者理论诉求互相补充，代表了人类生活中利己主义和利他主义的两个面向，但总体看来非自利的契约伦理更接近道义论传统，对中国影响更大。

20 世纪 70 年代以来，非自利契约论重新焕发了生机。以罗尔斯为代表的新自由主义者试图在分析理性的基础上，沿用契约的思想方法，恢复或重构康德理性主义规范伦理学。罗尔斯在“无知之幕”思想假设的自然状态下，运用契约论的方法论，推演出人类社会关于政治正义原则的三大基本原则，即平等权利原则、机会均等原则和差别原则。他的研究对伦理学和政治学界产生了广泛而深远的影响。20 世纪 80 年代以来，哈贝马斯的交往行为理论也逐渐成熟，他的交往理性突破了康德式先验理性的局限，为契约论的发展和更新打下了更加坚实的哲学基础。斯坎伦是罗尔斯之后契约伦理的重要代表，他于 1998 年出版了《我们彼此负有什么义务》的契约伦理代表作。斯坎伦认为自己的契约主义有两个目标：其一是为不正当性提出一个一般标准，这个标准解释了那些更为具体的不正当做法的特性；其二是解释正当与不正当的道德判断所具有的说服力和动机。他提出，社会共同体中的具有一般性和普遍性规则，是人们订立契约的基础，或者换句话说，这些规则其实也是过往社会生活广泛契约的一种产物。不正当的行为就是能被人们运用共同体中的规则合理地拒绝的行为。斯坎伦特别强调平等原则——如果一个群体的每个成员对某些个人或机构执行者提出同样的利益要求，如果这个机构的执行者必须满足所有这些要求，如果没有特别的理由，它就必须给群体的每个成员提供同等的利益。换言之，“如果存在着一个应该满足一个群体的所有成员利益要求的机构或公共机构，那么在没有特别理由的情况下，该机构不能一视同仁地对待所有成员本身，就可以构成批评这种区别对待的理由。就好比一个有许多子女的家庭，如果没有特殊充分的理由，家长对孩子应该一视同仁，不应该宠爱一个，冷落另一个。但我们不能谴责一个家长没有对别人家庭的孩子像对待自己孩子一样一视同仁，因为这个家长并非这些不同家庭的‘共主’。然而，对这些家庭所处的地区的政府机构来说，在没有特殊理由的情况下，则应该对这些家庭的孩子一视同仁”。[①] 可拒绝性原则不仅以合理性为基础，更强调合乎情理，既是判断行为正当与否的一个重要前提，也是对以往契约动机的一种改进。以往的契约论都是以个体自我利益的计算为动机，而斯坎伦的契约主义道德动机理论包含两个部分：“一是寻求自身利益，一是寻求共同的道德原则。”可拒绝性原则是斯坎伦道德契约主义的核心特征和基本原则。[②]

三、功利主义伦理学

功利主义试图从人性的基本自然原则出发，为人类的道德行为和社会制度寻找依据。自边沁、密尔以来的古典功利主义者强调人的本性是趋乐避苦，因此增加快乐的行为是好的，因为每个人都是平等的，因此道德的行为就是有利于大多数人的最大幸福，实现幸福净值的最大化。功利主义认为善是最根本的价值，他们用善的增加来定义正义，因此把正义放在善的从属地位。功利主义的提出符合人类追求幸福快乐的本性,并且具有“公正旁观者”立场的利他主义倾向，也能为人类某些立法和制度提供佐证和依据，然而功利主义因为消解了个人行为动机的人情因素，过于强调对行为结果的精细计算，招致了很多反对意见。一些理论者批评功利主义不近

① 陈真.“道德”和“平等”:哈佛大学斯坎伦教授在华访问演讲录[J].哲学动态，2005(9):42－46.

② 周晶.斯坎伦的道德契约主义与多余性反对[J].西南大学学报(社会科学版),2018,44(3):15－20＋189.

人情，另一些批评者质疑功利主义用结果来证明手段的正当性。[①] 尽管如此，功利主义者仍然认为作为规范伦理学的一个重要分支，功利伦理学要优于其他伦理学。功利主义者为此提出了三条理由：首先，在关于行为的道德评价中，一种合理的规范理论应该赋予行为的后果以重要意义，而功利主义比其他的道德哲学都更为重视行为的后果；其次，功利主义为确定行为的正确或错误提供了一种明确的程序，这种程序不诉诸直觉，而使用观察和科学方法；最后，无论是对于个人行为还是对于社会制度，只有当它们使预期功利达到最大化时，它们才是合理的，即道德上正确。[②]

古典功利主义主要有两大问题：其一是违背直觉，其二是不能有效地指导行为。后续的研究者从两个方面改进了功利主义：其一是让功利主义更符合人的道德直觉，提出功利主义直觉论，如西季威克、黑尔等人的努力；其二是让功利主义与道德原则更兼容，走向了“规则功利主义”，如布兰德等人。西季威克认为每一种伦理学方法都至少包括一种直觉。“我们应当把某某作为一个终极目的”这个判断必定是直觉判断。除了这些他认为是自明的直觉以外，只有极少数非常抽象的原则是关于如何正确分配幸福的抽象原则。但是，就像能量守恒定理只给物理上可能的变动设定界限一样，这极少数高度抽象的先验原则只能用来划定一个巨大的领域，在这个领域之外，没有任何行为是正确的。在这种领域之中，正如无穷多的可能变动都满足能量守恒定义一样，行为可能会有无穷多的选择。在自明的直觉之外，我们需要额外的、更加具体的伦理学原则。从直觉上可以肯定，我们应当尽量实现最大程度的净善。乍一看，价值似乎是事物内在的品质，如有德之人依据其德性而拥有内在价值，但其实除了令人愉悦的经验之外，没有任何东西是内在善的或恶的。经验的特性其实也与内在价值没有关系，经验的内在价值尺度就是愉悦的净值超过痛苦。因此，“我”

---

① 龚群，陈真．当代西方伦理思想研究［M］．北京：北京大学出版社，2013：399.

② 姚大志．规则功利主义［J］．南开学报（哲学社会科学版），2021（2）：1－7.

首要的义务是尽可能提高人类整体的快乐经验的数量和密度，尽“我”所能降低人类整体的不快乐数量和密度。因为“我”个人的幸福仅仅是人类整体幸福的一部分，所以以损害人类整体幸福为代价来增进个人幸福永远是不正确的。[1]

规则功利主义虽然也主张以功利原则作为贯穿始终的评价标准，但反对把效用原则作为特定情境下的行为判断标准，而是主张把它提升到普遍性的行为准则层面来认识。因此，“问题不在什么行为具有最大功利，而在于哪一种准则具有最大的功利”。[2]也即，规则功利主义者认为一种行为是正确的，不是因为它即时增加了功利，而是因为它符合功利最大化的道德体系的规则。道德准则为人们的行为提供了普遍化的道德要求，并且简单易行。规则功利主义并不是像义务论那样“为了义务而规则”，而是“为了功利而规则”。道德准则是一个多元系统，在具体情境中必须依据功利原则来确定何种道德准则为最佳准则。

四、美德伦理学

万俊人曾经断言，美德伦理学几乎是中外所有传统伦理学理论中最原始、也最连贯成熟的经典形态，并尝试给美德伦理学做出如下概念界定：“它以人类个体或群体的道德品格和伦理德性为其基本研究主旨，意在通过具体体现在某些特殊人类个体或社会群体的行为实践之中的卓越优异的道德品质，揭示人类作为道德存在所可能或者应该达成的美德成就或道德

---

① C. D. 布劳德. 五种伦理学理论［M］. 田永胜，译. 北京：中国社会科学出版社，2002：124.

② 张晓东.“准则功利”抑或“行为功利”？——兼评西方新旧功利主义道德理论［J］. 学海，2007（3）：51－56.

境界。”[①] 在罗尔斯《正义论》出版 10 年后，作为理论上的回应，麦金泰尔发表了《追寻美德》，该书被视为当代美国伦理学的又一部扛鼎之作，被认为是源于古典时期的美德伦理学的复兴之作。

麦金泰尔对现代西方伦理学，包括元伦理学和规范伦理学发起了全面系统的批判，认为自洛克、亚当·斯密以来的整个现代启蒙运动的现代化道德谋划已经彻底破产。启蒙运动的道德失败不仅表现为近代以来西方道德生活的无序和错乱，更表现为整个西方现代伦理学观点的无序。[②] 麦金泰尔以美国关于控枪、堕胎、战争等道德辩论为例，指出无论是支持还是反对，各种观点都言之凿凿，而且都可以在背后牵扯出比较系统的伦理学依据，谁也说服不了谁。这说明现代规范性道德理论的无序和无力状况。由此，麦金泰尔批评西方现代主流强调个人主义和自由主义的权利政治学与尼采的强力意志政治学具有同质性，认为处于多重道德冲突之中的现代社会和现代人不得不在这种尼采权力伦理与亚里士多德式的共同善伦理或美德伦理之间做出抉择，而真正合理的选择只能是亚里士多德主义传统。

麦金泰尔认为无论道德规则多么周全，如果人们不具备良好的道德品格或美德，也不可能对人的行为发生作用，更不能成为人的道德行为规范。[③] 伦理学要探讨的不是什么样的行为是正确的，而是人是什么和应该成为什么样的人的问题。麦金泰尔强调美德让人过一种统一完整的生活而不是另一种生活。离开一个人的意图与他所处的环境，我们无法充分理解此人的行为特征。因此，他坚持认为我们需要把全部人生看成一个从生到死的叙

---

① 万俊人. 关于美德伦理学研究的几个理论问题［J］. 道德与文明，2008 (3)：17－26.

② 麦金泰尔. 谁之正义？何种合理性？［M］. 万俊人，等，译. 北京：当代中国出版社，1996：5.

③ 帕尔玛. 为什么做个好人很难？伦理学导论［M］. 上海：上海社会科学院出版社，2010：251.

事过程。人生的统一就是具体表现于某个生命中叙述的统一。[1]

与自由主义强调原子式个人相对，麦金泰尔强调道德传统的历史性，道德原则不能是超历史的，而是在历史传统中生成并在历史传统中变化发展的，只有通过对历史和传统的连续性揭示方式，才能理解道德。[2]麦金泰尔同时认为个人不能脱离历史和共同体的传统，他强调我们是某一社会传统的一部分："我是某人的儿子或女儿，其他某人的堂表兄弟或叔伯，是这个或那个城市的公民，是这个或那个行会或行业的一名成员；我属于这个家族那个部落这个国家"。[3]善寓居在共同体之内。道德原则只能是社区性或属于共同体的，而不是超共同体普遍有效的。[4]与自由主义者和道义论者相反，麦金泰尔并不认为正当（正义）是最高的德性，也不认为正义具有普遍有效的衡量标准，而是认为道德共同体为人们的行为提供了道德准则，对于共同善的追求和道德共同体的忠诚是非常重要的德性，如爱国主义。麦金泰尔主张重返亚里士多德式的古典美德，同时坚持善的多样性。"德性是一种获得性人类品质，这种德性的拥有和践行，使我们能够获得实践的内在利益，缺乏这种德性，就无从获得这些利益。"[5]人类之善的多样性和异质性决定了任何单一的道德秩序都无法将美德完全涵盖。如亚里士多德一样，麦金泰尔强调实践智慧，强调对于人类实践活动中的内在善的追求，认为德性是人类卓越地实现内在善的品质。

在当代美德伦理学中，还有一种努力是以行为者为中心的德性主义，即以个人的内心生活、动机或品格来看待行为的道德性。在斯洛特看来，有德之士自己就是道德行为的尺度。也就是说，有德之人不是通过推理去

---

① 凯利·克拉克，安妮·包腾格．伦理观的故事［M］．北京：世界知识出版社，2010：162.

② 麦金泰尔．谁之正义？何种合理性？［M］．万俊人，等，译．北京：当代中国出版社，1996：10.

③ 麦金泰尔．德性之后［M］．北京：中国社会科学出版社，2018.

④ 龚群，陈真．当代西方伦理思想研究［M］．北京：北京大学出版社，2013：376.

⑤ 同②241.

进行道德选择，而是这样的人本身就处于能够看出或知道什么是好行为的位置上，从他的本性出发就能做出道德行为。[①] 斯洛特建立了一种本性意义上的动机论，强调有德性的行为者应具备普遍仁爱和关爱的品质，一个真正有仁爱之心的人并不是把好东西随便抛给他看到的每个人，而是会给予真正需要的人。另一位学者罗莎琳德·赫斯特豪斯也对美德伦理学做出了重要贡献。赫斯特豪斯认为，对于行为是否正当的判断只能来自行为者的美德本身。因此，美德伦理学对道德行为提出了一个衡量标准："一个行动是正当的，当且仅当一个有德的行动者在那样的环境中在其品德特征（即行动的品格）上总会做出的行动。"[②] 赫斯特豪斯进一步指出："如果你想要你的行动正确（做对的事），并且做那有美德的行为者在那样的环境下是正确的或对的事，同时你又不知道有美德的行为者在那样的环境下会怎么做，那么，你应该发现他在那样的环境下会做什么"。[③] 由此可见，在这个意义上，美德伦理学重视道德榜样或道德典范的作用。

五、研究启示及述评

从上述的研究可以看出，现代伦理学对于道德话语、道德规范、道德行为、道德主体、道德推理等因素进行了多维的审视，伦理学家仍然努力为处于现代性进程中的个体提供生活指导原则，依然努力为社会生活和政治生活提供道德的拷问，然而，由于现代性中宏大价值的退隐、学科知识的分化、政治与道德的渐行渐远，伦理学所能产生的学术影响的空间相对有限。一方面，伦理学家逐渐放弃了追求终极价值、宏大叙事的系统化的整体性理论建构，另一方面伦理学家也不能依靠科学实证化手段建立经验

---

① 龚群，陈真．当代西方伦理思想研究［M］．北京：北京大学出版社，2013：434.

② 同 ① 441.

③ 同 ① 443.

化的，如同社会学家默顿所言的中层理论。但是，只要人类社会依然存在道德问题和道德现象，伦理学就依然是有生命力的。

（一）对道德教育研究的影响

研究者们探讨了伦理学与道德教育的影响，认为道德教育是伦理学的实践载体，伦理学是道德教育的理论依据。道德教育要追问：为什么要做一个有道德的人？做一个有什么道德的人？怎么做一个有道德的人？对于这些“道德人”问题的思考，需要系统、有机、融贯的伦理学理论图景的支持。① 伦理学与学校价值教育有着内在的亲缘关系，不同的伦理学范式对价值教育的理论取向和实践模式产生着重要影响。道德教育最终能否为人们所接受，关键在于其是否建基在合理的哲学基础之上。

受伦理学流派的影响，很多研究者指出，当前的道德教育是以规范伦理学为主导的，对规则的遵循取代了对德性的追求。对此，他们批判道：道德教育哲学不以主体人格的善恶来指导其道德的言说、判断与行为，从而使道德与教育相互疏离、难以融通。道德教育也不以人作为其价值的载体，缺乏对人性的科学观照。② 一些研究者呼吁道德教育要重回德性传统。德性比规范更重要。“在道德生活中，人们考虑最多的，常常不是不断地固守原则或规条，而是更倾向于可信的品性、善良的道德感和依据真实的感情行事。”③ 德性传统使得教育扎根于完整的生活与人性之中。一些研究者重回亚里士多德的语境，认为亚里士多德的德性观是将人性、人生、人生意义与自然统一起来。它对于道德教育的启示在于——道德教育不是培

---

① 王艳.道德教育缺效的伦理学释解：兼论伦理学的对象与使命［J］.齐鲁学刊，2018(2)：93－97.

② 赵旺来，樊改霞.德性与规范：道德教育哲学本质的世纪论争［J］.中国教育学刊，2019(10)：91－95.

③ 方熹，浦虹.从规范伦理到德性伦理：当代道德教育哲学基础的本真回归［J］.学校党建与思想教育，2013(10)：49－51.

养有道德的人，而是培养有德性的人。“人的利他行为不是出于人的某种道德本能而是出于人的美德互补。”“道德教育根本上是对灵魂的教育，通过合美德的道德教育，人的灵魂克服其惰性，培养其美德，从阴霾中见出光明，从扭曲中见出正义。”道德教育要坚持人性、美德和自然的三者统一。[①]还有少数研究者为规范伦理学辩护，认为康德道德哲学强调“按照准则行动的能力”，这是坚守底线原则，而美德伦理学暗含着关于“道德圣贤”的预设和人格的“完善论”，可能会因对道德完满的偏执追求而有碍健康人格的养成。[②]

另一些研究指出，很难使用单一流派的伦理学思想来指导道德教育或价值教育。“道德人”的预设形象，是单一地描述伦理学、规范伦理学或元伦理学所无法成全的，其整体性与丰富性的要求必须在融贯的伦理学理论框架内来构建。[③]以美国为例，规范伦理学指示了引导学生对道德行为的价值标准和具体规则进行思考和探寻的伦理学路径，与此同时也面临着理论与实践的困局。在美德伦理学指引下的品格教育具有更加鲜明的价值指向，但是，它有关美德的重述，在日益世俗的社会总是具有某种文化怀乡的无奈感和无力感。元伦理学从一定意义上引发了对价值教育中的语言、意义、逻辑等形式问题的关注，却忽略了价值教育的实质内容与基本意蕴。[④]因此，能否发挥不同伦理学理论攻关的合力很重要。在这种思路的指导下，有研究者提出要将规范伦理与德性伦理结合起来，让两者互补整合，构建

---

① 方德志．德性复兴与道德教育：兼论亚里士多德的德性论对德性伦理复兴的启示要求［J］．伦理学研究，2010 (3)：63－68.

② 董滨宇．谁需要“道德圣贤”：论当代美德伦理学的“完善论”［J］．教育研究，2020，41 (3)：36－46.

③ 王艳．道德教育缺效的伦理学释解：兼论伦理学的对象与使命［J］．齐鲁学刊，2018 (2)：93－97.

④ 杨威，董婷．“善”的追问与“善”的教育：略论伦理学范式对美国学校价值教育的影响［J］．中南民族大学学报（人文社会科学版），2018，38 (6)：172－176.

以个体德性养成为价值目标、以道德规范为基本支撑的道德教育模式，道德教育才能取得理想的效果。[①]

（二）未解的深层研究问题

伦理学研究面临着多重理论困境，现代与后现代、普遍主义与价值多元、理性与情感、善与正当等伦理学中的基本主题都存在内在的分歧与纠缠，既有陷入理论的沼泽地无法自拔的可能性，也有在对立统一的张力中创生新理论的可能性。伦理学中的若干深层问题，如道德规范的普遍性问题、人性问题、善与正当的问题，仍是伦理学理论变革中的核心问题。这些问题，同样也是困扰道德教育哲学理论的核心问题。

1. 道德规范的根基

正如福柯所批判的，上帝之死带来了宏大价值根基的消亡。尼采之后的伦理学家沿着康德开辟的路线，试图继续把道德规范的客观性、普遍性建立在主体性基础上，然而，主体性本身也充满问题。从个体内部来看，主体充满了本体安全的存在性焦虑和存在性矛盾，“我们人类乃是无生命世界之一部分，然而却要从这无生命世界中开启我们的生命之旅”[②]，甚至对自我身份的完整和延续都产生了怀疑；从人与世界关系来看，主体意味着占有、征服、掠夺，人与世界浑然一体的状态被破坏了。

从何处重建道德规范的客观性？伦理学家试图从语言的普遍性、健全的直觉、不证自明的义务、协商的契约等方面去寻找，然而每一种努力都存在或多或少的缺陷，每一种努力也会遭遇其他理论的批评。事实上，在现代性伦理学中，想如黑格尔一样建立一种统整化的宏大理论几乎是不可

---

① 方熹，杨绍霞．论规范教育与德性教育的互补整合［J］．湖北大学学报（哲学社会科学版），2018，45（2）：18－23.

② 安东尼·吉登斯．现代性与自我认同：晚期现代中的自我与社会［M］．夏璐，译．北京：中国人民大学出版社，2016：45.

能的，现代道德规范的客观性最终还是要诉诸每个道德主体的认同，因此，道德规范和伦理学理论的多样化形态是不可避免的。道德规范的合法性议题逐渐取代了合理性和客观性的关切。

虽然道德规范的客观性基础很难建立起来，但是伦理学家大多走出了情感主义对道德规范的虚无态度，主张道德规范还是具有某种程度的客观性。正如卡洛斯对于情感主义的批评："事实上，道德诉求和道德思想是以更少的主观性而出现在我们的头脑中的。例如，当我们说刑讯逼供是错误的，我们通常认为我们所说的话具有某种客观的有效性或力量，而不只是或者主要是在描述或者表明我们自己对于这种被说成错误的行为（刑讯逼供）的反应，而是在说行为本身及其实际的道德状况或特性。我认为，任何一种关于道德话语或道德诉求的情感主义的元伦理学解释都应该努力在原初的知觉方面有所建树。"① 然而，道德规范的客观性、普遍性、有效性仍不断受到相对主义、虚无主义的质疑。

2. 人性问题

虽然美德伦理学坚守传统，坚持从个人整全生活及共同体传统中去定义个人美德，但现代伦理学的主流依然更关注个人行为、社会制度的正当性。人们更关注社会系统、结构、制度对个人的影响，认为在现代化背景下去追问人性问题是犯了本质主义的错误。于是，人性问题被移交给了精神分析学家。

然而一种伦理学说，如果不反思或回应人性问题，则会变得像精致的语言游戏和理论建构游戏；如果仅仅是从艺术品的角度去看生活，全部的追求就是避免自己的生活成为复制品，那么伦理学也会缺乏深刻而坚韧的精神属性。伦理学家不能回避人性问题，诸多人性问题需要伦理学家运用智慧去实现：其一，从理论层面，摆脱影响深远的"经济人"假设，重建

---

① 迈克尔·斯洛特，王楷．情感主义德性伦理学：一种当代的进路［J］．道德与文明，2011 (2) : 28 － 35.

道德与经济（政治）之间的联系；其二，从个体层面，重新发现和研究良知，揭示良知的作用，从而使人增强摆脱行为主义环境控制的可能性；其三，从社会层面，去重新实现个体和群体（社会）之间的平衡；第四，从人类层面，去反思人与人工智能之间的差异，在人工智能时代重建人性；第五，从文化层面，伦理学家需要去重新找到人性和社会生活中理性因素与情感因素之间的平衡。这些问题需要伦理学家与自然科学家、社会科学家一起进行跨学科的努力，伦理学虽然可能不是主力军，但无论如何，伦理学家都不应该缺席。

3. 善与正当的关系

在善与正当的关系上，伦理学家各执一词，义务论者认为正当优先于善，功利主义者认为善优先于正当，美德伦理学家认为抽象地谈这个问题没有太大意义，应该在道德共同体中界定，总体上，美德伦理学家也偏向于认为善优先于正当。应该说，善与正当并不是非此即彼的对立关系，两者相互联系，相互界定。如果没有善，则正当也失去了对象和目标，如正义意味着平等的自由权利，而自由权利便是善；如果没有正当，善也失去了意义，单纯的善只是人们所追求的好东西，如果不在人类社会合作系统中去理解，这些善所拥有的意义就只是生物学上的。例如，在中国传统文化中，就没有脱离了正当而独立存在的善的概念。“富贵”虽然是人人想要的，但并不被认为是善的，“不义而富且贵，于我如浮云”，善的概念依傍于正当。从某种意义上来说，中国传统道德观，对于现代西方伦理学也有启发作用。即善指向个人，而正当指向社会体系，在社会体系中，正如罗尔斯所言，正当是道德准则的第一要求。因此，伦理学家仍然需要在正义、公平、义务等研究领域继续耕耘，为人类正义和美好生活继续保留火种和提供导航。

第二节 道德心理学研究基础及启示

科尔伯格曾言，道德哲学和道德心理学是研究道德教育的两个基本领域。不同于道德哲学研究道德发展应该是什么的问题，道德心理学研究道德发展是什么的问题。“是什么”表示了其科学性质；“发展”指明了其研究问题。时至今日，道德心理学已成为多学科聚焦的领域，除了探讨道德的发展问题之外，还涉及道德从何而来、如何决策、何以行为、是否普适等基本问题。

我国德育理论研究所基于的道德心理学研究，主要来源于国外的代表性理论。从道德心理学在我国的发展来看，以译介、研究国外有影响力的道德心理学理论为主，我国道德心理学的理论研究比较滞后。虽然李伯黍先生早在 1981 年就论证了德育心理学这门新的分支学科的合理性[①]，然而到 21 世纪时，现状仍是“我们没有什么理论建树，只有一些具体的研究”[②]。“我国德育心理学的学科体系至今还不够成熟，需要进一步建构和完善。”[③]基于此，这部分主要针对若干道德心理学的基本问题，循着理论观点的历史脉络，介绍西方较有影响力的相关理论或发现。

一、个人道德来源研究

早在 18 世纪，亚当 · 斯密就说：“人，不管被认为是多么自私，在他

---

① 李伯黍 . 教育心理学的一门新分支：德育心理学［J］. 心理科学通讯，1981 (4)：3－6，36.

② 陈会昌 . 道德发展心理学［M］. 合肥：安徽教育出版社，2004：前言 3.

③ 杨韶刚 . 西方道德心理学的新发展［M］. 上海：上海教育出版社，2007：总序 3.

人性中显然还有一些原理，促使他关心他人的命运，使他人的幸福成为他的幸福必备的条件……我们时常因为看到他人悲伤而自己也觉得悲伤，这是一个显而易见的事实，根本不需要举出任何实例予以说明。”[①] 人有道德，问题是人的道德从何而来？

20 世纪初期和中期，精神分析路径、社会学习路径、道德认知发展路径三者都持道德来源的后天论观点，具体又分为道德内化观与道德建构观。

精神分析路径如弗洛伊德强调人有生的本能与死的本能，无关道德。道德良心的形成或者说道德内化，是儿童在与父母这一外部权威相处的过程中发生的。他认为，儿童在成长过程中会对父母产生情感依恋，表现为恋母情结或恋父情结。由于害怕父母撤销对自己的关爱，进而以父亲或母亲自居，遵从父母的道德标准和价值观。由此，外在权威就内化为儿童的人格结构，形成“超我”。超我具有攻击性，通过对本我的压制，进而产生了良心的功能。“良心是本能克制的结果，或者由外部强加于我们的本能的克制产生了良心，然后良心又要求做出更多的本能克制。”[②]

社会学习路径视角下的道德习得或道德社会化，指的是从原型示范作用中所获得的标准。原型（榜样）除了精神分析路径关照的父母外，还有同伴、其他成人和媒介符号示范等。不同于精神分析路径强调的“爱的撤销”，社会学习路径从行为的角度来解释。原型示范影响儿童道德社会化的过程大体可以划分为三个阶段：有形干预、社会制裁和自我结果评价。“最初，必须加以外部的控制。……随着儿童逐渐成熟，社会制裁逐渐代替外部的有形的处罚。……要使儿童顺利地社会化，需要不断地用符号的和内

---

① 斯密．道德情操论［M］．谢宗林，译．北京：中央编译出版社，2009：2.

② 西格蒙德·弗洛伊德．文明及其缺憾［M］．杨韶刚，译，北京：中国法制出版社，2018：204.

部的控制来代替外在的禁令和要求。当教导和示范建立了行为的道德标准后，自我评价的结果就可以作为违规行为的阻碍。”[①]社会学习路径特别强调具有替代性经验的符号如电子媒介示范，“凭借其描述什么是可接受的或可谴责的行为，凭借对它所描述的行为的社会制裁和辩护，来影响道德判断的发展”[②]。

道德认知发展的路径认为，道德既不是由外部强制所致的给定文化价值内化而来，也不是自然本能的成熟展现，而是儿童与其社会道德环境交互作用进而建构的结果。事实上，社会学习路径也强调认知的作用，聚焦的是对榜样原型或自我的行为后果的信息加工。与之相比，道德认知发展路径假设儿童道德发展受制于认知发展，是从自我中心状态发展、建构出真正的道德观念。皮亚杰认为这个过程要经过三个阶段，科尔伯格将其拓展为三水平六阶段。问题是，道德自我中心的初始状态是否为真？换言之，个人道德究竟有无先天基础？

20 世纪末，开始有研究表明人与生俱来的道德本能。这一观点的转折，得益于研究对象的迁移与拓展、研究方法的进步。从逻辑上讲，要检验人是否拥有与生俱来的道德本能，研究儿童青少年并不适切，访谈和纸笔测验等方法也并不可行。比较合理的是，研究人类道德是否具有演化基础，研究婴幼儿是否具有道德关怀。前者涉及动物学、人类学、考古学、进化论等学科和研究方法，后者则涉及婴幼儿心理学。

其一，动物学的证据。费朗斯·德瓦尔指出，人类的道德并非如赫胥黎、道金斯、赖特等人所认为的，是自私本性之外的一层“饰面”。与之相反，人类的道德倾向就是自然演化的结果。德瓦尔的证据是，作为人类的近亲，

---

① 班杜拉．社会学习理论［M］．陈欣银，李伯黍，译．北京：中国人民大学出版社，2014：36.

② 同①．

灵长目动物表现出了许多已被纳入到人类的道德中去的社会倾向[①]，如利他性同心能力、交互性利他倾向、公平感以及协调关系能力等道德“构件”。[②]人类不是从“非道德的动物”自我建构为“有道德的动物”，而是从“社会动物”演化为“有道德的动物”。

其二，人类学的证据。克里斯托弗·博姆认为人类利他主义的演化可以通过研究狩猎—采集者社会的道德准则的演化过程来理解。通过对当今世界50个现存的狩猎—采集者群体的研究，博姆认为道德始于良心，而良心则是在群体实施的系统性的、最初属于非道德范畴的社会控制下演化而来。[③]经济学家鲍尔斯和金迪斯通过计算机社会仿真实验的方法，模拟狩猎—采集社会的人类互动，同样证实了上述观点。他们认为狩猎—采集社会的人们之所以合作，并不仅仅是出于自利的原因，也是出于对他人福利的真正关心、试图维护社会规范的愿望，以及赋予合乎伦理规范的行为本身以正面的价值。[④]这些研究和证据意味着，当代的我们与生俱来就拥有道德良心。

其三，儿童心理学的证据。1984年，发展心理学家杰罗姆·凯根呼吁在道德发展研究中更多地关注情感。他认为在复杂多样的表面行为和深思熟虑的思想背后，有一种情感性的存在状态，它们构成了少数超越时空限制的普遍道德类别的基础。他进一步认为，人类拥有五种进化而来的情感，即焦虑（过度害怕受到惩罚、社会的否定评价和失败）；移情；责任和内疚；“疲乏”或厌烦；困惑和不确定感。人最主要的道德动机就是取代、压制

---

① 德瓦尔，等．灵长目与哲学家：道德是怎样演化出来的［M］．赵芊里，译．上海：上海科技教育出版社，2013：30.

② 同①143.

③ 博姆．道德的起源：美德、利他、羞耻的演化［M］．贾拥民，傅瑞蓉，译．杭州：浙江大学出版社，2015：17.

④ 鲍尔斯，金迪斯．合作的物种：人类的互惠性及其演化［M］．张弘，译．杭州：浙江大学出版社，2015：1.

或避免这些负面情感。①

除了对负面情感的关注，正向情感如依恋、依附、爱、同情和移情也开始受到人们的普遍重视。在这个“情感革命”的过程中，最引人注目的发现就是：年龄很小的孩子就表现出积极情感以及对亲人的依附和亲近。②针对“当人类的婴儿听见另一个婴儿哭泣的时候，他们就开始哭泣”这种现象，发展心理学家马丁·霍夫曼认为这是新生婴儿感受到自己的忧伤，也就是对另一个婴儿产生了移情（empathy），因而“必须把这种哭泣视为对移情忧伤的一种早期的基本先兆”③。换言之，新生婴儿已展现出了移情的本能。

21 世纪开始，道德心理学又向前一步，发现我们的道德本能不只有情感，还包括一定的道德判断能力（区分善意和恶意行为的能力）、原始的公平意识（更喜欢平均分配资源）和公正意识（渴望善恶有报）。④代表性的研究是道德心理学家保罗·布卢姆做出的。通过对婴儿的系列实验研究，他发现婴儿不仅对善意行为和恶意行为拥有普遍性的道德判断能力，“婴儿的判断与他们自身无涉，他们会对与自己无关的行为做出判断，而他们评判的对象正是我们成年人所谓的‘善意行为’或‘恶意行为’”⑤。而且生来就具备共情、同情、公平等道德感受能力。⑥

这些来自不同学科的证据，越来越强有力地证明：正是人类进化而来的道德本能，为后天的品德发展奠定了基础。当然，这既不意味着个人道德就是先天道德的逐步展开，环境和经验无力左右，也不表示婴儿时期的

---

① KAGAN J. The Nature of the Child［M］. New York: Basic Books, 1984 : 118 − 120.

② 陈会昌 . 道德发展心理学［M］. 合肥 : 安徽教育出版社 , 2004 : 118 − 238.

③ 霍夫曼 . 移情与道德发展［M］. 杨韶刚 , 万明 , 译 . 哈尔滨 : 黑龙江人民出版社 , 2003 : 75.

④ 布卢姆 . 善恶之源［M］. 青涂 , 译 . 杭州 : 浙江人民出版社 , 2015 : 引言 9.

⑤ 同 ④ 29 − 30.

⑥ 同 ④ 26.

道德心理就是道德内涵的全部。就前者而言，个人品德的发展，注定是要以漫长历史中演化而来的人类道德为基础，在个体与其生活的具体社会环境交互作用中不断发展。如儿童心理学家高普尼克所言，"随着对世界的认识和对自己认识的与日俱增，儿童以及我们自己的道德思维都会渐渐改变"[①]。就后者来讲，人类个体遗传而来的道德本能并非适应当代生活而演化出来的，"进化赋予我们的思维方式可能既狭隘又偏执"，因而需要理性发挥作用。

二、道德认知发展研究

客观地讲，对我国德育理论影响最大的道德心理学领域就是道德发展研究。所谓发展，意指个体生命全程中的系统的连续性和变化。[②]皮亚杰、科尔伯格等人从发展的角度理解和分析道德，本身就表明了不同于道德社会化或道德内化（精神分析路径、行为主义路径）的观点。道德认知发展观有两大假设：一是结构假设，即儿童的思维有其自身的结构，作为哲学家的儿童自己建构其世界；二是阶段假设，也就是儿童的建构在性质上是独一无二的，并且经过不变的序列或顺序。[③]"阶段"可以定义为以一系列独特的心理特征为标志来区分的生命时期。[④]

1928 年，皮亚杰在《儿童的道德判断》一书中系统阐释了他的儿童道

---

① 高普尼克．宝宝也是哲学家：学习与思考的惊奇发现［M］．杨彦捷，译．杭州：浙江人民出版社，2014：172.

② 谢弗．发展心理学：儿童与青少年（第 9 版）［M］．邹泓，等，译．北京：中国轻工业出版社，2016：5.

③ 科尔伯格．道德发展心理学：道德阶段的本质与确证［M］．郭本禹，等，译．上海：华东师范大学出版社，2004：1 － 2.

④ 谢弗．发展心理学的关键概念［M］．胡清芬，等，译．上海：华东师范大学出版社，2008：12.

德认知发展三阶段论，依次是前道德阶段、道德实在论或他律道德阶段、道德相对论或自律道德阶段。[①]科尔伯格同皮亚杰一样，认同儿童的积极道德建构。自 20 世纪 50 年代起，他在皮亚杰的一般方法和假设基础上，使用道德两难故事作为访谈工具，将儿童道德判断发展的研究推进到青少年时期，并且将三阶段拓展为三水平六阶段。具体为：水平一，前习俗水平。阶段 1，他律阶段；阶段 2，个人主义、工具性的目的和交易。水平二，习俗水平。阶段 3，相互性的人际期望、人际关系与人际协调；阶段 4，社会制度和良心。水平三，后习俗水平或原则水平。阶段 5，社会契约或功利和个人权利；阶段 6，普遍的伦理原则。[②]

后续研究者认为科尔伯格的理论没有关照公正与关怀之别、道德与习俗之分，继而从这两个维度深化了道德认知的发展。

其一，基于关怀伦理的道德发展。20 世纪 70 年代，吉利根提出，科尔伯格的道德认知发展阶段理论没有充分表达女性的经验，忽视了女性“不同的声音”。从她自己的研究数据、对考虑堕胎的女性的采访中，她得出了女性道德判断发展的内在序列，也即关怀伦理发展的三阶段论。具体而言，第一阶段体现为女性对自身过分的关注。但是当这一阶段被视为自私之后，她们又转入了把善等同于自我牺牲、关怀他人的第二阶段。在该阶段，出现了责任的概念，并成为自我与他人之间新的平衡基础。然而，当女性过分关心他人，自我和他人之间又出现不平等，于是重新考虑自我和他人之间的关系。为了调和自私和责任之间的紧张关系，女性道德发展到第三个阶段。在该阶段，通过将禁止伤害的禁令提升为支配所有道德判断和道德行动的原则，主体就能够维护自我和他人之间的道德平等。这时，关怀

---

① 皮亚杰．儿童的道德判断［M］．傅统先，陆有铨，译．济南：山东教育出版社，1984.

② 科尔伯格．道德发展心理学：道德阶段的本质与确证［M］．郭本禹，等，译．上海：华东师范大学出版社，2004：165 − 167.

成为一种普遍原则。①

此外，南希·艾森伯格也注意到，科尔伯格研究所用的两难故事主要涉及法律、权威或正规的责任等问题。她认为这些问题在一定程度上会使儿童的道德推理局限在禁令取向的推理。为了弥补这一不足，艾森伯格设计出亲社会道德两难情境，研究亲社会道德判断的发展。其发展阶段如下：②

阶段1：享受型、自我关注型。个体关注的是以自我为导向的结果，而不是道德上的考虑。决定是否帮助他人是出于以下考虑：自己眼前可以得到些什么，将来可以交换些什么，关注他人是出于自身的需要，或者说是出于喜欢对方。

阶段2：需要型。个体表现出对他人生理、物质和心理需求的关注，就算这种需求与其自身的利益相冲突。个体以最简洁的词汇表达出这种关心，没有明显的证据表明其涉及自我反省式的角色识别，也没有涉及同情性的言辞，也没有可以反映内心感受的话语。

阶段3：他人认可或人际交往型，或者是陈规型。孩子们在判断是否做出亲社会行为的时候，采用的是社会陈规所界定的好人好事、坏人坏事的形象标准，并且会考虑到他人的认可和接受。

阶段4a：自我反省式的共情型。个体的道德判断包括了明确的自我反省式的同情性反应，或角色认同（识别），关注他人的人性，对其行为结果会产生罪恶感或是正向的感受。

阶段4b：过渡阶段。个体对于助人与否的道德判断涉及内化的价值、准则、职责或责任，关注整个社会的情形，或者说关注他人保护人权和尊严的需求；然而这些观念还不是十分明确和强烈。

---

① 吉利根．不同的声音：心理学理论与妇女发展［M］．肖巍，译．北京：中央编译出版社，1998：77.

② 艾森伯格．爱心儿童：儿童的亲社会行为研究［M］．巩毅梅，译．成都：四川教育出版社，2006：35－36.

阶段 5：强烈的内化阶段。助人与否的道德判断取决于个体内化了的价值、准则或责任，渴望保有个体及社会建构起的责任与义务，或者改善社会状况，信仰人性的尊严、权利以及众生平等。本阶段的另一个特征是个人的正性、负性情绪的产生关乎其自尊，关乎其行为是否符合自身的价值观和已接受的道德准则。

其二，社会领域中的道德发展。皮亚杰和科尔伯格都没有把道德同其他准则领域与社会习俗区分开，认为比起将规则视为由权威制定的，从是非的角度来思考道德问题是更高级的发展阶段。但从“领域”的角度来看，认知的所有方面都由同一组心理机制所控制。每个心理领域都有着自己特定的机制，道德领域与习俗领域存在着鲜明的分野，任何一个领域内的发展都独立于其他领域的发展。[①]“领域已经成为一个概念，现在几乎没有人认同绝对的、不加划分的领域一般性观点。”[②]

基于此，20 世纪七八十年代，特里尔首先区分了道德领域和习俗领域。二者的区分标准有三点：具有普遍性、一致性和不可改变性的问题属于道德领域；具有特殊性、不一致性和可改变性的问题属于习俗领域。1981 年，他的弟子拉里·努奇进一步区分了个人领域。[③]所谓个人领域，指的是个体认为主要和自己有关，属于可证明正确的社会规则领域之外的系列行为。这些行为不是正误的问题，而是个人偏爱或选择的问题。[④]其判断标准是：问题可以自我决定，别人对这问题的干预是不可以的。[⑤]道德认知发展，就是在道德领域内以及领域之间交互作用的情境中实现的，分为 7 个年龄段。依次是：5~7 岁，能认识到表层的义务（如不能打人、

---

① 谢弗．发展心理学的关键概念［M］．胡清芬，等，译．上海：华东师范大学出版社，2008：16.

② 同①19.

③ 纳希．道德领域中的教育［M］．刘春琼，等，译．哈尔滨：黑龙江人民出版社，2002.

④ 同④69.

⑤ 刘春琼．领域理论的道德心理学研究［M］．上海：上海教育出版社，2011：62.

伤人），但在基本要求之上，按照自我利益来给公平排序。8~10 岁，公平与互惠的“公正”概念相协调，后者被定义为严格的相等，开始关心平等。10~12 岁，不只把公平看成严格的相等，开始把对公正（考虑到特殊的需要、情况或别人的贡献）的关心与道德决定过程中的互惠联系起来。12~14 岁，个体在社会关系中考虑什么是公平和关怀的定义，巩固公平和均等的关系。14~17 岁，继续巩固。17~20 岁，过渡到成人道德，运用公平和有益的概念对某人的社会体系进行推理。在此阶段，人们将道德理解为独立于特定体系的准则，将道德普遍性和规定性与所有人内在的价值协调起来，逻辑上将道德责任扩展到对待所有的人。①

三、道德判断基础研究

儿童青少年是如何做出道德判断的？自科尔伯格以来，这方面的心理学研究一直被理性主义模型所主导，道德判断被认为是由道德推理所引起的。当然，科尔伯格并非否定情感、情绪在道德判断与决策中的存在和作用，而是强调更为深层或前提的认知结构。也就是说，主体在进行道德判断或决策时，理性在前，情感随后。“不是说道德判断阶段是认知的，而是说道德判断的存在表明道德发展具有一个基本的认知结构成分。尽管动机和情感被包含在道德发展之中，但是这些动机和情感的发展主要是以思维模式的改变为中介。”②“道德情境的‘认知’界定直接决定着情境唤起的道德情感……道德情绪具有某种基本的、‘自然的’认知基础。”③

① 纳希．道德领域中的教育［M］．刘春琼，等，译．哈尔滨：黑龙江人民出版社，2002：103－105.

② 科尔伯格．道德发展心理学：道德阶段的本质与确证［M］．郭本禹，等，译．上海：华东师范大学出版社，2004：66.

③ 同②69－70.

对于情理关系的这一观点，当代道德心理学家乔纳森 · 海特并不认同。他发现生活中存在一种"道德失声现象"，也就是在道德上判断是错的，但是又无法给出合理的理由。再结合多学科的研究成果，海特针对道德判断的理性推理模型，于 2001 年发文针锋相对地提出，道德推理并不能产生道德判断，只是在做出道德判断之后产生的事后构造。他进而提出了社会直觉主义模型（Social Intuitionist Model，简称为 SIM）。"社会"强调社会和文化影响在道德判断中的重要性；"直觉主义"表明道德判断通常是快速、自动评估的结果。① 海特认为在道德判断过程中情感先于理性，理性只是为情感、情绪辩护的工具。这一道德心理学观点的道德哲学可以追溯到大卫 · 休谟。他在 1739 年出版的《人性论》中提出，道德的区别不是由理性而来，而是源于道德感。② 在更为根本的关系上，"理性是并且也应该是情感的奴隶，除了服务和服从情感之外，再不能有任何其他的职务" ③。

可是，理性与情感只能是一先一后的"单通路串联"方式吗？乔舒亚·格林从道德两难困境（开关难题、天桥难题）和认知神经科学的研究 ④ 中受到启发，提出了道德判断的双加工理论（Dual-process Model）。⑤ 之所以叫双加工理论，是因为这种机制预设了两种不同甚至相互矛盾的反应，两种反应都是自发的、受到控制的。具体而言，人们会在两种道德困境中做出不同的道德判断。这种差异的关键在于，会造成伤害的行为是否会引发强

① HAIDT J. The Emotional Dog and Its Rational Tail: A Social Intuitionist Approach to Moral Judgment [J]. Psychological review, 2001, 108 (4): 814 − 834.

② 休谟. 人性论 [M]. 关文运，译. 北京：商务印书馆，2017: 491 − 512.

③ 同 ② 449.

④ 达马西奥. 笛卡尔的错误：情绪、推理和人脑 [M]. 毛彩凤，译. 北京：教育科学出版社，2007.

⑤ GREENE J D. Why are VMPFC patients more utilitarian? A dual-process theory of moral judgment explains [J]. Trends in Cognitive Sciences, 2007, 11 (8): 322 − 323.

烈的情绪反应。如果没有引发，则倾向做出契合功利主义的道德决策；如果引发，那么在功利主义决策和基于情绪的相反决策之间的抉择，就依赖于额外的认知控制，通常会做出义务伦理的道德决策。① 格林将人脑比喻成可以在自动模式和手动模式之间切换的相机，前者在情境中给出自动化的反应，后者则需要动用更多的认知资源去调节拍照参数。这意味着，情绪与理性在道德判断中的作用更为复杂，同时要和具体情境的性质结合起来理解。

四、道德行为展现研究

人们何以做出道德行为？从心理层面讲，是认知，还是情感，抑或多因素共同作用？随着人类道德生活的延展，情感与理性又孰是孰非？在道德行为与否的决策中，道德心理是否受情境、神经等其他因素的影响？

20 世纪 60 至 80 年代的主流观点是，认知在道德行为表现中具有关键甚至决定性作用。科尔伯格强调基于认知发展的道德判断在道德行为中的决定作用。"尽管道德判断成熟只是道德冲突情境中需要行为预测因素的一个，但它是一个很有效且很有意义的道德行为预测因素，尤其是它能在模棱两可的社会情境中提供用于界定具体情境中的权利和义务的不同方式。道德判断的这种决定作用似乎可归因于它对这种情境的'认知'解释作用，而不是因为道德价值引起的强烈态度或情感表达引发了行为。"② 这一观点虽然受到了质疑,但仍得到了实证数据的支持。他的学生莱斯特在科尔伯格研究道德判断的访谈式工具基础上，发展出了一套

① 格林．道德部落［M］．论璐璐，译．北京：中信出版社，2016：99、104.

② 科尔伯格．道德发展心理学：道德阶段的本质与确证［M］．郭本禹，等，译．上海：华东师范大学出版社，2004：73.

高效的纸笔测验工具，即确定问题测验（the Defining Issues Test，简称DIT）。1986 年，莱斯特等人对基于 DIT 的 47 项相关研究进行分析，结果表明 DIT 分数越高的参与者越容易产生我们期望的亲社会行为。①2014 年，我国也有学者对符合相关标准的 50 篇国内外文献进行了元分析，检验结果表明道德推理与道德行为有显著的正相关，而不道德的行为有显著的负相关。②

此外，班杜拉提出的社会学习理论，较之行为的强化理论进步之处，也是在于观照了认知的作用。通过观察学习，内化符号的和社会的控制，从而影响道德行为表现。不过，20 世纪 90 年代，道德心理学开始把焦点从认知、理性转向知、情、行统一，来促进儿童的亲社会道德行为。

随着 20 世纪 80 年代"情感革命"的兴起，无论是认知学派，还是情感研究者，都否定了用道德认知单因素去预测、解释道德行为的做法。从认知发展路径来看，莱斯特等人根据 DIT 所进行的数百项实证研究结果，在验证科尔伯格的道德认知发展阶段论的同时，于 1983 年提出了道德发展的四成分模型。1999 年，又做了系统的阐释。不同于用道德判断单因素去预测道德行为，其基本观点是多种内部心理进程共同引起了外显的、可观测的道德行为。这四种成分依次是道德敏感性、道德判断、道德动机和道德品格。我国当代道德心理学先驱李伯黍曾评价说，"莱斯特提出的四过程模型，否定了种种道德发展理论用这一或那一单一的变量或心理成分来表示的做法，而能综合地考虑知情意行诸心理活动，不落窠臼，这在理论上是有所突破和创新的。"同时，"解释情境的过程 I（即道德敏感性）中提出的道德情境的觉知和道德的敏感性问题鲜见于先前的道德发展理论，这方面的有关研究和探讨大大地丰富了道德心理学的

---

① 杨韶刚 . 西方道德心理学的新发展［M］. 上海：上海教育出版社，2007：181.

② 吴鹏，刘华山 . 道德推理与道德行为关系的元分析［J］. 心理学报，2014 (8)：1192－1207.

内容。”[①]

从情感研究领域来看，研究者尤其关注亲社会情感的作用，如共情（也称移情）。霍夫曼指出，在助人情境中，旁观者会面临助人动机和可能很强大的自我中心动机的冲突。而移情，则是一种有效的亲社会动机，不仅能促进助人行为，而且能阻止攻击行为。之所以如此，是因为有五种机制能够唤醒移情，分别是模拟状态、经典条件反射、直接联想、间接联想和角色选取。[②]

霍夫曼关注的是情绪共情[③]，以及因其演化而存在的一定的局限。随着人类生活的延展，人们“道德圈”的外延也越来越大，从血亲、熟人、内群体成员、在场乃至跨文化的不在场陌生人。在这样的时代背景之下，情绪共情易受偏见或自利的驱使，从而引致不道德的结果。[④]因而，21世纪的研究者从理性和共情两个思路提出改进。

理性进路以布卢姆为代表。首先，他指出，情绪共情的结果利弊兼有，但消极结果比积极结果更多[⑤]；其次，他强调理性在道德生活中的必要性，“推理和理性不足以让你成为善良且能干的人，但它们是必要的因素，并且一般来说越多越好”[⑥]。再次，他明确指出并非要“摆脱”共情，而是讲求“理性在前，共情随后”，也即让情绪共情接受理性的引导。“我们不需要将共情完全剔除，但需要确保共情能接受理性的改变、塑造、引导和制约，

---

① 李伯黍．品德心理研究［M］．上海：华东化工学院出版社，1992：115.

② 霍夫曼．移情与道德发展［M］．杨韶刚，万明，译．哈尔滨：黑龙江人民出版社，2003：40－67.

③ 同②34.

④ BLOOM P. Empathy and Its Discontents［J］. Trends in Cognitive Sciences, 2017, 21 (1)：24－31.

⑤ 保罗・布卢姆．摆脱共情［M］．徐卓，译．杭州：浙江人民出版社，2019：235.

⑥ 同⑤228.

以使其成为我们可靠且有用的仆人，而非主人。”①

情感进路以贾米勒·扎基为代表。他认同布卢姆关于情绪共情局限性的观点，但他也认为布卢姆对共情做了狭隘的界定。扎基提出共情这个概念包括了人们对他人做出反应的三种不同方式，包括认知共情（识别他人的感受）、情绪共情（分享他人的情绪）和共情关怀（希望改善他人的体验）。②他指出情绪共情固然是自动化的反应，但我们并不总是自动共情，而是依赖于具体情境。我们的处境、经历与情感目标的关系都会改变自身共情的体验。在此基础上，扎基提出了一个有动机的共情模型，强调共情的动机既有演化基础，也有近因机制，还有调控策略。③因而，共情并非不变的特质，而是一种可习得的能力。④这意味着，通过共情能力的改进，我们就能将自身的共情置于动机的控制之下，从而引导共情的反应，摆脱情绪共情的局限，最大限度地改善他人处境。⑤

上述理论的发展和争论主要还是在心理层面，尚未重点观照行为的环境因素。事实上，在发展心理学领域从心理发展的角度理解道德行为之前，社会心理学领域也在从情境的层面探究亲社会行为、利他行为。概而言之，心理与行为是具有情境性的。社会心理学关心的道德问题是一体两面：一面是人为什么会作恶；另一面则是人的亲社会行为、利他行为何以可能。

就前者而言，恶行依据严重程度可以分为“权宜沉默”“姑息不为”“被动帮凶”和“主动作恶”四类。第一类的代表性研究是所罗门·阿希做的从众实验，表明人们具有接受群体其他成员的行为和意见的倾向。许多人

---

① 保罗·布卢姆. 摆脱共情［M］. 徐卓，译. 杭州：浙江人民出版社，2019：207.

② JAMIL Z. Empathy: a motivated account［J］. Psychological bulletin, 2014, 140 (6): 1608 – 1647.

③ 同②.

④ 贾米勒·扎基. 选择共情［M］. 张俊杰，译. 北京：中国纺织出版社有限公司，2021：17.

⑤ 同④ 6.

会在评价事实和观点时，屈从于从众的压力。[①]第二类的代表性研究是拉塔纳和达利提出的责任扩散效应。意指人们是否“拒绝旁观”而展现出亲社会行为如助人，会受到在场人数的影响。因为每个人都认为他人会提供帮助，因而自己就不需要采取行动。[②]第三类的代表性研究是斯坦利·米尔格拉姆做的权威服从实验，表明人们是否会对他人做出伤害行为，受到权威人物的影响。[③]第四类的代表性研究是菲利普·津巴多做的斯坦福监狱实验。该实验表明，体制、制度会影响到人的微观情境，这样的情境继而影响人的行为。[④]体制的力量不同于群体内部的规则、规范，它是控制群体与个人的、自上而下的力量。

在社会心理学看来，一个人要展现出亲社会甚至利他行为，几乎每一步都面临着情境的影响和自我抉择。这四类实验虽然观照的是情境对人的行为的“消极”影响，但同时也暗含了积极的意义：通过揭示、改变、创造情境，尤其是制度性的情境，也能引导人展现出亲社会行为，甚至利他行为。

随着社会和研究的发展，研究者对“人性的光辉”展现出了更多的兴趣，聚焦于利他行为何以可能的问题。除了前述提及的情境、认知、情绪、本能等多层因素外，21 世纪的神经科学还探究了人脑中的化学物质，认为催产素是一个“道德分子”[⑤]，能够影响人们对他人恐惧的面部表情的识别，

① 津巴多，约翰逊，麦卡恩．津巴多普通心理学［M］．钱静，黄珏苹，译．北京：中国人民大学出版社，2016：468－471.

② 同①480－482.

③ 米尔格拉姆．对权威的服从：一次逼近人性真相的心理学实验［M］．赵萍萍，王利群，译．北京：新华出版社，2012.

④ 津巴多．路西法效应：好人是如何变成恶魔的［M］．孙佩妏，陈雅馨，译．北京：生活·读书·新知三联书店，2010.

⑤ 扎克．道德博弈［M］．黄延峰，译．北京：中信出版社，2016.

进而做出或不做出利他行为。[①]除此之外，积极心理学对于人类幸福和人类美德也做出了开拓性研究，通过跨文化的研究，提取出人类社会中广泛存在的六大美德：智慧与知识、勇气、正义、仁慈与爱、修养与节制以及心灵的超越，并进一步将之细分为 24 项积极心理品质。

五、道德的主题与本质研究

道德心理学的研究暗含或直接探讨“道德是什么”这个元问题。总体上看，存在着一元论与多元论、普世性与文化性的不同观点。

20 世纪 50 至 80 年代，科尔伯格关注并研究的道德主题是公正。需要说明的是，这里的“公正”是社会公正，而非人际公正。他在 1984 年出版的《道德发展的心理学》中明确说，“我们更加清晰地确定了我们研究的领域是公正推理领域，而不是通常的道德判断和推理领域”[②]。20 世纪 90 年代，莱斯特等人在新科尔伯格理论的代表著作中也说，科尔伯格的理论适用于追求社会公正这个宏观道德而非微观道德。事实上，科尔伯格对公正的关注和 20 世纪 60 年代美国的社会背景分不开。许多年轻人挑战美国社会的道德基础，物质主义、性别歧视、种族主义盛行等，所有社会现象和事件使得让人们理解社会公正成为必要之事。

20 世纪 70 年代，针对包括皮亚杰、科尔伯格等在内的人类道德发展理论对女性视角的无视，吉利根通过对心理学、伦理学和文学的资料分析，并通过实证研究，又提出了关怀取向的伦理道德观。同期，特里尔、努奇等人开始建构社会认知领域理论，他们参考罗尔斯和哈贝马斯的哲学理

① 阿比盖尔·马什．人性中的善与恶［M］．张岩，译．北京：中信出版社，2019.

② 科尔伯格．道德发展心理学：道德阶段的本质与确证［M］．郭本禹，等，译．上海：华东师范大学出版社，2004：导言 4.

论[①]，认为道德有三大主题——福祉、公正和权利。[②]

科尔伯格、吉利根、特里尔等人对道德主题的研究虽然有异，但其元假设是相同的。他们都把道德的本质界定或理解为人属概念，关注如何对待个人。海特评价说："特里尔对道德进步的论述在很多方面都不同于科尔伯格，但其政治含义是相似的：道德就是善待个体。它与伤害和公平相关（与忠诚、尊重、责任、虔诚、爱国主义或传统无关）。等级制和权威通常来说是坏东西。"[③]即使科尔伯格强调的是宏观的社会公正，但其仍然要落脚到人际关系层面的体现。

进一步分析会发现，从发展的角度研究道德心理，这种一元道德论同时蕴含着普世的道德观。这既是理论建构的需要，也是回应社会现实的需求。从理论建构的角度讲，科尔伯格思考道德发展时，就提出过需要从哲学角度去论证阶段发展的进步性。"我从一开始就确信，界定道德阶段需要对道德判断的性质做出某些哲学或元伦理学的假设和另外的规范哲学的假设，这些假设在某种意义上支持了这种说法，即较后的阶段是更好的或更适切的道德推理和判断的阶段。"[④]因而，科尔伯格追溯苏格拉底、杜威等人的道德哲学观点，秉持道德的本质是公正。问题在于，如果道德只是善待个体、不伤害他人，为什么在一些社会或文化里，有许多与伤害无关（无明显受害者）的行为也被道德评价？例如上述提及的道德失声现象。对此有两种解释思路：

一种是道德化。21 世纪以来，韦格纳和格雷提出了道德二因论（The

---

① 刘春琼．领域理论的道德心理学研究［M］．上海：上海教育出版社，2011：25.

② VERONIKAS S, SHAUGHNESSY M F. An Interview with Elliot Turiel［J］. North American Journal of Psychology, 2004，6 (2)：275 − 280.

③ 海特．正义之心：为什么人们总是坚持"我对你错"［M］．舒明月，胡晓旭，译．杭州：浙江人民出版社，2014：10 − 11.

④ 科尔伯格．道德发展心理学：道德阶段的本质与确证［M］．郭本禹，等，译．上海：华东师范大学出版社，2004：导言 4.

Theory of Dyadic Morality，简称 TDM）。① 该理论坚持道德的本质是避免伤害，强调感知到的伤害。这就需要从关系的角度去理解道德，进而包含了道德主体和道德受体两个必要因素。前者又称有思想的行动者，是能够采取行动并对自己的行动承担道德责任的主动心智；后者又名易受伤害的感受者，是被他人的行为所影响并享有道德权利的被动心智。二者之间存在因果关系（A → P）。② 基于道德二因论，我们在判断这些没有受害者的行为或现象时，仍然会在心理层面感知到伤害，从而将其道德化了。"主观伤害和客观伤害的分离，导致了道德失声现象的产生，或许可以说，道德失声现象并不存在。"③

另一种则是道德多元性。也就是说，道德不止于伤害，不仅仅涉及公正、关怀、权利这些个体性的道德，还应该包含其他主题。20 世纪 80 年代，文化人类学家施伟德在印度的研究发现存在三大伦理主题，包括自主伦理、集体伦理和神性伦理。自主伦理的首要原则是，人是拥有意愿、需求和偏好的自主个体，这是个人主义社会的主流伦理。集体伦理的首要原则是，人是某一更大集体中的一员，比如家庭、团队、国家等。神性伦理的首要原则是，人是供不朽灵魂暂栖的躯壳。施伟德进一步认为，这三种伦理同时存在于各个文化之中，只是不同的文化侧重不同。跨文化的实证研究结果支持了施伟德的观点。施伟德的贡献是突破了理性主义道德的范围，将道德心理学的研究对象拓展到了自治、群体和神性的三大主题。不过，他没有进一步实证检验自己的理论。海特"直觉上认为施伟德是对的"④。他综合进化论、神经科学、人类学、动物

① 詹泽，吴宝沛．无处不在的伤害：二元论视角下的道德判断［J］. 心理科学进展，2019（1）：128 – 140.

② 丹尼尔 · 韦格纳，库尔特 · 格雷．人心的本质［M］. 黄珏苹，译．杭州：浙江教育出版社，2020：16.

③ 同①.

④ HAIDT J. Moral psychology for the twenty-first century［J］. Journal of Moral Education, 2013，42（3）：281 – 298.

学、心理学等学科的研究成果，于 21 世纪初提出了道德基础理论（Moral Foundations Theory，简称 MFT）。该理论认为我们与生俱来一颗“正义之心”，包括五大基础，分别是关爱 / 伤害、公平 / 欺骗、忠诚 / 背叛、权威 / 颠覆、圣洁 / 堕落。[①]不同的社会文化影响使得不同群体或个体更倾向于其中某些道德基础，而非其他。因而，人们观点差异的性质，不是道德与非道德之别，也不是进步与落后之别，而是道德范畴内动用不同道德基础的区分。[②]

道德基础理论在拓展道德主题的同时，仍然是将道德判断建立在行为分析之上。心理人类学家阿伦·菲斯克认为应该摒弃这种假设，并提出把道德心理学嵌入到人类的社会关系之中考虑，于是建构了道德关系调节理论（Moral Relationships Regulation Theory，简称 RMT）。他认为人类社会中存在着四种关系模式：公共共享、等级排序、平等匹配和市场定价。这四种关系模式又分别对应四种调节关系的动机：团结、等级、平等和比例原则。[③]基于此，人与人之间的道德冲突主要是由于在某种社会关系模式中唤起了不同的道德动机。

上述三种理论在道德主题上虽有差异，但从根本上讲，都共享了一种道德多元主义。也就是说，不同的观点和行为不仅不是道德与非道德、不道德的区别，而是不同的道德基础、道德动机的区别，并且这些道德基础、道德动机之间是“平等”的，并非“高级”与“低级”、“进步”与“落后”的纵向层级差异。

---

① HAIDT J. The New Synthesis in Moral Psychology［J］. Science, 2007, 316 (5827): 998 − 1001.

② 海特. 正义之心：为什么人们总是坚持“我对你错”［M］. 舒明月，胡晓旭，译. 杭州：浙江人民出版社，2014：130 − 133.

③ SHAKTI R T, PAGE F A. Moral psychology is relationship regulation: moral motives for unity, hierarchy, equality, and proportionality［J］. Psychological review, 2011, 118 (1): 57 − 75.

除上述理论观点外，人类学、进化论、遗传学、生物学、动物行为学、心理学、神经科学和经济学等多学科强调道德的功能是促进合作，也就是从合作的角度甚至直接用合作来定义道德。如格林所说，“并非所有为促进合作而产生的行为都能获得‘道德’的美誉，但如果人类大脑不曾为了合作而做出调整，那么世间一切被誉为‘道德’的行为都不可能存在”①。在这个意义上，2019 年，人类学家库里提出了总括人类七类合作行为的道德合作理论（Theory of “Morality-as-Cooperation”，简称 MAC），将道德的本质、范畴的讨论进一步升级。

道德究竟是一还是多，究竟是强调平等还是进步，这些问题还在持续的争论中。事实上，这些问题已超出了道德心理学的范畴，而依赖于我们秉持何种道德哲学观。

六、对我国德育理论研究的启发

西方道德心理学的发展对未来我国德育理论研究不无裨益。以标志性人物——科尔伯格为例，他构建的道德认知发展阶段理论也许有这样那样的问题，但是他的研究方法论仍值得我们参考。科尔伯格并不是仅仅在道德心理层面去建构和检验理论，而是从“道德哲学—道德心理学—道德教育”三个层次构建以公正为核心的道德发展体系。反观中国德育研究，则主要沿袭“本土道德哲学—道德教育”或“西方道德心理学—道德教育”两种路径。前一路径的问题在于悬置对本土德育理论的实证检验或者说科学依据支撑，因而其德育实践的有效性难以评价。如科尔伯格所言，“哲学原则必须以心理学方式来叙述，才能被转述为教育目的。……否则，哲学家所提出的合理而可接受的原则，将只是成为有关儿童研究的专断概念

① 格林．道德部落［M］．论璐璐，译．北京：中信出版社，2016：48.

和学说而已。”[①] 一定意义上，这敦促我国的德育研究者和道德心理学研究者进行理论与方法的合作。正如《当代中国学术史 · 德育研究》中所言：“回顾过去 70 年，尤其是这 40 年，我国德育研究者不断进行德育理论探索，提出如生活德育、活动德育、情感德育、公民德育、制度德育等具有启发意义和实践价值的理论观点。这些德育理论资源，一方面为我国品德心理研究提供了实证研究的基础，另一方面也亟待通过实证研究的方式给予检验和深化。无论是德育研究者，还是心理学研究者，都应重视本土德育理论与品德心理实证研究的融合。”[②]

后一路径的问题在于无视道德本质或道德追求的信念，扎根细节而弱于通观整体。同时，也一定程度上不免犯科尔伯格所谓的“心理学家的谬误”。这就是以道德心理学的事实为基点，去“指导”内蕴价值导向的道德教育，而不是先确立应然的德育目的，再寻求有科学依据的方法与手段。这也提醒我们，西方的道德心理学要有一个“中国化”的过程，要在中国的德育目的之下理性借鉴。以道德基础理论为例，我们是否认同道德多元论？再如，从合作的角度认识人类道德的起源和社会、文化的维系这一道德事实，能否直接等同于当代社会和文化所追求的道德价值观？更具体地说，我们对于尊重权威、集体主义究竟是何种态度？在对这些基本问题没有理性分析之前，应该对西方道德心理学的德育应用秉持一种审慎的态度。反过来讲，这也启发我国德育理论研究应反思、彰显中国的道德哲学和德育目的。

---

① KOHLBERG L. The philosophy of moral development : moral stages and the idea of justice [M] . New York: Harper & Row, 1981 : 86.

② 杜时忠，等 . 德育研究 [M] . 福州 : 福建教育出版社 , 2019 : 123.

第三节　道德社会学研究基础及启示

道德是一种社会规范，道德教育是一种社会活动。德育深嵌于社会环境之中，既受到社会的制约，又发挥着不可或缺的社会功能。因此，对德育进行社会学的分析，厘清德育与社会的关系，探明德育存在的社会价值、德育发挥功能的社会条件、德育发展变迁的社会机制，是德育研究的基础性理论诉求。

1998 年，鲁洁领衔主编《德育社会学》一书，首次从社会学的视角和理论立场出发，对德育进行了比较全面深入的分析。此书既是对改革开放以后到 20 世纪末我国有关德育的社会学研究及社会学取向的德育研究的系统总结，也是开启新世纪德育社会学研究的发端。《德育社会学》一书除导论和附录外共分八章："导论——教育的一种社会哲学思考"论证了教育是一种适应并超越当代社会的实践活动，教育的目的是为未来培养人，从而为全书定下理论基调。第一章"德育与社会发展"概述了德育与社会发展的相互关系，确立当代德育的本体价值就是培养"现代人"，促进社会的现代化转型。第二章"学校德育的社会环境"论述了社会环境的德育价值、影响学校德育的诸种社会环境因素以及在现代化、全球化、信息化等时代背景下良好的学校德育的社会环境的建构。第三章"德育过程社会学"、第四章"德育中的社会角色"、第五章"学校内诸种社会关系与德育"、第六章"德育课程社会学"、第七章"德育实施社会学"，由总而分地论述了德育过程中具体的社会角色、社会关系、内容（课程）以及实施（含德育影响、德育关系、德育管理和德育方法）。第八章"学生越轨犯罪行为研究"针对当时社会较为突出的青少年犯罪问题进行了专门的研究。附录归纳了

“农村少年犯罪与农村教育状况的相关研究”。[①]

《德育社会学》一书构建了一个比较完整的理论体系，可以作为之后研究的参考与指导。我们在此基础上进行了一些调整和补充、完善，形成了本节的论述框架：本节聚焦于“学校德育与社会的关系，及其自身的社会结构与过程”，具体内容如下：首先，综述社会学主要流派及其对道德教育的论述，以引介为主。第二部分“学校德育的社会环境”，论述外在的社会环境对学校德育的影响。第三部分开始转向学校德育内部，“学校德育中的社会关系”论述学校德育中的师生、生生、师师、师家等社会角色之间的关系，及其对学校德育活动的影响。第四部分“学校德育的社会过程”，论述学校德育活动的实施过程。第五部分“学校德育问题的社会学分析”，以校园欺凌为例，看从社会学角度对这些问题是如何分析的，有何启示。由于篇幅有限，因此本节只选取重要文献提纲挈领地概括和介绍。

一、道德教育的社会学理论基础

一般公认的社会学经典作家为卡尔·马克思、马克斯·韦伯和涂尔干三人。在这些社会学经典作家中，卡尔·马克思在分析人的本质中提及道德作为一种社会关系以规则的形式体现，本着革命的人道主义精神倡导道德的普遍价值，并以人的异化理论深刻地揭露和批判了道德的阶级性；马克斯·韦伯则主要以职业道德为切入点，论述了道德在人的发展中的价值，并从新教的精神中分析了道德对社会发展的意义。他们虽然都有涉及道德的形成发展过程，但并未直接论及道德教育，且多是从政治哲学层面来阐述的。只有涂尔干直接论述了道德教育，而且鲜明地展现出自己的社会学

① 鲁洁．德育社会学［M］．福州：福建教育出版社，1998.

立场，体现在其《道德教育》《教育与社会学》等著述中。下面对涂尔干的道德教育思想进行简单的介绍与分析。

涂尔干首先强调道德的社会功能。面对当时法国社会世纪转型的困境和混乱，涂尔干主张加强道德教育，以维护社会的均衡和稳定，促进社会的“世俗化”。接着，涂尔干指出并分析了道德的三个基本要素：纪律精神、对社会群体的依恋（有的也译作自制精神或牺牲精神）、自主精神。纪律精神来自社会的权威以及对权威的尊重，对群体的依恋在于群体大于部分之和，个体需要认识到自我的有限性，对群体产生情感上的依恋，而自主精神源于人的理性。在道德品质的培养上，涂尔干提出经典的“社会化”理论，道德教育是一个“个体道德社会化”过程。纪律精神的培养依靠外在道德规范的内化，自制精神依靠同情的本能将内在利他性外化，而自主精神则依靠理性的发展，既忠于道德原则且能做出合理的判断和选择。[①] 在教育过程中，涂尔干特别强调了教师的权威对儿童的引导，以及适当地运用惩罚等手段。

涂尔干是教育社会学的创始人，他力图将自己的道德教育理论建立在科学的基础上，强调自己的社会学立场，这从其将道德视为一种“社会事实”作为理论的出发点就可以看出。涂尔干认为道德是一种“社会事实”，道德分析和道德教育都必须基于这一事实。不同于之前的社会从超验的上帝那里获得道德的合法性，道德和道德教育应该被世俗化、理性化和科学化。这是涂尔干思想值得被肯定的地方。并且涂尔干社会学理论旨在反思西方社会急剧转型过程中的社会重建和道德重建问题，对于中国当代社会转型的教育问题有重要借鉴意义。但是，涂尔干被称为社会学“功能主义的鼻祖”，其道德教育思想也渗透着功能主义的倾向，而这种倾向——强调社会的稳定、统一——也往往被批评为“保守”。邓才彪认为涂尔干夸

---

① 爱弥尔·涂尔干．道德教育［M］．陈光金，等，译．上海：上海人民出版社，2006.

大了道德的社会作用，将道德凌驾于政治经济之上，将资本主义社会的问题归结于道德败坏。[1] 陈桂生认为虽然涂尔干把道德教育建立在发展儿童理性的基础上，但是其局限性也在于过于将道德教育实证科学化了。[2] 康永久将涂尔干与康德进行比较，认为虽然与康德所强调的超时空、超经验的绝对命令不同，涂尔干认为道德规范是依社会不同状态而演化的，但是他和康德一样都强调道德规范的神圣性，强调人对道德规范的遵守，对社会权威的服从。[3] 王露璐等认为涂尔干道德教育思想的理论局限在于：一是过分强调道德理性，二是过分注重惩罚，三是夸大了教师权威的作用。[4]

其他社会学家提及道德教育也多是间接的，通常将个体道德发展视为社会文化、阶层、群体再生产的一部分，如威廉·富特·怀特在《街角社会》中展示的街头混混文化对青少年的熏染，鲍尔斯和金蒂斯在《资本主义美国的学校教育》中揭露的美国学校教育导致的平等运动的失败，保罗·威利斯在《学做工》中提到的“小子们”对工人阶级父辈文化的审视与继承，等等。而国内从道德教育的角度引介较多的只有斯宾塞、帕森斯等寥寥数人。

斯宾塞将“理想社会之完人”作为道德教育乃至整个教育的最高理想和最终目标，但他也认识到现实条件下，人与社会发展的不同步性、不适应性和不协调性。斯宾塞将人的道德培养集中指向个人最大幸福的获得，而个人幸福的获得依赖于“社会性状态”，即每个人的需要的满足都依赖和受制于整个社会的状态和其他人的需要的满足程度。因此，个人获得最

① 邓才彪．涂尔干道德教育思想述评［J］．外国教育动态，1989 (2)：17 − 32.

② 陈桂生．略论迪尔凯姆关于“理性化”的道德教育的见解［J］．杭州师范学院学报（社会科学版），2002 (8)：101 − 108.

③ 康永久．道德教育与道德规范：对康德与涂尔干道德教育理论的反思［J］．教育学报，2009 (6)：3 − 9.

④ 王露璐，李明建．何为道德，如何教育：涂尔干道德教育理论及其资源意义［J］．伦理学研究，2013 (4)：23 − 27.

大幸福，必须依次具备四大条件：公正、消极的善行、积极的善行、合理的自爱。①

帕森斯是社会学结构功能主义学派的创立者和代表人物，他将道德行为视为社会行动系统的重要组成部分，认为个体道德行动受其行为动机和价值观的双重驱使。社会行动源于社会系统公允的、共享的价值观和规范体系，构成支持社会秩序的基础。帕森斯的思想中蕴含着一种“道德共识观”，认为个体行动的发生参照了共享规范，并以社会化过程为中介。个体的人格系统与社会文化系统是相辅相成的。人格系统的完善在功能上促进社会文化系统的完善，反之，社会文化系统的发展也会促进个体人格系统的完善。② 总而言之，帕森斯在涂尔干的基础上构建了一个庞大而复杂的道德、道德社会化理论体系，成就了经典社会学理论的一座高峰。此后，社会学发展成三大主要流派：功能论、冲突论和互动论，三者对于社会和个人的看法、使用的概念等均有所不同。（表 3–1）

表 3–1　社会学三大流派

	功能论	冲突论	互动论
对社会的看法	稳定、完整的	各群体间的紧张与斗争	影响日常生活的社会互动
强调的分析层次	总体	总体	借由个体分析来了解整体的现象
关键概念	显性功能 隐性功能 反功能	不平等 资本主义 阶层化	象征 非语言沟通 面对面互动

① 刘玉标，马静．赫伯特·斯宾塞道德教育目标向度及其相关问题［J］．继续教育研究，2012 (3)：173 – 176.

② 唐爱民．帕森斯结构功能主义社会学的道德教育意蕴［J］．教育科学，2014 (4)：22 – 26.

续表

	功能论	冲突论	互动论
对个人的看法	个体通过社会化的过程后展现某些社会功能	个人被权力、强制以及威权所支配	个人可以在互动的过程中操纵象征来创造属于自己的世界
对社会秩序的看法	通过合作和共识来维持	通过强制与胁迫来维持	通过对日常生活行为所共享的认知来维持
对社会变迁的看法	可以预测的、有正面助益的	变迁一直都在发生，可能具有正面价值	借由个人的社会地位和与他人的沟通反映出来
例子	刑罚强化社会秩序	法律强化了既得利益者的地位	个人依照过去的经验来决定是否遵守法律
拥护者	埃米尔·涂尔干 塔科特·帕森斯 罗伯特·默顿	卡尔·马克思 杜波依斯 艾达·韦尔斯－巴尼特	乔治·赫伯特·米德 查尔斯·霍顿·库利 欧文·戈夫曼

资料来源：理查德·谢弗．社会学与生活［M］．刘鹤群，等，译．北京：世界图书出版公司，2013:24.

二、学校德育的社会环境

鲁洁将学校德育的社会环境划分为三个层次外加一个中介部分：宏观层次包括社会经济、政治、文化和心理等环境要素，社区是中观层次，家庭处在微观层次，而将大众传媒视为一种中介系统。

社会经济政治环境对学校德育的外层影响表现在控制物资、经费、技术等的“输入”，以及学校培养“输出”的人在道德品质上的规格；中层表现为对学校德育内容、方法、管理上的影响；深层则影响学校德育的范式和精神气质。社会文化的渗透、文化的变迁发展对学校德育各层次、各方面都有影响，青少年儿童群体形成的亚文化也是学校德育面临的现实环境和挑战。阶级心理、民族心理、青少年儿童心理对学校德育的影响各有不同，但它们的一个共同点就是透过心理的层面对德育对象产生影响，其基本的机制是模仿与从众。

社区包含学校，学校身处社区之中，社区是学校直接面对的社会环境。经济政治上，社区的发达程度制约着社区对学校德育目标、内容和实施上的影响，限定着社区对学校德育的支持，决定着社区与学校的结合程度。文化上，不同社区的文化特征产生不同特征的学校德育对象，提供给学校德育不同的文化环境。社区教育是学校教育的补充，与学校教育、德育应该形成良好的互动。

家庭对于学校德育的特殊性在于家庭是学校德育的基础环境，为学校提供物质和精神基础；家庭作为学校德育对象的首属群体，其作用有着其他次属群体无法比拟的深刻性；故此，家庭环境与学校德育具有互补性。家庭环境又可以分为难以人为调节的客观环境，如家庭的经济、结构、家长职业和文化程度等，以及可以人为调节的主观环境，如家庭氛围和家长的期望水平等。另外，还可以根据其对儿童道德成长的影响效果将家庭环境分为传承性环境、建构性环境和超越性环境三类。车广吉等介绍了美国心理学家尤·布朗芬布伦纳的发展生态学理论，并探讨了对于构建学校、家庭、社会的一体化德育体系和推动新一轮基础教育改革的借鉴和启示作用。大众传媒具有中介性、大众性、程序性等特点，大众传媒从三个方面影响学校德育：它构成了学校德育的环境，参与塑造学校德育的对象，并直接影响学校德育的各个环节。

从总体上讲，许多人都开始重视社会发展变迁对学校德育的影响，特别是进入 21 世纪后社会发展的新趋势，及其对学校德育提出的新要求和挑战。全球化趋势要求引导学生重视国际合作，同时加强爱国主义教育；

人性化趋势要求进一步强化主体意识，变德育工具价值为本体价值。[①]全球化带来了一系列全球问题，全球问题的出现要求更新学校德育内容，进行环境道德教育、全球意识教育、爱国主义教育和生命关怀教育等。[②]应该运用全球共同利益这一理念审视当前学校德育及其改革中存在的问题，探讨如何在这一理念下实现新的学校德育改革，明确学校德育改革的方法论，强调全球化背景下民主性的坚守和世界性的融合。[③]

政治上，随着社会的民主化、法治化，学校德育也日渐重视公民教育、法治（法制）教育。另外，社会阶层、群体的分化带来了一系列社会问题、道德问题，学校德育必须审慎应对。社会分层带来了高校学生群体的分化，极大地冲击了传统的德育理念和方式方法。一方面要抑制垂直分化对大学生的消极影响，另一方面也要利用水平分化积极丰富校园生活、加强师生交流、促进群体融合等。[④]

近年来，信息和网络技术的迅猛发展，将整个世界迅速地带入了一个信息时代和互联网时代。网络时代、信息社会、知识经济、人工智能、大数据等概念和技术深刻地影响着人们的生活以及道德状况，学校德育既面临着重大的挑战，也迎来新的发展契机。全球信息网络化革命增加了个人权利，促进了公开化和平等性，挑战了教育者的权威；知识经济条件下，对知识和智力的重视可能助长重智轻德的倾向；大数据时代学校德育面临多重挑战：海量信息令学生价值迷茫，时刻监测令学生惶惶不安，数据留存令学生心有余悸，概率预测剥夺学生道德选择，在线课

---

① 李太平．21 世纪初社会发展趋势及其对德育的影响［J］．内蒙古师大学报（哲学社会科学版），2000 (2)：3 － 8.

② 李太平．全球问题和德育内容的更新［J］．高等教育研究，2002 (6)：80 － 83.

③ 易连云．全球共同利益视阈下的中小学德育课程改革思考［J］．教育学报，2018 (1)：45 － 50.

④ 管新月，李虹，董国英．群体分化视野下大学生德育面临的问题与对策［J］．教育与职业，2015 (16)：41 － 43.

程冲击教师权威等。人工智能具有智能化、深度学习、人机协同、群智开放等特征，凭借超强的技术优势对学校德育的安全性、实效性、主体性提出了巨大的挑战，弱化了教师经验能力、师生交往、德育权威等。[①] 网络文化是信息时代的产物，一方面加速青年道德社会化的步伐，另一方面也在某种程度上引发当代青年道德行为的异化。[②] 在新媒体环境下，青少年的道德价值观和行为从传统的高度统一走向离散多样，网络道德行为失范增加并在现实生活中表现出来。[③] 为此，学校德育应转变思维：发挥大数据平台价值引领作用，强化数据使用伦理责任意识，规定数据获取和使用的伦理边界，设定大数据应用的限度，提升教师技术素养与伦理水平。[④]

三、学校德育中的社会关系

社会关系是指社会中各种实体，如个人、组织、群体等之间的关系，社会角色一般指个人在社会中的功能和身份定位，如教师指社会中从事教育职业的专门工作者。社会关系与社会角色相辅相成，角色因关系而生成，关系是角色之间的关系。因此，我们分析学校德育中的社会关系，必须联系学校德育中的角色，首先看学校德育中有哪些参与者，这些参与者分别扮演着何种角色，这些角色之间的关系如何，这些角色和关系是如何影响

---

① 赵圆圆，张凌洋．人工智能技术背景下学校德育的挑战［J］．中国德育，2019 (22)：15 − 19.

② 李小豹，徐建军．网络文化与青年道德社会化［J］．中国青年研究，2009 (2)：100 − 103.

③ 邱尹．新媒体环境下青少年道德社会化问题研究［J］．广西教育学院学报，2015 (1)：96 − 99.

④ 邹太龙，易连云．大数据时代学校德育面临的危机及应对策略［J］．中国教育学刊，2017 (4)：82 − 86.

学校德育的开展和学生品德的发展的。学校德育过程中的角色有教师（含教育行政管理者）、学生、家长等，因此有师生关系、师家关系，而学生与家长的关系主要不在学校之内，这里不予关注。另外，除了不同角色之间的关系，还有同一角色群体内部的关系，因此在学校内还有师师关系（含普通教师与教育管理者的关系）、生生关系。

鲁洁等将角色和关系分开论述，认为教师是学校中的德育角色，德育角色是专门对他们道德成长和道德生活进行有目的地干预和引导的人，具有"可替代性"和一定的"专业自主性"，其功能是促进学校作为专门德育组织的工具性目标和促进人（主要指学生）的德性发展的终极性目标的实现。德育角色的形成通过人格社会化和角色个性化双向互构的途径形成。引导学生扮演好不同的角色并实现角色的整合，是学校德育的重要内容。

近年来对学校德育中的社会关系研究有了进一步的发展。师生关系是最主要的学校德育关系，对学生的品德发展有着直接的影响。师生关系作为一种社会关系，理论上可以区分出"社会—人""社会—社会"和"人—人"三种形态，三者共同构成了师生关系的社会学属性。实践中，师生关系的话语表达也经历了从"支配—从属"到"民主平等"的演变过程。[①] 师生关系应该从传统的"支配—从属"状态转型为现代的"和谐—共生"状态。传统社会的等级制、科层制、结构性决定了"支配—从属"的师生关系，而随着社会关系的平等化、民主化，社会组织的扁平化、开放化，以及信息、网络、多媒体等技术带来的社会沟通和互动的增加，有助于"和谐—共生"的师生关系的建构。[②] 曾爱平具体考察了公开课中的"支配—从属"

---

① 李拉．教育社会学视角下的师生关系［J］．教育导刊，2015（5 上）：5 − 9.

② 贡勋，张忠华．从"支配—从属"到"和谐—共生"：师生关系发展的社会学审视［J］．教育评论，2016（4）：30 − 33.

师生关系。[①] 一些研究者从批判社会学的角度提出，在现代社会工具理性的主导下，师生关系不可避免地被工具性异化了。师生关系应该从工具性依存走向价值共享。价值共享性师生关系是一种师生共同发展的信任关系、和而不同的对话关系、教师引导之下的反思性建构关系。[②]

教师之间的关系近年来也探讨得比较多，但主要是讨论这种关系对教师自身工作状态和职业发展的影响，而对学校德育影响的研究很少。

学生之间的关系在社会学中有专门的学生"同辈群体"概念和研究领域。宫必京比较了班级和同辈群体：从群体性质上看，班级是一种次级群体、正式群体和所属群体，而同辈群体是一种初级群体、非正式群体和参照群体；从群体的构建上看，班级是被动形成的，同辈群体是主动形成的；从群体规范上看，班级规范是制度的，同辈群体规范是非制度的；从群体文化上看，班级文化是主流文化的代表，同辈群体文化是一种亚文化；从群体控制方式看，班级控制是正式的社会控制，同辈群体控制是非正式的；从群体对成员的人格影响看，班级容易使成员产生传统导向人格，同辈群体容易使成员产生他人导向人格；从成员角色上看，班级中的角色通常是工具性的，同辈群体角色是表意性的。[③] 这说明班级和同辈群体中学生之间的社会关系是有着根本性区别的，班级和同辈群体是不同的德育环境，对学生的道德社会化有着不同的影响。吴康宁认为同辈群体对学生具有保护和发展两个主要的功能。[④] 同辈群体对青少年道德观念与行为的影响的

---

① 曾爱平. 公开课中"支配—从属"师生关系占主导地位的社会学审视［J］. 中国成人教育, 2017 (4)：103 － 105.

② 程从柱, 王付庭. 师生关系：从工具性异化走向价值性重建：批判的社会学视角［J］. 皖西学院学报, 2016 (5)：128 － 132.

③ 宫必京. 班级和同辈群体的比较研究［J］. 南京师大学报（社会科学版）, 1994 (3)：57 － 60.

④ 吴康宁. 学生同辈群体的功能：社会学的考察［J］. 上海教育科研, 1997 (8)：5 － 6、47.

心理机制主要包括群体间的对比效应、群体内的同化与分化作用、成员间的社会比较以及模仿、从众等。[①]白芸通过对一个初中班级的人种志考察，表明初中学生渴望社会交往，同伴群体中的交往显示出多样性与男女生差异的特点，开始形成比较明显的性别意识。[②]青少年同辈群体中较强的心理认同感和内聚力、群体独特的价值标准和行为规范、平等的成员关系及角色体验等特征，有利于青少年学生的道德养成。[③]同伴群体对青少年学生的影响通过社会遵从效应和社会比较效应发生作用。研究发现，青少年的教育期望随班级平均教育期望的提升而升高，随班级平均学业成绩的升高而降低；同辈群体能力构成的异质性水平对青少年的教育期望具有正向的影响；学生成绩越好，受遵从效应的正向影响越大，成绩越差，受比较效应的负向影响越大，受同辈群体异质性水平的正向影响越大。[④]一些学者还研究和探讨了特殊社会群体中的同辈群体对学生的影响，如随城乡人口流动而形成的流动儿童和留守儿童中的同辈群体。城市公立学校中的流动儿童具有更高的与城市同伴交往的意愿，学校在流动儿童社会交往方面发挥着重大作用。流动儿童的学校满意度和教师对流动儿童的关心程度，通过流动儿童的交友意愿这一中间变量，最终影响流动儿童的城市同伴的数量。[⑤]农村留守儿童同辈群体可以分为自我照顾型、相互帮助型、叛逆型等类型，具有相似心理特征、很强的封闭性、消极的价值取向明显、亚

---

① 刘春雪.同辈群体对青少年道德社会化影响的心理机制研究[J].湖北社会科学，2008(9)：187－189.

② 白芸.班级生活中的同辈群体交往研究：对一个初中班级的人种志考察[J].基础教育，2008(6)：41－45.

③ 高中健，孙嵩.青少年同辈群体道德养成分析[J].教育探索，2009(2)：90－91.

④ 曹蕊，吴愈晓.班级同辈群体与青少年教育期望：社会遵从与社会比较效应[J].青年研究，2019(5)：25－35.

⑤ 袁玲俊.流动儿童城市同辈群体社会交往影响因素探析[J].宁波大学学报(教育科学版)，2015(6)：7－11.

文化甚至反文化等特征。同辈群体作为留守儿童社会交往网络中的一个重要群体，对留守儿童的价值观、行为和情感等多方面产生重要的影响，其中负面影响尤其应引起重视。①

教师与家长的关系也会对学生道德发展产生影响。一些研究揭示：家长和教师因为共同的教育对象而具有共同的利益，但两者所扮演的角色又不完全一样，形成了离散型、附属性和民主型等不同的家长与教师关系。②教师与家长对学生发展的关注点不同：教师和家长对学生发展的关注程度在性别和年级上均存在显著差异，不存在显著交互作用；教师最关注学生的品德发展，而家长最关注学生的身体健康。③

四、学校德育的社会过程

社会学一般将德育过程视为一个个体道德社会化的过程，或者促进个体道德社会化的教育过程。道德社会化是社会影响、教育一个人从而使其道德认知及行为符合社会规范的过程。④

道德社会化是一个长期的过程，其中可以分为不同的阶段。鲁洁等将道德社会化分为五个阶段：第一阶段，0~3 岁，无意识发展的奠基阶段；第二阶段，3~15 岁，他律发展阶段；第三阶段，15~45，自律发展阶段；第四阶段，45~55、60 岁，相对稳定阶段；第五阶段，55、60 岁以上，再社会化阶段。每个阶段又可以划分为若干年龄区间，共五个阶段十个年龄

① 陆继霞，叶敬忠．我国农村地区同辈群体对留守儿童的影响研究［J］．农村经济，2009 (12)：104 － 107.

② 王洪秀，温旭明．家长和教师关系的研究［J］．河北青年管理干部学院学报，2009 (3)：85 － 89.

③ 姚计海．教师与家长对学生发展的关注点比较研究［J］．中国教育学刊，2014 (2)：48 － 52.

④ 杨卫．道德社会化理论及其在教育实践中的应用［J］．青年研究，1992 (9)：41 － 44.

区。① 与科尔伯格的道德认知发展理论的阶段划分相比，上述道德社会化阶段普遍时间要滞后和延长，并概括了人的终身发展。考虑到道德社会化是一个认知、情感、行为等综合发展的过程，这种滞后和延长是可以理解的。杨静漪指出道德社会化一般可以分为三个阶段：道德的他律阶段、移情阶段和自律阶段。

道德社会化受到家庭、学校、社区、同辈群体、重要他人、大众媒体（舆论）等多种因素的影响。父母作为子女的第一任教育者，其道德人格不仅反映自身的道德品质，也通过亲子互动潜移默化地作用于子女的道德社会化过程。② 德育过程，特别是学校德育过程对于个体社会化具有重要的影响。鲁洁等认为学校德育过程之于个体道德社会化的效能有三个方面：一是学校德育过程通过筛选、组织、传递、传播人类道德优秀文化，对个体道德社会化具有积极的正面效应；二是学校德育过程的目的性、计划性、科学性，能够促进个体道德全面系统的发展；三是学校德育过程重视实践活动，为个体道德发展提供集体性学习和生活的环境。③ 社区文化通过传播机制影响学生的个体文化。④ 同辈群体对青少年道德社会化的影响机制，主要包括群体间的对比，群体内的同化与分化，成员间的比较、模仿与从众等。⑤ 其中，重要他人通过直接教导或者潜移默化的渗透来影响个体道德知识、情感、意志和行为，从而影响个体的道德社会化。

社会舆论是定向指标，指引个体道德行为规范化；社会舆论是调节器，

---

① 鲁洁．德育社会学［M］．福州：福建教育出版社，1998：145.

② 关颖．父母道德人格：少年儿童道德社会化的重要影响因素［J］．道德与文明，1995 (1)：22 − 24.

③ 同 ① 151 − 154.

④ 钟岚雨．社区文化对学生道德社会化的影响［J］．南京师大学报（社会科学版），1995 (1)：92 − 96.

⑤ 刘春雪．同辈群体对青少年道德社会化影响的心理机制研究［J］．湖北社会科学，2008 (9)：187 − 189.

促使社会道德规范引领人们的心灵世界；社会舆论是催化剂，有助于个体道德社会化的加速。[①] 自媒体以其内容的广泛性和形式的多样化，推动了青年道德社会化进程趋于多样性、多变性、开放性发展。

五、学校德育问题的社会学分析

随着社会发展和时代变迁，青少年儿童生存和成长的社会环境发生了且正发生着重大的变化，这些变化对他们的道德发展产生了广泛和深远的影响，也对作为他们学习和成长的具体环境，尤其对于他们的健康成长负有重要责任的学校，提出了一系列挑战。这些问题包括但不限于青少年犯罪、学生自杀、校园欺凌、网络成瘾等。为了解决这些问题，学校德育当然也会在目标、内容、方法、评价等方面做出必要的调整。下文具体介绍青少年犯罪和校园欺凌两个问题。

鲁洁等 1998 年对青少年越轨犯罪进行了研究，在当时具有一定的总结性，在今天看来具有一定的开创性。越轨是指对社会公认的行为准则的违反，越轨包括犯罪，犯罪是越轨严重到触犯法律，需要动用社会强制力来处理的程度。典型的青少年越轨犯罪问题有校园暴力、接触和传播色情内容、以偷盗等形式侵占他人财产，等等。青少年越轨犯罪的原因包括转型期道德失范、文化商品化、家庭结构的变化和不稳定等社会原因，也包括重智育轻德育的导向、个别教师道德素质低下、师生和生生关系紧张等学校原因。鲁洁的研究相应地提出了一系列加强学校德育在预防和减少青少年越轨犯罪中的作用的建议，包括：树立以个人和社会根本利益为基础的一元化价值观念，来调节和引导学生的多元化价值倾向；加强法治教育、青春期生理和心理健康教育，密切联系学生生活和成长实际，处理好灌输

① 李兰芬.论社会舆论对个体道德社会化的影响[J].苏州大学学报(哲学社会科学版)，1993 (1)：38－41.

说服和自主选择、民主决策的关系；实施补差教育，减少和避免差生厌学、辍学和逃学；加强学校德育与校外德育的联系，建立一个学校、家庭、社区的立体的德育网络。这些分析和对策构建了一个比较完整的问题应对框架，对我们今天研究学校德育问题仍然具有重要的参考价值。

21 世纪以来，对青少年犯罪的研究仍在继续，但热度明显降低。近年来，校园欺凌问题受到关注。校园欺凌，又称校园霸凌，对这一问题的关注起初源于校园暴力问题。鲁洁等引用日本法学家的解释将其概括为三方面内容：一是对教师的暴力事件，如殴打教师；二是集团性的学生之间的暴力事件，如学生打群架，欺辱弱小等；三是毁坏学校设施等。[①] 这一时期校园暴力的内涵还比较广泛，不少已经涉嫌犯罪。后来学生之间的非暴力的欺辱现象逐渐进入研究视野。目前校园欺凌的定义主要限于学生之间，包含暴力和非暴力，多数尚不够法律惩罚的程度。挪威的欧维斯是最早开始对校园欺凌行为进行系统研究的学者之一。他认为，欺凌行为是一群或单个学生，用某种负面行动，重复且长期地对待某特定学生或一群学生。[②] 任海涛区分了"校园欺凌"和"校园暴力"，认为校园欺凌的概念应该从狭义上界定，它不应该包括校外入侵，也不包括教师作为受害人的现象，并明确了狭义校园欺凌的七个特征。[③] 俞凌云等从内涵和外延两个维度将"校园欺凌"重新定义为在校人员借助某种权力长期压迫其他在校人员，造成他人生理、心理上的伤害或干扰正常的教学秩序的行为。[④]

对校园欺凌的成因，魏叶美等从社会学角度进行了分析，包括转型期

---

① 鲁洁 . 德育社会学［M］. 福州：福建教育出版社，1998：366.

② OLWEUS D. Bullying at School: What We Know and What We Can Do［M］. Oxford, UK: Blackwell, 1993：12.

③ 任海涛 ."校园欺凌"的概念界定及其法律责任［J］. 华东师范大学学报（教育科学版），2017（2）：43 － 50.

④ 俞凌云，马早明 ."校园欺凌"：内涵辨识、应用限度与重新界定［J］. 教育发展研究，2018（12）：26 － 33.

的社会失范、家庭结构失能、“反学校文化”的影响、法律等社会规则的缺失等。[①] 舒春景等探讨了家庭教育中导致校园欺凌的因素，表现在不合理的“和气”与“忍让”文化观念对欺凌行为的纵容，家庭结构失灵助长欺凌性格的养成，家庭教育忽视学生良好个性的培养等。[②]

为了应对和预防校园欺凌，要加强政府统筹的社会环境综合治理，构建“家校—师生—父母子女”间的对话协商治理机制，进行学校内部治理改革。[③] 从改进家庭教育角度入手：家长重视对学生优良品质和健全个性的培育与引导；转变家长教育方式，重视子女的认知及规则教育；对家庭教育立法，明确家长在子女教育上的责任；家庭与社会要形成合力，使教育保障更有力。[④] 对校园欺凌进行法治化治理：设立校园欺凌治理委员会，专门领导整治工作；明确学校及各级管理主体反欺凌的法定责任；强化惩处力度，引入恶意年龄补足制度；完善校园欺凌的法律救济制度。[⑤] 防治校园欺凌行为应增加教师和学生对校园欺凌行为的认知，关注学校高危群欺凌学生并提供早期介入策略，给予欺凌者学习自我理解及创造改变的机会，针对欺凌被害者提供适当的防治介入策略，提供家庭咨询辅导服务，系统建构全校性的欺凌防治方案。[⑥] 对校园欺凌应实施精准防治，就被欺负者而言，男生、小学高年级学生、父母在外打工的男生、父母在外打工的小学四年级学生被欺负状况相对较严重；就欺负者而言，初二的、父母

---

① 魏叶美，范国睿．社会学理论视域下的校园欺凌现象分析［J］．教育科学研究，2016(2)：20－23，46.

② 苏春景，徐淑慧，杨虎民．家庭教育视角下中小学校园欺凌成因及对策分析［J］．中国教育学刊，2016(11)：18－23.

③ 同①.

④ 同②.

⑤ 许锋华，徐洁，黄道主．论校园欺凌的法制化治理［J］．教育研究与实验，2016(6)：50－53.

⑥ 胡春光．校园欺凌行为：意涵、成因及其防治策略［J］．教育研究与实验，2017(1)：73－79.

在外打工的男生，小学五年级的不住校的女生，住校的小学四年级学生，父母在外打工的小学五年级学生相对较严重。①

总体来看，社会学理论对德育研究者产生了影响，使得他们关注社会结构、角色、关系等因素对人的道德发展和道德教育的作用，启发他们使用社会化、阶层冲突、符号互动等理论和越轨、资本、场域等概念去解释道德现象和道德教育问题。社会学家对社会转型的研究，如对于礼俗社会和法理社会的区分，也为德育研究者理解社会价值变迁和文化变迁提供了启发。然而，总体上看，德育研究者包括教育研究者对于社会学理论的关注、吸收和运用尚不够深入。究其缘由，一方面是因为学科发展传统形成的路径依赖，学科之间的对话机制不够，且教育学科学化与实证化程度较之社会学还有明显差距；另一方面则是因为我国本土社会学发展也尚不够成熟，尚未建构起解释中国社会变迁和社会发展独有经验和独特问题的、在全球范围内有影响力的本土理论。

---

① 滕洪昌，姚建龙. 中小学校园欺凌的影响因素研究：基于对全国 10 万余名中小学生的调查［J］. 教育科学研究，2018 (3)：5 – 11，23.

第三章
德育理论研究范式与方法论研究

德育理论研究的发展，离不开科学系统的方法论。法国社会学家涂尔干认为，“一门学科如欲发展成合乎科学的学问，首先必须有确定的研究主题和研究对象，其次必须有科学的研究方法”[①]。一般来说，方法论是关于人们认识世界、改造世界的方法的理论；具体地说，方法论既可以被视作普遍适用于各门具体社会科学并起指导作用的范畴、原则、理论、方法和手段的总和，也通常被认为是对使用什么研究方法才能获取真知的系统性哲学反思。方法论的形成及对于方法论的自觉反思，可以使得知识积累的系统性和可持续性进一步增强。伦理学家何怀宏曾批评道：“中国的学术也远未形成一个独立自主、互相印证、分工合作、层次累及推进的体系，而基本上还是自说自话、各说各话。”可以说，研究方法的滞后是造成这种现象的直接原因。

托马斯·库恩使用“范式”一词来指代科学共同体所认可的理想的研究范型与研究方法，“范式是示范性的以往成就”，“它代表着特定的共同体成员所共有的信念、价值、技术等所构成的整体”。[②] 简要地说，范式可

① 谭光鼎，王丽云．教育社会学：人物与思想［M］．上海：华东师范大学出版社，2009.

② 托马斯·库恩．科学革命的结构［M］．金吾伦，胡新和，译．北京：北京大学出版社，2012：147.

谓是某个领域的研究者心目中一致认可的质量较好的研究及其采用的较为可信、有效的研究方法。传统上道德理论研究的方法论深受人文主义范式的影响，但也正如其他人文社会学科一样，科学主义范式对于教育理论研究方法影响力度不断加剧。科学主义在 20 世纪上半叶达到了顶峰。与此同时，解释学、现象学等哲学流派一直在呼吁人们关注意义问题、精神世界和价值问题，认为只有人文主义研究方法才能揭示人的情感、体验和独特价值。20 世纪 60 年代以后，随着新维特根斯主义的出现，学者们认为社会科学并非像自然科学那样必须寻找规律，也不必涉及因果关系，教育研究不可能像自然科学一样地精密准确与预测未来，他们再一次深刻地认识到一个过去已经认识到的常识——教育研究深深地与历史和文化嵌套与纠缠在一起，重又回到了“人文主义研究范式”的常识。20 世纪 70 年代以来，人文社科研究领域出现科学主义和人文主义两种主要研究范式并存的局面。随着时间的推移，越来越多的研究者取得共识：两者并非非此即彼的对立关系。融合了科学主义和人文主义范式的道德理论研究方法，为道德理论研究注入新的活力。

第一节　科学主义研究范式

17 世纪以来，自然哲学逐步取代经院哲学而成为欧洲哲学的基础。伽利略的实验方法及牛顿的经典力学改变了人们认识世界的思维模式；人们逐渐摆脱经院哲学那种玄思冥想、遵从权威的习惯，开始注重通过观察、测量、实验等方式搜集事实材料，并对材料进行分析、计算和评估，从而形成结论、获得可靠的真理。托马斯·霍布斯构建的物理主义哲学体系进一步将这种科学的方法用来解释人的心灵和社会，逐步展现科学方法的理性优越，初步形成了科学主义的轮廓。到 17 世纪后期，科学逐渐进入西方文化的核心部分，人们对科学的信心和信赖大大增强，同时也赋予了科学更高的权威。经典的科学观就此形成——一种是牛顿模式，强调自然规律超越时间结构，如上帝的存在一样永恒；一种是笛卡儿模式，它假定自然与人类、精神与物质、物理世界与社会世界（精神世界）存在本质差异。科学于是被界定为对于超越时空、永远正确的普遍自然发展法则的追寻。[①]

一、科学主义研究范式的产生和发展

19 世纪初，科学从自然哲学母体中完全脱离出来，并战胜了思辨哲学，在知识领域赢得了崇高的社会声誉；哲学反而逐渐式微，甚至被视为“神学的替代物”。科学主义思潮迅速发展，逐步成为人们的一种观念体系。奥古斯特 · 孔德创立实证主义哲学，极大地推动了科学主义方法在社会研究领域的应用，科学实证分析也逐步成为社会科学研究的一种范式。孔德以“人类智慧发展的基本定律”将其提出，指出人类智慧的发展已经跨过传统神学、形而上学进入实证阶段。[②]他倡导以自然科学研究方法揭示自然社会和人类社会运行的客观规律。逻辑实证主义在 20 世纪 30 年代左右产生，并提出“可证实性”原则，将“经验性”与“逻辑性”相结合，指出要通过严密逻辑推理从经验材料中找寻规律。“用科学和数字来使这个社会理性地运转”，越来越成为西方学者的共识。随着自然科学的突破性发展，作为现代科学前沿的物理学取得了突破性进展，电磁场研究、量子论、相对论等提出打破了笛卡儿、牛顿以来经典力学的“科学”神话，机械式的因果关系论、“绝对真理论”引发普遍怀疑，人们逐渐认识到世界的相

---

① 沃勒斯坦，等．开放社会科学［M］．刘锋，译．北京：生活 · 读书 · 新知三联书店，1997：3－4.

② 罗兰 · 斯特龙伯格．西方现代思想史［M］．刘北成，赵国新，译．北京：中央编译出版社，2005：292.

对性，在该阶段亦相应产生了后实证主义。首倡者波普尔主张要将“经验证实”转向“经验证伪”，理论的科学性不是在于它的真理性，而是在于它的可证伪性，在于它们最好地适应了认识的当代状况。换言之，科学理论是必将失效的，它们必将失效正因为它们是科学的。[①]其后，劳伦的“研究传统”或“科学研究传统”的科学哲学，都致力于消解“客观”“实证”的线性研究桎梏，嵌入主体思维、历史、文化等情境性要素。

在教育研究领域，科学主义范式诞生于19世纪下半叶。威廉·冯特创立实验心理学，促进了这一范式在教育教学研究领域的应用。桑戴克则被认为是第一位将科学主义范式引入教育研究的教育家。他创立的教育心理学明确提出，要对教育现象进行直接观察和实验，并依赖定量的精确研究和描述分析，采用归纳的研究模式和掌握统计逻辑。他强调，教育研究必须量化，研究者与研究对象必须独立分开。他最常被引用的一段话是：“无论什么存在，都存在于某些量中。要透彻地了解它，就包含既了解它的数量，又了解它的质量。”“存在于量中的一切都能被测量。”[②]桑戴克的目标是建设一种综合的教育科学，所有教育都能以它为依据，教育目的也可能被科学地决定。桑戴克的行为主义科学研究思想，在20世纪初的20年中，对美国教育产生了广泛影响。

梅伊曼和拉伊创立的实验教育学认为，教育实验是建立科学教育学的有效途径。他们主张通过严格的控制性实验找出教育事实背后的普遍规律。自然科学的研究方法得到了强化。特别是经过涂尔干和斯金纳等学者在社会科学研究领域进一步推广和应用自然科学的思想和方法，科学主义研究范式成为检验教育研究是否科学的一条重要准则，广泛流传开来。20世纪

① 埃德加·莫兰.复杂思想：自觉的科学[M].陈一壮，译.北京：北京大学出版社，2001：9.

② 劳伦斯·阿瑟·克雷明.学校的变革[M].单中惠，马晓斌，译.北京：生活·读书·新知三联书店，2013：103.

20年代，教育科学化运动兴起。在美国大学的教育系中，史学的地位已被学校调查研究所取代，教育哲学也开始从中心走向边缘，教育心理学推动的定量测验被广泛运用，调查研究方法日益被视为未来学校管理人员的一项基本技能。[①] 在科学主义研究范式下，数学与物理学因其知识体系的严谨性、清晰性和准确性而成为所有学科知识的样板，一个学科生产的知识离这种样板越远，其学科地位就越低。在人文社会科学领域，经济学与这种样板最为接近，其学科地位最高。“计量经济学家们如此成功地把他们的学科转变成了假扮的物理学，在他们的理论中，人类所有的弱点和激情都被滤去了。他们的理论把具有动物本能的人描绘成了像粒子那样的东西：‘经济人’，像神一样的存在物。这些存在物的理性思维永远是完美无缺的，永远是冷静地追求可以预测的自我利益。就像一个物理学家可以预测一个粒子对任何一组特定的力会做出何种反应那样，经济学家也可以预测经济人会对怎样的特定的经济形势做出何种反应：他（或它）会正好把自己的‘实用功能’发挥到极致”。[②] 而教育学研究虽然在竭力地模仿科学主义的定量研究方法，却无法做到像经济学一样的数量化与价值中立，无法做到对复杂多样的人性做简单化、统一化假设，因此，其学科地位受到较大的冲击。心理学本来与教育学关系密切，但心理学不得不追求建立在科学范式上的正当性，寻求与自然科学的紧密联系，于是在大多数大学，心理学都将其阵地“从社会科学系转移到自然科学系”[③]。

---

① 埃伦·康德利夫·拉格曼. 一门捉摸不定的科学[M]. 北京：教育科学出版社，2006：74.

② 米歇尔·沃尔德罗普. 复杂：诞生于秩序与混沌边缘的科学[M]. 北京：生活·读书·新知三联书店，1997：12.

③ 沃勒斯坦，等. 开放社会科学[M]. 刘锋，译. 北京：生活·读书·新知三联书店，1997：29.

二、科学主义研究范式的主要特征

科学主义研究范式从本体论上说，认为客观存在着一般的现象和规律，且不受主观价值因素影响，对于事实可进行抽离式研究；从认识论来说，强调客观事实存在于认识主体之外，认识就是对客体的直观反映；从方法论上讲，认为研究方法要具有客观性和普遍适用性，并强调通过量化的方法验证假设。这种研究范式也被称为实证主义研究范式，其突出特点是在研究中坚持价值中立原则和因果规律原则，并把这两条原则作为科学研究必须遵行的准则和公理。

教育研究的科学主义范式是指教育研究者在实证主义哲学观的支配下，以自然科学研究为典范，强调经验感知的认识作用，运用精细观察、严格实验、统计分析等方法，对教育现象进行定量分析，以期获得关于教育现象的因果联系及其规律方面的知识。[①]这种范式下的教育研究认为，教育现象是独立于研究者的客观实在，可以分为不同的变量加以量化统计和描述分析，从变量的相互关系中逐渐引出因果法则，从而得出具有普遍性的规律。其主要特征是：

第一，注重探寻普遍的一般性教育规律、模式与法则。科学主义研究范式认为一般性、具有普遍意义的才是最本质的、最重要的，而具体的、个案的都是偶然的、非本质的，也是次要的、可有可无的。局部性、特殊性和偶然性都应该被排除。该范式主张，探索教育世界应该着重于那些带有普遍意义的规律、模式与法则；并认为这些复杂的东西是由简单的事物发展而来或者由简单的事物构成，可以通过一定数量的简单的、具有因果关联的变量来反映，且这些简单的因素并不随时空转移而发生变化。教育

---

① 李长吉．教学论的科学主义研究范式：背景、轨迹、特性[J]．齐齐哈尔大学学报(哲学社会科学版)，1999 (6)：1 － 4.

研究可以通过一定的量化手段探寻这些因素之间的因果联系，并通过对研究结果的技术运用来指导教育实践。

第二，坚持教育研究中的价值中立。科学主义研究范式认为教育事实是客观的、被决定的，它强调教育研究应该反映教育现象的客观事实，要排除先入为主的判断、已有的价值取向或研究者的任何主观因素，只对客观现象加以描述分析，以使研究尽量达到客观。它同时认为，只有通过测量、实验等价值无涉的量化方法才能得出对于教育现象和教育规律正确可靠的认识。

第三，主张研究者与研究对象相对独立。研究者一般都会有主观的先见，这种先见会影响对教育事实的客观描述，研究结果也会带有主观性；所以，该范式主张研究者应该采取一定的措施将自己的先见“括”起来，悬置起来，与研究对象保持相对的独立，以避免在资料搜集、论证分析和解释描述的过程中掺杂自身的主观意图，从而影响了研究的客观性和科学性。

第四，采用相对固定的实证主义方法和程序。该范式强调经验证实，认为所有的概念和理论都必须以可观察的事实为基础，并能为经验所验证。对于教育研究，要先提出关于教育现象的因果关系的假设，再运用精密实验、准确测量和统计分析等方法取得量化实证。一般的具体程序是：经验—理论假设—搜集数据—分析检验—修正理论—形成新理论—指导教育实践。因此，方法和程序占有重要的地位。在这种工具理性的支配下，教育研究的任务在于解释各种教育现象，解释清楚了，教育实践中的问题就能够得到解决。

三、科学主义研究范式的应用

研究范式是服务于研究目的的。不同的研究范式衍生出不同的研究方法，可以解决不同的研究问题。教育作为社会的一个子系统极其复杂，既具有客观性和一定的规律性，又具有情景性和很大的不确定性。所以根据不同的研究目的，应该选用不同的研究范式和研究方法。科学主义研究范式的主要特点是其注重探索客观事实的普遍性规律，所以运用该范式主要是探索教育事实的因果关系，形成操作性技术规则，有效地指导教育实践。但由于教育具有人本属性，而人的社会活动不仅存在客观规律，还受人的思维方法、意识形态、文化习惯等因素的影响，科学主义研究范式容易将丰富复杂的教育实践活动简单化，忽视了人的主观性，难以揭示教育事实背后的价值系统。

科学研究范式在教育研究中的运用大量地表现为调查问卷法。在德育研究中问卷法的使用，主要集中在两个方面。一是对德育实效性的考察；如有研究者通过编制小学生卷、初中生卷、高中生卷、家长卷和教师卷五套调查问卷，旨在了解学生、教师和家长对中小学德育工作的看法与评价以及学生、教师和家长对中小学生品德的看法与评价，以回应学校德育工作"如何做"与"做得如何"两个问题；[①] 二是对学生道德发展状况的考察；如有研究者构建测量中学生思想道德状况的量表，涉及中学生理想信念、文化传承、社会公德、家庭美德等方面，抽样调查包括北京、山西、吉林等在内的10个省（自治区、直辖市）中学生的思想道德发展状况。[②] 其中较有影响的是南京师范大学孙彩平教授所做的对于新时代中国儿童道德发展状况的调研，出版了《中国儿童道德发展报告》系列丛书。另有学者专门研究了品德测评量化的局限：第一，量化不是数字化，不是科学化，不代表着认识的深化。第二，品德测评量化的前提条件尚不充分，我们无法用统一的数字单位表征受教育者的行为表现。第三，品德测评量化的根本局限是动机与行为、本质与想象的不一致。第四，品德测评量化应用有一个限度。[③]

① 杜时忠．学校德育实效的调查研究［J］．教育研究与实验，2007 (2)：12－19.

② 杨雄，魏莉莉，刘程，等．当代中学生思想道德发展的新特征：基于全国十省抽样调查的统计分析［J］．中国青年研究，2020 (8)：103－111.

③ 杜时忠．品德测评量化的贡献与局限［J］．教育理论与实践，1994 (3)：43－45.

当前德育研究乃至整个教育研究出现越来越多以实证化、定量化为主要特征的科学化研究方法的运用。这一趋势带来德育研究方法发生更重视经验和数据的研究范式转变，但整体来看，德育科学研究方法水平不高，并且出现科学化的误区。第一，德育学科研究的科学化倾向。德育简单移植自然学科的思维方式和概念体系，用于研究德育现象和德育活动，使德育学充满了技术理性的色彩。第二，德育研究范式的唯科学主义倾向。用自然科学的研究方法，去研究充满丰富性、情境性、生动性的道德生活和道德现象，结果是德育研究失去了自身丰富的文化内涵和学科特有的背景。第三，德育研究的“方法中心”倾向。强调只有用科学实证的方法才能使德育走向科学化道路，如“德育量化”体系。①

第二节　人文主义研究范式

以实证性的科学主义范式来研究社会现象，抹杀了自然现象与社会现象、自然认识与社会认识、自然规律与社会规律之间的质的区别，在此导引下教育研究也将陷入浅表式事实性呈现的缺漏中，缺乏对于教育中的深层意义和鲜活故事的阐释。至 20 世纪中期，人文主义范式的兴起则恰好呼应了学者的求索，为教育领域的研究开辟出另一条路径。

一、人文主义研究范式界说

沃勒斯坦指出：19 世纪以来，大学知识日益学科化与专业化，被分成三类——自然科学、人文科学以及位于两者之间的社会科学，大学成为文

---

① 孙峰．教育科学研究新视野：当代中国德育价值观的变革［M］．北京：教育科学出版社，2014：92－107.

科（人文科学）和理科（自然科学）之间持续紧张的主要场所。人文科学和自然科学被界定为两种截然不同甚至是完全对立的认识方式。[①]各门学科呈扇形扩散开来，一端首先是数学，其次是实验物理学、化学、生物学；另一端则是人文科学（或文学艺术），其中哲学的地位最高（它作为一种非经验的活动依附于数学），然后是对于形式艺术实践（包括文学、绘画和雕塑、音乐学）的研究，这种研究时常接近于史学，如艺术史。介乎人文科学和自然科学之间的是对于社会现实的研究，其中历史（研究个别事件的）接近于文学艺术，事实上，它经常都是后者的一部分，而社会科学（研究普遍规律的）则接近于自然科学。知识日益僵硬地分化成两个不同的领域，它们在认识论上的侧重点彼此不同，于是研究社会现实的学者往往不知不觉地陷于两者的中间，在这些认识论问题上歧见甚深。[②]人文主义范式以人类的精神和精神产品为研究对象，兴起于德国，有其历史主义和人文主义背景——它拒绝将世界秩序化的实证主义观点，非常强调对社会历史过程中的个别人物和个别时期的认识；反对实证主义将本质上形形色色的现象归结为简单的要素和规律的倾向，而着眼于对综合的概括做要素的分析。[③]如果说涂尔干的方法论开创了实证主义的先河，那么韦伯的方法论则是人文主义方法论的大成。韦伯的人文主义方法论可以归纳为三个基本主张：①社会学研究的目的是理解人的行为而不是对该行为做价值判断；②社会科学的研究与行为者的目的、意义和价值观密切相关；③“理想类型”是社会学分析的最佳手段，通过建立理想类型我们就能够实现特殊性和一般性的统一。[④]

---

① 沃勒斯坦，等．开放社会科学[M]．刘锋，译．北京：生活·读书·新知三联书店，1997：9.

② 同①11.

③ 闻凤兰．论社会科学方法论的内在冲突及其消弭[J]．自然辩证法研究，2009(9)，44－48.

④ 周晓虹．社会科学方法论的若干问题[J]．南京社会科学，2011，284(6)：1－7.

19 世纪中后期，以狄尔泰为首的文化哲学家与自然科学斗争，为人文科学争取独立地位。他指出“我们不能只是靠着把自然科学的研究方法直接移植到我们人文科学的领域，这丝毫不表明我们就成了大科学家的真正门人。我们必须使自己的知识是适用于我们的研究对象的本性，只有以此为基点，才是科学家对待他们研究对象的方式”[1]，“总体的人”是人文科学的关涉之处，主张研究者要以自身内部知觉为基，以达到对他人生命的“理解”，关注对意义、价值的探寻而非客观性事实。斯图尔特从教育视角切入继承并发扬了狄尔泰的思想，指出教育是以人为核心的精神活动，而人不能被作为抽象的存在来认识，也不能用外在纯技术的手段来测量，而是要作为一个具体的鲜活的文化生命通过“理解”来把握，驳斥以“物”的方式来认识“人”、将人的文化存在征象排除在外的实证性研究。同时，胡塞尔现象学提出“本质还原”概念，旨在透过事物在人们意识中呈现出来的表象去把握事物之本质，以“理解”如是意识事物的“主体性根源”。[2]哲学家的思想深化了“理解”“诠释”“体验”等方式在人文科学研究中的核心意义，在其影响下，至 20 世纪中期，将“理解”作为科学致知方法的解释学成为显学，“理解”并不拘泥于对客观知识的阐明，而是要卷入情感、体验和态度，将人的主观价值意识融进对教育问题的研究中，以实现人与文本、自我、人之间的交流、对话和沟通。

20 世纪以来，法兰克福学派从理性维度批判实证主义，他们指出技术侵袭将人们卷入物质化空间，对操作、客观的偏执化强调冲淡了人文关怀，指向控制的“工具理性”压制“价值理性”致使人的精神世界虚空化。法兰克福学派倡导的批判主义范式，对于教育研究也产生了影响。同时，建构主义强调知识生产的建构性，认为知识并非对本质的客观揭示，而是主

---

① 邹进．现代德国文化教育学［M］．太原：山西教育出版社，1992：26.

② 张廷国．胡塞尔现象学的方法论及其意义［J］．武汉大学学报（人文社会科学版），2000（1）：33－38.

体与客体互动的产物，知识必须被始终视为一种社会建构，其有效性依赖于专家之间的默契。对于知识的研究，应该从本质主义走向建构主义，即从“知识是什么”的问题转向“知识是如何发生的”问题。①

总体而言，人文主义研究范式是相对实证主义而产生和确立的，在它的麾下囊括了解释主义范式、批判主义范式和建构主义范式，其共同特点是立足于多元化的世界观和人性论，认为真理不是客观的、唯一的，知识是人类文化和历史的产物。人文主义研究范式主要观点包括：关注人类生活；现实即生活世界；现实存在于意识之中；语言是意义的表达和来源；语言需要解释；理论和实践的分离受到挑战；研究现象极为重要。②在教育领域，则重点探究教育的意义、价值等主观存在，提倡对话、理解、解释等人文体验。③在本体论上，它反对原子式的实证观，反对对人及其生活开展肢解式、孤立化的考察，而是强调建立一种整体的和相互联系的观点。它假定人类的行为是自觉的、有意义的、有价值取向的活动，研究即要突破行为表象，认知社会历史和文化特征进而揭示行为背后的意义，以形成共时性理解。在认识论上，强调主观与客观的不可分性，认为主客体是相互渗透、互为影响的关系，主张在研究中，研究者应带有自身价值立场采用互动、交流方式去认识和理解“他人”的生命世界、精神世界，以实现对客体的解读与建构。在方法论上，强调以“人”为核心，站在对方的角度，在自然情境中体验、感知被研究者生活，让研究对象发出自己的声音，并采用多种方法收集资料，进而对现象加以整体性解构与探究；同时，研究者要时刻保持自省意识，悬置主体的前设性判断，关照自身与被研究

① 安维复．社会建构主义：后现代知识论的“终结”［J］．哲学研究，2005 (9)：60 － 67.

② 孙绵涛．西方范式方法论的反思与重构［J］．华中师范大学学报（人文社会科学版），2003 (6)：110 － 125.

③ 蒋凯．涵养科学精神：教育研究方法论的省思［J］．北京大学学报（哲学社会科学版），2004 (1)：63 － 70.

者之间的关系，并在此基础上对被研究者的意义世界加以解释与建构。

二、我国人文主义范式下的德育研究

德育研究以现实中的德育问题为导向，以“人”为切入点，整体审视德育实践、情境、样态等，以此为德育改进供以可行策略。人文主义范式下的德育研究主要采用的研究方法是哲学思辨法、历史研究法、比较研究法和经验总结法。

（一）哲学思辨法

20 世纪 80 年代后，顺应国人思维方式的思辨研究（又称理论研究、哲学研究）层见迭出，开始被作为一种专门方法加以论述。关于思辨研究概念的理解，学者据自身需求给以不同界定，如有学者将之定义为“研究者在自己已有的知识积累和实践经验的基础上，对现实或历史等问题采用概念、判断和推理等形式进行理性思考而形成思想观念的一种研究方法”①；亦有研究者认为其是“基于理性的命题，在尽可能尊重事实的基础上，经过逻辑推理得出一系列关于人类和自然界本质的观点和主张”②；或是指“一个用猜想和逻辑推理对经验材料进行‘由此及彼、由表及里’的思维加工过程，是对各种概念、判断及其相互关系的思考辨析”③。上述概念虽在表述上稍有不同，但是都涵括了思辨方法中以研究者本人经验为基础、以逻辑思辨为方式、以观念生成为目标的这几个关键要素。

---

① 粟洪武．理性思辨研究方法在教育科学研究中的运用［J］．陕西师范大学学报（哲学社会科学版），2011，40 (2)：165 − 169.

② 张红霞．教育科学研究方法［M］．北京：教育科学出版社，2009：19.

③ 冯向东．高等教育研究中的“思辨”与“实证”方法辨析［J］．北京大学教育评论，2010，8 (1)：172 − 178.

思辨研究的方法路径究竟如何？学界存在两种不同观点，一部分认为运用逻辑思辨进行分析、判断即为研究方式，侧重之处是论证、推理；马凤岐曾据此提出分析判断、公理推理、反思平衡三种论证思路[①]，但指出其并不存在具体研究方法。另一方面，研究者结合现有成果，阐明其操作性方法路径的亦不在少数，如有国外学者将思辨性研究分为“概念分析、扩展性批判、思辨性论文”三种；但此分类受到国内学者批判，后者进而总结出“理论推演与创造、实践概括与评论、理论评价与再建构”三种类型，同时亦存有“理论思辨、历史研究、经验总结”“文献介绍、观点意见、二手数据阐释”等分属类别，分类庞杂繁复，不一一赘述。

德育理论研究者侧重于以哲学思辨的方式来思考德育问题，用演绎的方法开展研究，以某一哲学理论为视角来审视现实，进而建构德育理论，以实现观照、指导实践的目的。进入 20 世纪 80 年代，我国德育工作逐渐从“泛政治化”的阴影中走出，受人文主义思想影响，规范化德育受到批判，“人”成为德育主体，围绕这一核心要义，诸多德育理论应运而生。如主体性德育、生活德育理论、情感德育理论的研究大多采用这种理论研究方法。

（二）历史研究法

雅斯贝尔斯曾说“历史作为已知的、被把握的过去，成为当下的事实内容，而当下唯有在与过去的连续性中才能创造出将来以及人类此时的客观性，”[②]历史研究法是指借助于对历史事件、运动、人物及其背后的社会经济文化等史料的破译、整理和分析，认识研究对象的性质、特点和发展

---

① 马凤岐，谢爱磊．教育知识的基础与教育研究范式分类［J］．教育研究，2020，41 (5)：135 － 148.

② 卡尔·雅斯贝尔斯．什么是教育［M］．童可依，译．北京：生活·读书·新知三联书店，2021：38.

过程，从而找出历史经验和教训以及预测未来的一种研究模式。历史研究法则是重在分析、论证，内含研究者主观思维参与，旨在运用历史资料，按照发展顺序对过去事件进行归纳、推论，以达到探索历史规律，继而阐发与提炼史料价值的目的。

运用该方法需遵循以下原则。一是保证所搜集史料的广泛性；正如历史学家何炳松所述：“我们倘若要做一篇关于历史的文章，必须搜集到极其完备的材料，然后着手，否则宁愿搁笔；因为不是这样，就要有挂一漏万的危险……所以我们研究历史，对于材料的搜集一定要以赅备无遗为目的”。[①] 而史料要以一手文献为根本，因其最为客观、真实，但囿于较难获取的弊端可辅之以二手、三手文献作为补充。二是论证所搜集史料的准确性；研究者需秉持客观、求实态度，不可随意选用资料来使用，而是要使用各种方法进行去伪存真的识别工作，证实或分析材料的真实性与否，要敢于在发现误识时对为大家所公认的“史实”提出疑问。三是史料分析时考量情境性；细言之，资料分析时，不能简单、盲目地从有限的材料中去理解和解释现象，而是要将历史事件置于当时的背景与其他事情的关联中去剖视，以力求对当时的德育发展状况做出符合历史事实的综合判断。

在德育研究领域，历史研究法的使用主要有两种形式：一是对我国德育发展脉络的梳理；二是对传统德育资源的挖掘以及对古代德育史实的考察；前者研究主要集中于德育课程、德育理论与德育研究现状三个主题；后者聚焦于儒家史实或是近现代诸多教育家的德育思想，涌现出一系列研究成果，如《儒家伦理道德一体化的文化线索及其当代德育价值》（崔振成）、《孟子德育哲学的四方架构——古典立德树人思想诠释之新视域》（张震）、《论陶行知德育思想的现代价值》（李庚靖）、《儒家德育的衰落与消亡：从

---

① 何炳松．历史研究法 历史教授法［M］．上海：上海古籍出版社，2012：65.

晚清到“五四”的历史考察》(叶飞)、《权力、知识与制度共生息：我国古代制度化德育的历史考察》(蒋红斌)等。

(三)比较研究法

比较是人们在日常生活和社会实践中常用的一种方法，是人们认识世界的重要手段之一。随着比较研究方法的日趋成熟，德育领域研究者使用该方法的频次也渐次提高，继而笔者在此对该方法加以专门论述。

从历史发展脉络来看，比较研究法最早可追溯至古希腊时期亚里士多德的《雅典政治》，在该书中，作者对158个城邦政治宪法进行了比较。但研究者大多指出比较研究作为一种方法被广为运用是在19世纪以后，大体经历了“旅游者的传说”、纪实研究、分析研究与综合系统比较这四个研究阶段[①]，从侧重以观察者为视角的简单描述到以功利、实用目的为导向的浅表化纪实性研究，再到以理性推断为向导的深层次历史的、功能性分析，最后再至多种方法综合使用，即结合复杂背景进行的全方位、多层次深入研究。总体来看该方法历经阶段性发展演进，现已渐趋成熟。

多位研究者结合该方法在教育领域中的应用对其加以界定，如裴娣娜认为，“教育科学中的比较研究是对某类教育现象在不同时期、不同地点、不同情况下的不同表现进行比较分析，以揭示教育的普遍规律及其特殊表现，从而得出符合客观实际的结论”[②]；袁振国则认为，“比较研究是根据一定的标准，对两个或两个以上有联系的事物进行考察，寻找其异同，探求教育之普遍规律与特殊规律的方法”[③]；王志明指出，“根据一定的标准对不同时期、不同地点、不同情况下所发生的教育现象、教育理论进行考察、

① 刘忠政．论教育比较研究法［J］．海南大学学报(人文社会科学版)，2008 (1)：112－117.

② 裴娣娜．教育研究方法导论［M］．合肥：安徽教育出版社，2000：223.

③ 袁振国．教育研究方法［M］．北京：高等教育出版社，2000：161.

分析、鉴别和整理，从中找出教育的普遍规律和特殊本质，力求得出符合客观实际的结论，并运用于教育实践的一种研究方法”①。从上分析即可看出，比较研究是对不同维度进行比较分析进而总结升华出可指导实践的普遍规律的一种研究方法。

在德育研究中，比较研究法的使用具有多维价值，一是可使人们更好地认识本国德育工作状况；通过跨国比较、跨文化比较、跨学科比较、跨地区比较、跨时间比较等，可找出些许共同问题，亦可筛选分辨出独属于本国、本地的特殊问题，继而帮助其更好地认清本国德育状况，以便有效调整德育工作的走向。如有研究者以时间为比较维度，回顾了 1980 年至今国家颁布的中小学德育课程教学大纲，并以此为背景分析德育课程标准发展、演变的规律、特点，进而展望今后德育课程改革与发展的走向。二是可吸收引进他国先进德育理念与方法，以兹为本国德育实践工作改进提供借鉴；检视德育研究现状可发现，此类研究占据相对多数，诸多研究者围绕美国、日本、新加坡等国同我国进行区域性的德育工作比较分析，如有研究者便围绕课程设立背景、教学大纲、课例三个环路，系统考察德国于 2006 年开设的中学“道德课”，进而提炼出对我国德育课程发展与改革相契合的建议。②

（四）经验总结法

德育理论初始是源自对经验的总结。李秉德认为：“经验总结法，是在不受控制的自然形态下，依据教育实践所提供的事实，分析概括教育现象使之上升到理论高度的一种普遍采用的有效方法。”③ 徐光华如是说：“所

① 王志明 . 教育比较研究法刍议［J］. 科技信息（学术研究）, 2008 (6) : 324 + 326.

② 彭韬, 彭正梅 . 德国学校德育中的道德反思能力培养研究：以柏林“道德课”为例［J］. 全球教育展望, 2021, 50 (2) : 24 − 38.

③ 李秉德 . 教育科学研究方法［M］. 北京：人民教育出版社, 1986.

谓经验总结法，就是对自然状态下的一个完整的教育过程进行分析和总结，揭示教育措施、教育现象和教育效果之间的必然或偶然联系，发现或认识教育过程中存在的客观规律及作用，为以后相同或类似的教育工作提供借鉴的一种方法。”[①] 经验是什么？经验不是材料的堆积，经验也不是现象的简单再现。经验是社会事实。社会事实是不同的现象之间所构建的总体性事实。它不是片段，而是完整的一个事件；不只是现象，而是理论视角加工和反思过的具有前后连贯性的现象。

在德育研究中，经验总结法具有如下功能：一是遵循从实践—认识—再实践—再认识的行动路径，源于经验的德育理论会反馈到德育实践中，对实践活动施以良好的指导和规范作用，从而减少德育过程中的无效行动或错误实践；二是基层教育工作者有意识、有目的、有计划地总结参与德育研究工作，可以促其提升专业能力、反思能力，提高德育工作实效性；三是作为揭示德育规律的重要手段，有着丰富德育理论的科学意义；四是总结德育经验有助于更清晰地理解德育现状，应对转型期多方面的德育变革诉求。

经验总结法的使用要点是突破个人有限经验的局限性、琐碎经验的零散性，走向一定程度的概括性和系统性。一些德育的经典著作，正是由实践工作者运用经验总结法写成的，其中比较著名的有苏联教育家马卡连科的《教育诗》及苏霍姆林斯基的《帕夫雷什学校》《公民的诞生》等著作。经验总结法需要教师等研究者广泛阅读，广泛搜集和积累同研究对象相关的文献资料，主要指背景性资料、过程性资料、结果性资料、历史资料以及相关政策方针、文件指示等；根据主题和经验核心，对积累资料分门别类、排列组合，进行去伪存真、去粗取精的严格审查和分析鉴别；返回书斋，寻找与经验材料相关的理论支撑；以德育理论与其他相关理论为指导，

① 徐光华．试论“经验总结法”在现代教育科研中的应用［J］．湖北民族学院学报（哲学社会科学版），2000 (2)：108－110.

经过筛选、分析等研究过程，在众多事实材料中概括出核心理论，实现从经验到理论的跃升与蜕变，形成更高层次、更有价值的理论观点。

目前，确有诸多学者运用经验总结法开展德育研究工作，如有研究者针对任课教师德育工作边缘化现象,在实践探索基础上提出“教育导师制”，开发出一条有效且可供推广的德育途径；[①] 亦有研究者围绕过于知识化、抽象、狭隘、静止的德育工作现状，在学校中开展社会化德育实践活动，在工作中摸索路径，总结提炼经验并转而进一步指导实践。[②] 但此类研究当前存在理论性较低、视野相对偏狭的缺漏，有待进一步改良与完善。

第三节　走向综合的方法论

20 世纪 40 年代以来，系统科学论获得了长足的发展，主要用系统论、控制论、信息论去研究和解释各种系统发展和演进的规律；20 世纪 60 至 70 年代以来，“新三论”，即耗散结构论、突变论、协同论应运而生，试图对复杂系统尤其是人类的生命系统、社会系统进行解释和预测。非线性复杂科学在此背景下产生并取得诸多实质性进展，以普里戈金为首的布鲁塞尔学派最早提出“探索复杂性”的口号，构建秉持开放性、远离平衡态、非线性与涨落要求的耗散结构论；协同学旨在研究各个学科领域中的合作、协作或协同，观照系统整体性、相关性的内在表现；超循环理论则包括系统的开放与非平衡机理，自复制与自稳定机理以及群体选择评价原理。不同于探求数量间线性决定性因果关系的经典实证科学，

① 黄一民，何斐金．任课教师的德育工作：“教育导师制”的探索与实践［J］．教育科学研究，2008 (12)：47 − 50.

② 程红兵．学校德育社会化实践行动研究［J］．课程・教材・教法，2019，39 (4)：17，42 − 45.

复杂性科学将自然界看作复杂的现象，依靠整体的、非还原的、情理性的、非决定的观念来推展研究。正如伊利亚·普里戈金所说："我们正在目睹一种科学的诞生，这种科学不再局限于理想化和简单化情形，而是反映现实世界的复杂性。"①

一、理论研究的方法论反思

因此，复杂系统理论成为21世纪系统科学中的一个前沿方向，它的主要目的就是要揭示一些复杂系统的难以用现有科学方法解释的动力学行为。

（一）复杂系统理论

与传统的还原论方法不同，复杂系统理论强调用整体论和还原论相结合的方法去分析系统。复杂系统理论突破科学主义中简单性、单向度、线性化的决定论思维模式，代之以复杂性、开放性、多元性、发展性和非线性的观念。复杂系统理论试图结合生命科学、信息科学的最新研究成果，超越传统自然科学仅仅关注自然世界的传统，试图建立连接物理、生命和社会的复杂系统的解释模型，将自然科学和社会科学做一体化的研究。在复杂系统理论看来，神经系统、生命演化、经济现象等都是复杂系统，其中存在相互依存、错综复杂的要素与关系，是一个不断进化和开放的系统。如同人的神经系统一样，每一个复杂系统都是一个由许多平行发生作用的作用者组成的网络，每个作用者都处于与其他作用者相互作用的系统环境之中。复杂系统拥有去中心的控制系统、多层次的组织系统，具有适应环境的自我调适与进化能力和自组织的动力系统，这一系统永远也无法达到

① 伊利亚·普里戈金．确定性的终结：时间、混沌与新自然法则［M］．湛敏，译．上海：上海科技教育出版社，2018：8.

均衡状态，总是处于不断展开，不断转变之中。如果达到稳定状态，就成了一个“死系统”。[①] 因此，复杂性是作为混沌的不确定性、作为算法的不可压缩性、逻辑上的不可理解性和不可划归性而出现的。[②]

对复杂系统的分析对于社会科学方法论来说具有深远的重要意义。处于历史进程中的社会系统明显地也是由多种多样相互作用的单位所构成的，它们以层层套嵌的等级组织与结构的出现和演进以及时空中的复杂行为为特征。而且，除了带有固定的微观互动机制的非直线型动态系统所展现出的那种复杂性以外，处于历史进程中的社会系统还包含着一些凭借自身的经验来进行内在调适和学习的个别要素，这样便在传统物理系统的非直线型动态机制的复杂性之外，又增加了一个新的复杂性层面（这是一个与进化论生物学和生态学共有的复杂性层面）。[③] 换言之，社会现象（包括教育现象）是生理、心理、社会三大系统层层嵌套的复杂性系统。

在这种背景下，法国思想家埃德加 · 莫兰的复杂性思想进入了中国学者的视野，对教育研究产生了较大影响。在莫兰看来，复杂性是种种事件、行为、相互作用、反馈作用、决定性、随机性的交织物，它构成了我们的现象世界，因此它伴随着混乱、错杂、无序、模糊、不确定性等令人不安的特点。因此，无论通过忽略无序性和排除不确定性来整理现象，还是进行纯化、区分、等级化来消除模糊，都不可能避免单方面的、抽象的观念和结论。“在教育系统中，存在着影响目的选择、过程实施、结果实现的多因素、多样态和非线性、不可逆的基本特征，这一切都使得‘复杂性’

---

① 米歇尔·沃尔德罗普. 复杂：诞生于秩序与混沌边缘的科学[M]. 北京：生活·读书·新知三联书店，1997：197－200.

② 埃德加 · 莫兰 . 复杂思想：自觉的科学［M］. 陈一壮，译 . 北京：北京大学出版社，2001：148.

③ 沃勒斯坦，等 . 开放社会科学［M］. 刘锋，译 . 北京：生活 · 读书 · 新知三联书店，1997：67.

成为教育系统中的本然存在特性和基本存在样态。”① 要用复杂系统理论拓展教育学的研究方法。从复杂系统理论出发，过去追本溯源式的本质主义的思维倾向、为复杂多变的教育世界寻找一个唯一的、永恒不变的本质或答案的思维方式是不可取的。实际上，每一个复杂系统都是一个由许多平行发生作用的“作用者”组成的网络，教育和教育研究也是一个开放的系统，教育理论与教育实践也非线性的一一对应关系；必须注重对于教育过程的整体性研究、对于体现出偶发性特征的教育事件的研究和对于因素之间互动关系的研究。② 教育学在具体的研究方法上不仅要重视实证的、实验的和准确分析的方法，还要重视“模糊分析”“价值差异”“个案研究”等方法的运用。③

（二）科学人文主义

复杂系统科学实际上试图打破科学主义与人文主义的对垒，与此同时，科学人文主义研究范式也表现出同样的倾向。一些研究指出，教育学必须借鉴自然科学的研究方法和思维方式，教育命题或假设不能过于模糊、宽泛、松散，既不能证实也不能证伪，但教育学不必自然科学化，否则可能意味着教育学的死亡。坚持科学人文主义的方法论，才是教育研究的必由之路。④ “对各门科学之间、自然科学与社会人文科学之间以及教育内容的各种来源之间的相互依存表现出更清楚的意识，这是现代学校政策最令人感兴趣的特征之一。”⑤ 纯粹的量化分析所带来的是对教育教学现象复杂性的过分化约，破坏了教育教学过程的完整性、意义性和真实性。立足科学

---

① 司晓宏，吴东方．复杂性理论与教育的复杂性研究［J］．教育研究，2007，334 (11)：58－62.

② 文雪，扈中平．复杂性视域里的教育研究［J］．教育研究，2003 (11)：11－15.

③ 同①.

④ 扈中平．教育研究必须坚持科学人文主义的方法论［J］．教育研究，2003 (3)：14－17.

⑤ 扈中平．论科学人文主义教育观［J］．教育研究与实验，1998 (4)：19－23.

主义定量研究与人文主义定性研究二者之间对立互补的辩证关系，探求教育研究方法论的整合之路，是当代教育研究方法论构建的主导方向。必须将两种方法论综合起来运用于不同的研究问题。一些研究者倡导方法论上的多元主义，教育哲学研究适用于教育现象的精神价值层面的研究；教育科学研究适用于教育现象的物质—环境、生理—心理、社会—文化层面的研究；而教育应用研究（教学、课程等）则以对教育过程的纵向解剖结构的分析为依据，体现出类似于艺术的特点。[①] 另一些研究者主张教育研究的多学科基础，既要有面向实践的实证分析，也要有立足于理性逻辑的哲学分析；除此之外，还要有以打通实证研究和哲学分析之间的理论鸿沟为目标的“中层理论”研究。[②] 还有一些研究者强调要加强使用不同方法的研究者之间的对话。在后数字时代，需要将本于兴趣与洞察的“个人无政府状态的美学原则”和有组织的科研“设计原则”结合起来，消融学科壁垒，进行跨学科的创造性合作，生成集体智慧来应对后数字时代的数据偏见和算法制约。[③]

近年来，质性研究方法在教育研究中被越来越广泛地采用。质性研究试图超越二元对立、非此即彼的思维方式，将科学主义范式中注重经验和证据与人文主义研究范式中注重价值和情境脉络两种因素结合起来，坚持以自然主义和诠释主义的风格来开展教育研究，分析教育现象。当前，越来越多的研究采取思辨研究、定量研究、质性研究三种类型混合使用的研究方法，试图将定量研究与定性研究结合起来，强调研究的生态性，体现科学人文主义研究范式的特点。

---

① 潘庆玉．试论教育研究方法论的整合［J］．山东师大学报（人文社会科学版），2001(4)：7－10.

② 陈伟．高等教育多学科研究之评价和超越：关于研究方法论的尝试性反思［J］．高等教育研究，2003(4)：80－84.

③ 佩塔尔·扬德里克，闫斐，肖绍明．后数字时代的教育研究［J］．华南师范大学学报（社会科学版），2020，248(6)：5－17.

二、理论研究的质性方法

20 世纪 90 年代以来，质性研究方法被引入国内，在中国教育研究者群体中获得了越来越多的认可，传统的以哲学思辨为主的人文主义研究范式被突破和创新。质性研究方法试图将人文主义与实证主义结合起来，关注社会情景和意义脉络，强调尽量站在教育实践者的立场来理解实践以及教育者眼中的实践，在此基础上发现互动范式和文化图式。“研究者要能够见微知著，最终发现教育实践中宏观的思想和结构是如何被建立起来的，其背后的假设为何”。[①]一般来说，质性研究方法包括民族志研究、叙事研究、个案研究、扎根理论、现象学研究等具体研究方法。

（一）民族志

民族志是人类学研究所使用的经典方法，最早是由德籍美国人类学家博厄斯运用。但到 20 世纪初，才由马林诺夫斯基开始真正将该方法用于长时期实地调查。在 20 世纪 60 年代后期，美国学者艾迪、奇尔科特、米德、斯宾德勒等人开始把民族志方法运用到以学校为单位的研究中，他们的这种方法被称为“教育民族志”“教育研究的民族志方法”“教育研究的民族志技术”等。我国早期多用该方法研究少数民族的教育现象，后来随着该领域的研究实例和方法论发展独立。民族志的研究方法并不刻意追求普遍性，“理论建设的根本任务不是整理抽象的规律，而是使深描成为可能；不是越过个体进行概括，而是在个案中进行概括”[②]。

田野是指该方法强调走出书斋式的文本工作、长时间深入田野，主张在真实场景中搜集多方面资料，这是民族志研究的基底。民族志研究所使

---

① 于泽元．教育理论本土构建的方法论论纲［J］．教育研究，2010，31 (5)：3 − 10.
② 克利福德·格尔茨．文化的解释［M］．韩莉，译．南京：译林出版社，2014：33.

用的资料搜集方法包含访谈、观察、笔记以及档案等多种方法，其中访谈与观察应用最广。访谈法是指小组会谈或座谈，呈现为访谈者与受访者之间的深度会谈，侧重的是访问者的提问、倾听与追问技术；观察法亦有不同类型,根据观察形式的固定与否分为“自然观察”与“结构观察”。同时，研究者在开展民族志研究时，会根据其意图而采用多种不同分析视角。一是批判视角，秉持此种视角的研究者认为，研究应特别关注弱势群体的事情，要致力于开展社会批判以改变社会的权力结构；二是后现代主义视角，此类研究强调对权力和理性进行解构，侧重对现代主义观点进行批判；三是女性主义视角，研究者重视情感关怀和批判性交流，认为应该对自己的行为进行认真的反省；四是历史分析视角，强调历史的重要性，主张将历史与理论、社会实践结合起来进行考量。[①]

当下，使用民族志方法开展的德育研究相对较少。一些研究关涉对学生道德生活、道德学习的考察。如有研究者便以叙事的表达方式阐述了学生学校生活中的道德教育与学校中的道德生活，以贴近学校与学生生活的道德实践作为切入点，分析在制度化情境下学生的道德生活；[②] 亦有研究者以转型化社会为背景，通过长时间观察、访谈等方法从个体与个体、个体与群体、人与自然、人与文化四大关系层面考查学生的学校道德生活；[③] 但更多研究是以田野观察、访谈为路径检视学校德育状况，研究学生道德发展情况和学校道德教育状况。

（二）个案研究法

个案研究是社会科学中常用的研究方法，从 19 世纪中叶开始被系统使用，到 20 世纪 20 年代，使用该方法在研究社会现象问题方面得到了广

① 陈向明 . 质的研究方法与社会科学研究［M］. 北京 : 教育科学出版社 , 2000 : 52.

② 薛晓阳 . 学校制度情境中的学生道德生活［D］. 上海 : 华东师范大学 , 2006.

③ 廖思伦 . 我国社会转型时期学生学校道德生活研究［D］. 桂林 : 广西师范大学 , 2015.

泛的运用与认可，它早先被用于罪犯学、工业社会学和社区研究中，后又被推广于心理学及精神医学等领域，在教育研究中则主要用于儿童发展与社会学领域，以研究呈现出偏差行为的个别学生。个案研究法在德育研究中也颇为常用。

个案研究通常是以单一的、典型的对象为具体研究对象，通过对其进行直接或间接、深入而具体的考察，来了解对象发展变化的某些特点，并在此基础上设计与实施一些积极的教育措施以促进其发展。[①] 最初，个案研究法大致等同于民族志，使用的资料搜集与分析方法完全是人类学的，如深度访谈、参与观察等，而民族志亦是在选用某一特定对象展开长时间情境考察式研究，如斯科特便是以马来西亚的某一村庄为个案，通过长时间参与和非参与式观察、访谈等方式获取资料，进而分析在时代演进背景下富人与穷人之间的斗争与角逐。但如今，个案研究已经融入实验、调查等量化方法，渐而被看成是一种复合的、多样化的混合式研究，且研究者的目的并不局限于理解特定的个人或事件，而是要借此获得一种具有一定普遍意义的启示，以有助于理解类似的问题，这亦涉及个案研究法的典型性问题，即个案研究的类推性问题。

费孝通就曾在《学术自述与反思》一书中对这一问题进行阐述，他认为以小见大的调查式研究在科学方法上是值得肯定的，但局限性亦存在，确然无法获以整体性认识，他指出通过不同类型的村庄调查，“用比较的方法逐步从具体走向整体”，就可以“逐步接近我想要了解的‘中国社会’的全貌”。[②] 吴康宁也对该问题做出过回应，他指出个案不可能“全息地”以至于毫无重要缺漏地成为真正合格的社会“缩影”，不论透过具有何等丰富性、复杂性的个案，都无法呈现“社会全体的完整图景”，个案的主

---

① 杨晓萍 . 教育科学研究方法［M］. 重庆 : 西南师范大学出版社 , 2012 : 111.

② 费孝通 . 学术自述与反思 : 费孝通学术文集［M］. 北京：生活·读书·新知三联书店，1996 : 9.

要价值在于研究者用来窥探其自身与个案都安放于其中的那个世界的一个窗口。[①]

当前德育研究中，使用该方法开展的研究与民族志差异不大，主要限于对某一个案进行考察以检视其德育现状或德育问题。如有研究者以中学为例，对其学校德育制度进行诊断分析，研究表明学校存在着德育制度的过密化、德育评价的去道德化、德育与教学的融合不够、德育队伍专业化水平不高等问题；[②]亦有研究者以山东某农村小学为例，检视农村留守儿童在家庭教育缺失、社会环境不良诱因影响下思想道德层面出现的各种问题。[③]

（三）扎根理论

20 世纪 60 年代,《扎根理论的发现》一书对扎根理论进行了细致阐述，标志着扎根理论正式诞生的同时，也对当时在社会科学领域居于主导地位的量化研究提出挑战。20 世纪 90 年代以后，陈向明开始系统地将此种研究方法引入国内，因之科学性、严谨性与灵活性渐而被广泛应用于社会学、教育学、心理学等专业研究中。

何为扎根理论？从本质上看，它不是一种实体的“理论”，而是一种研究路径或方式，它是以符号互动论和实用主义作为理论基础，采用不断比较的方法，从针对现象所系统搜集的经验材料中寻找概念类属，并将不同概念类属按照一定逻辑联系起来，进而生成理论的过程。这昭示着扎根理论研究主要是围绕对经验材料加工、提炼展开，包含以下几个步骤：一

① 吴康宁．个案究竟是什么：兼谈个案研究不能承受之重［J］．教育研究，2020，41 (11)：4 － 10.

② 刘争先．中学德育制度存在的问题及其优化：基于对 C 市 T 中学的个案分析［J］．基础教育，2014，11 (6)：103 － 108 + 102.

③ 孟凡蕾．农村留守儿童的思想道德问题及其教育对策：基于山东某农村小学的实证调查与分析［J］．中国教育学刊，2012 (S1)：3 － 4.

是从资料中产生概念，对资料进行逐级登录；二是不断对资料和概念进行比较，系统地询问与概念有关的生成性理论问题；三是发展理论性概念，建立概念和概念之间的联系；四是理论性抽样，系统地对资料进行编码；五是建构理论，力求获得理论概念的密度、变异度和高度的整合性。[①]其中，对资料加以逐级编码是最重要的一环，包括初始编码（开放编码）、聚焦编码与理论编码三个阶段。

初始编码要求研究者保持开放的态度，在紧贴原始数据基础上，根据数据材料建构比较合适的代码，逐词、逐行、逐个事件地进行编码；聚焦编码需要不断在事件与概念、概念与概念之间比较，进而形成相对抽象的类属、范畴，并初步确定它们的层次或等级（如核心类属、支援类属等），属于从经验性描述向分析性概念形成的中间环节；理论编码是对前两个阶段的编码所发现的类属、范畴以及相互之间的关系结构秩序等方面，加以选择和整合，以形成理论化取向的分析模式。[②]最终，通过对概念、范畴之间关系的分析、重组，形成关于研究问题或现象的解释性路径，也即生成理论。

然而，在当前德育研究中扎根理论的使用仍极为有限，从所搜集的文献来看，研究聚焦于德育教师（思想政治教育教师）此一类人群，指向对教师德育胜任力结构内容的剖析与失德行为深入探究两个主题。如王巍、吴其阳以江苏A高校23位思想政治理论课教师为对象，运用扎根理论研究方法，构建高校思想政治理论课教师胜任力结构模型，提炼出政治素养、职业态度、业务能力和个性特质4个主范畴。[③]还有一些研究者利用扎根

① 陈向明．扎根理论的思路和方法［J］．教育研究与实验，1999（4）：58－63＋73.

② 凯西·卡麦兹．建构扎根理论：质性研究实践指南［M］．边国英，译．重庆：重庆大学出版社，2009：59.

③ 王巍，吴其阳．高校思想政治理论课教师胜任力结构模型研究：基于扎根理论视角［J］．教育学术月刊，2019（9）：71－77.

理论研究了家校参与、家校社协同教育等主题。

（四）内容分析法

有些方法集合多种研究方法特征，很难在定量与定性之间做一个分类。比如内容分析法。20 世纪中叶，以列维 – 施特劳斯、福柯为代表的结构主义兴起，学者开始关注语言符号背后的深层意义。思想转向带动方法变革，学界最初是出现采用半定量统计方法对文献内容进行深入分析的研究。1952 年，美国学者贝雷尔森发表《内容分析：传播研究的一种工具》一书，标志着内容分析法正式诞生。随后，奈斯比特运用该方法主持研究美国社会变化的动态和趋势，进而出版《大趋势》一书，使得其更加趋向系统与完善。20 世纪 60 年代，计算机进入内容分析法领域，对该方法发展产生实质性影响，建立起基于质性分析基础之上的定量分析，继而内容分析法演化为兼备量化与质性双重性质的研究方法。

根据使用方式不同，研究者将该方法分为三种类型。一是解读式内容分析法，指通过精读、理解并阐释文本内容来传达作者意图的方法。“解读”不只停留在对事实进行简单解说的层面，而是从整体和更高层次把握文本内容的复杂背景和思想结构，从而总结、提炼并挖掘文本内容的真正意义。二是实验式内容分析，主要指将文本内容划分为特定类目，计算每类内容元素出现频率，描述明显的内容特征。该方法具备客观、系统、定量三个基本要素，用来作为计数单元的文本内容可以是单词、符号、主题、句子、段落，也可以是一个笼统的“项目”或“时空”的概念。三是计算机辅助内容分析，指计算机作为一种辅助工具被运用在研究中，将质性或量化资料进行有机结合的细化分析。[①]

在德育研究中，内容分析法主要有三种形式：一是有关政策文本的分

---

① 邱均平，邹菲．关于内容分析法的研究［J］．中国图书馆学报，2004 (2)：14 – 19.

析；二是有关教材内容的分析。有关德育政策的研究，主要集中于对政策蕴含的价值取向以及演变特点的分析，如有研究者即剖析政策蕴含的价值逻辑，认为改革开放以来我国德育经历了从关注集体共性到关注个体特性、从无私利他到合理利己、从淡漠自然到尊重自然等的转向。[①] 三是对报纸、网络日志、学生日记、书写材料等多种文本进行分析。如一些研究者通过对报纸做内容分析研究了教师形象，还有研究者通过对收集案例与书写材料做内容分析研究了大学生的道德两难问题。[②]

针对教科书的研究相对较多，大体集中在三个方向：一是分析教材本身的内容设计与编排；如有学者对小学德育教材进行文本分析、研究发现，课程类型从知识化的学科课程转为关注情感体验的综合活动课；课程素材选取从“高大全”的英雄事迹转为“儿童自己”的生活事件；教材语言呈现也摒弃了成人化训导，突出儿童的生活语言。[③] 二是透视教材分析德育价值取向的流转；如有学者通过对新中国成立以来七套人教版初中德育教材的文本分析，梳理了德育课程目标与德育课程价值取向的演变。研究发现，70 多年来，德育课程目标先后经历了“有社会主义觉悟的有文化的劳动者”“激进的革命者”“四有新人”“新世纪公民”“德智体美劳全面发展的社会主义事业的建设者和接班人”的演变。三是对德育教材中的主体形象加以分析；有学者通过对六套小学德育教材的分析探究儿童德育境遇的转变。研究发现，儿童的德育境遇面临着伦理困境，深化德育教材改革必须直面这一局限。[④]

---

① 姜子豪 . 改革开放以来我国中小学德育价值观的变迁：基于政策文件的分析［J］. 基础教育，2019，16 (6)：63 − 72.

② 洪芳 .《大公报》与中国近代高校教师形象塑造［J］. 现代大学教育，2010 (4)：76 − 82; 程红艳 . 大学生的两难困境和现实选择：一项基于内容分析法的研究［J］. 现代大学教育，2021，37 (2)：79 − 86.

③ 胡金木 . 变革中的小学德育课程的文本分析［J］. 教育研究与实验，2010 (2)：51 − 56.

④ 孙彩平 . 小学德育教材中儿童德育境遇的转变及其伦理困境［J］. 华中师范大学学报（人文社会科学版），2016，55 (3)：162 − 170.

三、德育理论研究方法论的反思与重构

（一）研究现状之反思

目前现有德育研究仍是以理论思辨为主，思辨类研究已然相当成熟，具有探求事物本质所具有的独特性，挖掘事物内在规律的本体论价值，关注价值规范等应然问题，但此类研究常因其对于实然问题缺乏观照、所呈现观点的晦涩以及所论述方式的主观倾向而被诟病。社会学家米尔斯对只追求建构宏大理论的社会学者尖锐地批评道："他们作为宏大理论家，从来不曾从高远的一般性下降到具体历史背景和结构背景中的问题。如此缺乏对于真切问题的坚实把握，又会加剧他们行文当中显露无遗的那种不切实际。这就造成了一个特点，就是似乎任意武断且没完没了的细分辨析，既不能增进我们的理解，又不能彰显我们的体验。"① 一些学者只是在做概念游戏，沉溺于句法、概念的炒作，无视其与历史和现实之间的关联。

另一方面，德育领域实证研究整体较少，研究水平整体不高，多数研究主要验证人们已有的假设、感受和常识，很难有创新性的发现；少数研究甚至产生了与常识不符的结论，研究的信度和效果受人质疑。一些研究甚至陷入"方法中心主义"的误区，以精致难懂的定量化方法来掩饰观念创新的贫乏，陷入琐碎和烦琐。

因此，要深化理论研究，实现理论创新，必须基于丰富的教育经验、宽广的研究视野、系统的研究理论、科学的研究思维。未来德育研究方法要走出"方法中心主义"，德育的复杂性决定了德育研究的复杂性，因此德育研究方法要走向多元。对于德育理论研究者来说，在研究方法论方面，

---

① 查尔斯·赖特·米尔斯．社会学的想象力［M］．李康，译．北京：北京师范大学出版社，2017：46.

应基于唯物主义辩证论，秉持复杂性科学原理，实现单向线性到整体非线性思维方式的转化，汲取与杂糅科学研究范式与人文研究方法范式的精粹，实现理论与实践的统整、逻辑与历史的统一、思辨与实证的统合。在研究视野方面，应借鉴社会学、道德心理学、哲学、伦理学等多学科视野，运用“新三论”（耗散结构论、突变论、协同论）的系统思维和创新思维，综合分析和审视德育理论、分析德育现象，但是要避免简单移植与机械套用的倾向。在理论研究取向方面，不仅要注重理论的建构，也要注重理论的检验和验证；要避免建立太过泛化、无所不包的宏大理论的企图，而尝试建构社会学家默顿所主张的中层理论，中层理论可以只解释有限的教育现象，并可以融入理论体系之中，成为建构更宏大理论的过渡。

在研究方法方面，要打破理论思辨和实证调查双峰对峙、互不相干的局面，开展定量研究与定性研究相结合的混合研究。理论研究应建立在充分掌握教育经验和尽量量化教育现象的基础上，避免理论研究的空疏与独断；实证研究应建立在充分理解教育实践的基础上，理解教育脉络情境意义，避免走向抽象经验主义和只强调统计数据和数理模型的“方法中心主义”。教育的复杂性导致教育现象成因的多面性不能仅用单一方法来解释，要根据问题和现象选择多种方法，如此才符合教育研究对象多元化的特点。比如教育因果性问题非常复杂，定量方法不能独自解决因果性问题，要在定量调查中加入定性研究才能解决因果复杂性问题。[①] 并且教育是一种兼具主观性和客观性的复杂社会现象：一方面，教育活动是实践主体（包括教师和学生等）不断进行价值选择和实现的过程；另一方面，教育活动又以客观事实的形式展现出来，这是教育实践的一体两面。量化研究和质性研究对于研究者正确认识教育现象和规律不可缺少。对于研究者来说，思辨研究能力和实证研究能力都是重要的研究素养，两者并不互相排斥，而

---

① 尤莉．第三次方法论运动：混合方法研究 60 年演变历程探析［J］．教育学报，2010，6 (3)：31 − 34 + 65.

是互为补充、相辅相成。[①]

定量研究与定性研究的结合，被认为可以建构理解教育的完整图景，有助于激发理论的“想象力”，为理论创新打下基础。因此，20 世纪 80 年代以来，超越行为主义、将定量研究与定性研究结合起来的混合研究方法被倡导，2000 年之后，混合研究方法快速发展，甚至被称为“第三种教育研究范式”“第三次方法论运动”。混合研究方法中“三角互证”思路被认为能够降低单一研究方法带来的偏差，“三角互证”包括数据三角互证法（如在一项研究中采用各种不同的数据来源）、研究者三角互证法（不同研究者对方法的运用）、理论三角互证法（采用多种角度和理论以解释研究结果）、方法论三角互证法（采用多种方法以解决研究问题）。[②]

（二）来自社会科学研究方法论的启示

总体看来，中国教育研究正越来越多地从人文科学范式走向社会科学范式，经济学、社会学、管理学等社会科学研究的方法与理论成果对教育学产生了越来越大的影响。与此同时，教育研究也越来越多地遭遇社会科学所面临的同样困境。社会科学面临的主要困境是：①知识的普遍性是可能的吗？社会科学能够揭示超越时空和历史的普遍性吗？社会科学能够像自然科学一样预测未来吗？②知识的客观性是可能的吗？研究者的研究受到个人经验的激发，一些研究试图揭示出个人体验的独特性，如何确保知识的客观性呢？③价值中立是可能的吗？研究者并不是价值无涉的，他们的研究受价值观的驱动，如何做到价值中立？

普遍性是社会科学追求的知识特性，然而，事实情况是：无论人们怎

---

① 姚计海．教育实证研究方法的范式问题与反思［J］．华东师范大学学报（教育科学版），2017，35（3）：64 － 71.

② 臧雷振．政治社会学中的混合研究方法［J］．国外社会科学，2016，316（4）：138 － 145.

样真诚地追求普遍性，迄今为止在社会科学的历史发展过程中，对于普遍性的期待从来没有真正地实现过。近年来，批评者们一直都在严厉地抨击社会科学在这一追求中的失败和欠缺。有些更为极端的批评者甚至提出，普遍性乃是一个无法实现的目标。① 事实上，社会科学所揭示的“真理”，总是局部的。一方面，人们期待社会科学能够承担事实解释、因果探索和发展预测等功能，而社会科学很难达成这些期望。很大程度上，社会科学只能解释社会事实，不能预测未来，对于因果关系的解释也是不严格的；另一方面，社会科学生产的知识，总是不可避免地被局限于某一时空之中。社会科学就其产生根源来说，与特定的国家关系密切，国家往往是其理论容器。发达国家理论运用于欠发达国家会水土不服。欧洲中心主义、男性中心主义等使得社会科学很难客观地解释世界，其所发现的真理也不能被普遍适用。于是，其要求对社会科学的理论前提进行反思与检讨，揭示其中暗藏的不合理的先验假定。“一个理论，无论它的内容是什么和关系到什么，都应该说明使这个理论本身的产生成为可能的条件，如果它还不能说明这一点，它应该知道问题仍悬置在那里。”② 同时，要求研究人员的多样化。这对于教育研究同样如此，虽然普遍性仍然是教育研究所追求的目标之一，但是必须承认教育研究所揭示的“真理”也不可避免地具有文化性和情境性。认识到这一点，并不会贬损教育研究的价值，而是会对人类认识的局限和偏见保持警惕，“接受一与多、特殊与普遍之间无穷无尽的张力”③。由此，社会科学研究者提出了多元化的普遍主义，“对于一个不确定的、复杂的世界，应当允许多种不同的解释并存，这一点是非常重要的。

① 沃勒斯坦，等．开放社会科学［M］．刘锋，译．北京：生活·读书·新知三联书店，1997：53.

② 埃德加·莫兰．复杂思想：自觉的科学［M］．陈一壮，译．北京：北京大学出版社，2001：146

③ 同①83.

只有通过多元化的普遍主义，才能把握我们现在和过去一直生活于其间的丰富的社会现实”①。

研究的客观性也是社会科学秉持的信条之一。社会科学研究的客观性一般被认为在于研究方法的客观性、可重复性，主张“硬数据”，强调数据的可测量性和可比较性。然而，社会科学学者也认识到，对于社会现实进行照相机式的再现是不可能的。“一切数据都是从现实中挑选出来的，这种选择要以某一时代的世界观或理论模式为基础，要受到特定群体所持立场的过滤。在这个意义上，选择的基础乃是历史地建构起来的，因而总是不可避免地要随着世界的变化而变化，如果我们所说的客观性是指绝对中立的学者再现了一个外在于他们的社会世界的话，那么我们必须指出，这种现象是根本不存在的。”② 对此，社会科学研究者承认客观性的有限性，但同时反对知识的个人化和零散化，强调有意义的客观性程度。有意义的客观性如何建构起来呢？首先，有意义的客观性要建立在历史感之中，“回到历史”。关注当下问题的社会科学必须与关注过去的历史研究结合起来，通过历史的厚重感克服私人经验的有限性甚至是幼稚性。“社会科学”是用“科学”方法观察人类生活空间整体的“关于社会的科学”，历史研究是关注人类社会生活作为时间过程的历史整体，二者结合才能成为统一实体而完整的社会知识体系。③ 其次，强调研究的客观性扎根于研究者之间的主体间性，研究的客观性在于研究者之间的对话和相互承认。再次，社会科学需要打破学科壁垒，走向学科对话。“我们不相信有什么智慧能够被垄断，也不相信有什么知识领域是专门保留给拥有特定学位的研究者

---

① 沃勒斯坦，等．开放社会科学［M］．刘锋，译．北京：生活·读书·新知三联书店，1997：64.

② 同①98.

③ 郭台辉．西方社会科学方法论的历史之维［J］．中国社会科学，2019，284（8）：45－64.

的”[①]。同时，社会学家米尔斯创造性提出，研究者要善用个人经验。“借助社会学的想象力，人们可以期望把握世事进展，理解自身遭遇，并视之为人生与历史在社会中的相互交织的细小节点。”[②]

围绕价值中立问题，社会学家也展开了讨论。“价值无涉”对于研究者个人来说是不可能的，“价值无涉”的学术研究，不仅回避了学者应有的社会担当，更抽离了学术灵感的重要来源。如果一个研究者对其所做的研究并无亲身体验，甚至没有个人兴趣，他又怎么可能指望吸引甚至影响读者呢？[③]但是，社会研究应恪守“价值中立原则”。在马克斯·韦伯看来，“价值中立原则”对研究者提出两条要求：一旦科学家根据自己的价值观念选定了研究课题，他就必须停止使用自己或他人的价值观，而遵循他所发现的资料的引导；既然事实世界和价值世界是两回事，学者就不能从“实然的判断”推导出“应然的判断”。超越自己的本分去处理价值评判问题，就会使科学丧失客观性，丧失最起码的尊严。[④]

综上，社会科学研究提出的多元普遍主义、有意义的客观性等系列主张，对教育理论研究有重要启发意义。教育理论研究不是研究者的独断、偏好，而是要追求具有文化性的普遍性、有意义的客观性，而这些诉求需要尊重研究者的个人体验、回到历史、倡导研究者的主体间性、引入多科学的视野和加强跨学科的对话等方法来实现。

（三）教育理论研究方法面临的关键问题的思考

在德育研究乃至整个教育研究中，最重要的关键问题莫过于处理好理

---

① 沃勒斯坦，等．开放社会科学．[M]．刘锋，译．北京：生活·读书·新知三联书店，1997：106.

② 查尔斯·赖特·米尔斯．社会学的想象力[M]．李康，译．北京：北京师范大学出版社，2017：9.

③ 同②4.

④ 周晓虹．社会科学方法论的若干问题[J]．南京社会科学，2011(6)：1－7.

论与实践的辩证互动和相互催化的关系。理论宏大抽象，经验琐碎繁多，两者之间缺乏互动。社会学家默顿认为这对于理论研究是不利的，经验研究对于理论研究发挥了积极作用，在塑造理论方面至少执行四个功能：创立理论、修正理论、转变理论和澄清理论。[①] 如何处理好两者之间的关系？研究中国问题的著名历史社会学家黄宗智对此问题常年思索，其心得对于教育理论创新来说值得借鉴。他认为：理论是清晰的、抽象的和符合逻辑的，其目标是跨时空和普适的，而实践则常是模糊的、具体的和不符合逻辑的，是在某一特定时空中的特殊行为。两者之间可能是相符的，但也可能是背离和互动的，或充满张力和矛盾的。虽然如此，在人们的认知过程中，抽象概念（理论）和具体经验（实践）明显都是不可或缺的一个方面。研究者需要的不是两者之间的任何单一方面，而是两者之间的如何连接问题，如此才能实现学术研究的初衷——更好地认识真实世界。所以，研究者需要的是超越简单的特殊性而朝向较宽阔的概括，而后再返回到经验检验，如此不断往返的认知过程。正如他多年的研究所揭示的，在扎实的经验研究基础上进行抽象化和概括——既非纯经验堆积也非纯理论空谈，而是两者的结合，有意识地避免从抽象化概括跳跃到理想化、普适化的违反实际的理论。

黄宗智同时提出，中国学术研究不能只套用西方理论体系。如果用西方理论体系来看中国社会问题，则看到的都是理论无法解释的悖论。比如中国传统伦理到底属于道义论，还是美德伦理学，应该说它兼具两者的一些特征，却很难被划入某一类型。因此，中国学者不能“把中国的历史和现实盲目地塞进西方的理论框架”，不能只是给西方理论“做脚注”，而要致力于建构解释中国本土历史和现实社会问题的概念和理论，最好的办法是通过中国的经验实际来与西方理论对照（对话）。例如，中国社会广泛

---

① 罗伯特·K.默顿.社会理论和社会结构[M].唐少杰，齐心，译.南京：译林出版社，2015：225.

存在的“说的是一回事、做的是另一回事，合起来则又是另一回事”，这说明研究者要关注话语与实践的关系，揭示两者之间的互动，解释中国本土的实践逻辑。

长期致力于研究中国农村基层社会问题的“华中乡土派”研究学者贺雪峰对于优秀的社会科学研究者如何深化经验研究提出了建议，他认为研究者要有经验质感。所谓经验质感就是研究者对经验的直觉能力，这种直觉能力使研究者可以从纷繁复杂的社会现象中迅速找到主要矛盾和矛盾的主要方面，找到社会实践中起决定性作用的关键要素和核心变量。要形成经验质感，必须接受两方面的严格训练，一是学术训练，二是经验训练。学术训练主要是阅读经典著作，了解学术前沿；经验训练则是训练研究者联结理论与经验的能力，研究者需要长期浸泡在经验中，走向田野、走向社区，通过饱和经验训练，具有对经验复杂性、整体性的敬畏，形成理解经验的敏感性和将现象还原的能力。可惜的是，当前社会科学训练往往缺乏对经验本身的专门训练，不仅如此，因为缺少厚重的生活生产经验，在当前大学高强度规范专业训练下，一般的社会科学研究者在进入研究之前的生活经验也被格式化了、丧失了，从而形成了缺少想象力、脱离经验与实践的教条主义、本本主义。这样，社会科学研究者就丧失了对时代的感知能力，难以获得对社会实践的深刻性认识。[①]显然，这些观点对于德育理论创新乃至教育理论创新也具有重要的启发意义。教育的实践属性使得教育研究者不能纯粹依靠头脑中的理论思辨，而不得不将研究建立在可以观察的经验的基础上，进行基于经验即教育事实的研究，然而经验研究如何能导向教育理论创新？“华中乡土派”给出的建议便是：阅读经典原著、走向田野进行经验训练、通过研究者的经验质感形成理论与实践的连接。

教育理论研究中，另一个问题便是人的问题。教育活动以培养人为核

---

① 贺雪峰．论经验质感［J］．学海，2021，(1)：87－92.

心任务，对人的理解、体验、人与教育系统的互动等问题的关注依然是教育理论研究的首要任务。时至今日,对于人的研究已经超越了“性善论”“性恶论”等本质主义设想，也超越了“以人为本”“解放全人类”等理想的抽象口号，而必须将人的复杂性、人与历史和社会的交互性牢记于心。法国思想家莫兰反复提醒我们，人性具有高度复杂性，人处于一种生物—心理—社会—文化相互嵌套、并存的“三合一”复杂系统之中。[①]人性的复杂性、多样性、开放性是人类发展和创新之源。

（四）德育理论知识形态的反思

何为理论？当然，从古希腊哲学发展以来，理论在某种意义上便是接近于柏拉图意义上的理念。理论是在超越偶然性、特殊性、可辨性等经验知识的基础上建构起来的普遍性、一般性甚至是永恒性。因此，理论的开始总是从追问某某的本质是什么而发端的。德育学科重建之初，各种通行的德育原理教科书中重要的一章便是对德育本质进行辨析。而在今天，对于德育本质包括其他概念本质上到底是什么的辨析变得比较少见了，这倒并不是因为人们在理论上认识的困惑已经解除了，被澄清了，而是因为人们对理论能够揭示事物的本质这一论断越来越不确信了。人们逐渐认识到，对于一个事物的本质到底是什么很难进行预设，本质往往是在人与事物之间的互动的关系中不断地交互生成和建构起来的。因此，预先设定某个事物的本质，不仅从实践的角度来看于事无补，从认识论的角度来看，也是不合理的。正如美国新实用主义哲学家理查德·罗蒂所指出的，近代哲学错误地认为人类的心灵是一面忠实反映实在的镜子，人类的认识可以超越历史环境，找到一种不会随着社会实践、语言游戏和世界图景等变化的牢固的知识基础，而这只是一种基础主义和本质主义的徒劳。与之不同，20

---

① 埃德加·莫兰.迷失的范式[M].陈一壮,译.北京:北京师范大学出版社,1999:151.

世纪诞生了维特根斯坦、海德格尔和杜威等历史主义者，这些人认为他们的哲学不是在寻找和奠定基础，而是在于启发或治疗他们的时代。[①]罗蒂认为知识或理论是被制造出来的，而不是被发现的。知识具有偶然性：

我们有必要把“世界外在地存在于那里”的主张，与“真理外在地存在于那里”的主张区别开来。就常识而言，说世界外在地存在于那里，即不是说世界是由我们创造的，而是说时空中存在的大多数事情不是人类心智状态所导致的结果。而说真理外在地存在于那里，只是说在有句子的地方就有真理，句子是人类语言的要素，人类语言是由人类创造的。[②]

今天的理论工作者虽然不认可罗蒂所提出的“知识的偶然性”，但他们对于“理论是揭示本质”“理论是寻求规律”也越来越不确信了。社会建构主义对他们认识理论产生了更大的影响。事实总是相对的，是通过语言建构的，是由科学共同体的态度和信念、理论框架、意识形态组成的范式决定了界定事实的规则和标准；没有超越历史和文化的普遍性知识，我们理解事物的方式，认识自身所使用的概念和范畴，描述自我体验时所使用的术语与语言，都是文化的、历史的。[③]教育科学化的任务只有更多地交给认知科学、脑神经科学等心理学和生理学学科，而教育理论工作者也不再执着地认为教育理论是对于教育规律的必然性与确定性寻求，而更多地认为理论是对于超越私人体验的意义、情境、脉络和实践的解释；也不再认为理论是对于永恒本质的把握，而更强调理论是一种思想，是用来解决问题的脚手架，这一脚手架可以根据环境的变化而被拆卸和重组；也不再认为理论是对于实践的引领，而认为理论也可能产生于实践以及实践者与理论者的对话。（表 3–2）

---

① 理查德·罗蒂．偶然、反讽与团结［M］．徐文瑞，译．北京：商务印书馆，2003：3.

② 同①13.

③ 袁振国．教育规律与教育规律研究［J］．华东师范大学学报（教育科学版），2020，38 (9)：1 − 15.

表 3-2　教育理论者对于理论的解读

理论特性	传统观点	当前观点
研究对象	客观存在的教育事实	被文化和语言塑造的事实
理论目标	发现普遍规律 寻求必然性与普遍性	规律具有文化性和价值性 揭示可能性与意义情境
理论外延	宏大理论 终极理论	中间理论 有边界的理论
理论功能	发现因果关系 指导、引领现实与实践 预测现实	临时搭建的脚手架 解释现实
理论生产方式	与实践保持距离 象牙塔中的沉思 书斋耕耘	走向田野 实践者通过行动研究也能生产理论 开展理论者与实践者的合作与对话

受托马斯·库恩影响，学者亚历山大提出了一种“后实证主义”的理论观，认为科学研究是沿着一个连续体在运行，这个连续体的一端是经验性的环境，另一端是形而上学的、非物质性的环境。（图 3-1）

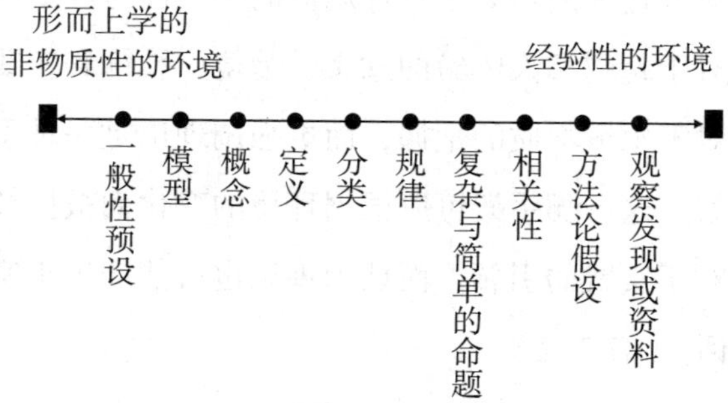

图 3-1　科学研究连续体及其构成部分

资料来源：W．理查德·斯科特．制度与组织：思想观念与物质利益（第 3 版）[M]．姚伟，王黎芳，译．北京：中国人民大学出版社，2010:72.

在形而上学的、非物质性的环境一端，存在着与“理论性的”活动相关的，最为抽象的一般性预设和模型；在另一端，经验性的环境可以发现很多观察发现或资料、相关性检验和命题。这个连续体显然包括从较抽象和一般的陈述，到更具体和特殊的陈述。该框架强调的是，尽管经验性的与形而上学的、非物质性的要素之间的结合会出现不同的情形，但连续体上的每一点，都存在着形而上学和经验要素的结合。这种后实证主义的科学概念，强调社会科学与自然科学之间存在根本上的相似性，即认为二者都是人类提出来检验经验世界的行为的一般性陈述。

从这种角度来看德育理论的研究，则德育理论也是一个连续体，既包括形而上学的一般性预设，也包括从德育实践中提炼与概括的一般性经验，两者之间相互渗透，很难截然分割。结合后实证主义和建构主义观点，德育理论是指超越私人性经验、具有一定程度的普遍性、概括性和情境推广性的德育研究的命题。这些理论都不以直接描摹教育现场、事件或故事为主，而重在阐发对于教育现实的解释、反思和批判。数据、变量、图表和假设都不是理论，理论是关于原因问题的答案，是现象间的联系，是关于行为、实践、结构和思想为何产生的阐释。理论强调因果关系和现象之间的联系，具有用肉眼（没有理论辅助）看不到的意义。具体而言，结合德育学术界的研究现状，本书指涉的德育理论主要以下列四类理论为主。

其一，规范性理论，即揭示“应该是什么”“应该怎么做”的理论。这类理论并不偏重于事实描述，而是更倾向于探究价值，具有理想化属性。比如回答“理想的德育应该是怎样的”“以人为本的德育应该怎么做？”这类理论虽然不可避免带有研究者的个人喜好的烙印，但仍具有“启发和治疗”效应。

其二，解释性理论，即揭示“是什么”“有什么意义”“为什么会这样”的理论。这类理论阐述了学术共同体及其成员对于教育问题的一种或多种理解。这些理解虽多是一种远距离的置身事外的“旁观者”理解，但也是一种更能将教育问题放入更为宏大的教育系统、社会结构、国际情境中的具有整全意义的理解方式。

其三，批判性理论或反思性理论，即揭示教育现实“有什么问题”的理论。这类理论常常着力于对教育现状进行批判，于建构不甚用力，其价值在于通过入木三分的批判来唤醒人们对于问题的警醒意识。比如对于功利主义化德育和知性主义化德育的批判。

其四，建构性理论，即提出“可能是什么”的假设性理论。对于教育现象提出一种可能的理论解释和假设，对于教育问题提出一种可能的解决途径,比如“德育过程的规律是怎样的”“什么样的人是道德上受过教育的”等。这类理论虽然是一种建立在概率性上的未经实证手段验证的假设，但依然有其经验基础，并为理解和解决教育现象提供了一种向未知现实开放的可能性。

第四章 德育理论价值基础研究

马克斯·韦伯认为，人是悬于他自己所编织的意义之网的动物；而所谓文化就是人所编织的意义之网，其中最重要的便是对于价值的解读，文化可以被理解为一种价值或价值观的地图、滤网或矩阵。[①] 这种意义之网是一种控制机制，作为人类我们能从供养一千种生活方式的自然条件开始，而最终只选择了一种生活方式。“我们的中枢神经系统——最重要的是大脑皮层——部分是在与文化的交互作用中成长起来的，因此没有有意义的符号体系所提供的指导，它就不能指引我们的行为或组织我们的经验。”[②] 道德教育及道德教育研究即嵌套于这种意义之网中，受到文化中以价值观为核心的精神气质和世界观的影响。

道德教育研究必须从文化价值的视角进行审视。中国现代化过程中的文化价值变迁，经历了百年有余的探索、转型甚至是重创。19 世纪中期以来，古老的中国被世界现代化的浪潮裹挟其中，在坚船利炮的威逼和西方列强的宰制下，也不得不踏上现代化这条单轨旅程，社会面临百年转型，农业文明和传统社会逐渐解体。现代化的过程主导了中国社会发展的主要历程和发展方向，社会生活、社会关系及道德观念在现代化的过程中被重

---

① 克利福德·格尔茨.文化的解释［M］.韩莉，译.南京：译林出版社，2014，5.

② 同①62.

构。贯穿于中国社会现代化之中的是传统道德与伦理观的剧变，以“家国天下”和“成圣成贤”的道德理想为主要追求的儒家伦理面临着撕裂式转换。时至今日，经过百年探索，传统道德沿着理性化、世俗化的路径，在天人关系、人我之辨、公私关系、义利关系等方面进行了几近颠覆性的重组，逐渐形成了与市场经济相适应的伦理观。中国文化价值在纷杂多元的时代浪潮下前进，每一次社会转型都为道德价值观重塑注入新鲜血液。实际上，中国德育理论的价值形成有三个源头：传统价值观、现代价值观和中国特色社会主义核心价值观，每一种文化价值观无不影响了中国德育理论研究的研究旨趣和发展方向。

第一节　传统价值观

中国传统文化博大精深、包罗万象，并凝结成一套以儒家思想为核心的传统价值体系。从历史范畴上来说，中国传统价值观是指“从远古一直到鸦片战争前中华民族和中国文化所崇尚并逐渐建构起来的价值观，与家国一体的社会结构和以农立国的经济结构相适应”①。传统文化所形成的传统价值观“是一个以和谐为目标、以道德为中心的完整体系”②。学界对于中国德育理论的研究离不开传统价值观的理论资源。但是，传统价值观也并非完全适用于现代德育理论的发展。传统德育作为一个整体，对现代社会、现代德育并不合适，应坚持“整体批判，具体继承”的立场③。传统价值观作为涵养社会主义核心价值观的重要养料，必须对其进行批判性继承。

---

① 王泽应．核心价值与民族魂魄：从中国传统价值观到中国特色社会主义核心价值观［J］．湖南师范大学社会科学学报，2015，44（6）：9－16.

② 朱瑞．试论中国传统价值观的现代转换［J］．青海社会科学，2004（6）：60－63.

③ 杜时忠．德育十讲：制度何以育德［M］．武汉：华中师范大学出版社，2019：178.

一、传统价值观的总体特征研究

整体而言，中国传统文化价值观表现出伦理本位特征和群体本位特征。从现代社会视角来看，儒家价值观“既有只适应封建生产方式的落后消极的一面，也有反映人类社会道德精华的因素”[①]，其中所充斥的精华与糟粕并非完全适用于现代社会德育理论的发展。因此，传统价值观的批判继承与现代转换成为学界研究的核心议题。

（一）中国传统文化的伦理本位特征

中国传统文化价值观表现出一种伦理本位传统，即以“德主刑辅”的庞大的伦理体系为基础，道德在国家和社会中占主导地位，国家治理、社会管理都形成了以道德为核心的社会管理习惯和思想、行为定势。[②]梁漱溟认为：“西洋近代社会是个人本位的社会——英美显其例；而以西洋最近趋向为社会本位的社会——苏联显其例。那么我们应当说中国是一‘伦理本位的社会’。”[③]传统文化的伦理本位是贯穿整个社会形态之中的，充斥国家、社会以及个人生活的诸多方面。伦理本位具有以下含义：

其一，以宗族社会为背景。中国传统社会是先宗族后家庭。宗族秩序在传统伦理文化中发挥了重要作用。在漫长的历史进程中，宗族制度渗透于中国基层社会政治、经济、文化的方方面面。[④]随着社会不断进步，中国才逐渐退出宗族社会，并走向以家庭伦理为核心的传统文化。

---

① 彭俊桦．儒家传统价值观的当代价值及其传承体系探析［J］．社会科学家，2014 (4)：21 － 24.

② 蒋德海．公德建设要超越伦理本位传统［J］．伦理学研究，2008 (1)：51 － 56.

③ 梁漱溟．中国文化要义［M］．上海：上海人民出版社，2018：78.

④ 吴祖鲲，王慧姝．文化视域下宗族社会功能的反思［J］．中国人民大学学报，2014，28 (3)：132 － 139.

其二，以家庭伦理为核心。“家庭伦理”——其核心是伦理亲情作为维系社会生活的基本规范，儒家伦理正是建立在这种以血缘关系为基础的宗法制度的基础上，其特色是家庭（族）伦理，并以此为中心，推己及人，推及国家与社会。[①] 因此可以说，传统儒家的伦理构成是在“熟人社会”下所展开的。

其三，在社会关系中看待个人。中国伦理本位强调以“己”为中心生发出去的社会关系网络，这是不是一种自我主义？对此，学界存在两种观点：一种观点认为，在差序格局中，社会关系是私人联系的增加，社会范围是一根根私人联系所构成的网络，因此，传统社会里所有的社会道德也只在私人联系中发生意义。[②] 著名人类学家费孝通认为，在中国传统社会这种富于伸缩性的网络里，随时随地是有一个“己”作为中心的，各个网络中心的“己”都不一样；这种以“己”为中心形成的社会联系，就像石子投入水中产生的波纹，愈推愈远，也愈推愈薄。[③] 这并不是个人主义，而是自我主义。即一切价值以“己”作为中心的主义。[④] 而另一种观点认为，传统中国没有个人观念，一个中国人似不为其自己而存在。[⑤] 中国伦理是一种看重社会关系的人性本质理论，认为人的本质就是所有社会关系和社会角色的总和，而不存在于独立的个体或个性之中的。独立的人是有“身”无“心”的，个人是只被当作一个身体来看待的，而“心”则是社会化的，只能存在于社会群体和人际关系之中。这种身心二分，导致中国人的个体概念是身体化的，“人不是一个精神主体、权利主体，个体也不是一个内

---

① 袁祖社．中国传统社会的“伦理本位”特质与民众“公共精神”的缺失：立足于现代普遍主义的公共性社会信念的反思［J］．陕西师范大学学报（哲学社会科学版），2007，36（5）：31－42.

② 同①.

③ 费孝通．乡土中国［M］．北京：北京大学出版社，1998：34－36.

④ 同③36.

⑤ 梁漱溟．中国文化要义［M］．上海：上海人民出版社，2018：89.

在的动态的开展过程，而只能是外部人伦关系的堆砌”[①]。后一种“无己”的观点占据主流。

（二）中国传统文化的群体本位特征

中国传统文化的另一体现就是群体本位思想，或称之为“整体主义”思想。从当前研究成果来看，关于群体本位思想研究主要包括以下几个方面。

首先，群体本位思想的起源研究。研究者认为：“中国小农经济所孕育出来的社会结构是一种以家庭和宗族为基本单元的宗法制度，这样的制度决定了个人对家庭和宗族所产生的具有必然性的依赖关系。因而，个人的社会生活起点应该是家庭和宗族，而不是‘个人’或‘自我’。”[②]换言之，个人需求是嵌入在家庭和宗族之内的，此种意义上，并不能说是个人本位，而应该是群体本位特征。正如冯友兰所描述的，“一个人的家是一个人的一切，因为他有了家他才有了一切；他若无家，他即无一切”[③]。

其次，群体本位思想的内涵研究。儒家群体本位以社会群体作为价值主体，重视“家国天下”的群体利益，形成了一种群体本位的价值系统，具体包括：浓厚家族观念的群体意蕴、家国同构思想的群体指向以及天下情怀的群体旨归。[④]还有研究者认为，中华民族的许多优良传统和文化精华，像爱国主义的传统，集体主义的传统，注重人际关系和谐的传统，浓厚的亲情意识，“公而忘私”的意识，家、国一体的观念，重义利之辨、毋苟取的精神，君子讲求“慎独”“不欺心于暗室”、自省自惕自我修养的美德等，

---

① 肖群忠．中国道德智慧十五讲［M］．北京：北京大学出版社，2008：33.

② 王洪波．儒家文化主导下群体本位思想之演绎逻辑：从文化之“围”到制度之“礼”［J］．河北大学学报（哲学社会科学版），2016，41（6）：128－132.

③ 冯友兰．新事论［M］．北京：生活·读书·新知三联书店，2007：49.

④ 靳浩辉．孔子的群体本位与耶稣的个体本位之比较：中西视阈下的“群己”之幽思［J］．广西社会科学，2016（11）：191－195.

都与“群体本位”文化的作用息息相关。①

中国传统文化的群体本位特征，有其自身的合理性，但也具有一定的弊端，包括：“其一，群体本位文化传统过于强调群体在与个体和社会关系中的地位；其二，以君臣、父子关系为核心，以剥夺个体独立性为前提；其三，造就了社会更多的负面效应。”② 由此看来，对于中国传统文化的群体本位特征，我们应该持一种批判继承的态度辩证看待。应该注意的是，这种群体主义类似于“部落主义”，而不是社会本位或社会主义。因为社会本位或社会主义是建立在机器大生产带来的人与人之间普遍的相互依赖、合作共存的有机关系，而群体本位则被局限于特定的部落、地域或宗族，个人对于家庭或宗族产生强依赖关系，其弊病在于容易被狭隘的群体利己主义所束缚，跨群体的社会成员之间难以产生普遍的信任感，难以坚守普遍的道德原则。

二、传统伦理研究的核心命题

中国传统伦理研究涉及范围较为广泛。学界对于中国传统伦理的概括主要围绕“天人合一”的本体论命题、“性善性恶”的人性论命题、“义利之辩”的社会关系命题以及“知行合一”的道德修养命题的探讨。

（一）“天人合一”的本体论命题

“天人合一”思想是中国传统伦理研究的本体论命题，是对天人关系问题做出解释的重要回答。“天人合一”思想在中国哲学思想史中长期占据主导地位。从历史发展上来看，“天人合一”观念早在社会生产力极其低下的时候就有所流传，先秦时期的儒家、道家的思想阐述较为丰富。钱

---

① 王和．群体本位的中国人［J］．中华文化论坛，2000（2）：4.

② 陈德峰．群体本位文化传统的现代价值评估［J］．江汉论坛，2002（6）：15－18.

穆晚年概括道:“中国文化过去最大的贡献,在于对‘天’‘人’关系的研究。”①然而,学界对于天人关系的探讨却呈现出不同的内涵。

首先,对于“天”“人”关系的认知不同。天人关系表现为一种自然与人的关系的研究,这是一种较为普遍的认知方式。例如,季羡林的观点最为直接:“我认为‘天’就是大自然,‘人’就是我们人类。天人关系是人与自然的关系。”②道家也认为,老子和庄子的“天人合一”思想强调的是人与自然的和谐统一,即主体和客体的紧密联系,重点谈论了代表万物自然本性的“天”,由此得出了“天人合一”的结论。③

张汝伦则对此进行批判,指出近代以来,受西方现代性思想的影响,人们逐渐按照西方近代实在论思想来重新理解“天”与“人”的关系,即把“天”理解为“物质自然界”,把人理解为“思维主体”或“主体性”,导致对天人关系的理解基本背离了中国哲学特有的传统。④事实上中国传统的“天人”关系中,“天”从来不是纯粹的自然对象——尽管在传统“天学”中存在自然的天,不过“天”更多地被表述为与人类社会秩序有关的自然或者被称为人格化、神格化了的自然,是社会伦理体系的制高点,是价值与道德的终极裁判;人也不是独立的自然的人,而是被框定在礼制秩序中的社会人的存在。在这种“天与人”的关系中,因为“天”和“人”均被社会化,所以“天人合一”实际上是“人化了的自然与社会等级化的人”的“合一”。⑤

其次,关于“天人合一”的历史内涵研究。早期的“天人合一”表现为人对自然界的绝对服从。作为君主,权力也是上天赋予的,也即“君权

---

① 钱穆.中国文化对人类未来可有的贡献[J].中国文化,1991(1):93－96.

② 季羡林.季羡林文集:第14卷[M].南昌:江西教育出版社,1996:287.

③ 李汶泽,延玥.“天人合一”思想及其当代价值[J].青岛农业大学学报(社会科学版),2021,33(3):67－71.

④ 张汝伦.绝地天通与天人合一[J].河北学刊,2019,39(6):52－58.

⑤ 王保国.儒道“天人合一”观的再读与反思[J].中州学刊,2019(1):112－117.

神授”。随着社会生产力的不断发展，人的力量逐渐从自然中或者说上天中分离出来，并提出了“以德配天”观念，将人的地位提升为天的代理人，“为建立理想的人际关系做论证，顺应天德并确立一种具有普遍性的人间伦理”[①]。孟子用“天人相通”来解释“天人合一”,指出天具有道德的意义，人是禀受天之性德而成其为自己的德性的，因而人的心性与天之道德是相通的。孟子用心性来解释“天”，以“四端”扩充为人的善性，以“四德”化为“义理之天”或“道德之天”。所谓天的根本德性,即含于人之心性之中。宇宙之德性，乃是人伦道德之根源；人伦之道德，乃是宇宙德性的流行发用。[②]也有研究者认为“天”的形象具有自然性、道德性与博爱性三个层次，从“天”的三重属性出发，以“天人同道”“天人同德”“天人同构”三重维度解析了汉代以来的“天人合一”思潮的兴起与架构，从中提炼出中国哲学“天人合一”思想的当代价值。[③]

从诸多研究结果来看，无论是对于传统伦理中天人关系的研究，还是对“天人合一”的解读，都呈现出较大的分歧。既有“人类中心论”，也有现代学者的“内在超越论”，无论基于何种解释都未能穷尽“天人合一”的本真思想。关于“天人合一”观点的争鸣留给后来者很多研究空间。

（二）“性善性恶”的人性论命题

关于人性论的看法是传统伦理道德教育思想的重要奠基，也是君子成人的核心议题。从中国伦理思想史来看，性善论肇始于孔子，其主要观点“性相近”和“仁爱”为儒家框画出了“人性相同”“人性取善”的总体人

---

① 徐春．儒家“天人合一”自然伦理的现代转化［J］．中国人民大学学报，2014，28(1)：41－47.

② 葛荣晋．中国哲学范畴通论［M］．北京：首都师范大学出版社，2001：639.

③ 刘震．重思天人合一思想及其生态价值［J］．哲学研究，2018(6)：43－52＋128.

性定向。[①]但通过《论语》内容进行分析，孔子并没有明确主张性善论。所以，这一过程则是由孟子率先提出的，并进一步将性善论发扬光大。孟子主张“性善论”来源于“四端之心”，即恻隐之心、羞恶之心、恭敬之心、是非之心，分别对应于仁、义、礼、智“四德”。至此，孟子思想成为儒家性善论的奠基性人物。

与孔孟相对的便是荀子的“性恶论”。但关于荀子的人性论观点颇有争议。一种观点认为，荀子是性恶论者，主要依据来源于《性恶》，其有言：“人之性恶，其善者伪也。”有研究者对此做出解释，认为性恶论是《荀子》的题中之义，不过强调礼义、法度可以用来矫饰、修正性情，使其符合治道，教化成为改造人性、致善成人的重要手段。[②]有研究者表达相反观点，认为荀子针对孟子的性善论而言“性恶”，其实质是强调人性中本无“现成的善”，而非言人性中具有“实质的恶”[③]，从而为儒家性善论进行辩护。第三种观点认为，荀子是弱性善说或者性朴说，如周炽成认为，“《荀子·性恶》让荀子背了两千多年的‘性恶论者’的黑锅，他事实上是一位性朴论者”[④]。林桂榛在《荀子性朴论的理论结构及思想价值》持有相同观点。所以，学界关于荀子人性论观点的争鸣并未停息，不过是在发展过程中形成了更为广阔的视野和观点。

之后，董仲舒、王充、韩愈等先后发展了教化意义上的人性等级“三品说”。董仲舒在继承孟、荀人性论的基础上，融合阴阳思想，将人之情性纳入天人哲学体系之中，提出了“性善情恶”的命题和初具雏形的“性三品”说：“性者质也”“善质非善”和“中民之性”。其一，董仲舒的人

---

① 金辛迪．人性论研究的新视域与新路径［J］．伦理学研究，2019（1）：122－127.

② 沈顺福．善性与荀子人性论［J］．求索，2021（4）：100－107.

③ 李景林．人性的结构与目的论善性：荀子人性论再论［J］．北京师范大学学报（社会科学版），2019（5）：118－127.

④ 周炽成．荀子乃性朴论者，非性恶论者［J］．邯郸学院学报，2012，22（4）：24－31.

性论中既然包含着向善、向恶两种可能，董仲舒认为性情都是人性天生的质，性包含着向善发展的潜能，情包含着向恶发展的潜能，即“情恶性善”。其二，人性中虽然拥有善质善端，但是不通过后天的教化就不能抑制恶质进一步发展，更不能使善端转化为善。其三，董仲舒把人划分为圣人、斗筲之人和中民三类。董仲舒的性（广义的性）也可以称之为中民之性，并将其作为其人性学说的立论基础和评议重心。①

王充则认为孟子、荀子和杨子的人性论皆有所得，亦有所失，认为他们对于人性的真理都没有达到全面而透彻的理解。王充主张人有善有恶，并认识到了人性的善恶和人在修养、操守活动上的善恶是两个根本不同的概念，不能混淆起来。具体而言：其一，对于性善的人，其所行“固自善矣”。其二，由于中人以下其性具有恶的因素的一面，这种恶在中人那里除了用善的道德自力去加以限制之外，还可以通过“教”加以变化的。其三，对于性恶者的人性修养和变异问题，王充看到了教化与操守的关系，教化是将善的观念向内化，一方面化易恶性，另一方面化成善的体气，但都是外力作用的结果；操守则是在已化成之善的体气上，凭借着主体自发的力量来护持此道德化的体气，此体气的来源仍然是外力作用的结果，但是其护持乃至扩充、生发，则是由主体自身的意志与力量导致的。②

韩愈认为人性有三品：“上焉者善焉而已矣，中焉者可导而上下也，下焉者恶焉而已矣。”这一思想继承了董仲舒的思想，但略有不同。他认为上、中、下三种人都是可以被教育的，“上之性就学而愈明”“中焉者可导而上下”“下之性畏威而寡罪”，即“上者可教，而下者可制也”。即上者可以被教育，而下者可以用规章制度进行约束。

---

① 张文英．董仲舒的“性三品说”与君主的教化责任［J］．理论月刊，2009（4）：66－68.

② 丁四新．世硕与王充的人性论思想研究：兼论《孟子・告子上》公都子所述告子及两“或曰”的人性论问题［J］．文史哲，2006（5）：43－54.

除此之外，张载人性论主张“天地之性”和“气质之性”。“二程”将“天理”作为人性的先天根据，“性”获得本体论的超越，故而人之性不仅仅局限在伦理上善恶的规定。[①]

朱熹的人性论是继北宋、“二程”而来，其主要思想可以概括为“性即理”和“心统性情”。“性即理”即将人性与天道联结起来，从宇宙本体论推演出人性论，肯定人的道德本性源于宇宙本体，最终确立了人性的超越性依据。在宇宙论上，朱熹确立了以形而上之理为本体的理气一元论；在心性理论上，他以“性即理”的概念阐述人性与宇宙本原的关系，强调人之道德本性与宇宙普遍法则是完全一致的。“心统性情”即把人的潜在德性和丰富情感均纳入心的统御之下，凸显了人的道德主体性的存在。“心统性情”包含两层含义：其一是指心兼性情。心是思维意识活动之总体范畴，其内在的道德本质为“性”，而其具体的情感思虑则是“情”。其二，心主宰性情。心不仅包括道德理性和道德情感，而且在其中居于主宰地位。人的道德意识活动中，主体之心并不是消极被动适应活动，而是主动自觉地以纯粹至善的天理主宰性情。[②]

与朱熹不同，王阳明在对人性的论述上则认为“心即理”，也即万善之源。“心即理”是一种动态而向善的心理活动，是众善的源头。[③]所以，自孟子以降，到王阳明心学，儒家传统都对人性善有着充分的肯定。人人皆可成尧舜，并且可以通过致良知成为圣人。故而，王阳明对于人性论的看法可以概括为“天赋良知”的核心命题。王阳明在批判吸收既往的人性思想的前提下，构建了一套以气为基础、以良知为核心、以至善为目标的天道性命相贯通的人性思想。王阳明的人性思想试图消除宋儒二

① 马萍萍. 理气架构下的二程人性论：兼谈其对性善论的继承与发展［J］. 人文天下，2020（Z1）：23 － 29.

② 朱汉民，洪银香. 朱熹人性论与儒家道德哲学［J］. 道德与文明，2014（2）：36 － 41.

③ 李承贵. “心即理”的构造与运行［J］. 学术界，2020（8）：125 － 131.

元人性论的紧张对垒、提出了富有辩证思想的道即性即命的人性论。以良知为性，所开出的是彰显人的主体性、能动性的道德之性，及其完成，则呈现出良知的真实性与超越性。[①]良知理论凸显了人的平等性，“满街都是圣人”揭示了贩夫走卒与常人和圣人并无本质区别，一定程度上消融了道德的等级性和人的等级性；“至善只求诸心”“心外无理”等思想带有促进个性自由的思想启蒙力量，一定程度上可将人从外部社会的束缚中解脱出来。

（三）“义利之辩”的社会关系命题

“义利之辩”的问题是传统社会关系中的一对重要观念，但同时也是一对基本矛盾，体现在儒家、墨家等不同思想流派之中。对于“义利之辩”的争辩肇始于先秦诸子之间的论争，第二次推动“义利之辩”的高潮时期则是宋代，这两次“义利之辩”的主要思想构成了传统文化中“义利之辩”的核心部分，其间还夹杂其他一些思想家的观点。

一方面，以孔孟儒家为代表人物的“重义轻利”观。孔子认为，“君子喻于义，小人喻于利”。这一观点奠定了孔子义利观的重要基础，也是孔子最重要、最具影响力的道德准则之一。孟子在此基础上发展了孔子的义利观，他认为“上下交征利”是天下混乱的原因，要求人们的一切行为都要遵守仁义的道德规范。[②]

另一方面，以墨子为代表的墨家学派站在了儒家对立面，既贵义又重利，且以利喻义和以利释义。墨子以“利益”为前提，从人际的“利害”事实出发，在人的利益之关系中导出“义”，从而概括出道德善恶问题即人际的利害关系问题，包括人的物质利益与精神利益，均在于人们的需求

---

① 郭诺明．王阳明人性思想探析［J］．萍乡学院学报，2018，35 (1)：22 － 26.

② 张晓真．以义利之辩为核心的孟子德育思想及其价值［J］．学术界，1999 (4)：38 － 40.

和满足之中。①

除了孔孟、墨家义利观思想阐释之外，宋代理学家对此也有论述。宋代由于积贫积弱局势相对严重，民族矛盾和社会矛盾不断激化，严酷的现实强烈地刺激着有为的政治家和思想家思考富国富民的根本途径，在这种情况下，思想家们开始了对“利”的本质和现实取舍做了新的分析，深化了义利之辩。参与论战的主要思想家有范仲淹、胡瑗、李觏、王安石、陈亮、朱熹等。范仲淹、胡瑗的事功思想奠定了宋代义利之辩的基调。李觏和王安石认为，治国必须以理财为本，注重实际效果，不能单纯地空谈仁义。在义利观上，李觏坚持义利并重，肯定人的自然欲望，讲求功利。而王安石则更为旗帜鲜明地提出“理财乃所谓义”的观点，进一步推动了功利思潮的发展。南宋陈亮和朱熹的义利王霸之辩则将宋代事功思想推向了高峰，进一步推动了宋代义利之辩的深化。陈亮在道德价值的最后标准问题上，是坚持“实事实功”的，“功到成处，便是有德；事到济处，便是有理”。朱熹则力图说服陈亮放弃“义利双行、王霸并用”的主张，单纯地从道义出发、从王道出发。②

总的来说，传统文化中义利之辩对于现代道德教育有着重要的影响及启示，诸如对以“义利之辩”为基础的人性论讨论，市场经济背景下如何正确认识和处理个人的利益与集体和社会利益关系以及“义利之辩”带来的德育价值，等等。

（四）“知行合一”的道德修养命题

在儒家伦理思想史上，始终存在一个理想状态的道德目标，即成圣成

---

① 萧成勇．儒墨义利之辩与传统道德教育的现代转型［J］．教育理论与实践，2016，36(19)：45－48.

② 蒋伟，文美玉．哲学伦理视角下的宋代义利之辩［J］．湖南科技大学学报（社会科学版），2014，17(6)：50－54.

贤。由此也催生出了一套关于个人道德的修养方法。这一点体现为儒家的“内圣外王”思想，“内圣”即通过内在的修为而成为圣人，“外王”泛指齐家治国平天下。[①] 在若干儒家道德修养方法上，“知行合一”又是作为最基本且最为广泛的一种道德修养方法。

首先，“知”“行”是传统伦理思想中一对经典的哲学范畴。关于两者关系问题，不同思想家对此有不同论述。但“知行合一”思想的集大成者当属王阳明。王阳明的“知行合一”思想既包含一种理论价值，也体现为一种实践哲学，甚至可以说是一种教化世人的道德修养方法。此处基于道德修养的视角看待学界关于“知行合一”的研究成果。

其次，从内涵上来说，王阳明的“知行合一”表现在以下几个方面：第一，知行只是一个工夫，不能割裂。而所谓“工夫”，就是认知与实践的过程。第二，知行关系是辩证的统一：知是行的出发点，是指导行的，而真正的知不但能行，而且是已在行了；行是知的归宿，是实现知的，而真切笃实的行已自有明觉精察的知在起作用了。第三，知行工夫中“行”的根本目的，是要彻底克服那“不善的念”而达于至善，这实质上是个道德修养与实践的过程。[②]

再次，“知行合一”的形式转化。“知行合一”作为一个具有认识论意义但主要是伦理学意义的命题，要变为道德修养的方式方法，需要完成它形式上的转换，即依照化知识为德性、化德性为德行这一逻辑路径实现的，且认为，王阳明“知行合一”的道德修养方法归根结底在于立志。[③]

---

① 柴文华，张收．对儒家“内圣外王”的追问［J］．齐鲁学刊，2021 (6)：5 − 11.

② 吴光．王阳明“知行合一”论的内涵及其现实意义［J］．贵州大学学报（社会科学版），2015，33 (1)：29 − 32.

③ 展明锋，陈勇．论王阳明“知行合一”的道德修养学说［J］．道德与文明，2002 (3)：37 − 41.

迄今为止,"知行合一"的思想观念在现代社会发挥着重要的指引作用,既有对于高校大学生道德教育的启示，也成为官员干部道德行为的重要原则，更是社会大众道德行为的重要参照。当然，"知行合一"在践行方面也有一定的局限性。例如，王阳明的"知行合一"是以圣人为标准的，其广泛、有效的实施需以人的普遍觉悟为前提。个人的道德修养并不能保证整个社会的道德觉悟[①]，等等。

三、传统价值观的主要德目研究

传统价值观的德目研究体现了传统伦理文化中的伦理道德要求。研究总体内容以儒家传统价值观的主要德目为核心，兼涉儒家伦理的各个方面，包括仁、义、礼、智、信、忠孝、廉耻等传统道德的基本要求。鉴于中国传统价值观的德目的复杂多样，笔者在梳理相关研究成果之后，对其中的核心内容做一个梳理。

（一）"仁"的研究

传统文化中，"仁"是儒家伦理思想的核心范畴，甚至"儒学被定位为仁学"[②]。但"仁"并不是孤立存在，往往与其他词汇连用，诸如仁爱、仁义等。学术界对于"仁"的研究成果可谓丰富多彩，有哲学、法学以及教育学等不同学科视角。一般来说，学界关于"仁"的相关研究成果主要还是以孔子的思想为主体，兼具其他一些思想家，如老子、孟子、董仲舒等人的思想。随着社会文明的不断进步，儒家文化中"仁"的思想体系也

---

① 陆永胜．王阳明"知行合一"的理论效力与实践能力［J］．江淮论坛，2020 (6)：106 − 116.

② 刘立夫，刘雨田．孔子之仁是至德与全德的统一［J］．湖南大学学报（社会科学版），2020，34 (1)：108 − 112.

逐渐趋于完整。正如有研究者指出，孔子创立儒学伊始，仁就构成其核心观念，在儒学2000多年的历史发展中，仁的观念不断被赋予更加丰富、深厚的思想内涵，最终上升为一个标志宇宙、人生终极存在的本体性概念。[①]由此可见，“仁”的思想在儒家文化中都占据了至高地位，且对于中国德育理论的发展起到重要的促进作用。

首先，“仁”是什么？简单来说，仁的基本含义是“仁爱”或曰“爱人”。有研究者将“爱人”概括为“仁”的总纲领，“己所不欲，勿施于人”以及“己欲立而立人，己欲达而达人”是基本行为准则，分别表达了“仁”的消极和积极含义与要求。[②]综合当前研究成果来看，对于仁的认识普遍形成两种共识：一种观点是将“仁”作为德目的解释。研究者认为，在中国传统道德的发展中，“仁”始终是儒家伦理最基本的也是最高的德目，并且把一切美德都包含在“仁”之中，“仁”便成为全德之称。[③]也正因如此，仁成为道德教育的根基所在，以“仁”为核心的人性观推演出以“价值存在”为主的道德教育范式，人通过内在的道德奠基，外在的人伦纲常礼仪规范，以内省和自修为途径，达到德育目的：做仁爱的人。[④]另一种观点是将“仁”作为价值观的解释。研究者指出，“仁”是儒学一以贯之的核心价值，在儒学中出现频度最高，且对其他价值观产生决定和统领作用。[⑤]

其次，关于仁爱思想的德育价值研究。其一，仁爱思想为“以人为本”提供了丰富的思想资源、有利于抑制市场经济的负面效应以及构建新型的

---

① 李祥俊.儒家仁观念的思想内涵、超越路径及其批判反思［J］.河北学刊，2019，39(2)：41－49.

② 石中英.孔子“仁”的思想及其当代教育意义［J］.教育研究，2018，39(4)：127－134.

③ 肖立斌.中国传统道德中“仁”与“义”的对立统一［J］.道德与文明，2006(1)：16－19.

④ 尚云丽，于洪波.“仁”与“理”视阈下的道德教育：中西先贤人性论下的道德教育观比较［J］.北京社会科学，2014(8)：33－39.

⑤ 张践.“仁”是儒学一以贯之的核心价值［J］.齐鲁学刊，2011(2)：5－10.

和谐人际关系。① 其二，有利于人们在认知人格和权利人格不断发育的同时，其道德人格也能得到合理张扬；同时也有助于增强道德教育的科学性、实践性和有效性。② 其三，作为儒家经典的仁爱教育思想可以使受教育者在日常的道德生活中，对身处困境者产生同情感，并基于内心深处的道德文化素养，本能地涌起施以仁爱关怀的内部动机，进而把这种内在动机转化为现实的道德救助。③

再次，关于仁爱思想的德育路径研究。其一，孔子德育路径依据人的本真性情而进行适当引导，从而建构一条由个体辐射社会的德性修养与实践道路，使“为己”与“利他”及“爱己”与“爱他”相统一的路径。④ 其二，把“仁者爱人”的观念提升为世俗社会中应当人人共守的伦理秩序和价值准则，使“仁爱”思想从经典文献的字里行间走向民间的现实生活，把“仁爱”的价值观变成一种躬身践行的行为模式，能够与家庭生活、社会生活密切相关的现实活动。⑤ 其三，从教育学视角提出“仁德教育”的学校育人新范式，在实施上，形成“仁师”“仁生”“仁教”“仁学”的四维实践体系。⑥

除了以上研究成果之外，还有研究者对“仁”与“礼”、“仁”与“智”以及“仁”与“义”之间进行了对比和区分，也有研究者将仁爱与博爱、

---

① 李晓愚．儒家仁爱思想的当代诠释［J］．郑州大学学报（哲学社会科学版），2010，43（5）：31－33.

② 萧成勇．孔子仁学及其当代德育的思想价值新论［J］．湖南师范大学教育科学学报，2009，8（5）：49－52＋57.

③ 周治金，顾嘉佳，张文雅．儒家仁爱思想对大学生助人行为的影响［J］．教育研究与实验，2013（3）：90－94.

④ 赖雄麟，李健．“仁”与“人”：以“仁”的人学意蕴为基的孔子德育路径探析［J］．思想教育研究，2015（11）：17－21.

⑤ 贾磊磊，潘源．中国传统文化的核心价值观：和谐·仁爱·自然［J］．东南大学学报（哲学社会科学版），2012，14（3）：56－60＋127.

⑥ 张旭．仁德教育：新时代立德树人的新范式探索［J］．中国教育学刊，2019（10）：96－97＋103.

关怀等价值观进行了比较，以及仁爱与正义是否具有和解的可能等。

（二）“义”的研究

“义”作为儒家伦理的核心范畴，同样也是重要的道德条目。学术界关于“义”的研究覆盖范围较广，既有笼统对先秦儒家仁义观的思想研究，也有聚焦于孔子“仁”的观念以及孟子“义”的思想的区分。对于先秦儒家关于“义”的价值观论述而言，孟子推动了“义”的发展，甚至具有与“仁”同等的地位，合称“仁义”二字。但“仁义”不只是“仁”与“义”的相加，而是观念史上一个更新换代的新版本。独立论之，荣誉当归孔子；但“仁义”连体，贡献则推孟子。[①] 从内涵上来说，孟子发展了儒家的“义”观念，以之成为处理血亲之外更广泛的社会关系的道德准则。[②] 正因如此，学术界对“义”的价值观研究既有单独对于孔子思想的研究，也有对于孟子义的思想内涵的分析，还有部分研究者不做具体区分，整体上将“义”作为研究对象。

第一，关于孔子“义”思想的独立研究。“义”的思想并非孔子的核心思想，但是在《论语》中，孔子及其学生提及 20 余次。因此，有研究者指出，虽然孔子没有明确提及“义”之真正内涵，但是“义”是《论语》中一个必不可少的重要德目，故而指出“义”的本义是指做事要符合应该遵循的道理和原则，来源于“仁”，符合“礼”，规制“利”，成为衡量君子之理想人格的重要标准之一。[③] 不同于此，有研究者别开生面，将“义”放在整个儒学中的基础地位，指出“义”是“天之四德”，即“仁”“义”“礼”“知”

---

① 陈少明 . 仁义之间［J］. 哲学研究，2012 (11)：32 − 40 + 128.

② 王海成 . 从“仁”到“义”：先秦儒家礼学精神的演变［J］. 江西社会科学，2012，32 (12)： 27 − 31.

③ 伍志燕 . 对孔子伦理范畴“义”的解读［J］. 理论与现代化，2008 (5)：78 − 81.

（智）的“本体之德”，甚至认为“仁”是以当下的“义”为基础的。[①]

第二，关于孟子“义”思想的独立研究。孟子“义”的思想内涵较为丰富，学界的研究成果往往将“义”看作与“仁”同等重要的地位。作为德目而言，义德是中国传统道德“五常”之一，“义”是人心的固有善端、人生的价值向导以及人格的至高成就。[②]还有研究者指出，孟子已将“义”作为人性的一个方面，赋予“义”更广泛的道德人性内容和伦理要求，并概括出三种内涵：一是从亲亲推演出来的尊君敬长；二是尊贤；三是人性的规范标准以及由此而延伸出的处物行事之宜。[③]

第三，将“义”作为儒家伦理视域下的整体研究。一种研究角度是基于先秦儒家思想，认为“义”并不是作为一个单独的伦理道德范畴孤立存在，而与“道”“仁”“礼”“勇”等紧密相连，既是政治理想的规范、道德伦理的标准，又是完美人格的重要方面。[④]另一种是基于责任伦理视角。儒家之“义”是由发自人内在仁心和遵循外在社会礼法的适宜行为，是由个人自身的仁爱道德情感和社会礼仪规范共同作用而产生出来的道德义务和伦理责任，是一种与利益相对应同时又追求社会公利的价值合理性实践活动。[⑤]

另外，学术界关于墨子“义”的思想也有部分研究成果。墨子“义”的思想内涵不同于孔孟，墨子重“利”，这一点反映了墨子“义”思想的独特内涵。墨子的“义”是一种外在强加给人的是非善恶标准和行为准则，

---

① 臧宏．说《论语》中的“义”［J］．安徽师范大学学报（人文社会科学版），2018，46(1)：19－28.

② 霍国栋．孟子“义”德思想析论［J］．深圳大学学报（人文社会科学版），2007(6)：48－52.

③ 汪聚应．儒“义”考论［J］．兰州大学学报，2004(3)：27－31.

④ 同③.

⑤ 涂可国．儒家之“义”的责任伦理意蕴［J］．孔子研究，2017(5)：5－15.

其使人“为义”“行义”靠的是赏罚，诉诸人的自利之心。[①] 另外，有研究者认为《墨子》一书中对于“义”缺乏清楚的界定，因此基于书中内容总结出墨家之“义”具有公义、利他、不分亲疏、追求公平正义等特征。

除了以上相关研究外，还有部分研究者针对荀子、董仲舒以及程朱理学的“义”思想的研究，对现代德育理论发展也都产生了一定的积极作用。

（三）“礼”的研究

在中国传统文化中，“礼”是儒家的核心概念，关于“礼”之集大成者，学界公认来源于孔子。“礼”的古代著作包括《周礼》《仪礼》和《礼记》，合称“三礼”。“礼”的价值主要体现在个体成人、社会秩序以及治国理政三个方面。事实上，孔子的“礼”来源于周礼，但并不完全等同于周礼，是在周礼基础上发展而来。周礼在最开始“本是周族在其氏族社会时期形成的一整套的氏族习俗，是周族的传统的典章、制度、仪节、习俗的总称，具有不成文的习惯法的性质”[②]。到了西周，“发展为维护宗法等级制为核心的礼制，成为维护奴隶制的工具”[③]。“礼所以别贵贱”，礼是维持身份等级的行为规范。自此以后，孔子之“礼”逐渐发展起来，学界称为“孔礼”。除了“孔礼”思想之外，先秦诸子如孟子、荀子等人对“礼”有不同的解释和运用。

首先，关于孔子礼的思想。在孔子的思想体系中，“礼”是“仁”的外显，“仁”是道德、政治的最高理想。“礼”既是帮助个体克己以修心的一种外在的道德规范，又是协调人际关系、稳定社会秩序的礼节形式，还是使国家臻于郅治的政治制度。[④] 正如有研究者所评价，“孔子之礼，可谓其治国、

---

① 毕明良．墨子“义”概念探析：从儒墨义利之辩角度审视［J］．江淮论坛，2016（1）：89－93.

② 匡亚明．孔子评传［M］．济南：齐鲁书社，1985：192.

③ 朱义禄．儒家理想人格与中国文化［M］．沈阳：辽宁教育出版社，1991：336.

④ 王涛．孔子“礼”的思想内涵及其当代价值［J］．理论学刊，2007（4）：101－103.

化人、济世的一个体系较为完备的政治纲领”[①]。

其次，孟子所述之“礼”。“礼”是作为孟子所列并与“四端”之一。孟子之礼不同于孔子。正如有研究者所述，孟子之“礼”更多的是面对芸芸众生来说的，更多的是指教其成为正人君子的个人修养之“门”，是引导其入世的规矩，亦是教其向善、向上、向前的门道。孟子所推崇的“礼”，并非仅仅指的是为人处世的规范化的、约定俗成的形式，而是更强调其实质和内涵。[②]

再次，荀子认为礼为圣人所制，不出于天性，是“法之大分，群类之纲纪”。有礼不可无乐，礼发挥了节制身心的消极性作用，而乐则发挥了感化性灵的积极性作用。“无礼之乐，或流于纵恣而无纪；无乐之礼，又涉于枯寂而无趣”[③]。他重建了“礼”的道德基础：通过建构人间社会的人性—政治结构，消除了德性的自然主义观念和态度的影响之后，他成功地将儒家政治观念中“自然的支配”转化为“德性的统治”，支配和统治关系的正当性也从“权威与等级”转化为“道德与理性”。[④]

纵观儒家礼的思想体系，先秦儒家之“礼”最大的功效在于社会教化。“明礼、习礼和执礼”的过程就是教育（教化）的过程。[⑤]且教化传播始终强调以“仁”“礼”为本，孔子“释礼归仁”，提倡通过外显的“礼”，表达内心的“仁”。教化传播的价值追求，是从个体自身修养做起，最终达到个体德性与社会道德共同发展的目标。[⑥]

---

① 金正昆．孔子之“礼”新探［J］．江西社会科学，2017，37（5）：243－249.

② 金正昆，张春雨．论孟子之“礼”［J］．江西社会科学，2020，40（3）：234－241.

③ 蔡元培．中国伦理学史［M］．北京：中华书局，2014：19.

④ 李国斌．论荀子对“礼”之道德基础的重建［J］．社会科学战线，2018（10）：58－66.

⑤ 于伟．先秦儒家之“礼”与我国教育的教化功能［J］．教育研究，2013（4）：118－126.

⑥ 张兵娟，刘佳静．中国礼的教化传播思想及当代价值［J］．教育科学文摘，2020，39（1）：113－118＋128.

（四）“智”的研究

“智”是儒家最基本的德目之一，也作通假字“知”，即理智、智慧。“智”最初并不是一个纯道德的范畴，而主要是一个知性的范畴，如指知识、智慧、智谋等，也有聪明、智巧等含义。之后，“智”融入了丰富的道德元素，实现了知性范畴向德性范畴的转化。或者说，儒家的“智”实现了知识与德性的统一。

首先，“智”的德性化过程。孟子首先把“智”作为天赋于人的“是非之心”；其次把“智”与人性密切联系，体现出与善性相联系的道德理性。[①]《中庸》指出：“知（智）、仁、勇三者，天下之达德也。”“智”表现为三达德之一。事实上，儒家很少就“智”论“智”，而是强调“仁智统一”和“知行合一”，将求知过程与德性培养过程统一起来。[②]

其次，“智”的德目对于今日教育的价值启示。例如新时期教师“做智慧的智者之师，突破知识内核，转识成智，以‘达道’之智、‘自在’之智、‘择宜’之智，进入澄明之境”[③]。同样，仁智统一的教育精神，不仅是中国古代社会教师理想人格的主要特征，而且是自古及今理想教师人格的奋斗目标。[④]

总体而言，学界大多数学者很少会单独去研究“智”这一个元素，往往将“仁义礼智信”联系起来进行研究，进而洞悉其内涵，挖掘其价值。但不可否认，在注重能力本位的现代，智的德目相比昔日具有更为重要的价值。

---

① 刘学智．思孟学派“智”的德性化及其影响［J］．哲学研究，2012（9）：47－52.

② 段尊群．“仁智统一”的哲学意蕴与现代启示［J］．湖南科技大学学报（社会科学版），2014（6）：139－144.

③ 姜勇，柳佳炜．“智仁勇”三达德视域下教师形象的现代诠释［J］．教师教育研究，2021，33（2）：1－8.

④ 孙琦，孙杰．仁智统一：儒家的师者形象与境界［J］．山西大学学报（哲学社会科学版），2021，44（4）：139－144.

（五）“信”的研究

“信”是儒家最基本也非常重要的德目之一。在人与人、人与社会的伦理关系中表现出重要的价值地位。学界关于“信”传统德目的研究成果较为丰硕。关于“信”的德目研究，首先需要区分的就是“信”与“诚”的关系。一种观点认为,“诚”与“信”具有两种不同内涵。儒家所讲的“诚”具有本体论意义、生成论意义、德性论意义以及工夫论意义，“信”则是人内心真实无妄的态度、做人之本，是君子不可缺少的基本品质以及立政之道。[①]“信”与“言”相关，“言而有信”，注重承诺。另一种观点认为，因“诚”与“信”的基本要求中都包含有真实无欺之意，因此二者有相通一致之处，有时甚至可以互释。[②]虽然研究者对于两者内涵有着较为微弱的区分，但“信”与“诚”的概念往往互为表里，所以学术界普遍将两者结合起来继而对诚信的思想进行研究。

其一,对于“信”的思想内涵概括。有研究者将信概括为基本含义、核心、精髓以及结果四个方面：基本含义是真实不妄，诚实不欺，言行一致，信守承诺；“信”的核心就是真，在纷繁复杂的社会环境中，它不仅反射着人格理念上的真情、真意，也闪烁着社会生活领域中的承诺、义务和信誉的光辉，同时还是民族精神的脊梁和国家荣誉的基石；“信”的精髓是道德的善；“信”的结果指向高尚的人格和完美的人性。[③]

其二，从观念史层面出发，有研究者剖析了当今社会信德丧失的原因，主张基于传统文化重建“信德”,并实现对“信”的传统观念作创造性转化，具体路径包括：通过稳定的法律制度与风俗内化结合的途径建立“信用”；以广泛的“信用”为基础,提高市场经济条件下的社会“信任”度,使“信”

① 涂可国．儒家诚信伦理及其价值观意蕴［J］．齐鲁学刊，2014 (3)：19 － 25.

② 陶悦．社会主义核心价值观之诚信的传统文化根源［J］．学术交流，2015 (12)：63 － 67.

③ 杜道明．传统“信”观念探微［J］．中国文化研究，2010 (3)：73 － 79.

从单纯的私德扩充为公德；面向“信任”可以挂搭的“信念”世界，有待于建设合理的价值体系，实现社会团结；正视信念的超越向度“信仰”对于道德建设的意义，同时也扩充论辩的合理性来解决不同信念或信仰之间的紧张。①

其三，揭示传统诚信观的局限性。中国传统诚信观具有非常重要的价值，但是“这种诚信虽然境界很高，在很大程度上却被限定在私德视域内，违反诚信更多的是遭遇良心的自责和人格的陨落，在现实的经济利益面前，有时显得无能为力，因而在其基本内涵和特征上与现代社会发展的内在逻辑并不完全吻合。一是诚信观念根植于宗法社会，缺乏公共性和普遍性；二是建立在血缘亲情基础上的诚信要求表现为维护社会秩序的需要，较少重视个人理性和自主性。三是诚信思想所体现的道德至上性，明显地脱离现实而无法衍生出规则意识和法治精神”②。

关于“信”的研究成果既有整体上的把握，也有一些微观上的分析。譬如，有研究者聚焦于中国传统家训中的诚信文化及其当代价值进行分析，同样对中国德育理论的发展起到一定促进作用。

（六）“忠孝”的研究

忠与孝是中国传统伦理体系中重要的两种德目，既是中国传统政治伦理的核心，同时也作为社会行为的基本规范。在中国传统伦理文化中，“忠孝”有着深刻的内涵。“忠”作为传统道德规范之一,具有积极的含义,但“忠君”具有封建意蕴。战国时期，“忠”观念从一种具有普遍含义的社会价值逐渐缩小为一种具有特定主体与对象的具体的道德要求，“忠君”遂成

① 高瑞泉．重建“信德”：从“信”的观念史出发的考察［J］．学术月刊，2017，49 (7)：5 – 17.

② 金建萍，杨谦．比较视域下诚信价值观的现代意蕴［J］．中国特色社会主义研究，2015 (4)：79 – 84.

为“忠”观念的首要内容并呈现出绝对化倾向。[①]在内涵上，忠表现为对君王的尽心尽力，在价值认识上强调忠君的绝对性和唯一性，在行为规范上即“臣无二心”。[②]孝包括两种伦理内涵：一是宗教伦理，如尊祖敬亲；二是家庭伦理，如善事父母、生儿育女、传宗接代等，而孝的核心内容是家庭伦理即善事父母。[③]

在儒家伦理看来，忠与孝存在着共通，同时又是一对矛盾所在。忠和孝都以服从和维护权威作为最根本的价值准则，表现在行为规范上则突出了一个“顺”字，所谓“孝顺”“忠顺”者是。[④]忠与孝的实践精神、内在动机和实践行为具有统一性，在实践上表现为忠孝两全、忠孝并序、以忠全孝。但是，两者在道德价值选择中却又具有冲突性，忠与孝的矛盾往往体现在忠孝不能同时兼顾，忠孝不能两全，顾此失彼的情况，包括：舍忠取孝、重孝轻忠；舍孝全忠，重忠轻孝。[⑤]正因如此，在儒家伦理中“忠孝不能两全”。孔子和孟子强调孝高于忠，主张“舍忠而尽孝”；荀子和董仲舒却强调忠高于孝，主张“舍孝而尽忠”。[⑥]

但也有学者对此存在不同观点，认为孔子在忠孝问题上并非单向度强调“孝亲”的优先性，而是语境化的“时中”处理，如“其父攘羊”的案例。[⑦]

---

① 张继军．先秦时期“忠”观念的产生及其演化［J］．求是学刊，2009，36 (2)：35 － 39.

② 葛荃．忠孝之道：传统政治伦理的价值结构与传统义务观［J］．天津社会科学，1992 (5)：74 － 80.

③ 肖群忠．孝与中国文化［M］．北京：人民出版社，2001：25.

④ 同①．

⑤ 欧阳辉纯．论儒家忠孝的统一与冲突［J］．道德与文明，2013，(5)：47 － 52.

⑥ 刘清平．儒家从“不能用”到“受重用”的命运转折：“忠孝不能两全”的悖论解析［J］．社会科学家，2018 (3)：24 － 31.

⑦ 陈声柏，田飞．孔子忠孝关系新论［J］．兰州大学学报（社会科学版），2014，42 (5)：39 － 44.

（七）“廉耻”的研究

“廉”与“耻”是儒家伦理范畴的道德德目，虽然并非核心概念，但对于国家发展、君子修身具有重要意义。“耻”和“廉”的连接，进一步成为治国理政的重要维度。“廉耻”不仅是立人之大节，更是立国之要义。[①] 历史上管子提出“国之四维”：礼义廉耻，并强调“四维不张，国乃灭亡”来肯定四维的重要价值。在儒家看来，所谓“廉”即是不苟取、有操守、不取不义之财。廉有廉正、廉洁、廉隅、廉介、廉耻等形态，廉的反面是“贪”。耻与辱经常联用，即“耻辱”，它包括两层相反相成的含义：一是同“荣誉”相反对，表示社会对不道德行为的贬斥和否定。二是羞耻，实为“耻于辱”，它表明人对来自外界的侮辱、凌辱等表示不可容忍、内心不安。[②] 学界将“廉”与“耻”德目合起来是一种较为常见的表达方式，统称为廉耻伦理。

关于廉耻的地位与作用，儒家对反腐倡廉重要价值的认识大致有以下要点：一是认为正己才能正人；二是奢则不逊；三是廉则邦宁。在儒家看来，人不可以无耻，有耻于国于民都具有重要意义。这一则是因为羞恶之心是人行义的伦理基础，人只有具备耻辱感，才会做应当做的事情，不做不当为之事。羞耻是一种对人格的反省，是一种自尊自知德性；一个有羞耻之心的人往往可亲不可劫，可近不可迫，可杀而不可辱，从而表现出巨大的勇气。[③]

纵观传统文化价值视角下的德育理论研究，以儒家思想为核心的文化价值共识仍扮演着重要角色，促进并推动了中国德育理论的发展。然而，当前研究也存在一定的局限性，对传统文化价值观的研究仍有进一步努力的方向。就目前学校德育发展模式来看，无论是理论运用还是实践模式，

---

① 刘梦溪．论知耻［J］．北京大学学报（哲学社会科学版），2017，54（6）：54－66.

② 严学钧．儒家廉耻伦理及其当代意义［J］．齐鲁学刊，2014（3）：32－37.

③ 同②.

中国传统价值观都表现出动力不足的态势。究其原因，主要源于以下几个方面：首先，更容易受到西方德育理论的影响。现代学校制度的发展是受西方影响发展而来，以学校为模式的教育在此基础上更容易受到西方德育理论的影响。其次，中国传统价值观的现代性转化成效并不明显。虽然一些学校出现国学复兴的势头，但作为学校领导者，对于传统价值观的批判与继承态度并不明朗，在具体内容上更是呈现全面接收或者全面否定的极端化选择，继而导致传统价值观在学校德育层面的实效性大打折扣。学术界对于中国传统价值观的研究成果大多拘泥于思辨研究，方法比较单一。并且，从当前研究成果来看，中国传统价值观研究与现代西方德育理论进行对话且争鸣的研究成果不是非常丰富，且缺少有分量的研究成果。

中国传统德育的研究为人类社会的发展提供了重要的借鉴意义。无论是作为历史，启迪人类智慧，还是面向未来，作为文化根基，传统伦理思想的价值都是不言而喻的。展望未来，中国传统伦理价值和德育思想在现代化推进的过程中，如何实现传统价值的创造性转化是一个时代难题；加强历史研究、加强与西方德育研究的沟通对话以及拓宽研究视野等，是可能的突破路径。

第二节　现代价值观

现代价值观即以启蒙运动为代表的自由、平等、博爱等观点。随着中国社会经济现代化和教育现代化的推进，现代价值观冲击和重塑了传统价值观，使得个人理性、社会正义、关爱等观念获得大众普遍的接受与认可。个人理性是现代性道德的基础和个人道德行为的前提；社会正义和关爱则体现了现代性道德的社会属性，其中正义关涉社会基本的制度建构，而关爱则涉及道德共同体的情感维系，成为维系道德共同体的纽带与润滑剂。

一、理性

当代存在一个“理性之谜”：“传统上，理性被认为是我们最高级的能力，是哲学的核心。……而现在，许多哲学家都想脱离理性。”① 古希腊的亚里士多德赞美理性，当代的费耶阿本德却提出要告别理性。20 世纪初以来，理性便处在一种危机状态中，费耶阿本德、德里达等人对理性进行了尖锐而且致命的批判。“对现代社会和后现代社会的批判反思，必然要重新提出理性的问题。然而，一旦人们把思维的目光转到理性本身，首先出现的问题就是什么是理性。”② 不过，“理性是一个被人们广泛运用、却很少得到严格界定的概念”③。人们对这个问题有不同的见解，观点殊异、莫衷一是。童世骏认为，西方哲学有一个从理性经过合理性到讲理的演化过程。④ 威尔士则认为理性与合理性在古希腊就已经被明确区分开来，且理性高于合理性；随着历史的演化，这种等级关系发生了变化。⑤ 本书试图综合这两种诠释思路，解读理性的多重含义及其演变。

（一）理性作为客观规律

一般认为，理性源出古希腊文 logos（逻各斯）和 nous（努斯），二者皆为古希腊思想文化的核心概念。“逻各斯”起初是一个普通词汇，具有多重含义，最基本的含义为“词，言谈和叙述”，也就是“说或说出的话”。夏特莱认为，逻各斯的含义在古希腊时期经过了如下变化：首先，逻各斯

---

① W. 威尔士 . 理性：传统和当代［J］. 张敦敏，译 . 哲学译丛，2000 (4)：65.

② 张汝伦 . 历史与实践［M］. 上海：上海人民出版社，1995：270.

③ 刘清平 . 儒家伦理：道德理性还是血亲情理？［J］. 中国哲学史，1999 (3)：37.

④ 童世骏 . 理性、合理与讲理：兼评陈嘉映的《说理》［J］. 哲学分析，2012 (6)：5.

⑤ 同 ①.

的最初含义是指“具备某种意义”的词;其次,逻各斯很快发生演变,它“不再仅仅意味着一个具备含义的词,而是指具备含义的词的有意义的整体”,或者,指“有意义的词的组合”。比如“阿芙洛狄忒是爱情女神”“三角形内角之和等于两直角之和”。再次,由于有意义的词的组合不一定具有意义,比如,“三角形之和等于蟾蜍”。因此,逻各斯进一步指“我们身上能连接不同的句子,使之成为一个具有意义的整体论证的东西”。最后,“逻各斯”指概念或理性,指“伴随着话语展开的精神结构”或推论的展开。①

毕达哥拉斯首次在哲学上使用逻各斯一词,指称数的关系。赫拉克利特则首先将逻各斯作为专门的概念引入哲学,奠定了后来哲学家们理解理性的基本思路。他是从实体意义上规定逻各斯的:首先,他肯定了逻各斯是真实存在的东西。“逻各斯是决定一切生亡存灭过程的东西,是一切生亡存灭的东西都要遵循的东西,是协调一切的东西”,故“逻各斯”是神、“是万物生成的根源。”②其次,他对逻各斯的使用源于动词“说”。在留下来的残篇里,他劝告世人不要听他说出的“话”,而要倾听逻各斯说出的“话”,亦即不要听主观的“话”,而要听客观的“话”。最后,他的逻各斯概念指世界变化、运动之规律及尺度。在他的物理学说中,他把世界比作一团活火。“这个世界不是神之中或人之中哪一个造成的,而是一个永劫的灵火,以前如是,现在如是,将来永远亦必如是。”③原始的火按一定的分寸燃烧,也按一定的分寸熄灭。因此,赫拉克利特所理解的逻各斯意味着客观的道理,而不是主观的观念。在古希腊哲学里,前者是真理,后者是意见。④

努斯与逻各斯密切相关,最初的意思是指“看”,指通过看而领悟处

---

① 弗朗索瓦·夏特莱.理性史:与埃米尔·诺埃尔的谈话[M].冀可平,钱翰,译.北京:北京大学出版社,2000:25－29.

② 张汝伦.历史与实践[M].上海:上海人民出版社,1995:270－271.

③ 斯塔斯.批评的希腊哲学史[M].庆泽彭,译.上海:华东师范大学出版社,2006:61.

④ 叶秀山.试释“逻各斯”[J].中国社会科学院研究生院学报,2011(1):12.

境的全部意义。[①]阿那克萨哥拉第一个把努斯作为哲学的基本概念。当时，恩培多克勒提出“爱”和“恨”作为宇宙运动的原动力，这两个东西既神秘又完全是物质性的。阿那克萨哥拉不满意这种解释，他认为整个世界表现出来的秩序、和谐与美感表明世界受着某个东西的合理支配，且向着一个确定的目的行进。他把这无形的支配者命名为“努斯”，并认为它：①无处不在；②绝对自立；③决定一切东西，控制运动，产生秩序；④不是物质的东西，而是超越的理智；⑤不是人的心灵能力，而是存在。[②]

从赫拉克利特与阿那克萨哥拉关于逻各斯与努斯的论述来看，他们首先主要是将它们理解为宇宙中的客观的秩序与规律。换言之，在前苏格拉底哲学时期，理性主要是指一种客观的超越的东西，并不包含心灵的主观能力，不能做或主要不做主观主义的解释。

（二）理性作为推理能力

到了苏格拉底和柏拉图那里，古希腊哲学开始转向“心的反省”[③]。在哲学内在转向的过程中，逻各斯和努斯从外在的宇宙秩序转变为“概念”（concept）——由苏格拉底发明的影响后世的新东西。概念表示人的一种特殊能力，通过辩证法把握事物本质的能力。作为苏格拉底的学生，柏拉图与智者共享一个起点：话语。“他打算借助唯一的话语，创立一种能成为一切话语评判者的话语”，即哲学，因为“票数构不成真理”。[④]由此，苏格拉底和柏拉图开创了西方的理性主义传统。在他们那里，理性（逻各

① 张汝伦．历史与实践［M］．上海：上海人民出版社，1995：270－273.

② 斯塔斯．批评的希腊哲学史［M］．庆泽彭，译．上海：华东师范大学出版社，2006：76－81.

③ 同②.

④ 弗朗索瓦·夏特莱．理性史：与埃米尔·诺埃尔的谈话［M］．冀可平，钱翰，译．北京：北京大学出版社，2000：23.

斯或努斯）不再指向特殊的超越之物，而是一种达到真理的途径和手段。[①]

亚里士多德总结性地发展了理性的思想。在《尼各马可伦理学》中，亚里士多德将灵魂分作两个部分：逻各斯的部分与无逻各斯的部分。灵魂的逻各斯部分包含知识的部分与推理的部分：知识的部分“思考其始因不变的那些事物”;而推理的部分被专门称作“努斯”，它“思考可变的事物”。在谈到“努斯”时，亚里士多德特别指出“始因”是科学、技艺和明智所无法把握的东西，能够把握“始因”的只有“努斯”。在这样规定“努斯”的含义时，亚里士多德是把“努斯”确立为本源的能力，而将“理智”看作派生之物，科学、技艺和明智则是派生性理智的三种表现形式。[②]可见，亚里士多德实际上区分出了两种不同的能力：推理论证的能力与把握始因的能力。

威尔士由此断定在亚里士多德那里已经存在理性与合理性的区分：逻各斯即合理性的思想渊源，而努斯则是理性的思想渊源。逻各斯与努斯都是人的先天认识能力，但它们是“两种本领或两种类型的活动或两种反思能力”。逻各斯（合理性）的核心是论证，即为观点提供理由（其范例即三段论）。但是，论证不能保证最初前提的确定性，这是由其本性决定的。在逻各斯无法保证之处，努斯（理性）开始出场，最初的前提或第一原理必须由理性提供和保证。理性在结构上不同于合理性，它被设想为一种直观的能力。因此，理性高于合理性。“简言之，传统的模式是：理性对第一原理负责，而合理性的任务是在这些原理的基础上进行运作和论证。因此，在理性与合理性之间有传统的差别和分级性，还有合作。”[③]

中世纪的神学家阿奎那进一步明确了亚里士多德的区分。他用 intellectus（理性）表示努斯，用 ratio（知性）表示逻各斯。理性指认识事

① 张汝伦 . 历史与实践［M］. 上海：上海人民出版社，1995：274.

② 亚里士多德 . 尼各马可伦理学［M］. 廖申白，译注 . 北京：商务印书馆，2003：174.

③ W. 威尔士 . 理性：传统和当代［J］. 张敦敏，译 . 哲学译丛，2000 (4)：66.

物本质的能力，是一种纯粹的完满的能力；知性则指推理能力，是不完满的理性。天使和上帝拥有纯粹理性，无须推理就能直接把握真理，而人是知性的动物，必须通过推理运动才能达到真理。由此，阿奎那在某种程度上解除了上帝理性与人的理性之间的直接联系，且限制了人的理性的认识范围。唯名论对形而上学的批判进一步将人的理性认识本质能力加以限制，使理性极端主体化。[①] 也就是说，中世纪神学家们把同属于人自身的理性与合理性分别分配给了上帝和人类，从而把把握第一原理的能力从人自身中剥离了出去，而只剩下不能自足的推理能力。

在 17 世纪的欧洲思想界，这种新的理性概念造成了一种消除目的论的倾向。阿那克萨哥拉第一次在西方哲学史上提出了目的论的思想，这个思想蕴含在其"努斯"学说之中。斯塔斯评论道："他的这种睿智（nous）之存在的观念，便是建立于宇宙之间所显示的计划和规律之上。近代人便根据现乎宇宙之间的规划，而相信上帝的存在，这就是所谓目的论。"[②] 理性在古典伦理学中起着关键作用："理性既告诉我们什么是我们的真实目的，又教给我们如何达到这一目的的方式。"[③] 中世纪的学者们也相信，有神论的伦理学体系既是神启的一部分，又是人类理性能够发现的东西，从而有可能加以合理地辩护。但是，依据阿奎那的理性学说，中世纪末期的新教和詹森派天主教（以及中世纪后它们的直接继承者）则认为："理性不能真正理解人的真实目的；理性的力量已被人的堕落所摧毁。"[④] 比如，加尔文断言，唯有神恩才可能使人响应和遵守上帝的戒律。当亚当不再纯洁，理性就无力矫正激情。

---

① 张汝伦. 历史与实践［M］. 上海：上海人民出版社，1995：280－281.

② 斯塔斯. 批评的希腊哲学史［M］. 庆泽彭，译. 上海：华东师范大学出版社，2006：80.

③ 麦金泰尔. 德性之后［M］. 龚群，译. 北京：中国社会科学出版社，1995：67.

④ 同 ③ 68.

"在许多重要方面，新教和詹森派天主教的理性概念与 17 世纪最为革新的哲学和科学中的理性概念是一样的。理性并不理解实质或从潜能向行动的转化，这些概念属于遭人鄙视的经院哲学概念体系。从而，反亚里士多德的科学为理性的能力设置了严格的界限。理性是用来计算的，它可以确定事实的真假，可以看到数学上的关系，但仅此而已。因此，在实践领域内，它仅仅涉及手段，在目的问题上它必须保持沉默。笛卡儿甚至坚信，理性无法否定怀疑，从而，根据帕斯卡儿的观点，理性的一个核心成就即在于认识到我们的信念最终建立在本性、风俗、习惯的基础上。"[①] 总之，经过理性的主体转向和神学改造之后，新的理性观念只为人留下作为推理能力的合理性或知性。赫尔伯特 · 西蒙这样描述理性或合理性："理性完全是工具性的。它不能告诉我们往哪儿走；它最多只能告诉我们如何到那个地方去。它是一杆可开火的枪，可用来服务于我们所追求的任何目标，不论好坏。"[②] 也就是说，工具合理性对于目标没有置喙的资格，它与目标的选择无关。

（三）理性的危机

新的理性概念造成人类认识的危机。"人的理性与神的领域和本质领域断绝而回到自身，一方面导致经验科学的建立和依托经验科学的经验主义哲学；另一方面正好相反，它导致探究主观理性的可能性，坚持经验的理性基础的理性哲学。这样，近代哲学的基本问题就表现为经验主义和理性主义的分野。"[③] 然而，无论是唯理论还是经验论，它们都面临一个基本问题：由于第一原理阙如，认识的可靠性发生了危机。

---

① 麦金泰尔 . 德性之后［M］. 龚群，译 . 北京：中国社会科学出版社，1995：69 － 70.

② SIMON H A. Reason in Human Affairs［M］. California: Stanford University Press, 1983：7 － 8.

③ 张汝伦 . 历史与实践［M］. 上海：上海人民出版社，1995：282.

康德看到并试图解决这一问题。他继续沿袭了合理性（知性）与（纯粹）理性之间的区分，知性（人的理性）被限制在经验世界，一旦进入超验世界，就会产生认识谬误和二律背反。对此，麦金泰尔评论说："康德的理性与休谟的一样，无法察觉作为物理学研究对象的客观世界的任何本质特征和目的特征。"[①]不过，由于人先天具有时间和空间两种纯感性形式与十二个基本知性范畴，它们能够先天地综合在一起，因此，先天综合判断是可能的。也就是说，人自己能够在一定程度上确保最初推理前提的真，从而保证认识的可靠性。康德纯粹理性批判的本意是为认识奠定牢靠的基础，却使理性与合理性的传统模式发生了颠倒：合理性（知性）成为提供构造性原理的能力，理性则起着次要作用。[②]由此造成了两个后果：

第一，理性在认识上的方法化。由于康德本人将理性作为哲学和科学的最终依据，从而使人们往往从认识论的角度看待其哲学，由此而遗忘了其形而上学动机，反倒将其看作一位反形而上学者，这就将理性局限于科学认识领域，而甚少注意在其哲学规划中占首要地位的实践理性。这种认识论偏向与近代科学的方法论倾向相契合，进一步将理性在实际上理解为知性或科学方法，这就把理性方法化了。

第二，理性在实践上的技术化。尽管康德坚持亚里士多德的实践哲学传统，建立起自己的理性二元论（理论理性与实践理性），发展出一套以道德实践为对象的实践哲学体系，但他的实践哲学是纯形式的。像其他启蒙哲学家一样，康德也抛弃了人性论的目的概念，这就使得客观的本质性目的成为不可能。于是，道德哲学仅仅能够帮助人们如何确定地达到自己设定的目的，亦即实践之知变为"技术之知"。实践理性的技术化导致其逐渐窄化为"工具理性"，这就使实践理性工具化或技术化了。[③]

---

① 麦金泰尔．德性之后［M］．龚群，译．北京：中国社会科学出版社，1995：70.

② W. 威尔士．理性：传统和当代［J］．张敦敏，译．哲学译丛，2000（4）：66.

③ 张汝伦．历史与实践［M］．上海：上海人民出版社，1995：284.

尽管在近代哲学史上，也有哲学家，比如莱布尼茨和黑格尔，设法维持本体论意义上的客观理性概念，但并未取得成功。黑格尔之后，理性概念迅速失去其至高权威，遭到非理性主义、历史主义、实证主义和批判理论的猛烈攻击。首先，非理性主义主张，存在着某些理性无法支配或同化的东西，这些东西实际上支配和决定着理性。理性的范围应当仅仅局限在经验知识的领域，非理性的东西才是世界的真正基础。这就摧毁了理性的自主性和基础性原理。其次，根据历史主义原则，一切事物都有其历史；既然人是历史性的，作为人之特性的理性也是历史性的，这就表明理性是偶然的、个别的和相对的，不存在一个必然的、一般的和普遍的理性，由此历史主义就破坏了理性的绝对性原理。这从根本上动摇了理性的地位。再次，科学知识的普遍有效性证明了自身的实在性和可靠性，从而毫不含糊地证明了理性。因此，实证主义者认为，理性实际上只能是科学理性，即表现在科学操作和论证过程中的理性，认识论应该让位给方法论。可以说，尽管实证主义表面上反对理性的主体性原则，实际上却是近代主观理性逻辑的必然结果。最后，批判理论对启蒙运动以来的整个理性谱系进行了系统检讨。霍克海默认为，从理性到合理性的演化过程就是理性不断“主观化”和“形式化”的过程，其实质是理性不断被销蚀，最终导致一种“不合理的合理性”（irrational rationality）或“合理化的不合理性”（rationalized irrationality）。①

叔本华、尼采、克尔凯郭尔、柏格森、弗洛伊德等人都不再将理性作为人的最基本的特征，转而把意志、权力意志、信仰、生命、无意识等东西作为人的存在本性。甚至，法兰克福学派指出，正是启蒙理性自身的自大与狂妄给人类带来了灾难。这样，西方近代的理性概念走向了崩溃，产生了理性的危机。

---

① 童世骏．理性、合理与讲理：兼评陈嘉映的《说理》［J］．哲学分析，2012 (6)：9.

（四）理性作为多元合理性

19 世纪以来，理性逐渐受到思想家们的质疑和厌弃。尽管如此，对启蒙理性的批判恰恰从反面说明，现代社会的确处在一个合理化的历史进程中，现代工业文明（也许还有后工业文明）在本质上都是合理性的文明，而且是技术合理性的文明。彻底消除理性的方案看来是不可能的，可行的出路在于回答我们需要一种（或许不止一种）什么样的理性？用哈贝马斯的话来说，我们需要给理性重新进行定位。[①]就此而言，韦伯的合理性理论构成现代性理论的起点，而且奠定了法兰克福学派批判理论的概念框架和理论出发点，即：反思与重建启蒙理性，消弭理性的内在矛盾，克服现代性困境。

一个信念、行动、政策或产品是否合理，这是一个评价问题。只有在某个主体对它加以合理性评价之后，它才具有合理性或不合理性。就此而言，合理性乃是一个关系性概念。问题是：合理性的标准是什么？在古典目的论或有神论哲学中，事物的第一原理是能够确定的，即存在某个终极的评价准则。但是，在消除目的论和上帝之后的世俗化社会，终极的目的或准则并不能够为人类所知晓，因为人的理性是不完满的、有限的，无法凭借理智直观把握最本质的真理。威廉姆斯在谈到实践理性时写道："对于什么能够算作是理性的慎思过程，存在着本质的不确定性。实践推理是一个摸索的过程，一个想象的过程，在从理性思考到灵感和信仰的连续统一，不存在固定的边界。"[②]在此意义上，合理性可以说是无根基的。韦伯对实质合理性与形式合理性的区分正反映了此点。

韦伯最大的贡献是区分了形式理性与实质理性，相应地，合理性也分

① 哈贝马斯．后形而上学思想［M］．曹卫东，付德根，译．南京：译林出版社，2001：8.

② WILLIAMS B. Internal and External Reasons［A］. Moral Luck［C］. London: Cambridge University Press, 1981：113 – 101.

为形式合理性与实质合理性。形式合理性指涉手段和程序的可计算性，实质合理性则关注目的和后果的价值。一个行为是否合理，不仅要考察它是否在技术手段上能够实现预期的目标，而实质合理性则要求对行为进行价值衡量，考察行为本身及其后果是否符合某些给定的价值原则。因此，形式合理性不能保证实质合理性，反倒应该用实质合理性评判形式合理性。但是，现代社会的理性化过程却是形式合理性压倒了实质合理性，从而导致现代性陷入困境——即自由丧失与意义丧失。

哈贝马斯指出，韦伯面对的不是一个新问题："在 18 世纪，历史哲学探讨了这个主题；到了 19 世纪，进化主义的社会理论又接手并转化了这个主题。"[①]不同之处在于，韦伯以一种纯粹科学的眼光接过了合理性问题，并拒绝 19 世纪那种乐观的历史进化论的哲学论调。因此，韦伯的合理性概念已经不同于传统的哲学合理性，而是社会学意义上的合理性。

哈贝马斯企图解决现代性的理性困境，可以说，哈贝马斯的思想事业以合理性为起点，而以现代性为落脚点。[②]他对现代性的基本诊断是：晚期资本主义社会的危机是由工具合理性所造成的"生活世界被体系殖民化"；体系（由工具理性主导的经济和国家等领域）控制了生活世界（由交往行为建构的领域）的象征性领域，扭曲了社会成员之间的合理交往和实践，从而酿成了文化、社会、个性诸领域的病态征象。经由近代的合理化运动，原本未分化的价值领域现在分化为相对独立的认知—技术领域、审美—表现领域、道德—实践领域，且各领域处在持续自律化、合理化的过程。相应地，合理性也分化为认知合理性、审美合理性与道德合理性。各类合理性之间是彼此独立的，"因为它们各自建有自己的原理、方法和

---

① 哈贝马斯．交往行为理论：第一卷［M］．曹卫东，译．上海：上海人民出版社，2004：143.

② 曾庆娣．合理性：从韦伯到哈贝马斯［J］．广西大学学报（哲学社会科学版），2008 (4)：38 － 41.

观点”。[①] 实际上，不仅存在认知合理性、审美合理性与道德合理性，还有经济合理性、社会合理性、宗教合理性、教育合理性，等等。甚至，不同的人也具有自己的独特的合理性信念。

有学者给出了合理性的7种含义：①概念合理性：使概念的模糊性、含糊性和不准确性最小化；②逻辑合理性：力求连贯、一致、自洽，避免矛盾；③方法论的合理性：质疑（怀疑和批判）与辩护要求证明或证据；④认识论的合理性：关心经验的支持，避免与已被确证的理论发生冲突；⑤本体论的合理性：采取与现代科学成就相一贯的世界观；⑥价值合理性：力求达到目标，该目标不仅是可得的，而且是值得追求的；⑦实践合理性：采取最有助于达到目标的方案。[②] 甚至有学者罗列出合理性的21种含义。即便如此，这些不同形式的合理性也还没有穷尽合理性的所有类型，当然也不可能穷尽。所以，对于“合理性的依据是什么？”这个问题，似乎只可能有一个回答，合理性的依据是多元的，不存在唯一正确的答案。合理性的标准也是历史性的，是会发生变化的。在目前尚未（甚至不可能）找到绝对标准的情形下，我们有理由拒绝关于合理性的以下说法。

其一，合理性的标准是绝对不变的。依据这种观点，存在着适合于一切时间、一切地点的合理性标准，这种观点的谬误是显而易见的，除非我们生活在一个非历史的、没有变化的环境下，否则人们对于什么是合理的观点就必然会发生变化。

其二，只有“我们”的合理性标准才是合理的。这种唯我主义的合理性观念在科学上以波普尔和拉卡托斯为代表，他们承认合理性标准是变化的，但固执地坚信应该使用他们自己的合理性标准来评判历史上的事例，却忽视历史上的科学家自身所提出的理由和合理性判断。

其三，任何合理性评价都是无根据的。这是一种典型的相对主义或无

① W. 威尔士 . 理性：传统和当代［J］. 张敦敏，译 . 哲学译丛，2000（4）：66.

② 陈建涛 . 合理性辨析［J］. 哲学动态，1994（11）：25－26.

政府主义观点，因而是自相反驳的。然而，历史主义的合理性观点很可能会掉入相对主义或无政府主义的陷阱，因为它无法解决当时做出的合理性评价的根据何在的问题。[①]

综上，合理性既可作为描述性概念，也可作为规范性概念来使用。在描述的意义上，合理性有两重含义：一是用于指称广义上的理性能力，亦即分辨、提出和运用理由的能力，而且既可运用于认识活动，又可运用于实践活动；二是用于指称某种合乎理性或理由的状态和性质，此时它被限制在与人有关的那些事物范围内。简单地说，某个东西是合理的，就意味着它是有根据的或得到充分理由支持的。假如一个物理学家提出一种新的宇宙起源理论，他的同行就会要求他出示相关证据，并且对该理论的逻辑性进行检验；假如一位法官判处某人死刑，那么他必定被要求提供此人犯罪的证据与相应的法律条款。在这个意义上，提出理由和运用理由进行论辩就是一种人类特有的理性的活动。有时，研究者们也把作为能力的合理性称作“理性”,而单独把作为一种属性的合理性称作“合理性”。当合理性在规范性意义上被使用时，它就对相关的有理性者提出了一个要求，亦即人们的信念和行动都应该是合理的，人们应该提出充分的理由来证明他们所持的信念和做出的行动选择。此时合理性也有一个约束性条件，在某些纯粹属于个人事务或个人权利的情形中，他人无权要求当事人就某个信念或行动提供根据或理由。

（五）交往理性与重叠共识

在很大程度上，当代那些有名的思想家之所以关注合理性问题，其原因就在于复数合理性所引起的深刻危机。在所谓全球化的时代或文明冲突的时代，合理性可能导致的危机大大加深了。对于目的问题或价值立场的

① L·劳丹.进步及其问题：一种新的科学增长论［M］.刘新民，译.北京：华夏出版社，1990.

合理性证明问题，韦伯持一种悲观态度，他说："对于每一个人来说，根据他的终极立场，一方是恶魔，另一方是上帝，个人必须决定，在他看来，哪一方是上帝，哪一方是恶魔。生活中的所有领域莫不如此。"①

工具合理性之所以在现代社会成为主流，其部分原因就在于这种理解规避了合理性的相对主义难题，它无须为目的或后果的价值忧心忡忡。但是，正像霍克海默和阿道尔诺批评的那样，仅仅从工具合理性的角度来使用合理性，已经为现代性事业带来了许多灾难性的后果。"主体在取消意识之后将自我客体化的技术过程彻底摆脱了模糊的神话思想以及一切意义，因为理性自身已经成为万能经济机器的辅助工具。理性成了用于制造一切其他工具的工具一般，它目标专一，与可精确计算的物质生产活动一样后果严重。而物质生产活动的结果对人类而言，却超出了一切计算所能达到的范围。它最终实现了其充当纯粹目的工具的夙愿。"② 对于纯粹的工具合理性来说，所有行为的目的都交给了个人的激情和欲望，这就是休谟所力陈的观点：理性是激情的奴隶。然而，当人与人之间的激情和欲望发生冲突时，我们仍然不得不求助于价值理性。

面对理性的危机，哈贝马斯提出以"交往理性"的概念取代流行的工具理性观，试图为理性做一种批判性的辩护，一方面批判理性独断主义，因为它否定了理由的多样性；另一方面也批判理性虚无主义，因为它否定了理由的有效性。③ 哈贝马斯的基本立场是："只有在多元性的声音中，理性的同一性才是可以理解的——从一种语言转化成另一种语言在原则上是可能的，尽管具有很大的偶然性，但终究可以理解，这种相互理解的可能

---

① 马克斯·韦伯.学术与政治：韦伯的两篇演说[M].冯克利，译.北京：生活·读书·新知三联书店，1998：40.

② 马克斯·霍克海默，西奥多·阿道尔诺.启蒙辩证法：哲学断片[M].渠敬东，曹卫东，译.上海：上海人民出版社，2006：23.

③ 童世骏.理性、合理与讲理：兼评陈嘉映的《说理》[J].哲学分析，2012(6)：4－16.

性在程序上得到了保障，在现实中则比较短暂。”[①] 在他看来，普通人的日常语言活动中蕴含着一种基本的理性潜能，在人与人之间的交往活动中，这种理性能力得到了展露。一个人具有健全的交往能力，意味着他知道在不同领域既要讲理，也要以不同方式讲理；也知道尽管在特定时间、地点提出的理由总是具有局限性，但这些局限性将随着交往的继续而有可能破除，等等。所以，交往理性是一个程序性的概念，它与工具合理性、价值合理性等实质性的合理性类型不是并列的。通过不断的交往和对话，人们认识的合理性将会逐步提高，尽管不大可能获得一个绝对统一的合理性概念。

与哈贝马斯一样，罗尔斯也试图克服理性独断主义与理性虚无主义；但与哈贝马斯不同，罗尔斯严格区分了 rational 与 reasonable。罗尔斯认为，基于“无知之幕”的正义论证要能够实现，那么处于无知之幕背后的人们就必须是“理性的”，所做的选择也必须是“理性的”。起初，罗尔斯用 rational 表达“理性的”，后发现 rational 易于使人联想起韦伯的 instrumental rationality（工具合理性）概念，而这不利于他想要的论证，因为正义原则论证的关键不在于身处原初状态中的人们所作选择是 rational（合理的），而在于做出选择的人们是 reasonable（讲理的）。罗尔斯这样定义 reasonable（讲理的）：“人们如满足以下条件，就在一个基本方面是讲理的，即他们在与平等者相处时准备提出一些原则和标准作为合作的公平条件，并准备自愿地遵守这些原则和标准，如果别人将同样遵守这些原则和标准的话。”[②] 这个思想的一个来源是康德，在“康德讲座”中，罗尔斯指出：“康德所谓人性是指我们的这样一些力量和能力，它们将属于自然界的我们塑造为讲理且合理的（reasonable and rational）人。”[③] 因此，人不仅能够选择合适

---

① 哈贝马斯．后形而上学思想［M］．曹卫东，付德根，译．南京：译林出版社，2001：39.

② 约翰·罗尔斯．政治自由主义［M］．万俊人，译．南京：译林出版社，2000：51.

③ RAWLA J. Lectures on the History of Moral Philosophy［M］. Barbara Herman ed.. Massachusetts: Harvard University Press, 2000 : 188.

的手段去实现预定的目的，而且也有一种讲理的态度，愿意接受理性的证明。从这个意义上来说，理性是一种非强制性的力量。

威尔士则敏锐地抓住了如下问题："当我们对各种各样的合理性进行区别时，当我们断言它们有正确的意义时，当我们判定它们具有自主性、不可通约性和不可选择性时，我们正在使用的是什么功能呢？"① 对于这个问题，各种类型的合理性都无法给出答案，因为按照各种合理性形式自身的逻辑，它们必然会对其他类型的合理性做出偏颇的描述和解释。所以，这种功能必定是人所具有的一种特别的反思能力，它在各种不同类型的合理性之间采取一个中立的立场，从而能够对不同的合理性类型做出中肯的评判。在威尔士的构想中，新的理性类似于联结不同房间的走廊，各个房间虽然相互独立，但也并非完全封闭，它们通过公共的走廊相互沟通。这种新的理性能力有两个基本特征：一是，新的"理性"是纯粹形式性的，它不再提供实质性的第一原理；二是，它与各种类型的合理性之间的关系是横向的，而不再是纵向的、等级性的。因此，威尔士称这种新的理性为"横向理性"。作为一种反思能力，横向理性不受任何具体的思维方式、立场和内容的限制，它穿梭于各种不同的合理性之间，在多元合理性内部起着中介和转换的作用。不过，威尔士明确地表明，这还是一种处在构思当中的理性，并非现实。

除了哈贝马斯、罗尔斯和威尔士之外，当代其他思想家也表达过类似的看法，比如普特南。普特南在《理性、历史与真理》的末尾承认，人类不可能知道"真正的"合理性是什么样子。不过，他拒绝那种唯我论的独裁，认为只有自己的理由才是合理的理由；他将希望寄托在"真正的人类对话之中"："这是一个将集体性和个人责任性融为一体的对话"。②

---

① W. 威尔士 . 理性：传统和当代［J］. 张敦敏，译 . 哲学译丛，2000 (4)：68.

② 希拉里·普特南 . 理性、真理与历史［M］. 童世骏，李光程，译 . 上海：译文出版社，2005：240.

尽管我们并不能够提出一个唯一的合理性标准或范式，但是能够通过讲理的人们之间的不断对话，进一步达成和完善相关的共识。合理性要求人们在涉及他人利益时提供理由，这是现代合理化社会的一个重要特征，也是现代文明进步的一个重要表征。在理、利、力三种重要力量中，理是一种非强制性力量。当一个社会人人讲理，而不是崇拜金钱和强力时，这个社会就取得了长足的进步。当然，这必定是一个漫长的过程。

二、正义

从古至今，正义无疑是人们孜孜追求的基本价值。政治哲学家罗尔斯旗帜鲜明地指出，“正义是社会制度的首要德性，正像真理是思想体系的首要德性一样……作为人类活动的首要德性,真理和正义是绝不妥协的”[①]。然而，“何谓正义”涉及正义的概念、内涵及其基本范畴，因而颇为复杂。诚如美国法学家博登海默所言:“正义有着一张普洛透斯似的脸，变幻无常、随时可呈现不同形状并具有极不相同的面貌。当我们仔细查看这张脸并试图解开隐藏在其背后的秘密时，我们往往会深感迷惑。”[②]因此，我们需要在历时与共时维度，即古今流变与概念辨析中厘清“何谓正义”。

（一）正义的古今之变

正义议题古已有之，人类对正义的追求是永恒的，没有人希望自己生活在不正义的社会之中。与此同时，正义具有历史性和相对性，不存在绝对正义和永恒正义，随着社会的进步与发展，人们对正义的认识不断深化。例如，在古代，劫富济贫，以牙还牙、以眼还眼是正义，而在现代社会，

---

① 罗尔斯．正义论［M］．何怀宏，等，译．北京：中国社会科学出版社，1988．1－2.

② E·博登海默．法理学：法律哲学与法律方法［M］．邓正来，译．北京：中国政法大学出版社，1998．252.

当个人的权益、福祉受到损害时，需要社会（法律）和国家来惩戒和制裁非正义行为，以维护和保全个人利益。

从历史性的角度，正义经历了从个人正义到社会正义的演进，且人们对个人正义的思考要远远早于社会正义。个人正义主要指向个人本身及其涉及他人的行为，或者说人与人之间的利益关系。这意味着，可以对一个人或他的主观特性或行为予以正义或不正义的评价。比如，“他是一位秉持正义的法官”“这次审判是正义的”“以牙还牙、以眼还眼的报复是正义的”“公平买卖是正义的，强买强卖是不正义的”，等等。通过对个人行为正义与否的追问，目的在于规范个人的行为，使之适合于社会发展的需要，以维持社会秩序和生活的正常运转。

从个人正义到社会正义的主题转变，代表着一场观念层面的“革命”。社会正义是人类认识发展到一个较高阶段后才出现的，其出场依赖于如下奠基性的观念：

第一，普遍正义理念。普遍的正义理念可以追溯到古希腊斯多葛派的创立者芝诺，他在其著作《国家篇》中对理想城邦的论述已经超出了城邦，而他的追随者进一步以“正确理由”而非情感纽带作为理性个体行动的指导。古罗马的西塞罗在《法律篇》中认为在任何法律体系形成之前正义就已自然地存在，并且适用于任何有理性的人。简言之，“正义为自然而生，普遍存在于人类之间。”西塞罗的观点意味着一种思维巨变，即正义不再局限于政治共同体内部，可以且应该适用于全人类或所有理性生物。公元6世纪汇编的《罗马法典》区分了国家特定法即罗马本国法与自然法，突出了自然法的普遍适用性。基督教的《圣经》特别是《四福音书》强调所有人都能接受圣灵和耶稣的劝导，不论其出身、地位和信仰，进一步传播了普遍的正义理念。普遍正义的理念影响了近代的自然法则和自然权利的概念，并最终进入现代政治哲学和伦理学的核心。

第二，人类平等理念。亚里士多德相信，有的人尽管具有潜在的理性能力和语言能力，却无法理解逻辑，因此天生为奴。西塞罗也赞成奴隶制，相信有人天生有权统治他人。但在他那里发生了一个微妙的变化：他相信每个人都拥有同等的理性和语言能力，强调是思维或决策上的悬殊差异决定着谁统治与谁被统治，这一点不同于亚里士多德的自然等级制思想。《罗马法典》突出了这一变化，明确指出奴隶制是人为的制度，不具有自然性。基督教的核心信念，即每个人都能接收圣灵和被上帝拯救的教义，也体现出平等主义的思想。霍布斯在《利维坦》中明确地提出个人主义假说，即每个人在自然状态中都拥有同样的自然权利，所有人生而平等。在他看来，亚里士多德的天生不平等理论“反逻辑且反经验”。霍布斯跟亚里士多德的观念的根本区别在于，不平等是基于人人平等所建立的政治实体的产物，而不是天生就决定了的。自霍布斯以降，亚当·斯密、康德等人进一步批判对人类天生不平等的思想，逐渐树立其人类道德平等的理念。

第三，重塑社会理念。公元前 5 世纪后半叶，古希腊的智者群体最早向社会是自然的这一传统观念发起挑战，他们认为人类有能力理解和创造社会秩序，政治机构和社会安排都是人类发明和规矩的产物，而非源于自然且由自然决定的东西。普罗塔哥拉通过普罗米修斯的故事表明，只有依据尊敬和正义对城邦进行改造，才能使人们生活幸福。但这种新的观念没有流行开来，直到宗教改革时期的马丁·路德。路德肯定人类的信仰力量，从而帮助传播了人类可以理解和改造现实的信念。莫尔通过《乌托邦》批判了 16 世纪初的英国社会，认为一个良好的国家应该取决于人们的意愿，社会制度应该鼓励人性中好的特征而非坏的特征。这一思想经过霍布斯在现代取得了牢固的地位。霍布斯反对亚里士多德，他将国家或政治关系比喻为房子，房子的好坏取决于设计者和建造者。因此，霍布斯不仅相信人类能够重塑社会，而且能够凭借自己的努力完善社会。此后重塑社会的观点成为西方政治思想的基础，人们开始探讨人类应该如何重塑社会。

20 世纪 70 年代，美国政治哲学家约翰·罗尔斯的《正义论》再次旗帜鲜明地重申了社会正义的核心作用——正义的首要主题是“社会的基本结构”，即“政治结构和主要的经济和社会安排”。“社会正义”“分配正义”“制度正义”成为探讨正义议题的重心，正义的首要主题由个人及其行为转变为社会基本结构，正义的基本问题由特定个人在特定环境下的特定行为的评价转变为利益和负担在整个社会中应该如何分配。“相比关切个体的道德成长，完善一个政治共同体的德性建设，则需要一种更高的德性要求。”[①]人们逐渐形成这样的共识：在现代社会，要实现与保持正义的社会关系固然需要个人正义，但呈现社会基本结构的社会正义、制度正义仍然具有系统上的优先性和重要性，换言之，“缺少了社会正义制度性原则的制度安排就谈不上社会公正”[②]。直至现在，人们谈论正义问题时，首先想到的可能不再是“以牙还牙、以眼还眼”的格言，而是贫富差距过大、机会不均等、正义缺位等社会问题。

当前，以罗尔斯的“正义即公平”为坐标，人们发展出了各种不同的社会正义理论。然而，社会与个人是两类迥然不同的主体，适合于社会的正义观念不一定适合于个人及其行为，反之亦如是。罗尔斯本人对此早有洞见，对其探讨的主题做了严格限制：仅仅探讨“一个被理解为暂时同其他社会隔绝的封闭社会的基本结构”[③]，而不一般地讨论制度和实践的正义问题。因此，其结论不一定适合于其他类型的正义问题，比如范围较小的社会群体、人际交往、风俗习惯及国际法等。托马斯·布克的立场更加激进，“社会正义不是普通正义的延伸，而在本质上与普通正义存在冲突”[④]。也就是说，社会正义与我们一般所用的正义属于两个不同且相互冲突的范畴，只不过共用“正义”之名而已。当然，布克反对的社会正义主要是收入与财富领域的正义观念特别是平等主义的正义观念，而不反对政治正义、

① 列奥·施特劳斯.自然权利与历史［M］.彭刚，译.北京：生活·读书·新知三联书店，2011.135.

② 冯益谦.公共伦理学［M］.广州：华南理工大学出版社，2004.93.

③ 罗尔斯.正义论［M］.何怀宏，等，译.北京：中国社会科学出版社，1988：6.

④ BURKE T P. The Concept of Justice：Is Social Justice Just ？［M］.New York: Continuum. 2011：4.

法律正义以及机会平等的正义原则。那么，究竟什么是正义？社会正义属于正义吗？假如社会正义也是正义，那么存在一个能够涵盖社会正义和个人正义的一般正义概念吗？

（二）正义的概念辨析

在此基础上，需要进一步厘清"何谓正义"。正义，常用于政治哲学领域，与公正、公道、平等、公平等概念具有"家族类似性"，但亦有所区别。例如，与平等相比，"正义是一个关涉人的价值、尊严以及人的发展的根本问题的范畴，它历来就有神圣、崇高与尊严的意思，体现着真、善、美的全部内涵"[①]。与其关系极为密切的概念——公正相比，"正义体现了一种至善的价值，它表明人们对美好境界的向往，其中包括了公正的含义；而公正则是对事物分配状态的一种描述，它并不必然表现为善价值"[②]。

萨杜斯基认为，"正义概念提供了一个框架，在这个框架内，正义的观念得以表述；正义的观念提供了一种标准，根据这种标准，一个人、一项规则、一种行为或一个社会被判断为正义或非正义"[③]。从这个意义上说，正义在本质上是关系性的，归属于社会道德范畴。由于资源的稀缺和人的自利这两个条件，人类彼此之间不可能避免利益争夺，最终结果是陷入你杀我、我杀你的战争状态。正义的出现正是为了调节人们之间的利益纠纷，就是说，正义是一种调节人们之间交往的行为规范，规定了人们适宜的行为方式。中国古代将"义"解释为"宜"，表达出正义一词的原初功能。

何怀宏认为，正义是一个社会道德评价范畴，其适用对象是社会而不是个人。"正义即社会正义，正义即'符合道德'，问一个社会是不是正义的，

---

① 洋龙．平等与公平、正义、公正之比较［J］．文史哲，2004 (4)：145 － 151.

② 许超．正义与公正、平等之关系辨析［J］．社会科学战线，2010 (2)：189 － 194.

③ SADURSKI W. Giving Desert Its Due:Social Justice and Legal Theory［M］.Dordrecht: Springer Science + Business Media,1985.

就等于问：一个社会是不是符合道德的；而如果我们问一个人及其行为是否符合道德，我们不用‘正义’、而用另外的字眼，如‘正直’‘正当’乃至‘公正’等。”[①] 在此意义上，正义即社会正义或分配正义，包含三个基本部分：第一，做什么，分配各种基本的政治权利和义务、社会地位和荣誉、经济利益和收入等，“分配”是广义的，不仅指政府的有意行为，而且包括某些活动的自然结果（如市场经济）、对惩罚的分配（即纠正或报复的正义）；第二，谁在做，正义的实施主体只能是社会、国家、有权威的组织、制度（包括市场制度一类），因此正义是一种社会性、政治性或制度的品德；第三，对谁做，在一个国家内的所有公民或一个社会内的所有成员中，正义常被视作最基本或最优先的德性。[②] 简言之，（社会）正义由实施者、承受者和实施活动三要素构成。

总结人们对正义的界定，主要有两种思路：一种是“相互利益”的事实判断，另一种是“相互善意”的价值判断。从相互利益的角度，人们基于自身利益签订契约、追求相对等的资源份额即为正义。从另一种“应然”思路来看，正义是理想性存在的真正标准与最高原则，追求正义即是追求人的理想性存在，目的是以正义为标准和原则，对人的行为与结果所具有的意义、价值做出终极判断。[③] 因此，作为价值判断而非仅仅是事实判断，作为一种应然价值而非实然价值，正义与公正、公道、公平、平等、正当等相关概念在不同层面共同构成善的理念和良善秩序。

（三）正义的多维标准

从“何谓正义”到“是否正义”，是正义概念到正义标准的转换。“是否正义”涉及对正义与否做出判断，也关乎具体的正义原则。总体而言，

---

① 何怀宏 . 伦理学是什么［M］. 北京 : 北京大学出版社 , 2002 : 171.

② 同 ① 175 － 176.

③ 胡海波 . 正义的追寻 : 人类发展的理想境界［M］. 长春 : 东北师范大学出版社 , 1997 : 2.

判断某一行为或者一项制度是否正义应当遵循以下标准和具体原则。

第一，正义的应得原则。古希腊梭伦首次将正义用于城邦成员之间的利益分配，并将其与“应得”联系起来。在他为了调和当时雅典城邦严重的贫富斗争所进行的改革措施中，无论平民还是贵族，都以其城邦公民的身份而应得同样的自由和尊严。但梭伦否认每个城邦公民都应得同样的财产，因为每个人应得的财产必须以劳动为基础，公民身份不能成为财产应得的标准。到了苏格拉底和柏拉图时代，人们已经普遍认为正义是一种重要的美德。在《理想国》中，玻勒马霍斯认为，正义即给人以应得，如善待朋友、恶对敌人。古罗马的西塞罗明确将正义定义为“使每个人获得其应得的东西的人类精神意向”[①]。他借正义的质疑者菲卢斯之口说：“一个善良公正者的义务就是给予每个人他的应得。”[②]亚里士多德将正义视为一切德性的总括，“按照一般的认识，正义是某些事物的平等（均等）观念，包含两个因素——事物和应该接受事物的人，即相等的人该分配到相等的事物”[③]。从“应得”思路出发，亚里士多德主张把较好或较多笛管分配给笛艺较高的人便是正义，开启“应得正义”“机会向才能开放”的精英主义分配模式之先河。

古罗马时期，“给人以其应得”成为正义概念的核心。古罗马法学家乌尔比安将正义定位于“应得”，正义乃是使每个人获得其应得东西永恒不变的意志。[④]古罗马皇帝查士丁尼下令编写的《法学总论》沿袭了这一定义，书中开宗明义地写道：“正义是给予每个人他应得的部分的这种坚定而恒久的愿望。”[⑤]在随后的第三条基本说明中，他写道：“法律的基本原

---

① 张恒山．正义追寻之始［N］．学习时报，2006－07－03(6).

② 西塞罗．国家篇·法律篇［M］．沈树平，苏力，译．北京：商务印书馆，2002：98.

③ 亚里士多德．政治学［M］．吴寿彭，译．北京：商务印书馆，1997：148.

④ 埃德加·博登海默．法理学：法哲学及其方法［M］．邓正来，姬敬武，译．北京：华夏出版社，1987：253.

⑤ 查士丁尼．法学总论：法学阶梯［M］．张企泰，译．北京：商务印书馆，1989：5.

则是：为人诚实，不损害别人，给予每个人他应得的部分。”①瑞士神学家埃米尔·布伦纳将应得传统运用于分配的社会关系、法律制度中，“一种态度、一种制度、一部法律、一种关系，只要能使每个人获得其应得的东西，那么它就是正义的”②。密尔认为：“大家普遍认为，正义在于每个人得到了自己应得的（无论是利还是害），非正义则在于每个人得到了自己不应得的福利或者遭受了自己不应得的祸害。”③因此，“争论正义就是争论人们应该得到什么，正义也总是关乎人们应该得到什么”，正义被理解为“持续而不断地给予每个人应得之物的意志”，换言之，正义即应得。这一观念也适用于局部的制度，如审判应该遵循“自然正义”的原则，包括公正的法官和申辩的权利等，而人们也会用“公正”或“不公正”来评价具体的审判。

萨杜斯基指出应得的三个特征：其一，指向人的。应得判断总是针对一个能为自己的行动负责的人而做出的，准确地说，针对的是这个人在某种程度上能够控制的行动而做出的。换言之，应得的合法基础只可能是一个人直接做出的具体的行动。其二，价值负载的。应得判断总是蕴含着对一个人的行动或好或坏的道德评价，通常表现为奖赏、奖金、奖牌、报酬、赞美的语言，以及与“好的应得”相应的“坏的应得”，惩罚、谴责、罚金等。此外，所应得的东西是人们能够分配或控制的东西，那些人力不及的东西不能作为应得之物。其三，指向过去的。应得总是基于一个人在过去已经做出的行动而做出的。基于应得的正义判断与基于效用、平等或权利等的正义判断可能发生冲突。应得判断与效用判断在本质上是不同的，且两者之间不存在必然关系，两种价值判断可能一致，也可能不一致。应得原则

---

① 埃德加·博登海默．法理学：法哲学及其方法［M］．邓正来，姬敬武，译．北京：华夏出版社，1987：253.

② 何怀宏．伦理学是什么［M］．北京：北京大学出版社，2002：175.

③ 约翰·穆勒．功利主义［M］．徐大建，译．上海：上海人民出版社，2005：45.

指向过去，而效用原则指向将来。应得是一个程度概念，平等或权利概念则不是。比如，X 应得 P，但 Y 更应得 P。

第二，正义的和谐原则。柏拉图认为，社会（城邦）正义的本质是构成社会的各个阶级与个人都根据自己天生才能做自己所擅长的事情而不相互干涉的状态。"当生意人、辅助者和护国者这三种人在国家里各做各的事而不相互干扰时，便有了正义，从而也就使国家成为正义的国家了。"① 城邦正义的理论框架被用于分析个人正义，个人正义的本质即个人灵魂的三个部分（对应于城邦的三个阶级）处于平衡状态。所谓灵魂平衡是指理性部分（对应于统治者）能够调节和统治激情部分（对应于守卫）和欲望部分（对应于其他人），亦即灵魂是有序的。柏拉图式的个人正义概念指向人的内在灵魂，而不是通常理解的外在行为。如果每个人的各种品质在自身内各起各的作用时，那他也是正义的，即也是做他本分的事情。不正义的人是指一个人灵魂的三种部分之间的争斗不和、相互管闲事和相互干涉。

柏拉图否定和抛弃了应得意义上的正义，代之以一个新的正义原则。在《理想国》中，柏拉图在借苏格拉底之口提出自己的正义概念之前，通过玻勒马霍斯、色拉叙马霍斯、格劳孔和阿德曼托斯展示了当时流行的几种正义概念，作为批判的靶子和踏脚石。玻勒马霍斯提供的正义概念是，正义即给人以应得，如善待朋友、恶对敌人；色拉叙马霍斯认为，正义即强者的利益；格劳孔和阿德曼托斯认为，正义是人们为了各自的利益通过契约所达成的东西。

柏拉图的正义原则有四个特征：其一，惩罚不再是正义的核心主题，尽管柏拉图也采用惩罚，但惩罚不再是一种矫正或报复的手段，而是提升城邦公民心灵和实现城邦秩序的手段；其二，以保护弱者为目的的古代社

---

① 柏拉图．理想国［M］．郭斌和，张竹明，译．北京：商务印书馆，2009：162.

会正义概念不见于柏拉图的正义理论，柏拉图不关注弱势群体[①]；其三，正义不再是为了调节人和人之间的世俗利益冲突，而是为了在城邦和灵魂中都实现理想秩序，因此，正义的概念在柏拉图那里指称一种神圣而自然的有序状态，而不是指称人际关系或利益之间的平衡状态及相应原则；其四，正义关系是地位不平等者之间的命令与顺从关系，既不是地位平等者之间的平衡互惠关系，也不是地位不平等者之间的不平衡互惠关系，因此柏拉图抛弃了以互惠为中心的正义原则。

第三，正义的需要原则。正义还有“需要”的意蕴，博登海默指出，正义的基本范畴是为人们提供机会以发挥他们的潜力、获得适合的职业地位，除平等待遇的需要之外，正义的社会秩序还服务于人类其他需要。马克思主义的“按需分配”原则给予我们启示，“从人的需要视角探索马克思的正义观”是富有理论前景的阐释方式，正义即是合乎、满足人的需要体系——主要包括合乎人的生存需要、生产需要和自我实现的需要。[②]从需要的层级出发，可将人的自我实现视为需要体系中居于最高层次的发展性需要。因此，马克思主义正义理论并非单一结构，而是包含多重维度的复合型理论结构。“人类解放承诺”“坚持生产力标准”“按劳分配方案”是马克思恩格斯复合正义观的三重思想维度和核心组成部分。[③]需要注意的是，正义的需要原则区别于欲求或欲望，也并不是说以需要为基础的分配必须满足人的所有需要，相反，它必须满足的是具有正当性的需要。为了使“各取所需”成为一项正义原则，我们得达成关于“需要的共识”。

罗尔斯将“中等匮乏”作为进入正义的环境与基本条件。根据需要分

---

① 在柏拉图设想的理想城邦中，不存在强者与弱者的分别，只有适合于不同职业或工作的人之分，以及灵魂有序或无序的人之分。

② 林进平．论马克思正义观的阐释方式［J］．中国人民大学学报，2015 (1)：37 － 45.

③ 赵志勇，徐嘉．马克思恩格斯的复合正义观及其当代价值［J］．理论探讨，2017 (6)：38 － 43.

配资源时，当资源并不充分或相对匮乏（稀缺）的条件下，如何在各种不同的需要之间做出权衡？我们将多样的、主观的需要转向客观的、基本的需要。亚当·斯密认为，“必需品”包括物质生活的必需品和参与社会生活的必需品。他说：“我所说的必需品不但是维持生活上必不可少的商品，而且一国习俗决定如果没有这种消费品，就是最底层人民也觉得有伤体面的那些商品。例如，严格说来，麻衬衫并不算生活上必要的。希腊人罗马人虽然没有亚麻，他们还是生活得非常舒服。但到现在，在欧洲大部分国家里，哪怕是一个领取日薪的工人，如果没有穿上麻衬衫也羞于走到别人面前。”[①]

斯密对“必需品”的阐释是戴维·米勒“最低限度的体面生活”的思想来源。“存在着对人类而言什么可以算作是最低限度的体面生活的共享的社会规范，通过援引这些规范，我们能把那些防止人们滑落到最低限度之下的东西定义为需要。”[②]举例而言，我们可以将教育视为一种需要，因为我们关于体面生活的规范是把缺乏基本的读写、算术能力排斥在外的。遵循阿马蒂亚·森的建议，可以把共享的社会规范和观念视为每个人完成活动的能力集合和实质自由，“包括免受困苦——诸如饥饿、营养不良、可避免的疾病、过早死亡之类——基本的可行能力，以及能够识字算术、享受政治参与等的自由”[③]。这意味着，每个人都能读和写，都能做一份工作。以教育正义的需要原则为例，教育制度和学校制度能够充分地、普遍地提供必不可少的教育外部条件、教育或入学机会、教育资源，并且以积极的活动方式，平等公正地满足所有儿童的各种教育需要。

第四，正义的承认原则。对人之为人的尊严、价值承认是正义的基本诉求。《世界人权宣言》指出：“鉴于对人类家庭所有成员的固有尊严及其

---

① 亚当·斯密．国富论［M］．唐日松，等，译．北京：华夏出版社，2012：623.

② 戴维·米勒．社会正义原则［M］．应奇，译．南京：江苏人民出版社，2001：231.

③ 阿马蒂亚·森．以自由看待发展［M］．任赜，于真，译．北京：中国人民大学出版社，2012：30.

平等的和不移的权利承认，乃是世界自由、正义与和平的基础。”[①]罗尔斯充分肯定了基于尊严承认正义观的价值，“应当公开表示人们的相互尊重，以这种方式保证一种自我价值感。两个正义原则正符合这一目的，因为当社会遵循这些原则时，每个人的利益都被包含在一种互利互惠的结构中，这种在人人努力的制度中的公开肯定支持着人们的自尊”[②]。在主体间交往、互动的过程中，“承认原则使个体能够作为独立自主的个人达到平等存在和个性化存在，获得社会尊重和社会重视，形成完善的承认关系。互动关系中使社会中所有主体能够实现平等待遇的现实目标”[③]。“承认原则”是主体间交往的基本前提和最终归宿，“是处于相互斗争状态的主体之间得以摆脱自然状态，从而以一种良性秩序进入社会的前提条件”[④]。

“承认”是当代政治哲学的热门议题，查尔斯 · 泰勒主张用“承认的政治”“认同的政治学”来应对文化多元主义，黑格尔论述爱的承认关系、法律承认关系等形式，阿克塞尔 · 霍耐特在融合黑格尔“耶拿实在哲学”、乔治 · 米德道德心理学的基础上，从实践哲学语境视角发展“为承认而斗争”的政治哲学。霍耐特区分了蔑视的三种形式：第一种蔑视形式包括拷打、强暴、肉体虐待等剥夺个体自由支配自身肉体的机会，由此带来肉体痛苦、社会羞耻等伤害行为；第二种蔑视形式表现为权利剥夺与社会排斥等贬黜行为；第三种蔑视形式包括人格侮辱（诽谤）、心灵伤害等文化贬黜行为。因此，摆脱蔑视、价值承认包含爱、法律权利、社会团结三大原则，从而实现正义的最终目标——人的自我实现。爱的承认关系通过主体间的情感

---

① 韩德强 . 论人的尊严：法学视角下的尊严理论的诠释［M］. 北京：法律出版社，2009：106.

② 罗尔斯 . 正义论［M］. 何怀宏，等，译 . 北京：中国社会科学出版社，1988：171.

③ 李柯柯 .“承认理论”视野下的教育正义研究［M］. 广州：华南理工大学出版社，2020：106.

④ 曲达 . 政治经济学批判研究：从黑格尔到马克思［M］. 北京：中国社会科学出版社，2021.

关怀，以发展个体基本自信；法律权利的承认关系要求共同体成员被平等地赋予权利，以发展人的尊严、自尊；社会团结的承认关系通过个体成就荣获社会荣誉，以发展个体自重。以色列哲学家阿维沙伊·马加利特认为，体面社会是制度、组织不羞辱人的社会。具体而言，羞辱就是把人当作非人对待，僭越了“人是目的”这一最高理想。其中，侵犯人权、隐私，剥夺公民资格、公民权利遭遇制度性歧视等是羞辱的具体形式。

第五，正义的多元标准。在“应得”“需要”等原则的基础上，戴维·施密茨鲜明指出，“正义有若干要素，没有一个简单的普适性原则，正义理论是平等、互惠、应得、需要四个元素之中一个或多个的组合”[①]。这体现了判断正义与否的多元标准，即一种基于具体情境要求的不同正义原则。英国政治哲学家戴维·米勒指出：“由于分配正义的内容、原则和分配主体等都是多元的，没有任何一个群体的利益原则具有垄断性，因此，不同生活情境中的不同人，或同一情境中不同关系的人需要多元正义原则指导。”[②] 据此，三种复杂的社会关系模式——团结的社群、工具性联合体以及公民身份分别对应需要原则、应得原则与平等原则。“社会正义原则的适用是需要以一定的社会情境为依据的，通过需要、应得和平等三原则的实施，可以在人类三种关系模式上将利益和损失分配给社会环境中的每一个成员，从而实现整个社会的正义。”[③] 例如，在社会共同体中，公民想要获得公平对待和在法律面前的平等地位；在公司这种工具性联合体中，员工希望获得公平竞争的机会、得其所应得；在家庭这种团结共同体中，父母想确保自己的子女得到他们所需要的东西。

---

① 戴维·施密茨．正义的要素［M］.赵英男，等，译．北京：中国社会科学出版社，2018：13.

② 戴维·米勒．社会正义原则［M］．应奇，译．南京：江苏人民出版社，2008：2.

③ 王桂艳．多元正义理论的当代阐述：戴维·米勒多元正义理论述评［J］．国外社会科学，2014（3）：142－147.

（四）教育正义的基本形态

“教育正义”是“正义”议题在教育领域的延伸，但并非正义在教育领域的简单移植，遵循的逻辑也不同于政治领域、经济领域的“正义”。教育正义最先在教育哲学领域展开探讨，基本等同于教育资源的分配正义，这两个概念常被相互替换。资源分配领域的正义需要厘清三个基本问题，即与“分配什么”相关的教育基本善物，与“谁来分配”相关的分配主体，以及“如何分配”的分配原则。教育权利、教育资源、教育机会等是教育领域的基本善物；“谁来分配”主要是确定分配的主体，即谁来分配入学机会，谁来分配教育资源，谁来分配教育中的奖励、荣誉等。教育的分配正义意味着以合宜的方式分配诸种教育善物，“涉及如何在社会群体及个体中间分配有限的尤其是稀缺教育资源更为公平的问题”①。

从关于教育领域基本善物的分类可知，教育善物具有复杂性、多样性乃至动态生成性。除物质形态的教育善物之外，还有社会关系领域教育正义。“工具性善物”诸如教育资源、机会、权利、利益、责任是静态的、稳定的，主要限于数量统计的“物”的分配领域，主要遵循分配正义与矫正正义原则，例如，教育机会均等、教育权利平等、教育资源平等分配、对处境不利群体的教育补偿；而“关系性善物”如师生关系、人的尊严、价值、关怀、承认等，以及“象征性善物”如公平对待、表扬、奖励、荣誉是动态生成的、建构性的，无法进行数量统计的“人格”或“关系性”存在。这意味着，在教育分配正义无法解决的范畴，需要超越单一的正义分配范式，以承认正义、关系正义、交往正义等多元正义作为教育正义的基本诉求。

在社会转型时期，教育正义面临更为复杂的社会情境与制度情境，教育基本善物具有复杂性、多样性，一种复合形态的教育正义成为时代所需。

---

① 周兴国．开放社会中的教育分配正义及其困境[J]．华东师范大学学报(社会科学版)，2017，35(6)：36－41＋153－154.

分配正义所统摄的教育制度安排与承认正义所关涉的价值承认、交往关系并不是非此即彼、相互排斥的关系，相反，它们有着内在的耦合性与互补性，共同建构教育正义的图景。“完整的教育正义理应是分配正义与承认正义的复合观念，以使对正义的追求既体现在制度的正义性中，也体现在交往的正义规范之中。”①教育正义的分配范式、承认范式、关系范式各有侧重与分殊，各自有其适用范围及针对的核心问题，在多层次、多维度、复杂的教育领域体现多元并存的关系，包含各种教育资源和机会的分配，关涉嵌入社会结构和关系的师生主体人格，是三种范式的旨趣所在。②不同范式相互交叠，构成教育正义的基本框架。“教育正义不仅要在外部教育资源分配上合乎正义，还要在教育过程中实现承认与尊重，更要促进学生自由而全面的发展。”③

总而言之，正义与自由、民主、效率等价值观是人类社会的基本诉求，正义在所有价值观中占据优先性、基础性的地位。可以设想，如果一项制度十分有效，但却缺失基本的正义，人们还会认可、遵循它吗？“我们无法想象一个不需要正义价值的社会和政治，无法想象一个不践行正义理想的社会的合理性和合法性，无法想象正义受到排斥的社会何以可能形成良好秩序的公共生活和公民的正义感。”④故而，确立正义观念是进行社会变革的前提。

教育正义的底色是教育基本制度结构，其决定着如何配置各种各样的教育资源；教育正义的有机组成部分是各项教育政策，微观制度和教育实践，如师生互动性交往中的承认、尊重、关怀等，是微观层面关系正义的具体

① 吕寿伟．分配，还是承认：一种复合的教育正义观［J］．教育学报，2014 (2)：27－33.

② 吴煌．教育正义：走向多元综合的范式［J］．湖南师范大学教育科学学报，2017 (2)：83－88.

③ 胡金木．教育正义的多维审视：资源分配、文化承认抑或自由发展［J］．教育学报，2022，18 (1)：3－13.

④ 金生鈜．教育与正义：教育正义的哲学想象［M］．福州：福建教育出版社，2012：268.

体现。借助于多维层面的教育实践，才能够逐步趋向正义的教育改革与实践。

纵观当前已有关于正义的研究，从研究视角来看，正义议题主要聚焦于政治哲学领域，关于正义的元研究、基础探讨较多，而对于不同学科、不同情境中的正义研究却相对较少；从研究内容来看，已有研究大多基于对正义议题的理论探讨，在概念辨析、理论流派比较中厘清“何谓正义”，以及阐发某位思想家的正义思想或不同思想家正义思想比较的研究颇丰，此类研究成果对我们深入研究正义问题有很大启发，但又具有一定的局限性，更多偏向于在应然的、观念的层面探讨正义，对制度的正义、运行的正义等相关研究有待充实，需要进一步深化；关于教育正义的研究大多侧重于从宏观层面框定教育基本结构、制度结构系统，对于微观层面的教育正义虽有关注，但揭示还不够深入、显得较为薄弱。因此，需要基于多维学科视野、多维视角建议合宜的教育正义框架，不仅仅涵盖教育资源的分配范式，也能纳入关系正义、承认正义、能力正义等理论视角，从而围绕人的自由、全面发展建构一个较为全面的支撑体系。

三、关爱[①]

关爱与正义一道构成社会的基础。西塞罗说：“……我们应当遵从‘自然’的意旨，彼此关爱，相互授受，为公众的利益贡献出自己的一份力量。例如用我们的技能和才智，以及通过我们辛勤的劳动，使人类社会更紧密地凝结在一起，使人与人之间更加团结友爱。”[②]进一步，关爱作为道德价值对于现代人来说可能尤其重要。海德格尔说，人作为此在总是处在与世界的关系、与他者的关系之中，共在乃是此在存在的基本情态。就此而言，

① 为了行文的统一，本节使用“关爱”一词，在引用译文和其他作者的原文时，将“关心”“关怀”等词一律改为关爱。

② 西塞罗．论老年 · 论友谊 · 论责任［M］．徐奕春，译．北京：商务印书馆，2003：99.

关爱对于人类来说具有一种存在论的意义。关爱伦理学家们反复重申："在人生的每一个阶段，我们都需要被他人关爱，随时需要被理解，被接受，被认同。"① "目前,人们对关爱的需要深刻而迫切。"② 因此,诺丁斯强调学会关爱是当代教育最基本的使命。

赫尔德相信,"关爱伦理学"相比于"爱的伦理学"或者"关系伦理学"能更好地标识它们所从事的道德探究，理由是它能够在表明作为一种道德探究路径的独特性的同时，避免落入道德理想化的窠臼。经过数十年的发展,关爱伦理学已经由早期的"原始形式"发展为一种丰富的"道德理论",对关爱的探究和引用远远超出了家庭、朋友的私人领域，而将医疗、法律、政治、社会、战争和国际关系等领域或议题纳入自身讨论范围。

（一）关爱伦理学的一般特点

迄今，学者们对关爱伦理学的性质还没有达成一致意见，或者将其视为一种与后果论、义务论和美德论并列的竞争性道德理论，或者将其视为一种特殊形式的美德论。赫尔德指出："关爱伦理学的倡导人抵制将其探索归纳为只能适合一种道德理论的固定形式。"③ 这意味着关爱伦理学是以复数形式存在的，是众多观点和看法的集合，这一点跟主导性的伦理学理论是不同的。不过，赫尔德认为众多关爱伦理学观点也具有某些共同之处。

第一，关爱伦理学强调人们在道德上有责任去满足身边人或特定他人的需要。关爱伦理学认为人们与特定他人的关爱关系具有重要的道德价值，而"多数以独立、自主、理性的个人为基点的道德学说极大地忽略了人们

---

① 内尔·诺丁斯.学会关心:教育的另一种模式[J].于天龙,译.北京:教育科学出版社,2003:1.

② 同①.

③ 弗吉尼亚·赫尔德.关怀伦理学[M].苑莉均,译.北京:商务印书馆,2014:12.

互相依赖的实际生活和实际所召唤的道德性”①，赫尔德特别指出人类在早年、晚年、患病时期和终身残疾时离不开关爱的基本事实。因此，关爱伦理学将“关爱”提升到核心的地位，是与正义等并列的道德价值。当然，赫尔德尤其指出：“关爱特殊的他人应当如何与普遍正义的要求相符合这一点必须得到阐述。”②

第二，关爱伦理学强调情感在道德判断和道德行动中的重要作用。理性主义的道德理论认识到某些利己主义的情感会损害普遍的道德规范，如偏爱、攻击本能、复仇冲动等，因而否定和拒斥情感。但是，除了利己主义的情感之外，有些情感有助于道德思考和道德行动，如同情、共鸣、敏感和响应等。因此，相比于理性主义的道德理论，关爱伦理学更重视情感的作用。不过,关爱伦理学的看法是克制的:其一,关爱伦理学反对的是“完全靠理性和理性主义推论或计算的道德探究”，而不是反对理性在道德中的重要地位，关爱伦理学也很重视理性和推理在道德思考和行动中的作用。其二，关爱伦理学并不主张以情感指导道德，如果超出合理的界限，即便是利他主义的道德情感也可能是有害的。因此关爱伦理学真正主张的是情感和关系必须服从缜密的道德思考和评估，只有经过“反省和培养”的情感才能够被约束在道德限度之内。

第三，关爱伦理学质疑公正的优先性。“大多数关爱伦理学者认为，特殊他人的强制性的道德要求是有效的，即使此要求与道德理论通常说的道德判断为普遍适用的要求相冲突,而这一点正是最根本的道德重要性。”③这似乎意味着，关爱伦理学主张在关爱与正义、友谊与公正发生冲突时，关爱或者友谊具有压倒正义或公正的力量，亦即关爱具有优先性。不过，赫尔德及其所援引的关爱伦理学家都没有做出如此明确的陈述。主导性道

---

① 弗吉尼亚·赫尔德. 关怀伦理学［M］. 苑莉均，译. 北京：商务印书馆，2014：12.

② 同①13.

③ 同①14.

德理论将道德难题解释为自私的个人与普遍原则之间的冲突，关爱伦理学则试图找到两者之间的中间地带，即关爱者对特定他人的偏爱不是为了自己的私利，也不是为了一般化的人或普遍原则，他们的目的是保持和完善自己与被关爱者的特定关系。

第四，关爱伦理学反对传统的公共—私人二元划分。传统的私人领域概念意指“超政治的、以赞同为基础的、政府不应当干涉的”①，由此导致女性和儿童在家庭中处于不利地位。他们不仅遭受家庭暴力，还在经济上依赖于男性家长，服从于极不公正的家务分工；而政府和法律虽不干涉家庭中男性与女性、儿童之间的不平等的权力格局，却积极干预女性的生育决定。同时，主流道德理论假设公正是道德的本质，假设道德主体都是独立的、彼此漠不关爱的平等个体，却忽略了家庭、朋友等领域的道德问题和道德意义，可是很多道德问题实际上发生在拥有不平等权力和地位的主体之间，而且他们之间的关系往往是非契约性的，比如每个人都无法选择自己的父母、家庭、种族、民族、国家或者自小生长的宗教或文化等。

第五，关爱伦理学持一种关系性的人的概念。主导性的道德理论建立在自由主义的人的概念之上，即人是理性的、自主的或者以自我利益为中心的平等个体，而社会是这些个体为了推动自身利益所建立的合作形式。依据这种观点，独立的个体不仅在认识论上而且在道德上都优先于关系或者群体。关爱伦理学则认为人在本质上是“相互关联的和相互依赖的”:“每一个人都从儿时开始就依赖他人提供关爱；我们在一生中都以很根本的方式和其他人相互依赖。我们仿佛独立地思考和行动，这一点依赖于一个社会关系网络，而且我们的关系构成我们身份的一部分。”②同时，关爱伦理学家也没有放弃“自主”概念，而将之重新定义为一种重建和培育关系的能力。也就是说，关爱伦理学在承认人的关系性和依赖性本质的同时，也

① 弗吉尼亚·赫尔德．关怀伦理学［M］．苑莉均，译．北京：商务印书馆，2014：16.

② 同①18.

强调人具有选择、建立关系以及从旧的关系中退出的能力，这也是事实。但关爱伦理学确实强调人不可能离开他人、离开关系而独自存在，而这恰恰是主流道德理论的基本假设。“人作为被嵌入的和承受负担的观点在很多女性主义道德思维中都是最基本的立场，而关爱伦理学尤其强调这一观点。”[①]

（二）关爱的概念

按照吉利根的观点，道德在某种意义上是奠基于人与人之间的具体关系的；道德是对关系的直接洞悉，而关系先于这样的道德信念——什么是正确和错误或者要接受什么样的原则。道德行为就意味着表明和维系与他人的那些关系。诺丁斯说：“关爱理论是以关系为中心，而不是以行为者为中心的;它更注重关爱的关系,而不在意关爱是不是一种美德。”[②]也就是说，关爱根本上意味着一种关系，它最基本的表现形式是两个人之间的一种连接或接触。两个人中，一方付出关爱，另一方接受关爱。要使这种关系成为一种关爱关系，当事人双方都必须满足某些条件。无论是付出关爱的一方还是接受关爱的一方，任何一方出了问题，关爱关系就会遭到破坏。西蒙娜·薇依认为专注是关爱的核心。专注指向这样一种状态，即“关爱者对被关爱者的那种开放的、不加选择的接受”[③]。但是,诺丁斯提醒我们注意,专注的核心语义是全身心的投入和接受，而不意味着疯狂和痴迷。“全身心的投入和接受”是进行关爱互动的关键因素，它意味着“真诚地去倾听他、观察他、感受他，愿意接受他传递的一切信息”[④]。因此，诺丁斯强调：“关

① 弗吉尼亚·赫尔德．关怀伦理学［M］．苑莉均，译．北京：商务印书馆，2014：20.

② 内尔·诺丁斯．培养有道德的人：从品格教育到关怀伦理［M］．汪菊，译．北京：教育科学出版社，2017：2.

③ 内尔·诺丁斯．学会关心：教育的另一种模式［M］．于天龙，译．北京：教育科学出版社，2003：24.

④ 同③.

爱是处于关系之中的一种生命状态，而不是一套具体的行为方式。”①

专注的状态可能是短暂的，也可能是持续性的。比如，当一个人倾听游客的疑惑，并且为他指出正确的道路时，他就表现出了专注，至少在当时他对游客持一种开放的、接受的态度。尽管这种态度可能稍纵即逝，很快他就变得不耐烦。当一位母亲与牙牙学语的婴儿对话时，可以在她的身上看到一种典型的专注神情：她注意到宝宝的每一个动作，试图解读这些动作传达出的信息，并且积极地给予回应。母亲的专注通常能够持续很长时间，但这不意味着这种专注能够一直存在。也许在经过某个重大事件后，母亲不再关爱她的孩子，反而对他生出憎恨。不过，无论如何，对于关爱行动以及关爱关系的建立来说，关爱者全身心的投入和接受至关重要。

诺丁斯指出："我们面临一种诱惑，那就是在技术层面上确认和满足人们对关爱的需要。我们试图以解决数学方程式的思路来解决关爱问题。"②这种被她称作“程式化思路”的解决方案是失败的，即它试图满足人们的关爱需要，但在实践中却“不能带来关爱”。为什么程式化思路是失败的？诺丁斯给出了两个理由：一是关爱需要及时发现问题并做出恰当的响应，二是关爱需要根据情境和对象等的特点采取不同策略，这些是程式化思路所无法做到的。诺丁斯认为，一个关爱关系的建立需要四个步骤：关爱者对被关爱者实施关爱行动——被关爱者接受关爱——被关爱者表示自己接受到关爱——关爱者认识到自己的关爱为被关爱者所接受。缺少任何一个环节，都意味着关爱还未完成。诺丁斯特别批评道："不管一个人声称他多么乐于关爱，重要的是看他是否创造了一种能够被感知到的关爱关系。有很多人自称‘关爱’别人，但是接受他们所谓‘关爱’的人却感受不到

① 内尔·诺丁斯．学会关心：教育的另一种模式［M］．于天龙，译．北京：教育科学出版社，2003：26.

② 同①1.

关爱。”[①] 正是出于这种考虑，她才特别突出关爱的关系性，而对那种强调关爱能力或美德的主张持反对意见。事实上，她也承认 ：“我确实试图避免将关爱解释为一种个人品德，但我也认识到，人们可以拥有关爱的能力。这种能力帮助人们建立关爱的人际关系，或者帮助人们关爱客观物体和意识形态的知识。”[②]

赫尔德赞成诺丁斯的观点。在考察了吉利根和诺丁斯等人的关爱概念之后，她认为存在三种关爱的概念 ：一是作为一种相对于正义的道德价值的关爱 ；二是作为一种特殊劳动的关爱 ；三是作为一种特殊关系的关爱。赫尔德认为 ：“关爱确实是一种劳动，但又远远超出了劳动。”理由是，关爱劳动是关系性的且很多时候不能由机器代劳。只有从关爱关系出发才能澄清关爱的概念，这是关爱跟其他劳动的不同之处。赫尔德认为关爱首先是一种实践，这种实践包含给予关爱的工作和评价关爱实践的标准。作为一种实践，关爱的目标是在关爱者与被关爱者之间建立和维持关爱关系。关爱关系的形成和维持需要关爱者和被关爱者双方的共同努力，甚至在被关爱者无法做出有意义反应的情况下，比如彻底丧失意识的植物人，也应该从关系的角度来思考关爱。因为关爱者在给予无法反应的被关爱者时，他也在跟被关爱者建立一种关系或者想象一种关系。实践不仅是目的性的活动，还是价值涉入的活动。在此区分的基础上，重要的是关爱实践，亦即其中涉及的关爱价值观念，而不是其中涉及的工作。因此，赫尔德的结论是 ：“关爱是实践也是价值。”[③]

诺丁斯区分了两种关爱的观念，即作为照料的关爱与作为关爱的关爱。“关爱”与“照料”的根本区别在于关爱者对被关爱者的关爱是否坚持到底。

---

① 内尔 · 诺丁斯 . 学会关心 : 教育的另一种模式［M］. 于天龙，译 . 北京 : 教育科学出版社，2003 : 26.

② 同 ① 27.

③ 弗吉尼亚 · 赫尔德 . 关怀伦理学［M］. 苑莉均，译 . 北京 : 商务印书馆，2014 : 60.

我们通常会关爱那些生活在遥远他乡的遭受苦难的陌生人，或者说，我们关爱的是不大可能跟我们直接面对面互动的人。我们对他们的关爱是真诚的，真实的善意或同情推动我们为他们的悲惨遭遇流泪、祷告、捐赠，但这么做通常没有下文，在流泪、祷告或捐赠之后，我们就把他们抛在脑后，而没有持续跟进他们的生活状况，不再花费时间和精力了解他们的苦难是否真的得到了纾解，会不会产生了新的难题等。相反，“照料”则体现为持续地关注和回应被关爱者的需要，关爱者与被关爱者在持续的互动过程中建立起深厚的关爱关系。在这个过程中，关爱者体现出强烈的坚持到底的责任感。

诺丁斯进一步指出，尽管关爱看起来像是某种伪善，但也具有重要的作用和道德地位。首先，一方面，我们没有足够的精力去“照料”所有人，特别是那些跟我们没有关系或者相隔遥远的人。另一方面，如果我们具有一种关爱的态度，那么我们就会被推动着去为那些受苦受难的人做点什么。这样，关爱的态度实则变成了正义感。在此意义上，她认为关爱构成了正义的基础。而且，关爱往往也是我们能够得到的唯一的关爱形式。其次，从关爱伦理学的角度来说，诺丁斯认为关爱具有更大的道德重要性，它能够为真正的关爱形式即照料的发展创造条件。照料的关键特征是对被关爱者给予持之以恒的关爱，这也是关爱理论的核心。当一个人能够将关爱坚持到底的时候，那么在他与被关爱者之间就可能逐渐建立起稳定的关爱关系，关爱形式也就从最初的关爱转变为照料。

赫尔德对“照料”和“关爱”也进行了区分。跟诺丁斯不同，赫尔德的区分着眼于是否采取行动。“照料”跟行动以及由行动建立起来的关系有关，即关爱者采取一定的行动满足被关爱者的需要或者减轻被关爱者的困难和痛苦，从而在彼此之间建立起一定的联系，尽管两人可能从未见面，并且互相不知道彼此的具体身份。单纯的“关爱”则是在喜欢与否的意义上来界定的。但是，这种区分是很不明显的，因为喜欢通常也伴随着相应的行动。事实上，赫尔德以及大多数关爱理论者都认为关爱伦理学所谓的关爱是跟照顾他人的行动有关的。看起来，赫尔德也区分了仅仅行动上的关爱与带着温暖情感的关爱。但是赫尔德认为关爱是否一定伴随着特定的情感是有争议的。也就是说，赫尔德可能认为关爱的概念中不一定需要加入情感的因素。对待关系较远的人或者陌生人的关爱也是关爱，要求关爱者给予专注、对需要做出响应和站在他人立场上理解情境。关爱被认为与这些基本的关爱态度没有关系，在关爱行动中缺乏一个人对另一个人的关爱情感。①

（三）关爱关系

不论如何，作为一种规范伦理学，关爱伦理学的核心要义是，人们负有关爱他人和其他事物的义务。吉利根说："立足于正义的视野，作为道德主体的自我就会站在社会关系之外，用平等和平等尊重的标准（绝对命令、黄金律）去判断自己与他人的冲突要求。立足于关爱的视野，关系则成为规定自我与他人的决定因素。在关系情境中，作为道德主体的自我洞悉并回应他人的需要。"② 不过，在将哪些人或物纳入自己的关系网问题上，关爱伦理学家们看法不一。对于关系网的理解，存在两种不同的思路。

一种狭义的理解认为，关系网取决于自己与特定他人的扎根于历史的关系。据此，即便某人急需帮助，但他处于我的关系网之外，因此我没有帮助他的责任。诺丁斯认为，关爱应该由近及远，对于遥远的陌生人我们不负有任何关爱的责任。因为受时间和空间的限制，我们不可能关爱每一个人。根据康德的应该蕴含能够原则，对于做不到的事情，我们不负有义务。因此，我们没有责任将陌生人纳入我们自己的关系网中。这种解释使

---

① 弗吉尼亚·赫尔德．关怀伦理学［M］．苑莉均，译．北京：商务印书馆，2014 : 46.

② GILLIGAN C. Moral Orientation and Moral Development［A］. Women and Moral Theory［C］. Eva Feder Kittay and Diana T. Meyers(eds). Lanham, Md: Rowman and Littlefifield. 1987 : 23.

得关爱理论显得过于保守，而且与我们通常的道德直觉不一致。比如，公务员或法官要不偏不倚地对待所有人，不能因为某个人是自己的家人就采取偏袒的手段。更宽泛的理解则是，关系网包含每一个人。吉利根认为关爱旨在“回应和容纳每个人，不遗弃和不伤害每一个人”。在吉利根看来，每个人都嵌入现存的关系网之中，而道德的重要性……就在于对那些与我们有此关系的人予以关注、理解和情感回应，这一关系网超出了熟人圈子。理由是每一个人都是人，都具有共同人性或者都有苦乐感受。这样一来，关系特殊性与普遍原则之间的对立就不复存在，因为吉利根在此诉诸一个类似于康德理论或者功利主义的理想观察者的普遍原则。因此，关爱伦理要求维护关系网的主张不一定与普遍性冲突。

事实上，关爱伦理自身具有两种矛盾的冲动：一方面是扩展关系范围的普遍化冲动，另一方面是捍卫独特关系的特殊化冲动。大部分关爱伦理学家的立场是承认吉利根的普遍关系网，但相信普遍关系网本质上是对特殊关系网的扩展。难题在于，这种扩展是如何可能的。苏珊·奥金说：“当妇女面临家庭和亲密朋友的利益需要与更疏远的他人的利益需要发生冲突的道德困境时，妇女对这样的冲突是怎么想的。”[①] 很明显，在关爱同心圆中，我们（包括女人和男人）通常对外围的人们持关爱的态度，而对内核中的人给予持续的照料。但是，无论如何，有两种极端做法需要批评：一个极端是只对遥远的陌生人表示关爱，却对自己身边的人冷漠麻木；另一个极端是那些极度自私自利的人，他们对他人的关爱是病态的、歪曲的。

迈克尔·斯洛特主张，我们应该在关爱同心圆的内核与外围之间保持平衡，即在关爱与照料之间保持平衡。诺丁斯赞同这一主张，但跟斯洛特不同的是，诺丁斯认为在理论上必须突出照料之于关爱的优先性。这显示出关爱伦理学跟康德伦理学根本对立的一面，即特别重视我们在关爱关

---

① OKIN S M. Justice, Gender, and the Family［M］. New York: Basic Books. 1989 : 158.

系中与他人的相遇，而不是抽象的道德规则。作为关爱伦理学家的诺丁斯与作为美德伦理学家的斯洛特之间分歧的焦点在于，前者更加重视关系意义上的关爱或者说关爱关系，而后者重视的是美德意义上的关爱。[①] 因此，尽管斯洛特与诺丁斯都认为关爱是一种重要的道德取向或者根本上是道德性的，但两者对关爱的理解存在重大差异。

具体来说，诺丁斯认为被关爱者的作用也应该构成关爱伦理学的核心，因为关爱关系的形成、维持与完善不仅仅依靠关爱者的付出与努力，也取决于被关爱者的接受和回应，因此被关爱者也值得道德赞扬。这是传统伦理学包括美德伦理学所不能接受的。但是，诺丁斯指出，如果我们承认有些时候关爱关系的破裂不能完全归咎于关爱者，那么我们也得承认有些时候关爱者付出的努力和奉献并没有真正地建立起一种关爱关系。“之所以不是真正的关爱关系，是因为它忽视了关爱关系中不可缺少的被关爱者或关系所处的具体情境。”正因如此，诺丁斯才反对将关爱伦理学纳入美德伦理学的范畴，而认为关爱伦理学是自成一派，是一种独立于后果论、义务论和美德论的伦理学。

在关爱关系中，关爱者与被关爱者之间是对称性的[②]，关爱者的努力与被关爱者的回应同等重要。缺乏任何一方，都将导致关爱关系无法建立或者瓦解。因此，诺丁斯极为强调被关爱者在关爱关系中的作用和责任，即表达出自己对被关爱的渴望，对关爱者的行动做出回应，比如微笑、亲近、拥抱等。简而言之，在诺丁斯看来，关爱关系是人类“最基本的善”。关爱关系为什么如此重要？诺丁斯援引吉姆 · 吉布斯的观点，认为任何人都

---

① 内尔 · 诺丁斯．培养有道德的人：从品格教育到关怀伦理［M］．汪菊，译．北京：教育科学出版社，2017：103.

② 对称性是笔者提出的概念，用来概括诺丁斯所强调的关爱关系的特质。这种特质是传统伦理学所忽略的，关爱通常被看作是关爱者的事，所有的赞扬也被给予关爱者，此时关爱者与被关爱者的关系是不对称的。

渴望被关爱、渴望跟他人建立起关爱关系。[1]这种渴望因文化、时间和个体的不同而有多种表现形式，比如婴儿对母亲呵护的渴望、少年对父亲尊重的渴望。这种普遍的欲望本身没有道德性，但由此可以得出如下结论：建立关爱关系对人类来说是首要之事。如果将这种欲望理论与马斯洛的欲望理论相比较，我们就能够发现一个有趣的事情，即爱与归属的需要被诺丁斯等人看作是头等大事，而在马斯洛那里，维持生存与安全才是任何生物的第一等级的需要。

（四）关爱的义务

关爱理论不回避道德义务问题，但对义务概念采取一种独特的理解。在诺丁斯看来，“我必须”是一种“感觉”，这种感觉产生于如下心理状态，即直接面对他人的请求，“我”有了做出回应的准备，这种状态被称为“自然关爱”。诺丁斯指出，出于自然关爱的“我必须”，仅仅是一种对义务的意向，而不是一种对义务的认可，也即是在理性上认为“我必须”这样做。在自然关爱状态中，行为者在主观上会生出一种“我想（满足他的需求）”这种意向，没有丝毫勉强，更没有在理性层面上经历一番艰苦的搏斗。有些时候，尽管我们认可他人的需求，但出于各种不同的原因，我们生出的却是“我不想”这种意向,这种意向抵制“我必须”的感觉。在这种情况下，激发我们关爱他人的是关爱的道德理想，即在关爱与被关爱的关系中呈现出的种种美好画面，由此我们承认自己承担着“关爱的义务”。这种经由理想激励或想象中介的关爱被称为“道德关爱”。

道德关爱作为从道德上被确定下来的关爱义务，其根源不是康德所谓的“理性与责任”，而是那些促使自然关爱出现的“与他人共存、为他人着想的情感”，或者说，源自我们对自然关爱中的人际关系的眷恋和珍视。

① 内尔·诺丁斯．培养有道德的人：从品格教育到关怀伦理［M］．汪菊，译．北京：教育科学出版社，2017.

对于关爱伦理来说，情感先于理智，而不是理智先于情感。跟自然关爱相比，道德关爱已经不是自然而然的行为，而掺杂着人为的努力，那种存在于自然关爱之中并推动自然关爱的情感更加薄弱。因此，道德关爱的作用一般而言是修复和加强自然关爱。进一步来说，为了保证道德关爱的实现，我们要通过体会自身的道德自我或道德理想这种方式来不断强化“与他人共存、为他人着想的情感”。

值得注意的是，自然关爱 / 道德关爱与照料 / 关爱两个区分之间不存在对应关系。自然关爱与道德关爱的区分关注的是一个人是出于什么动机给予他人关爱的问题，而照料与关爱的区分依据则是一个人是否能将自己对他人的关爱坚持下去并形成关爱关系。当然，由于爱或倾向一般来讲是稳定的，因此一个人能够持续地出于爱或倾向对特定他人付出关爱，进而形成稳定深刻的关爱关系。但这不是绝对的，毕竟爱也可能消失。同理，一个人出于关爱的道德理想或者对关爱经历的美好回忆对他人给予的关爱，可能因理想和记忆的牢固和强烈而将这种关爱坚持到底，从而也与被关爱者建立深厚的关爱关系。总之，无论出于何种动机，关爱者与被关爱者之间都有可能形成长期的关爱关系，也可能仅仅是一种徒有其表的关爱。

（五）关爱的教育

诺丁斯对当前西方教育提出了严肃而激烈的批评，她说：“对当今的年轻人而言，人文教育（也就是目前的传统学科教育）是一种落后而危险的教育模式！”[①] 诺丁斯认为信任构成养育和教育成功的起点和基础，因此教育“必须从构建信任关系开始，并且持续维护和完善这种信任关系”[②]。信任关系不是马上就会产生的，需要教育者与被教育者进行长时间的互动，

---

① 内尔·诺丁斯．学会关心：教育的另一种模式［M］．于天龙，译．北京：教育科学出版社，2003：2.

② 同①.

这就要求教育者注意和加强教育场所、教育人员、教育目标和课程之间的连续性。当前人文教育模式的根本错误在于教育者们强调学生的学术成就或学业成绩，以便在将来获得竞争优势。这种教育目标上的偏离导致学校忽视教育的连续性、忽视学生的真正需要和关爱的东西。但是，诺丁斯并非全盘否定学科知识教学，而是拒绝加之于学生的不合理控制和不尊重，特别是对女性的贬低。

不同的学生具有各自的独特性，在个性、兴趣、智力、体质、家庭背景等方面存在差异，因而他们各自具有不同的主观需要。同时，存在某些知识和技巧等是所有学生都应该具备的，这是客观需要。因此，教育的核心问题是，如何在个体的主观需要与共同的客观需要之间实现平衡？当前学校的主要弊病是单一化，学科课程占据主导地位，以至于学生没有受到适合自己的充分教育。诺丁斯认为“我们不应该将教育和个人生活割裂开来”①，基于此一预设：“教育最好围绕关爱来组织：关爱自己，关爱身边最亲近的人，关爱与自己有各种关系的人，关爱与自己没有关系的人，关爱动物、植物和自然环境，关爱人类制造出来的物品，以及关爱知识和学问。”②

关爱教育模式的核心是道德教育。诺丁斯认为：“道德教育不仅指一种旨在培养有道德的人的特殊教育形式，它也可以指任何一种在目的、政策和方法上合乎道德的教育形式。”③诺丁斯指出关爱理论与品格教育理论在道德教育方面具有的共同主张：营造一个更美好的世界更可能依靠的是更出色的人而不是更完善的道德规则；道德动机源自行为者自身或者互动，而道德规则对于道德动机的生成作用是有限的；理性或者帮助人们更好地

---

① 内尔·诺丁斯．学会关心：教育的另一种模式［M］．于天龙，译．北京：教育科学出版社，2003：4.

② 同①3.

③ 内尔·诺丁斯．培养有道德的人：从品格教育到关怀伦理［M］．汪菊，译．北京：教育科学出版社，2017：4.

运用理性的教育无法激发出道德行为；品格高尚者或道德楷模对于人们形成美德具有重要作用；“引发同情”是一种培养美德的有效方法；基本的道德范畴不仅仅是责任、义务，更包括良好的生活。

不过，由于关爱伦理学认为关系性的关爱概念是首要的。因此，关爱教育对于道德教育的看法在许多方面不同于建立在美德伦理学基础上的品格教育。总的来说，基于关爱伦理学的道德教育坚持如下主张：

首先，诺丁斯十分重视情感在道德教育中的作用。关爱理论者服膺休谟的论断：理性（几乎）服从激情。有鉴于此，道德教育的任务被确定为“培养激情，特别是鲜明的道德观”[①]。但是，诺丁斯并不完全否定行为准则的作用。她自己给出了一条关爱行为准则，即“建立、维持并完善关爱关系”，或者说“做一个关爱他人的人”[②]。她认为，在一个人还不能直接地对他人的需求做出反应（即自然关爱）之前，可以参照这一关爱准则或理想来采取行动。

其次，诺丁斯极为强调关爱关系的建立是道德教育或道德生活的前提条件。她援引奥威尔的自传故事说明：“关爱理论不是试图去建立一种道德教育的模式，而是教导人们无论周遭世界如何恶劣，都能做有德行的事情。……我们希望学校能成为劝导并激发学生善行的地方。”[③]广泛地说，“营造并维持能让道德生活蓬勃发展的环境”乃是我们的日常道德责任。不过，诺丁斯也以自己的亲身经历郑重地告诫我们，即便前提条件齐备，也不保证道德行为一定出现。

再次，基于关爱理论的道德教育强调采用讲故事的方式进行。故事应该是鼓舞人心的，但更应该能够帮助儿童理解故事中的人物为什么会做好

---

① 内尔·诺丁斯．培养有道德的人：从品格教育到关怀伦理［M］．汪菊，译．北京：教育科学出版社，2017：9.

② 同①.

③ 同①10.

事或坏事。这种方式的目的是引发儿童的同情，诺丁斯认为这是讲故事所能培养的唯一美德。

最后，诺丁斯强调关爱理论更重视交往与回应，而不是共同体。共同体在接纳“我们”的同时也在排斥“他们”，而关爱理论者期望帮助儿童不仅关爱自己跟亲近的人，也关爱陌生人。诺丁斯赞同列维纳斯，关爱始于他人的“脸”（有所求），而不是特定的身份群体。

第三节　社会主义核心价值观

党的十八大报告明确提出国家、社会、个人三个层面的核心价值观：倡导富强、民主、文明、和谐，倡导自由、平等、公正、法治，倡导爱国、敬业、诚信、友善，积极培育和践行社会主义核心价值观。之后，诸多学者对社会主义核心价值观进行了深入研究，如内涵解读、特性分析、思想渊源、发展历程以及价值剖析等。

本书主要对文献研究中出现频次较高的价值观进行了研究，在国家层面的价值观研究主要聚焦民主、富强与和谐的研究；在社会层面聚焦自由、平等与法治三大重要价值观；个人层面主要聚焦个人两大基本道德品质即诚信和友善。

社会主义核心价值观的确立体现了中国社会在长期现代化的进程中，经过改革开放以来的迷茫的价值转型过程，基本上达成了适应市场经济形式和现代社会发展的价值共识。“社会主义核心价值观是在中国居于主流地位的价值观，对中国社会其他价值观起到引领、指引和规训的作用。”[①]从地位来讲，它是社会主义核心价值体系的灵魂，体现了社会主义的本质

① 曾永安.社会主义核心价值观基本内容及其践行路径研究［D］.西安：西安理工大学，2018：26－27.

属性；从功能来讲，它从更深层次影响着人们在社会主义现代化建设实践中的思维方法与行为方式。社会主义核心价值观具有“文化领导力”①,“是国家文化软实力发展的动力和活力之所在”②。社会主义核心价值观具有社会整合功能。社会主义核心价值观“可以最大限度地整合社会思想，从而使整个社会治理及其创新实践拥有坚实的思想基础”③。

社会主义核心价值观“体现社会主义的本质要求，传承与创新我国优秀文化传统，辩证吸收世界有益文明，体现时代精神，寄托中国人民理想信念，有机统一的理论整体”④。它源自中华民族的传统美德，同时也结合了现代价值观的主要特点，表现出开放、多元、丰富的特点，是“主导性与理想性、历史性和时代性、稳定性与开放性的有机结合”⑤，体现出“实践与理论、继承和借鉴、科学性与价值性的统一”⑥等基本特点。

一、国家层面的价值目标

民主与自由作为现代道德奠基性的价值，贯穿于西方现代化思想的历程之中。两者之间相辅相成，一般来说，自由被看作是内在目的，而民主被看作是实现自由价值的工具和机制。西方文化中自由观念的发展植根于西方中世纪政教冲突所造成的权力争斗与制衡所带来的自由空档和统治缝隙，经

---

① 郭秀丽．社会主义核心价值观的文化领导力［J］．理论视野，2014 (5)：75.

② 冯刚．提高国家文化软实力要努力传播社会主义核心价值观［N］．光明日报，2014－07－23(16).

③ 胡宝荣，李强．论社会主义核心价值观在社会治理中的作用［J］．中国特色社会主义研究，2014 (2)：73.

④ 郝清杰．论社会主义核心价值观的基本特征［J］．伦理学研究，2016 (1)：1－5.

⑤ 曾永安．社会主义核心价值观基本内容及其践行路径研究［D］．西安：西安理工大学，2018：27.

⑥ 张灵，章越松，叶芳芳．论社会主义核心价值观的逻辑特征［J］．学校党建与思想教育，2021 (1)：48－50.

由西方宗教改革以来对于信仰自由的保障，发展为 17 世纪的自然权利学说，在 18 世纪启蒙运动的洗礼之后在 20 世纪逐渐走向成熟与普及，注重保护个人的人身权、财产权和平等权等权利。自由主义思想深刻地扎根于西方的社会文化土壤中，具有浓厚的西方特色；而中国由于社会文化价值和制度体系与西方有着根本性和系统性差异，它对于民主和自由的阐述也具有中国特色。

（一）民主价值观

民主以自由和平等为基础，既强调人们具有自我管理的能力和自由，又强调每个人拥有平等的公民权利。在西方文化中，民主由一种源自古希腊的城邦政治治理方式，逐渐演变为一种强调个人自由和人人平等的价值观，进而成为一种强调意义共享、经验互享、宽容妥协的共同生活方式。正如托克维尔所指出的，民主价值观对于贵族制度造成了急剧的冲突，人人身份平等将是社会发展势不可挡的潮流。

中国特色社会主义民主，承认民主的现代价值，认为“民主是社会主义核心价值观的重要内容，建设中国特色社会主义民主政治，是实现国家治理现代化的必由之路与实现中华民族伟大复兴中国梦的根本制度依凭”[①]。中国特色社会主义民主并不认可西方精英民主理论将民主的实质看作是竞争性选举过程，不认为民主就是用普选的方式产生最高决策者的政体，而是试图将民主扎根于中国社会文化背景之中，认为民主具有“鲜明的民族性、时代性、世界性”[②]等特点。人民当家作主是民主实质的价值表达，也是民主政治发展核心要素和关键的精准凝练。[③]对社会主义核心价

① 刘水静 . 社会主义民主价值观的民本文化基础［J］. 湖北社会科学 , 2016 (9) : 186.

② 韩兵 . 社会主义核心价值观内容解读之“民主”［J］. 思想政治教育研究 , 2014 (5) : 53 － 54.

③ 梅荣政 . 对社会主义民主核心价值观的两点探求［J］. 南京政治学院学报 , 2015 (1) : 2 － 5.

值观的特点分析可以从国家和社会两个层面进行。在国家层面上，“民主”是指一切国家权力属于人民，即卢梭所言“主权在民”，人民是权力的来源及最高权威，政治统治的合法性建立在人民认可和满意的基础上；在社会层面上，“民主”是指中国人的一种生活方式和行为理念，即表现为“有话好好说”“有事好商量”等强调理性沟通的社会文化习惯。

近年来，西方社会出现了突破精英民主的参与民主、协商民主等理论，强调政府与民间共享社会管理权。所谓协商式民主，指的是这样一种民主政治形态，即公民通过广泛的公共讨论的过程，各方的意见在公共论坛中互相交流，使各方了解彼此的立场和观点，并在追求公共利益的前提下，寻求并达成各方可以接受的可行方案。[①] 学者们多认为协商民主不是西方理论的专属，而是扎根于中国实践中。早在 1927 年，毛泽东领导的“三湾改编”不仅建设了一支新型的人民军队，而且将协商民主的实践引入了军队，在“连、营、团”三级建立士兵委员会。在延安时期，中国共产党提出了系统的民主建国思想,并从 1941 年开始在敌后根据地开展“三三制”实践。按照“三三制”的要求，无论行政机关或民意机关，共产党员占三分之一，他们代表无产阶级和贫农；左派进步分子占三分之一，他们代表小资产阶级；不左不右的中间派占三分之一，他们代表中等资产阶级与开明绅士。随着改革开放的深入，多党合作和政治协商的制度化程度越来越高，协商民主的领域也不断拓展，并向基层延伸，社会协商对话在城乡社区蓬勃发展，以温岭民主恳谈会为主要代表。2019 年，协商民主概念被进一步发展为全过程人民民主，强调“众人的事情由众人商量”[②]。中国的民主政治建设已取得巨大成就，但还存在制度化规范化程度有待提升、民主机制的“技术性”供给不足、各领域民主权利发展不平衡不充分、践行群

---

① 陈剩勇 . 协商民主理论与中国［J］. 浙江社会科学 , 2005 (1) : 26 － 30.

② 谈火生,宋雄伟 . 中国共产党对社会主义协商民主的百年探索[J]. 行政管理改革, 2021 (8) : 13 － 21.

众路线还不够等方面的问题。应从完善国家治理体系和治理能力、健全党内民主制度、借鉴他国成果、培育公民文化等方面着手，不断推进全过程的人民民主建设。[①]

（二）富强价值观

我国早在春秋战国时期，便有朴素的“富强”观念出现。如《管子》中便记载了“善为国者，必先富民”的价值理念。总的来说，中国古代社会对“富强”的追求有两条基本路径，即：以法家为主的“国家本位”的富强路线，主张“国富先于民富”和以儒家为主的“民富为先”的富强路线，主张以“仁义”为治国之本、重义轻利。近代以来，面对“积贫积弱”的国家局面，不少仁人志士孜孜以求国家的“富强”。如以“自强”“求富”为核心主张的洋务运动，以康有为、梁启超为代表的资产阶级维新派的“变法图强”，新文化运动则提出“民主”和“科学”两大核心理念，冀求从文化层面实现国家富强。以孙中山先生为代表的资产阶级革命派提出“振兴中华”的口号，主张实业救国、发展经济、富强国家。中国共产党自成立以来，始终以“实现国家繁荣富强和全体人民共同富裕”为奋斗目标之一。经过几十年的努力发展，顺利实现第一个百年奋斗目标，中国进入全面建成小康社会。

“对发展中国家来说，‘发展’是其第一位的任务，应当成为其价值观追求的首选目标，没有发展就没有生存，更谈不上自由平等民主。”[②]将“富强”作为国家层面的首要价值观，体现了“中国共产党人对马克思主义理论的准确理解与全面超越和中国共产党人对时代特征的科学判断”[③]。富强

---

① 刘军，李洋．“全过程”的人民民主：中国式民主的制度设计与建设实践［J］．科学社会主义，2021（1）：146－151.

② 陈维义．“富强、民主、文明、和谐”应当成为社会主义核心价值观的集中体现［J］．理论前沿，2008（4）：14.

③ 陈琼珍．中国特色社会主义的“富强”范畴［J］．中国特色社会主义研究，2014（1）：28.

和共同富裕“是社会主义制度优越性的基础，体现了社会主义经济发展目标和价值追求的有机统一。逐步实现共同富裕则体现了社会主义最终废除私有制、实现公有制的宏伟理想，也体现了社会主义注重效率与维护公平的美好愿景”①。

首先，研究者解读国富的内涵。“富与穷、贫相对应，强与弱相对应。因此，‘富裕、强健’为富强的基本含义。富裕是指经济的良性发展与人民的丰衣足食，强健就是健康与充满活力的，具有强大的生命力。”②富强意味着发展经济，“把发展社会生产力、增强国家综合国力和实现人民群众的生活富裕作为建设中国特色社会主义的经济价值目标”③。“富强就是经济现代化,是社会主义经济发展所要达到的目标。”④从“富强”的内在需求来看，主要体现为五个方面的基本内容：“工业现代化、农业现代化、人民生活质量的提升、国防现代化和提升科技创新能力”⑤。一些研究者提出富强不能仅从生产力的发展或经济发展的角度来衡量，社会主义“富强”观包括“兼顾生产力标准的效率原则和共同富裕价值标准的公正诉求”⑥两方面的基本内容。富强还应是物质富裕与精神富有的统一。

其次，研究者探讨了国富与民富的关系。“富强是中国传统文化所追求的目标。包括‘国富民富’‘国强民强’‘民富国强’‘国富民强’四个基本方面。国富民富，就是国与民的共同富裕，人人共享富裕成果；国强

① 戴木才，黄士安．论“富强民主文明和谐”［J］．马克思主义研究，2010 (5)：112.

② 孙伟平．论作为核心价值观的“富强”［J］．学习与探索，2015 (6)：3－4.

③ 同①110.

④ 黄士安，戴木才．富强·民主·文明·和谐：我国社会主义核心价值体系显示目标的形成历程［J］．科学社会主义，2010 (2)：33.

⑤ 刘娟．论“富强”价值观在我国法治文化建设中的融入［D］．长沙：湖南师范大学，2019：5.

⑥ 高艳杰，谭颖华．社会主义核心价值观内容解读之“富强”［J］．思想政治教育研究，2014 (5)：51.

民强，就是基于社会正义的良善制度设计以及人民的自觉坚守；民富国强，是指只有人民生活富裕,国家才能强盛。国富民强是说国家富裕,人民富裕，人民力量壮大,才能避免社会向恶。”[①]“富强,是国民富强和国家富强的有机统一”[②]。

社会主义“富强”核心价值观，体现出“国家的自由和自强优先于个人的自由，民族的自主与平等优先于个人的自由与平等，国家的富强和民族的复兴优先于人民的小康及富裕,和平崛起与和谐共处的富强实质”[③]等基本特点。从“富强”价值观的本质特性来看，具有根本性、基础性和优先性等特性。“从根本性来讲，富强是人民幸福的根本来源;从基础性来讲，国家和社会的基本面貌、发展进程，人民的基本素质、行为模式，均取决于国家富强的程度；从优先性来讲，‘富强’价值观拥有引导和评价其他核心价值观的功能。”[④]同时，社会主义“富强”观与资本主义“富强”具有本质上的区别。“社会主义的富强的出发点和落脚点都是为了人民富强，实现富强的主体是人民，实现富强的最终目的是增进人民幸福。”[⑤]

（三）和谐价值观

和谐价值观形成具有现实语境与传统之源。“从现实语境来讲：经济发展伴随生态恶化，社会转型伴随利益分化；物欲膨胀导致德行迷失。从传统渊源来讲，体现在：从‘主客对立’走向‘天人合一’；在包容差异

---

① 方铭.富强释义及孔子与原始儒家的富强观［J］.山西大学学报(哲学社会科学版),2017 (2) : 14.

② 贾华强.国民富强与国家富强不可分割［J］.人民论坛, 2010 (10) : 12.

③ 张波.新时代富强价值的历史逻辑、哲学内涵和政治诉求［J］.理论探讨, 2018 (1) : 51 － 52.

④ 高艳杰,谭颖华.社会主义核心价值观内容解读之“富强”［J］.思想政治教育研究, 2014 (5) : 51.

⑤ 同④.

中消弭两极对立；注重修身养德，树立正确欲望观。”[①] 通常来说，“和谐是指不同事物或要素之间的关系融洽程度。可以分为虚假和谐与真实和谐，绝对和谐与相对和谐，消极和谐与积极和谐，结果和谐与过程和谐等”[②]。

社会主义和谐社会应包含三个层面的含义，“人自身的和谐、个人与社会的和谐、人与自然的和谐发展”[③]。自我和谐是建设和谐社会的应有之义与现实基础，是“心理和谐一个方面，当前中国人主要将其理解为一种与生活、工作、个性、情绪相联系的主观体验。和谐社会中的自我和谐应是基于内在人格与价值观念两方面的自我和谐”[④]。“天人和谐是构建和谐社会的重要内容，天人和谐文化则是社会主义和谐文化的重要内容。天人和谐文化是指以天人和谐价值观、天人和谐精神为主导的社会文化模式或文化系统，主要包括天人和谐的理念、天人和谐的价值取向和天人和谐的行为规范等方面的内容。”[⑤]

社会主义和谐社会是对社会主义本质属性的最新理论概括，其内核是建设“民主法治、公平正义、诚信友爱、充满活力、安定有序、人与自然和谐相处”[⑥] 的理想社会。社会主义和谐社会无论从制度层面还是从社会理想层面，其价值观都体现了对正义的呼唤、对秩序的维护以及对民生的诉求。同时，构建社会主义和谐社会本质上是一场价值创造和价值追求活动，在构建社会主义和谐社会的过程中，坚持以人为本的原则体现了价值的双重性特点是人民主体价值观的要求，强调以和谐的方法化解社会发展过程

---

① 李军学 . 社会主义和谐观的现实语境与传统之源［J］. 中共福建省委党校学报，2015 (4)：24 − 28.

② 郭春梅 . 和谐价值观的培育与践行研究［D］. 长春：东北师范大学，2019：7 − 8.

③ 郑亚伟 . 弘扬儒家“和谐”文化 构建社会主义和谐社会［J］. 江淮论坛，2006 (6)：89 − 91.

④ 徐萍萍，马向真 . 和谐社会中的自我和谐蕴义［J］. 求实，2011 (3)：34.

⑤ 陈留根 . 天人和谐文化及其建构［J］. 南京政治学院学报，2010 (5)：30.

⑥ 伍先斌 . 和谐社会的价值诉求［J］. 求实，2010 (9)：32.

中的矛盾和问题，体现了价值取向的和合共生的特点。[①]

需要从国家、社会和个人层面把握和谐社会的建设途径。首先，以不断发展和壮大社会主义经济、提升国家治理能力、完善社会政策为重点，发挥政府在社会主义和谐社会建设中的主导作用；从权力的视角来看，只有用制度来规范权利和权力，加大对权利和权力的制约，加强政治文化建设，培育公民意识，实现权利与权力的平衡，才能构建和谐社会。[②]其次，以社会组织建设为核心，发挥社会力量在社会主义和谐社会建设中的支撑作用。再次，以培育公民和谐意识和倡导和谐行为为重点，发挥集体力量在社会主义和谐社会建设中的基础作用。[③]面对当代社会来自自然与人类自身造成的灾难与困境，实现人与自然的和谐，需要我们重新诠释生命伦理的主题，理性思考生命价值观以及生命神圣性；在传统与现实的资源中整合新的生命伦理体系，广泛开展现代生命伦理教育，健全完善生命伦理的法律制度，营造尊重一切生命的良好社会环境。[④]

二、社会层面的价值目标

（一）自由价值观

自由价值观具有丰富的内涵与内在规定性。“它不同于西方倡导的普世价值中抽象的‘自由’，而是对马克思主义自由观——‘人的自由全面

① 何文桂．构建和谐社会的价值释义［J］．安徽大学学报（哲学社会科学版），2008 (6)：138.

② 宁军．论和谐社会构建中的权利与权力平衡［J］．西南民族大学学报（人文社会科学版），2011 (8)：201 – 202.

③ 孟宪生．社会主义核心价值观中“和谐”的内涵及建设［J］．思想理论教育导刊，2015 (7)：68.

④ 龚世俊．和谐社会建构中生命价值的理性思考［J］．学术界，2010 (11)：145 – 146.

发展’的继承与发展，是具有社会主义内在逻辑的实践的自由，是与经济社会发展水平相关联的自由，是在爱国主义、集体主义和遵守社会秩序前提下的自由。”[①]社会主义核心价值观的自由，体现为三重基本属性，即：自由存在于历史规定之中，劳动是人的自由的实在以及自由受制于生产力运动的内在界限。[②]人们经常将自由理解为对必然的认识和对客观世界的改造。俞吾金认为，将自由定义为“对必然的认识和对客观世界的改造”，这个定义是不完善的，甚至不能包含自由的基本含义。他指出，“这完全是一种似是而非的见解。如果真是这样的话，人们就不得不做出如下的推论：即最了解自然必然性的科学家是世界上最自由的人。假如这个推论能够成立，那么人类通过社会运动和社会革命来争取自由和解放就成了无意义的举动，只要学习自然科学就行了。这样一来，对人类的生存来说是如此重要的自由概念就蜕化为一个单纯的认识论概念。在这样的概念的引导下，甚至连伦理学这样的学科也无法建立起来，因为伦理学的基础是人的自由意志，如果自由只不过是对必然的认识，那么又有哪个人需要对自己的行为承担道德责任呢？”[③]20世纪90年代以来，自由逐渐超越了认识自由的藩篱，更多凸显人行动的自由和意志的自由。自由被看作是“人们行为的限制不存在的状态”或者“就是人的活动的一种自主状态”，但这些定义也比较模糊，未能对合理的限制与不合理的限制做一个区分。随后，自由被定义为不受专断意志的强制。哈耶克认为，“自由是指这样一种状态，一个人不受制于另一人或另一些人因专断意志而产生的强制的状态；自由意味着始终存在着一个人按其自己的决定和计划行事的可能性。”“社会中

---

① 段研．社会主义核心价值观中“自由”真谛及其实现路径［J］．理论探讨，2016 (2).

② 史孝林．理解社会主义核心价值观之自由价值的三重维度［J］．理论导刊，2020 (1)：1－5.

③ 俞吾金．论马克思对西方哲学传统的扬弃：兼论马克思的实践、自由概念与康德的关系［J］．中国社会科学，2001 (3).

他人的强制被尽可能地减到最低限度”。[①]

自由与权利密切相关，公民权利是自由理念走向制度化的产物。权利的概念本质都包含着五个关键要素，对任何一项具体的权利而言这些要素是最基本的、不可或缺的。一是利益，权利的成立是为了保护某种利益，这种利益受益主体、形态都是多样的；二是诉求，一种权利若无人提出对它的主张或诉求，就不可能成为权利；三是资格，即提出利益及诉求要有所凭借——凭借道德资格或法律资格；四是权能，它包括权威和能力。一种利益、诉求或资格必须具有相对的权能才能成立；五是自由，指的是权利主体可以按个人意志去行使或放弃该权利，不受外来干预或胁迫——不同于出版自由、人身自由这种以自由为内容的权利，权利有“消极权利”和“积极权利”两种类型，“消极权利就是在政治领域中由法律保障的同等人权，积极权利就是在经济文化领域内以生存权为核心的积极权利的保障”[②]。

社会主义“自由”核心价值观具有“辩证性、人民性与实践性”[③]三大特征。辩证性体现为它在继承马克思主义自由观的过程中，更加注重吸收马克思主义的辩证思维方式，以科学的方法论构建了其辩证的哲学内涵；人民性即社会主义自由价值观具有鲜明的“以人为本”的特点；实践性体现在以解决现实问题为宗旨。社会主义自由价值观“以实践为基础，以人民主体性为本质，以人的自由全面发展为目的”[④]。相比于西方自由主义者

① 弗里德利希·冯·哈耶克.自由秩序原理［M］.邓正来，译.生活·读书·新知三联书店，1997，4－5.

② 李长成.社会层面的社会主义核心价值观探论［J］.广西师范大学学报：哲学社会科学版，2015：104.

③ 郝娜，李嘉谊.论自由核心价值观的三重属性［J］.河海大学学报（哲学社会科学版），2017（1）：1－6.

④ 裴艳丽.社会主义核心价值观之自由的内涵［J］.思想政治教育研究［J］，2016（6）：1－3.

对于自由至上观点的强调，社会主义核心价值观中的自由观的基本特点在于它强调“人的自由是具体的、有条件的，而不是先天的、绝对的，自由实现于人们的实践活动过程中且只有社会主义道路才能保证人的自由的真正实现”①。简单地说，没有绝对的自由，只有存在于一时一地的具体的、相对的自由。同时，自由也是目的性自由与工具性自由的统一，是自由、能力与责任的统一。②

（二）平等价值观

在中国古代传统社会，平等思想就体现在诸子百家的思想当中。以孔子为代表的儒家的“均无贫”思想提到:“不患寡而患不均,不患贫而患不安。盖均无贫,和无寡,安无倾。”儒家思想的大继承者孟子提出“天之生物也，使之一本”，阐释了其朴素的万物平等思想。除此之外，道家思想也有不少平等主张，如老子指出“高者抑之，下者举之；有余者损之，不足者补之”。庄子强调“以道观之,物无贵贱”。墨家主张“富不侮贫、贵不傲贱”，主张人格上的平等。此后，也有许多古代思想家体现出平等的意识，如东汉思想家王充提出“夫人，物也；虽贵为王侯，性不异于物”，倡导基于物性的人类平等。明代著名思想家李贽,提倡男女平等、君民平等,指出“人之生也，无不同也”。中国古代思想家们对于平等的思想进行了深入阐述，但是没有形成系统的学说和流派。

平等源于中国传统文化，在西学东渐的现代化浪潮中被注入新的思想活力。关于平等思想，近代最具代表性的人物是康有为。康有为希望能够通过平等思想摆脱形而上的束缚，探寻形而下的解放路径。康有为的平等思想内涵主要分为三点：“‘人人皆为天之子’就是平等；‘去九界’是实

---

① 杨议程.社会主义核心价值观之自由观研究[D].长春:东北师范大学,2017:17－19.

② 杨智勇.社会主义核心价值观之“自由”研究[D].桂林:广西师范大学,2016:105－136.

现平等的基本路径；平等的衡量标准为‘大同太平之世’。”[①] 人人平等的概念猛烈地冲击着传统的身份社会和等级社会，使得当时保守麻木僵化的中国出现了改革的现代气息。

平等是“人类文明进步的价值追求”[②]，是“马克思主义的终极价值诉求，中华优秀传统文化的重要体现”[③]。同时，平等是“社会主义的本质属性和根本目标，当代中国实现可持续发展和构建社会主义和谐社会的必要条件，是中国特色社会主义发展的内在动力和精神支柱”[④]。从经济和社会发展角度来看，平等是“实现社会公正的必经之路，保障人民当家作主的基本条件，完善社会主义市场经济体制的前提条件”[⑤]，是“国家治理体系和治理能力现代化的内在要求”[⑥]。

马克思强调社会财富平等，“首先，对资本主义平等的虚伪性进行了深刻批判；其次，对空想的社会主义平等观的唯心主义进行了无情揭露；最后，对以蒲鲁东为代表的小资产阶级社会主义者的‘永恒公平论’的批判”[⑦]。总的来说，马克思恩格斯的平等思想主要有以下几个方面特点：平等的历史性、平等的经济观、平等的阶级性、平等的发展性。毛泽东平等观体现在四个领域，即政治平等、经济平等、文化平等与社会平等。从主体的维度来看，平等包括国格平等、男女平等、干群平等、民族平等。

---

① 高瑞泉．平等主义的纲领及其衍绎：《大同书》《仁学》的一种解读[J]．社会科学，2011(11)：122－130.

② 王昱清．社会主义核心价值观中的平等论析［J］．思想政治教育研究，2018(6)：44.

③ 郑流云．试论社会主义核心价值观中的平等理念［J］．学术论坛，2016(10)：44－45.

④ 袁银传，赵倩．社会主义平等价值观及其培育路径［J］．思想政治教育研究，2014(5)：36－38.

⑤ 宿钟文．对社会主义核心价值观中“平等”的思考：浅析“平等”在城乡一体化实现过程中的重要性［J］．中央民族大学学报，2015(12)：42.

⑥ 李正义．平等问题的历史逻辑与当代价值［J］．东岳论丛，2021(8)：63－64.

⑦ 贾英健．论作为社会主义核心价值观的平等［J］．北京师范大学学报（社会科学版），2015(3)：17－19.

不同学者对“平等”核心价值观的内涵有不同的解读。有学者指出,“社会主义核心价值观的平等，是指享有社会权益与履行社会义务同等性”①，即国民身份等。从构成内容上讲，社会主义的平等观包括：“政治平等、经济平等和社会平等三个基本方面，分别是社会主义核心价值观的政治保障、物质保障与制度保障。”②“政治领域,即由宪法赋予的公民基本权利的平等；经济领域，体现为规则平等、形式平等和机会平等；社会领域，体现为以补偿原则为基础的形式平等与实质平等的有机统一。”③有学者指出，社会主义平等价值观应该还包括文化平等，即“文化教育的平等、文化参与的平等和文化交流的平等”④。另有学者指出，中国特色社会主义平等观的基本内容包括四个方面：“权利平等（核心内容）；机会平等（市场经济的客观要求）；规则平等（全面依法治国的基本要求）；结果平等（国家运作的伦理原则）。”⑤从平等的主体来划分平等的类型,包括“国际平等、城乡平等、区域平等、民族平等、男女平等、残健平等”⑥。中国特色社会主义平等观体现出以“唯物辩证法为方法论基础；唯物史观对西方自由主义平等观进行批判；社会权平等为核心内容；保障底线的差别平等为本质特点；在发展中不断健全平等”⑦五大特点。从比较的视角，社会主义平等与资本主义平等具有本质上的不同，其特点表现为“鲜明的人民立场、显著的事实指向、宏大的全人类视野”⑧。

---

① 秦书生．社会主义核心价值观的平等之维论析［J］．伦理学研究，2015(3)：6.

② 郑流云．试论社会主义核心价值观中的平等理念［J］．学术论坛，2016(10)：45－46.

③ 张二芳．中国特色社会主义平等观探析：马克思《哥达纲领批判》的当代启示［J］．科学社会主义，2012(3)：134.

④ 王昱清．社会主义核心价值观中的平等论析［J］．思想政治教育研究，2018(6)：47.

⑤ 唐子茜．中国特色社会主义平等观研究［D］．北京：北京交通大学，2017：72－85.

⑥ 同⑤91－100.

⑦ 吴晓云．中国特色社会主义平等价值观的构建［J］．安徽师范大学学报，2016(1)：45－50.

⑧ 李正义．平等问题的历史逻辑与当代价值［J］．东岳论丛，2021(8)：62－63.

（三）法治价值观

法治作为社会主义核心价值观的基本要素，“走向法治是中国特色社会主义的必由之路，实现法治是社会主义制度的价值追求，实现法治是社会主义理想的组成部分”[①]。法治“是社会主义民主政治的必然要求，是执政党建设的内在要求，是国家治理体系和治理能力现代化的客观需要”[②]。法治是“实现自由的基本保证，是实现平等的重要基础和实现公平正义的可靠力量”[③]等。

法治的基本含义乃是指“法律的统治”[④]。“社会主义法治，就是广大人民群众在党的领导下，依照宪法和法律规定，通过各种途径和形式管理国家事务，管理经济文化事业，管理社会事务，保证国家各项工作都依法进行，逐步实现社会主义民主的制度化、法律化，使这种制度和法律不因领导人的改变而改变，不因领导人看法和注意力的改变而改变。”[⑤]也有学者认为，法治是一种以“民主为前提，依法办事为核心，权力正当运行为重点，法律至上为准则的治理方式”[⑥]。同时，法治也是一种“社会治理模式”[⑦]。法治是“基于民主的理念所构筑的社会控制机制，为民主的实践提供基本框架，旨在通过法律的制定确定社会主体间的权力边界，保障人们的个体自

---

① 陈金钊．对法治作为社会主义核心价值观的诠释［J］．法律科学（西北政法大学学报），2015 (1)：4.

② 周丹，尹江燕．社会主义核心价值观体系下的法治意蕴［J］．求是学刊，2021 (1)：16 － 18.

③ 王永友．社会主义核心价值观的基本逻辑［J］．高校辅导员，2017 (1)：3 － 7.

④ 张文显．法理学［M］．北京：高等教育出版社，1999：46.

⑤ 张会峰．社会主义核心价值观中“法治”及相关问题阐析：兼论大学生法治观教育中必须澄清的几个问题［J］．思想理论教育导刊，2015 (6)：58.

⑥ 张凡．社会主义核心价值观中“法治”内涵解读［J］．新疆社会科学，2016 (6)：8 － 9.

⑦ 田兆军．良法与善治：“法治”价值观的当下解读［J］．中国政法大学学报，2019 (6)：29.

由和平等的政治权利"[①]。中国特色社会主义法治的核心内涵是依法治国的基本治国方略。[②]法治也可以理解为一种价值体系。"法治不仅仅是一种治国方略，而是有着自己明确价值判断的一种精神理念和价值目标。"[③]概括学界的认识，法治的内涵主要体现在以下五个方面："治国理政的基本方式、一种理性的办事原则、一种文明的法律精神和价值原则、民主的法律化、一个以法律为主导的有序化社会。"[④]

社会主义法治应当包括"制度建设和精神建设两个层面，其中制度层面的法治建设是一种刚性要求，而精神层面的法治建设是社会主义法治能够得以实现的关键"[⑤]。法治包括"形式法治和实质法治"[⑥]两种基本类型。同时，法治包括"'良法与守法'两个基本要素。从良法的角度来看，包括'形式正义与内容正义'两个基本方面。守法，意味着国民信仰法律和权力拥有者带头守法"[⑦]。也有学者提出，完整意义上的法治包括"法律制度、法治体制、法治文化"[⑧]三个方面。同时，社会主义也是一种实质法治，包含"共生、共赢、共享的社会合作关系，美好生活的价值追求，人的尊严的基本善"[⑨]三个价值维度。社会主义法治包括"依法治国、执法为民、公平正义、服务大局、党的领导"[⑩]五个基本方面。

中国特色法治的本质特征在于："从主导力量来看，中国共产党是法

---

① 李建华．论德治与法治的协同［J］．湖湘论坛，2017 (5)：22 – 27.

② 吕世伦．当代法的精神［M］．西安：西安交通大学出版社，2016：23.

③ 叶承芳．社会主义核心价值观内容解读之"法治"［J］．思想政治教育研究，2015 (1)：54.

④ 于艳艳．中国特色社会主义法治道路研究［D］．济南：山东师范大学，2018：4 – 5.

⑤ 张雁．社会主义法治精神培育机制研究［D］．长春：东北师范大学，2015：17.

⑥ 曹刚．公民道德建设的法治保障［J］．道德与文明，2020 (1)：35.

⑦ 吴玲．法治基本要素与依法治国［J］．人民论坛，2014 (7)：122 – 123.

⑧ 张文显．法治的文化内涵：法治中国的文化建构［J］．吉林大学社会科学学报，2015 (4)：5.

⑨ 同⑥.

⑩ 范化，戴津伟．作为社会层面核心价值观的"法治"探析［J］．学习与探索，2017 (8)：102.

治建设的主导政治力量；从法治的实践路径和方法看，其真意为良法善治；从法治实践的制度模式看，中国实行的是以人民当家作主为目的‘一院制’的人民代表大会制度下的法治。”[1] 社会主义法治可以被概括为八个基本特点，即“人民主权、人权保障、权力制约、合理完善的法律体系、法律平等、宪法法律的至上地位和普遍效力、司法独立以及党必须在宪法法律范围内活动”[2]。社会主义法治价值观体现出“以‘法’为中心，以社会为基础，以人为本”[3] 三个基本特征。

学者们对于德治与法治的关系也进行了探讨。首先，二者都是一种“治理模式”[4]。“法治”和“德治”都是治国理政的一种方式。其次，二者之间都各自具有独特性。“法治的核心特征是法律高于一切，德治的核心特征是树立道德典范，激发道德良知，影响人们的行为。”[5] 再者，法治与德治之间是相辅相成的辩证关系。“法治不仅关乎法律之存废，同样关乎道德之兴衰；若法治不立，则德治难行。”[6] 最后，实现良好的社会治理需要德法结合。“从经济建设的角度来讲，市场的高效运行内在地要求法律体系与道德素养的共同支持；从人类文明发展的角度，德治与法治都是在人类漫长的文明发展过程当中所形成的治理人群、治理社会、治理国家的方式和模式，脱离文明的特点来讨论德治、法治的内涵会容易陷入一种本质主义。同时，德治与法治具有共同的社会学基础。”[7]

---

① 王建国．中国特色法治本质的理论阐释［J］．河北法学，2017 (10) : 33.

② 孙国华．社会主义法治论［M］．北京：法律出版社，2017 : 172 – 178.

③ 翟子夜．中国传统法治观的流变及重构［J］．思想政治教育研究，2019 (4) : 47.

④ 张会峰．社会主义核心价值观中“法治”及相关问题阐析［J］．思想理论教育导刊，2015 (6) : 58.

⑤ 杨伟清．法治与德治之辩［J］．道德与文明，2015 (5) : 11.

⑥ 同⑤.

⑦ 叶方兴．德法互济 协同共治：“德治与法治：治理的逻辑与路径”学术研讨会纪要［J］．道德与文明，2015 (6) : 153.

三、个人层面的价值目标

（一）诚信价值观

“诚信是中华民族的道德品质和要求，经商之德、治国之道与立人之本。”[①] 改革开放以来，诚信价值观被赋予日益重要的价值。从经济的角度来分析，“诚信”是社会主义市场经济的压舱石，是“一种有道德价值的社会资源”。[②] 同时，诚信是经济发展的核心竞争力，是社会主义市场经济中不可或缺的特殊资源。[③] 社会必须建构以公正、信用、规范为规则的经济伦理来应对有可能产生的各种欺骗行为。[④] 从法学角度来研究，“诚信”是一种适用于全部民事关系的民法原则。[⑤]

诚信价值观先后历经了“春秋以前的萌芽期、春秋战国的形成期、秦汉的规范期、宋明的提升期和明清的实用期”[⑥] 等阶段的历史演变。诚信价值观具有深厚的思想资源。首先，诚信核心价值观与儒家的诚信思想密不可分。儒家的“至诚至善以实现仁义之礼的思想与社会主义诚信核心价值观存在着伦理价值上的相承与互通”[⑦]。诚信价值观在不同历史时段以及思想者眼中各具特点。中国传统诚信观重视“实事求是的精神，诚对信的根

① 焦国成 . 关于诚信的伦理学思考［J］. 中国人民大学学报 , 2002 (5) : 12 − 13.

② 夏伟东 . 论诚信与市场经济的关系［J］. 教学与研究 , 2003 (4) : 29 − 30.

③ 葛晨虹 . 诚信是一种社会资源［J］. 江海学刊 , 2003 (3) : 35 − 36.

④ 余源培 . 打造“诚信社会”: 关于经济伦理视野的思考［J］. 探索与争鸣 , 2002 (4) : 7 − 11.

⑤ 徐国栋 . 诚信信用原则二题［J］. 法学研究 , 2002 (4) : 7 − 9.

⑥ 王明志 , 况志华 . 中国传统诚信思想的演变及其当代启示［J］. 思想政治教育研究 , 2019 (10) : 145 − 148.

⑦ 张啸尘 , 顾青青 . “诚信、公正、和谐”和谐价值观的传统文化渊源［J］. 浙江师范大学学报 (社会科学版) , 2016 (2) : 50.

本制约关系，对善的不懈追求以及寻求诚信的正当”[①]等特点。而儒家的诚信思想则具有以下特点：“作为哲学范畴的本体性特征，作为道德范畴的道德之本，诚与信之间的互为表里，诚信以‘义’为前提。”[②]

从伦理学角度来解释，诚信“意指一个人在心意、言语和行动上对自身、对他人、对社会真诚无妄、诚实无欺、信任无疑”[③]；“诚信是心意、言语、行动之间的相互一致性与一贯性”[④]。如果将诚信置于社会主义核心价值观的内容之一，也体现出其独特性：“从个人修养角度，强调忠信在自我修养上的地位；从交友的角度，要言而有信；从为人处世方面，要‘忠信笃敬’；从治国理政方面，取信于民，施行仁政。”[⑤]从哲学上来讲，“诚信是一种双向的互动，既体现了主体精神的自我追求，又体现了对事物的尊重”[⑥]。同时，也有学者认为“诚信”既是一种道德原则，也是一种法律原则。

（二）友善价值观

“友善在中西方文化中，都是一种宝贵的美德，既是一种高尚的个人道德品质，也是重要的社会伦理价值。”[⑦]友善价值观具有独特地位。从个人层面来讲，“友善是我们每个人事业有成和幸福生活所不可或缺的精神要件”[⑧]，是“构建和谐人际关系的道德纽带”[⑨]；从制度层面来讲，“社会主

---

① 赵士辉．中国传统诚信观的特点及其现代意义［J］．道德与文明，2003 (1)：56 − 58.

② 龙钰，冯颜利．儒家诚信思想及当代价值［J］．广西社会科学，2014 (6)：73 − 74.

③ 杨方．诚信内涵解析［J］．道德与文明，2005 (3)：26.

④ 杨方．诚信本质的六个层面［J］．吉首大学学报（社会科学版），2005 (4)：32 − 35.

⑤ 王珍．社会主义核心价值观之诚信解读：从《论语》论诚信［J］．学理论，2014 (6)：14 − 15.

⑥ 陈学凯，鲁建辉．诚信溯源［J］．西安交通大学学报（社会科学版），2016 (5)：64.

⑦ 李建华．友善何以成为一种核心价值观［J］．伦理学研究，2013 (2)：1.

⑧ 徐梓彦，黄明理．友善核心价值观研究述评［J］．伦理学研究，2019 (1)：137.

⑨ 黄明理．社会主义核心价值观研究丛书：友善篇［M］．南京：江苏人民出版社，2014：13.

义社会是一个合作的伦理性的良序社会，友善在公共领域具有规范、创造、整合人际关系和社会关系的伦理意义”①；从社会层面来讲，友善是调节社会矛盾，促进社会和谐的润滑剂。“友善是社会团结的内在的重要纽带”②，“有利于消解社会不和谐声音，推动社会协商民主，健全社会互信体系”③；从伦理秩序的要求普遍意义来讲，友善是构建现代社会伦理秩序的一项基本要求，友善“能化解现代伦理危机”④，从全球视野来讲，友善是“基本的道德前提，有利于增进世界和平，促进国际友善”⑤。

从友善价值的来源看，“根植于传统儒家的仁爱思想是中华民族传统友善观的重要来源”⑥，孔子及其原始儒家就一直在追求尽善尽美，集中体现在其“仁道、恕道、和谐、大同”⑦的主张之上。孟子亦主张与人为善，“人的友善情操的初始动因就在于人的‘恻隐之心’”⑧。道家推崇“上善若水”，墨家则提倡“爱无差等、亲疏、贵贱的兼爱友善价值观”⑨等。

不同时代的友善价值观体现出不同的特征。“中国古代的友善价值观具有明显的宗法特征，以‘父慈子孝，兄友弟恭，夫义妇顺’为基本原则，西方的传统友爱观念具有强烈的阶级性，体现在其对灵魂的阶级划分上”⑩。

---

① 黄显中．论友善［J］．伦理学研究，2004 (4)：33.

② 曹刚．团结与友善［J］．伦理学研究，2015 (1)：14.

③ 李建华．友善何以成为一种核心价值观［J］．伦理学研究，2013 (2)：2－3.

④ 王翠华．论社会主义核心价值观之友善［J］．湖北社会科学，2014 (5)：12－15.

⑤ 章道德，郭超．社会主义核心价值观视域下的友善论［J］．盐城师范学院学报（人文社科版），2016 (36)：8.

⑥ 方铭．友善价值观的中国传统文化基础考源［J］．人文杂志，2017 (12)：18－26.

⑦ 段江波．友善价值观：儒家渊源及其现代转化［J］．社会科学，2015 (4)：139.

⑧ 唐明燕．社会心理学视域下孟子哲学涵育友善的伦理价值［J］．江淮论坛，2018 (2)：102.

⑨ 冯正强，何云庵．简论墨子兼爱学说中的友善价值观内涵［J］．西南交通大学学报（社会科学版），2017 (1)：86－88.

⑩ 高国希，凌海青．论作为社会主义核心价值观的“友善”［J］．中州学刊，2020 (8)：111.

社会主义友善核心价值观，是民族性、历史性、时代性、理论性、实践性的有机统一。

作为个人德性，友善是“指人们之间希望对方良好的一种交互的善意，以及在此基础上产生的一种交互的友好感情”[①]。友善作为一种公民的基本道德规范，指的是“人与人之间建立善意、友好、温暖、互助的人际关系”[②]。从个人的知行统一的角度来定义友善，体现为“在善意地对他人宽容友好的情感态度以及基于爱心的助人为乐的实践行动相统一的内在德性”[③]。友善作为一种社会德性，“体现了公民的价值取向，就是在‘每人为人人，人人为每人’的共同体中，彼此尊重、关心、帮助，在人与自然的生命共同体中尊崇自然、和谐共生”[④]。同时，友善作为社会美德，应该超越人与人、人与社会之间的狭隘局限。友善价值观的初级维度是用于处理人与人之间的关系，应将其扩大到“人与社会、人与自然的关系，从而营造出和谐社会、和煦自然的新景象”[⑤]。从层次上来讲，它包括“以互爱为感情纽带的家庭道德、以互助为利益纽带的社会道德、以分工为人缘纽带的职业道德”[⑥]三个层面的内容。总而言之，友善“是一种以对方为重的价值观念，是一种待人如己的道德要求，还是一种理性的道德情感”[⑦]。

综上所述，关于社会主义核心价值观的研究，针对不同层面的价值都有比较丰富的研究成果。学者们对价值的来源、内涵、特点、诉求等做了多方面的研究，既论述了诸种价值在各种文化体系中的普适性，也结合中

---

① 王翠华 . 论社会主义核心价值观之友善［J］. 湖北社会科学 , 2014 (5) : 11.

② 方铭 . 友善价值观的中国传统文化基础考源［J］. 人文杂志 , 2017 (12) : 18.

③ 黄明理 , 任君 . 论友善核心价值观信仰化及其根据［J］. 河海大学学报 (哲学社会科学版) , 2021 (23) : 9.

④ 高国希 , 凌海青 . 论作为社会主义核心价值观的“友善”［J］. 中州学刊 , 2020 (8) : 111.

⑤ 刘金玲 . “友善”价值观的培育之道［J］. 人民论坛 , 2018 (11) : 70.

⑥ 王征国 . 公民核心价值观中的友善道德［J］. 理论学习 , 2014 (4) : 32.

⑦ 曹刚 . 团结与友善［J］. 伦理学研究 , 2015 (1) : 14 － 15.

西文化差异论述了社会主义核心价值观的特有内涵与独特诉求。总体来看，对于社会主义核心价值观的理解不是僵化的，而是随着社会发展而不断变化的，核心价值观既是对社会发展中出现的义利问题、价值问题、人生理想信念等问题的回应与诠释，也是在对中国传统文化价值的再阐释与创造性转化、与世界文化的对话中不断演进的。

第五章
德育理论现代化研究

经济学家把现代化定义为这样一个过程：人类通过这一过程将增强对外部环境的控制能力作为提高人均产量的手段。社会学家和人类学家指出，现代化的其他特征包括：对民众的唤醒和激发、对现在和未来比对过去的兴趣更大，一种把人类事务看成是可以理解的而不是受超自然力量控制的趋势，及至近些年才建立起的对科学和技术的益处的信赖。[①]现代化进程涉及以下四种历史进程之间复杂的互动关系：政治的、经济的、社会的和文化的过程。政治上体现为世俗政治权力的确立和合法化、现代民族国家的建立；经济上体现为市场经济的形成和工业化过程；社会过程体现为传统社会秩序的衰落和个人自由的崛起，从农业为主的生活方式转化为以城市和工业为主的生活方式；文化上体现为宗教衰微与世俗文化兴起。这些进程深刻地反映了现代社会的形成并非一个单一过程，而是充满矛盾和对抗。[②]这些宏观社会因素为中国德育现代化铺设了背景和舞台，德育思想现代化便植根于此。

德育思想研究是德育理论研究中的重要内容，德育思想是对德育根本

---

① 斯塔夫里阿诺斯．全球通史［M］．吴象婴，等，译．北京：北京大学出版社，2004：373.

② 戴维·弗里斯比．现代性的碎片［M］．卢晖临，等，译．北京：商务印书馆，2003：7.

或重大问题进行的具有前瞻意味的系统反思，是德育基本理论中最有活力和最具创新色彩的组成部分。本书所涉及的德育思想研究包含如下内容：

其一，德育哲学问题，即在哲学的世界观与方法论指导下对于道德问题及道德教育基本问题进行的思考，其研究方法主要是哲学思辨的，可以是演绎式的，是哲学原理在道德教育目的、方法途径中的演绎与具体运用；还可以是批判式的，对道德教育实践及研究中的思维误区进行反思与揭示；也可以是解释性的或归纳式的研究。

其二，德育变革与时代发展问题，即思考在社会转型、价值多元、科技日新月异发展的背景下，德育如何适应时代挑战，反思并重塑人—社会—科技与道德教育之间的关系，从封闭走向开放，承担应该承担的社会责任。这类研究聚焦于“道德教育应该怎么做”，更多属于规范性研究或建构性研究。

第一节　德育理论历史分期及现代化起步

一般来说，新中国成立后道德教育理论发展的历程被分为建国十七年（1949—1966）、“文化大革命”十年（1966—1976）和改革开放四十年（1978 至今）。改革开放之前道德教育的主要特征表现为泛政治化和去个性化。达到高潮时，甚至造成了教育的非人性化，道德教育变成了仇恨教育、阶级斗争教育、禁欲教育；改革开放之后，道德教育发展的总体特点是越来越世俗化、现实化、常识化和日常生活化。道德逐渐褪去意识形态的教条主义和虚幻的理想主义，而更加关注社会实践中的矛盾和社会关系的调解，更贴近人们柴米油盐的日常生活及喜怒哀乐的个人情感。

一、关于历史分期的思考

学者们通常将改革开放之后的道德教育理论发展分为 3~4 个阶段：学

科重建和科学化时期（1978—1988 年）、现代化时期（1989—1998 年）、人本化时期（1999—2008）、生活化时期（2002—2018）。[①] 总体上这种分期是有依据的，但笔者对之持不同看法。

（一）常见的历史分期存在交叉同频现象

笔者认为科学化、现代化、人本化三大主题贯穿了德育思想发展自始至终的全过程，一直存续到如今，科学化、现代化和人本化的过程仍在进行，而非已经结束了。德育学者之所以将之划分为不同阶段，只是描述了一种趋势——即在这个阶段，这一主题的相关研究数量比较多，成为热点问题，研究者的兴趣迅速向这一主题靠拢。与其说德育研究是分成三个阶段的，不如说德育思想的研究始终贯穿着科学化、现代化和人性化三大主题（表 5-1）。其中科学化、现代化主题主要是对学科发展和德育实践转型的反思，人性化则是对“要培养怎样的人”“怎样培养人”这些重要主题的理论回应。三大主题有承继和交叉关系，如德育科学化的要求在 20 世纪 90 年代与现代化的话语有交叉，而德育现代化的话语在 2000 年左右又发展为德育人性化的要求。

表 5-1　德育理论研究三大主题

三大主题	研究持续期 / 高潮期	研究的主要问题	代表性成果
德育科学化	1978 年至今 /1978—1999 年	德育本质、地位、作用、任务、德育规律、学科基础、理论体系	《德育学》（六院校，1986） 《德育哲学研究丛书》（张澍军，2002） 《德育科学化初探》（张正江，2018）

① 杨炎轩．中国当代德育理论发展研究［M］．北京：中国海洋大学出版社，2009：2122.

续表

三大主题	研究持续期/高潮期	研究的主要问题	代表性成果
德育现代化	1978—2000年/1989—1998年	德育现代化转型 德育功能	《德育新论》(鲁洁，1994) 《现代德育论》(班华，1996) 《学校道德教育原理》(檀传宝，1999)
德育人本化	1981年至今/2000—2012年	主体性德育 生活德育等	《当代德育基本理论探讨》(鲁洁，2010) 《主体教育论》(王道俊，2012)

（二）以现代性推进程度为基础的分期

改革开放以来，教育的中心由“为阶级斗争服务”逐渐转移为“面向社会主义现代化建设”，中国开始踏出融入世界经济体系的步伐，一度中断的现代化过程因此而重新起步。进一步分析可知：三大主题的核心其实都是现代化，即围绕着学科的现代化和人的现代化进行不断深入的研究。现代化以工业化和技术革命为主要推动力，经济上体现为市场经济的形成和加入全球贸易体系；社会过程体现为传统社会秩序的衰落和个人自由的崛起，从农业为主的生活方式转化为以城市和工业为主的生活方式。这一过程催生了现代性理念——现代性是启蒙时代以来的“新的”世界体系生成的一种持续进步的、合目的性的、不可逆转的发展的时间观念和一整套以自由民主平等为核心的价值理念。所谓现代化就是以自由、平等、民主等为主要价值导向的现代性在文化思想、政治制度、经济体系和社会生活等多个层面不断增长、推进和扩散的过程。根据现代性不断加深程度的演进历程，德育思想可以分为三个阶段：现代化重新起步（1978—1992年，以德育科学化诉求为主）、局部现代化（1992—2000年，以学校德育的现代化变革为主）和从局部迈向总体的现代化（2000年以来，以人性化为主要特点）。《中国教育现代化2035》提出，到2035年总体实现教育现代化目标，当前教育正在朝着这个目标迈进。当然，这三个阶段分期也不是孑然分割的。一个阶段的现代化主题在另一个阶段也会延续，分期只是一种描述相对集中趋势和特征的工具性思维框架。

二、德育理论的现代化重启

马克斯·韦伯从宗教与形而上学的世界观分离角度出发来理解现代性。自从 18 世纪以来，基督教世界观中遗留的问题已经被分别纳入不同的知识领域加以处理，它们被分门别类为真理、规范的正义、真实性与美。由此形成知识问题、道德正义问题及审美趣味问题，产生了三个独立的学科范畴：科学、道德与艺术，每一领域内的问题都成为特殊专家关注的对象，文化的这种职业化趋向使社会的认知体系和实践行为分别形成三个内在结构：认识—工具结构、道德—实践结构、审美—表现的合理性结构，每一结构都成为特殊专家的掌控对象。[①] 改革开放以来，德育思想现代化的重新起步阶段必须建立起这种“道德—实践结构”学科的自主性，确定自主的学术话语，而其自主性又建立在科学性（或学术性）的基础之上。

（一）德育理论寻根

1978 年后，政治气候回暖，思想逐渐解放。初期教育思想的探讨仍囿于“文化大革命”前的经验；1985 年，中共中央《关于教育体制改革的决定》颁布后，教育气象为之一新，教育界逐渐出现百花齐放的景象。

教育理论研究者及德育理论研究者在反思“文化大革命”时期教育经验的基础上，也试图重建教育的理论之源。理论寻根主要从两方面进行：

---

① 曾仲权．现代性分裂状况的文化表征、原因及启示：哈贝马斯对席勒美育思想阐释的逻辑起点探赜［J］．云南师范大学学报（哲学社会科学版），2021，53（5）：146－156.

回到马克思、回到传统文化。一部分学者回到马克思主义哲学，重新探讨人与社会发展的关系、人之价值与时代处境。黄枬森在一篇论文中总结道："胡乔木在 1984 年初的文章中总结了当时的讨论，主张把传统的人道主义分析为'世界观和历史观'与'伦理原则和道德规范'两个方面，否定前者而吸收后者并加以改造而成为社会主义人道主义。我想指出的是，这个结论并不是他的独创，而是对当时许多学者的观点的总结。"也即，学术界逐渐达成共识，人道主义的历史观是有缺陷的，但人道主义的价值观与伦理观是可取、可欲的。此后，人道主义不再是禁区，而被逐渐改造为社会主义人道主义。对此，黄枬森评价道："它实际上继承了马克思的思想，澄清了人道主义头上的迷雾，使我们能够正确地对待人道主义——理直气壮地反对人道主义历史观，热情洋溢地提倡和弘扬人道主义价值观。"[①] 此后，片面强调"人是由环境决定"的机械唯物论被批判，强调人的主体性和能动性被看作是马克思主义哲学的应有之义。社会主义人道主义成为马克思主义的理论主流。辩证唯物主义和历史唯物主义的价值被重新发掘，辩证的思维方式替代了非黑即白的独断论，成为学者们新的思维武器。利用这一武器，他们提出了许多具有进步色彩的观点：集体主义与个人利益是可以对立统一的[②]、义利可以辩证统一、人的主动性与被动性辩证统一。

还有一部分学者试图挖掘孔子道德教育思想中的合理内核，重新评估传统文化的德育价值，开始了对古代德育思想的批判与继承工作，从而形成了一系列的学术作品，如毛礼锐的《论儒家的道德教育思想》(1980)、王炳照的《批判继承古代道德教育思想遗产》(1984)、张惠芬的《教育史中的批判与继承》(1980)、宋惠昌的《关于道德的继承性的几个问题》

---

① 黄枬森. 关于人道主义和异化问题的讨论 [J]. 北京大学学报 (哲学社会科学版), 2010, 47 (1): 5 – 10.

② 周原冰. 发挥道德主体的能动性与集体主义原则 [J]. 道德与文明, 1989 (4): 4 – 8 + 15.

（1980），等等。这一批德育理论研究的作品旨在重新评价古代德育与现代德育的关系，把传统德育作为一个可供利用的资源来加以批判与继承，从而促进德育理论研究的发展。[①] 又如，很多学者虽然批判孔子提倡的忠孝是一种愚忠愚孝，是一种绝对服从，但同时认为其中也有进步性的内容，“仁者爱人”“己所不欲，勿施于人”这些道德准则便具有进步性。内省也是一种行之有效的道德修养方法。[②]20 世纪 90 年代初，回到传统文化的呼声更高了。罗国杰从社会主义现代化建设的战略高度论述了传统道德文化的重要价值。“我们实现中国特色社会主义现代化，唯一的选择，就是立足于我们的国情，包括我们的优秀传统文化、我们的优秀传统道德文化。中国的诸多问题与麻烦，终究不能靠咒骂我们自己的祖先及其文化遗产来解决。如果我们自己在自己的国家中煽起一股失望情绪，让这股失望情绪去毁灭我们民族的自尊心和自强心，甚至以此去乞灵于某种西方模式。那么，中国特色社会主义现代化事业才将是真正没有希望的。”[③]

（二）对社会主义初级阶段德育的探索

一些学者探讨了社会主义道德与共产主义道德的关系。1982 年，罗国杰认为：共产主义道德的原则是集体主义及“毫不利己，专门利人”的无私奉献，而社会主义道德原则是“按劳分配”，可能会造成自私现象。所以，社会主义道德需要共产主义道德来匡正。[④] 到了 1988 年，罗国杰的观点更为务实，他认为社会主义初级阶段的道德有四个层次：最高层次为大公无私的共产主义道德、其次为先人后己和先公后私的社会主义道德、再次为

① 张忠华，叶雨涵．改革开放四十年我国德育理论研究主题嬗变［J］．高校教育管理，2018，12 (6)：14 － 21.

② 赵家骥．孔子德育思想初探［J］．东北师大学报，1981 (2)：78 － 85.

③ 罗国杰．十年来伦理学的回顾与展望［J］．道德与文明，1991 (1)：2 － 7.

④ 罗国杰．坚持共产主义道德教育［J］．伦理学与精神文明，1982 (00)：5 － 7.

“利己不损人”的合理利己主义、最低层次为极端利己主义。社会主义初级阶段的道德建设要坚决反对极端利己主义，力求社会成员能做到社会主义道德，而非共产主义道德。①

在德育界，学者们思考的一个核心问题是建构社会主义初级阶段德育的目标及内容，取得的一个共识是道德教育目标要立足现实，具有层次性。对于共产主义道德“尊其贵而虚其位”，更强调要从社会主义初级阶段经济社会发展现状及思想道德发展现状出发提出具体要求，不能超越社会发展阶段。不可把将来可以达到的水准，要求在今天就达到；不把对少数先进的、优秀分子的高标准随意扩大为对所有学生的普遍要求；不把号召提倡的东西随意作为规定的东西。② 在德育内容方面，大公无私的道德价值观也被改造为不否定贬斥个人合理利益与个人尊严的集体主义道德观，革命价值观再次被讲求和谐团结的集体主义价值观所替代。

1979 年以来，苏霍姆林斯基的教育思想及著作也被大量引进入中国，对中国德育理论与实践产生了思想启蒙的作用，从他充满感情的笔触所描述的鲜活案例中，人们发现共产主义教育也可以与人道主义和浪漫主义完美地结合起来。

（三）德育使命的重新界定

随着改革开放的深入，德育的时代使命尤其是德育在推进社会主义现代化建设中应该承担的作用也成为德育学者自觉思考的议题。

一些学者思考在德育工作是否也应以“是否有利于生产力发展”作为出发点和德育的检验标准？一些学者赞同此种提法，更多的学者持保留或批判意见，认为还是提“坚持德育促进生产力的发展”这一较为宽松些的提法为妥。因为德育有其自身的独立性，用生产力标准只能判断社会物质

---

① 罗国杰．论社会主义初级阶段的道德的四个层次［J］．道德与文明，1988 (2)：18 － 20.

② 鲁洁，班华．德育理论在科学化轨道上前进［J］．教育研究，1988 (12).

文明的进步程度，不能用来衡量社会的精神文明、道德水平。[①]

德育是否要为社会主义商品经济服务？一些学者对此持保留意见，认为商品经济的原则只应限于经济领域，而不应进入政治、道德领域。德育过程不应考虑商品经济的特点，而应坚持社会主义道德原则。[②] 还有些学者认为德育为市场经济服务，主要可体现在教育可以确立起适应社会主义商品经济发展需要的新思想、新观念上。如经济效益与社会效益结合的效益观，个人利益、集体利益、国家利益结合的利益观；符合国家法纪和职业道德的竞争精神；适应竞争需要的进取思想、开拓精神、时间观念、效率观念、诚实劳动、艰苦创业精神等，为发展商品经济做贡献等。当然，教育绝不能商品“化”，绝不能只按照劳动力商品市场的供给规律来办，教育应当着眼于人的各方面发展这一社会根本目的。[③]

其实，商品经济引发社会道德现状令人困惑。一些学者提出了道德滑坡论、代价论及商品经济与道德发展的二律背反理论。更多学者认为从历史发展来看，我国社会道德水平总的来说是进步的、上升的、“爬坡”的。由不平等走向平等，由人身依附走向人格独立，由重义轻利走向义利结合，由非主体性走向主体性，是道德进步的主旋律。[④] 学者们思考德育如何变革以适应时代变革。班华认为：德育的目标主要是为四化培养德智体全面发展的开拓型、创造型人才服务。为此，德育应从封闭走向开放，由注入变为启发，由保姆式的管教方式转为学生自主的教育方式。[⑤] 另一些论者提出，必须重视对学生德育能力的培养，道德能力包括道德分析、道德判

① 古人伏．新时期德育理论问题研究述评［J］．教育科学，1991 (4)：18 － 25.

② 同①.

③ 鲁洁．商品经济与教育［J］．江苏高教，1989 (1)：15 － 19.

④ 石中英．关于当代道德教育问题的讨论［J］．教育研究，1996 (7)：33 － 39.

⑤ 班华．德育要适应培养创造型人才的要求［J］．南京师大学报（社会科学版），1986 (1)：31 － 35.

断能力、抵御能力和自我教育能力等方面。[①]

第二节　德育理论的局部现代化

1992 年以来，计划经济向市场经济的“转轨”被正式提出，中国社会开启了从传统型社会向现代型社会的急剧转型过程——从农业社会转向工业社会、从封闭社会转向开放社会。生产交换方式和社会结构开始发生变化，市场经济推动的个人自主、平等互惠、追求效率、崇尚竞争等新型理念推动思想观念的转变，启动了社会生活方式的正式现代化。这一新旧激荡过程在社会进步的过程中也付出了沉重的社会代价，产生了腐败特权丛生、社会矛盾加剧、物质主义盛行等多种问题。学者们秉持着启蒙主义的理性原则对不合理的社会和教育问题进行犀利批判，并向着现代化理想目标进行了应然建构。

一、市场经济与德育变革

德育理论现代化必须重新审视市场经济条件下德育的价值与任务。德育既要适应市场经济下的新形势，又不能被资本或利润原则所主宰。鲁洁对此做出了突出贡献，她旗帜鲜明地提出：决不能简单地用市场文化的模式来铸塑学校德育，若不认识两者的区别，混同两者的价值取向，就会导致道德教育的失落。文化与经济的适应绝不是一种机械的、形而上学的简单对号。道德文化中包含了与市场文化相一致的部分，这部分道德文化固然起到促进市场经济发展的作用，产生两者相适应的效应。

---

① 邓才彪．德育改革浅识［J］．课程·教材·教法，1986 (2)：17 − 19 + 32.

而与市场文化取向不同的道德文化，同样也可以产生适应的效应。①并且，她进一步创造性地提出德育的超越性，这对于机械唯物论和适应论是一种理论的超越。她认为：人类社会长期是在物质匮乏中度过的，因此，在长期历史进程中，道德教育的主要任务是压抑和节制人的各种物欲（主要是被统治阶级）使社会协调稳定。而当代的道德教育却是在物质日益丰富的环境下，道德教育必然具有超越物质主义的时代特征。对物质主义的超越，表现为当代道德教育的使命。②多数学者认同道德教育的超越性，但对道德教育的超越性本质提出疑问。另一些学者提出德育要有现实性及适应性，不能超越建立在物的依赖性基础上的人的独立性。其实，鲁洁提出的超越性，就是要突破学者们“机械适应论”的惯性思维，强调德育研究和德育实践作为培养人的教育活动和文化活动不能被市场原则所主宰的独立性。

学者们对市场经济条件下的德育功能也进行了深入的探索。鲁洁认为，德育应该具备多种功能。从社会整体发展来看，学校的德育具有多种社会功能和社会价值，不能以市场经济为其唯一的基础、唯一的取向、唯一的服务对象。德育功能要通过实现个体的多方面社会化以促进社会整体发展。教育如果只是把人完全作为一种“经济动物”，一种“商品人格”，那是教育的失误。③她创造性地提出德育具有个体享用功能，这对于教育传统中强调德育的规约限制功能也是一种超越。道德教育不仅要使人感受到掌握与遵循某种道德规范对自身来说是一种约束、一种限制、一种牺牲、一种奉献，而且应当使他们从内心体验到，从中可以得到愉快、幸福与满足，得到自我的充分发展与自由，得到唯独人才有的一种最高享受。德育应在

---

① 鲁洁．论市场经济条件下的德育价值取向［J］．求是，1994 (4)：37－40.

② 鲁洁．道德教育：一种超越［J］．中国教育学刊，1994 (6)：2－8.

③ 鲁洁．市场经济与学校道德教育［J］．中国高等教育，1995 (4)：17－18.

其全过程中逐步实现和不断发挥这种个体的享用功能。[①]“个体享有功能”的提出是一种大胆的理论创新，突破了道德理想主义将人的生活看作是道德原则肉身化显现、人的价值是体现道德原则神圣性的思想误区，实际上促进了道德理想和道德教育的进一步世俗化、现实化，为生活德育论的提出也埋下了伏笔。

沿着此种观点，学者们进一步全面地总结了德育的各种功能，认为德育应有文化功能、政治功能、经济功能、自然性功能和个体发展功能。[②]另一些学者提出，学校的道德教育更应该发挥它的这种感召、净化与社会制衡的功能。这是中国社会改革对学校道德教育提出的客观要求。[③]通过对德育价值与功能的梳理，学校德育的核心逐渐集中于“人”本身，关注人的尊严、人的道德需要和精神价值需求。

二、德育理论现代化的探索

德育理论需要现代化成为学者共识。现代社会中，经济体制的转变、科技的迅猛发展、教育现代化的实施，向德育改革、德育现代化提出了更高更新的要求。从总体上说，现有德育模式不适应以市场经济为中心的社会发展，德育必须要现代化。[④]

学者们取得的共识是：教育本身要现代化，德育现代化是教育现代化的一个必要部分。教育现代化的话语成为主流，无疑具有进步色彩，因为现代化不仅具有历史的承继性，且有教育要面向世界的开放性。“现代化”

---

① 鲁洁．试论德育之个体享用性功能［J］．教育研究，1994 (6)：46 − 47；鲁洁．试述德育的自然性功能［J］．教育研究与实验，1994 (2)：13 − 14.

② 戚万学，杜时忠，等．现代德育论［M］．济南：山东教育出版社，1997：13 − 22.

③ 石中英．关于当代道德教育问题的讨论［J］．教育研究，1996 (7)：33 − 39.

④ 班华．世纪之交论德育现代化建设［J］．现代教育论丛，1997 (1)：1 − 6.

话语以确认现代教育“普世价值”的形式，进一步凸显了教育的相对独立性和能动性。[①]学者们批判了当时学校德育的低效及无效问题，如德育目标的高大全、德育方法的限制性，批判传统德育是“驯服式德育”“封闭式德育”“标件化德育”[②]“灌输式德育”，试图在借鉴西方德育理论与德育实践的基础上勾画出现代德育的理想特征。鲁洁、王逢贤主编的《德育新论》（1994），班华主编的《心育论》（1994），詹万生著《德育新论》（1996），班华主编的《现代德育论》（1996），戚万学、杜时忠编著的《现代德育论》（1997）等，均试图围绕现代德育构建、促进德育现代化的中心议题发力突围。并且，学者们将研究的视角甚至触及传统德育研究所不敢涉足的“理论禁区”，如檀传宝著《信仰教育与道德教育》（1998）。这些尝试开拓了德育学科的研究视野和研究领域，为学校德育实践指明了未来前进的方向。

现代化的德育具有什么特征呢？在“德育现代化”话语的召唤下，西方道德教育著作被翻译引进。中国学者对西方道德教育理论与实践也做了大量译介的工作。如冯增俊的《当代西方学校道德教育》（1993）、魏贤超的《现代德育理论与实践》（1994）、《道德心理学与道德教育学——科尔伯格研究》（1995），戚万学的《冲突与整合——20世纪西方道德教育理论》（1995），袁桂林的《当代西方道德教育理论》（1995）等。西方德育理论与实践连同变动了的社会实践启发着学者们围绕着现代化德育特征展开了丰富的理论想象。胡厚福认为现代德育是一种科学化、民主化、社会化的德育，促进人的精神解放、个性自由发展的德育，培养人的创造、开拓、革新精神的变革性德育。社会主义德育和资本主义德育同属现代德育范畴，

---

① 于述胜．改革开放三十年中国的教育学话语与教育变革［J］．教育学报，2008 (5)：3 – 19.

② 戚万学．活动道德教育模式的理论构想［J］．教育研究，1999 (6)：69 – 76.

两者存在的社会基础与基本特点具有相同之处。[①] 班华认为现代德育是主体性、发展性德育，具有全民性、发展性、民主性、终身性特征。[②] 传统德育在把人作为工具对待的同时，德育自身也沦为工具；现代德育要促进人的解放和德育自身的解放，在对待人的态度、方式上由物化走向人化，德育方法由灌输走向对话，德育功能由限制走向解放。[③] 现代德育具有人民性、普适性特点，西方民主观点被引入德育体系中，权威主义式的德育开始发生了结构性的变化。[④] 另一些学者认为现代德育无须远求，当前德育理论发展的走向即为现代德育的特征，主要体现为：从价值自由到价值认同、从权威理论到平民实践、从客体德育到主体德育、从知性德育到行为德育。[⑤] 传统德育观念需要向现代德育观念的转变，表现为：从封闭型的德育观向开放型的现代德育观转变、从传统学校德育观向现代德育终身化和社会化观念转变，从传统的防范型德育观向主动发展型德育观转变。

另一些研究试图指出德育现代化的机制与路径。一些学者认为，要推进德育现代化应动态地在德育、社会、人的发生发展过程中，分析三者关系，用系统整体的思维对德育发生、发展，德育现代化是综合的动态的。[⑥] 德育理论现代化路径有二：其一是传统道德文化的返本开新，其二是中国教育国际化。[⑦] 另一些学者提出要倡导人文教育，或通过人文与科学的融

---

① 胡厚福．关于现代德育特点问题的探讨［J］．北京师范大学学报（社会科学版），1994 (3)：66－72＋104.

② 班华．世纪之交论德育现代化建设［J］．现代教育论丛，1997 (1)：1－6.

③ 班华．德育理念与德育改革：新世纪德育人性化走向［J］．南京师大学报（社会科学版），2002 (4)：73－80.

④ 王长乐．试论现代德育观的确定［J］．教育理论与实践，1999 (5)：40－44＋62.

⑤ 卢建华．现代德育理论新发展窥探［J］．教育发展研究，1999 (4)：58－61.

⑥ 班华．近十年来德育思想现代化的进展［J］．教育研究，1999 (2)：18－22.

⑦ 戚万学．关于建构中国现代道德教育理论的几点设想［J］．教育研究，1997 (12)：27－31.

合来促进德育的人文化，提出包含于科学技术自身的人文意义、人文价值的教育也应视作当代人文教化的重要内容，并以此为中介达到科学教育与人文教育的融合。[①]还有一些学者倡导要实现德育科学化，实现德育与心理学的融合。[②]

我国德育学者也试图为德育实践构想和设计出具有新的现代化色彩的系统化的德育实践方法。1989 年，哈什等编著的《道德教育模式》一书在中国翻译出版，该书的广泛流传使得“道德教育模式”一词在我国的德育理论中开始流行。“德育模式”主要是一种概念性框架，是一种联系与融通观念理性与经验理性的中介理论。[③]于是，学者们围绕德育模式对现代德育实践方法进行了丰富的建构。戚万学提出活动道德教育模式，进一步认为活动是个体道德形成、发展的根源与动力，其中社会互动与交往活动对学生道德发展比生产活动的意义更大。活动包括学生主动参与的游戏、劳动、学生之间的外部协作和其他集体性活动等。[④]此外，檀传宝提出欣赏型德育模式，认为欣赏型德育模式符合主体性德育要求，德育情景审美化，在“欣赏”中完成价值选择能力和创造力的培养。[⑤]“德育模式”主题的研究一直延续到 21 世纪。受库恩范式理论的影响，综合性更强的术语“范式”也开始在德育理论研究中出现，如朱小蔓提出了道德教育的“情感性范式”。“模式”或“范式”一词反映了学者试图寻找到抽象理论与具体实践链接中介桥梁的努力。

---

① 鲁洁．科学教育的人文观照［J］．江苏高教，1997 (5)：3 − 7 + 40.

② 吴亚芬．德育与心理学的融合：德育科学化的新视角［J］．道德与文明，1995 (5)：30 − 32.

③ 甘剑梅．近十年来我国德育模式研究述评：兼论我国德育模式研究的几个问题［J］．江苏教育学院学报（社会科学版），2003 (4)：28 − 34.

④ 戚万学．活动道德教育模式的理论构想［J］．教育研究，1999 (6)：69 − 76.

⑤ 檀传宝．主体性德育：欣赏型德育模式论要［J］．深圳教育学院学报（综合版），1999 (1)：13 − 17 + 120.

然而，20 世纪 90 年代末以来，随着后现代思想的引入，“现代德育”不再是一个完全的褒义词，少数学者开始对现代德育进行了反思和批判。高德胜认为：现代德育的困境表现为失节于功利主义大潮、屈服于政治压力、迷失于科学主义惯性、与生活相疏离和主知主义。[①] 进入 21 世纪，受后现代思想及批判科学主义思潮更加强劲的冲击影响，现代德育这一术语的玫瑰色光环逐渐被剥落。

三、人的德性现代化

人的认识的变化及其相应举措的变革是教育活动过程和教育历史发展中最核心、最敏感的问题。[②] 现代德育最核心的思想是“促进人的思想道德现代化”[③]。20 世纪 90 年代以来，德育学者著作多试图突破学科本位，围绕人的德性现代化提出各具特色、观点鲜明的德育理论。如朱小蔓著《情感教育论纲》(1993)，张志勇著《情感教育论》(1993)，戚万学著《活动道德教育论》(1994)。这些著作逐步摆脱了“生产力—生产关系”“经济基础—上层建筑”的论说框架走向“教育实践”“教育活动论”“教育主体论”，由受“一个主义”的影响变为受“多个主义”的影响。[④]

其中，影响最大的当属主体德育论。老一辈学者如顾明远、黄济、王策三、孙喜亭、成有信、王道俊、郭文安、裴娣娜以及扈中平、杨小微等为主体性教育理论的形成和发展做出了努力和贡献；20 世纪 90 年代以来，一群年轻的学者肖川、黄崴、张天宝、冯建军、郭华、和学新等推进了主

---

① 高德胜．现代德育困境研究述评［J］．现代教育论丛，2000 (3)：12 − 15 + 11.

② 王道俊，郭文安．主体教育论［M］．北京：人民教育出版社，2005．10：4.

③ 班华．近十年来德育思想现代化的进展［J］．教育研究，1999 (2)：18 − 22.

④ 于述胜．改革开放三十年中国的教育学话语与教育变革［J］．教育学报，2008 (5)：3 − 19.

体性教学和德育的研究，使得主体性教育全面体现在教育教学各环节。[①]顾明远较早地提出，学生既是教育的客体，又是教育的主体。在教学过程中，教师是主导，学生是学习的主体。[②]两者之间的关系不是对立的，而是辩证统一的。此后，学者们更加大胆地提出教育要把人作为主体培养，强调人的独立性、自主性与创造性。主体性教育试图针对的靶子是当时教育对社会的过度依从性及人的工具性。主体性理论的倡导者分别倚重两种理论；其一是马克思主义的唯物史观；其二是康德的主体性哲学。前者如王道俊，强调人是社会实践和历史活动的主体，注重人的自主发展和自我教育能力。[③]当然，更多年轻的学者发现了康德道德哲学的魅力，从中吸收了灵感，强调人是道德的主体，强调道德自律与道德选择的自由意志，强调道德主体为自己的行为立法。如肖雪慧认为，人的主体性在道德领域的体现，首先表现为对既有道德文化的审视态度。人可以运用理性精神超越现行道德体系，做先进道德的探索者、创造者。[④]

在主体性教育的视野下，道德教育的立足点应改变：将教育对象由客体的存在变为主体的存在；不是简单地要求对象服从什么，而是使对象自我实现什么；不是将社会与个体处于对立之立场，而是使二者成为现实一体。德育的目的、任务似乎也不应当是简单地使对象遵循社会道德规范准则，而是为了激发对象内在的道德情感与实践理性能力，使之成为自由全面发展的人。[⑤]主体性道德人格的确立是实现时代个人自由全面发展的核

---

① 冯建军．主体教育研究 40 年：中国特色教育学建设的案例与经验［J］．中国教育科学（中英文），2021，4（4）：8－19.

② 王策三．论教师的主导作用和学生的主体地位［J］．北京师范大学学报，1983（6）：70－76.

③ 王道俊，郭文安．主体教育论［M］．北京：人民教育出版社，2005．10：70.

④ 肖雪慧．人是道德的主体［J］．哲学动态，1993（8）：30－31.

⑤ 高兆明．道德教育的困境与出路：德育主体性论纲［J］．上海教育科研，1997（1）：29－31.

心。[①] 主体性道德人格，即独立、理性、自为、自由的道德人格，就是处变不惊、清醒从容、有所执着、敢于担当、“立于天地之间”的道德人格。[②] 道德主体意识的发展实质上是在道德认知、情感和意志相统一的基础上，把握道德必然性从而获得道德自由的过程，具体经历了自发—自觉—自由三个发展阶段。[③] 戚万学借用皮亚杰的理论，进一步明确了儿童的活动尤其是合作的活动是学生自我教育的基础。[④]

另一些研究者探讨了道德主体的情感特性。从本质上看，道德情感是道德理性内容通过感性的形式体现出来，是道德的动力机制。[⑤] 檀传宝提出德育美学观，认为美可以超越道德教育的功利主义倾向；提出审美德育论，认为美育可以促进品德发展，德育应该审美化。[⑥] 道德情感连接道德认知和道德意志使之成为一个道德信念的整体。[⑦]

第三节　德育理论迈向总体现代化

进入 21 世纪以来，中国经济进一步融入全球经济体系，如同搭乘了一列单程列车，现代化过程被不可逆转地全面启动了。中国社会发生了翻

---

① 肖川．主体性道德人格教育与个人自由全面发展［J］．教育研究与实验，1999 (3)：19－22.

② 肖川．市场经济呼唤主体性道德人格教育［J］．首都师范大学学报（社会科学版），1999 (4)：99－104.

③ 应杭．论道德主体意识的产生、构成要素和演进形态［J］．浙江大学学报（社会科学版），1990 (2)：33－39.

④ 陈泽河，戚万学．试论活动的道德教育意义［J］．中国教育学刊，1995 (3)：10－12.

⑤ 孙学功．道德情感研究综述［J］．哲学动态，1998 (1)：17－19.

⑥ 檀传宝．1979 — 1994：功利主义德育观美学超越的历程［J］．高等师范教育研究，1996 (4)：21－27.

⑦ 檀传宝．道德情感、审美情感与道德教育［J］．中国教育学刊，1997 (1)：11－14.

天覆地的变化，城市化速度加剧，经历了类似波兰尼所言的发生在西方社会 19 世纪末到 20 世纪初的“大转型”，即经济已经成功地脱嵌于社会并开始支配社会了。[①] 市场经济不断地摧毁着传统社会的各种共同体，传统社会中束缚人们流动的地域、身份、劳动等因素被不断打破，人变成市场上自由流动和自由交易的市场主体。中国历史上，第一次出现了可以光明正当地、合理地追求个人利益和个人幸福的原子式自由个人。同时，在中国历史上，也第一次出现了一种需要，即为平等的自由人之间普遍的社会交往确立可行的道德原则。中国传统社会中千百年秉承的在熟人社会中形成的以身份为中心的“差序格局”原则和建立在血缘关系之上的“家族中心主义”道德原则，已经不太适用于这种新型社会关系了，因此被一点一点地逐步改造为建立在普遍合作与平等互惠基础上的契约伦理原则。

在这股趋势的影响下，德育理论进一步现代化。其突出的特点是沿着启蒙运动“人是目的”的路线，继续高扬人的自主、尊严和权利，对德育进行人本化建构。本书在较宽泛的意义上使用人本化这一概念，认为它与人文化或人道化基本同义，对其中的细微差异不作辨析。如同文艺复兴时期思想家发现了“人”的高贵和价值一样，人本化教育思想强调以人为中心，强调人性的完满与美好。[②] 正如约瑟夫·拉兹所言，人道主义的原则“就是主张对任何事是否善或者恶的解释和正义化，最终来自它对人类生活和其质量（切实或者可能的）贡献”[③]。人本化建构沿着两个方向前进，其一是围绕着个人的情感、需要、生活、体验等多个维度对德育人本化思想进行个体化建构，体现对人的个性与独特性的尊崇；其二是面对人与人、人与社会之间新型的交往方式，围绕着理解、交往、服务、共生等平等合作关系进行社会性重构。

---

① 卡尔·波兰尼. 大转型［M］. 冯钢，刘阳，译. 北京：当代世界出版社，2019：171.

② 杜时忠. 人文教育的理念［J］. 教育理论与实践，1999 (9)：2－7.

③ 迈克尔·罗森. 尊严：历史和意义［M］. 石可，译. 北京：法律出版社，2015：105.

一、德育思想人本化的个体维度

德育思想在人本化的个体维度方面的探索是非常活跃的，中国文化在经历了几千年强调整体主义的服从和压抑个性的牺牲奉献之后，终于迎来了为个性自由歌唱的时代。新的思想和新提法蓬勃而出。表 5–2 列出其中以“某某德育论”为名的部分成果，这些成果反映出研究者试图围绕作为个体的人的某种特质建立系统整体学说的努力。

表 5–2　德育思想人本化的个体维度建构

新思想	主要观点	作者（时间）
情感德育论	以人的情感道德发展为道德教育目标，利用人的情绪情感的特殊机制，改善提高道德教育的影响力和有效性	朱小蔓（2005）
关爱德育论	教育的一切过程和方面要体现关爱性，使师生双方在道德教育中减少挫折感，增强主动感、成功感、意义感和幸福感	侯晶晶（2005）
生活德育论	道德教育发生在日常生活中，即生活与道德是一体，过有道德的生活是道德学习最好的途径	高德胜（2005）
人本德育论	关注人自主性的诉求，强调人本理念和人性关怀，最终目的在于促进人的德性发展，培养有现代道德智慧的人	袁本新、王丽荣等（2008）
生命德育论	以生命为旨归的道德教育，即回到生命之中，遵循生命之道，培养个体的生命道德，追求成为优质自己的生命意义	刘慧（2005）
诗意德育论	以诗意魅力为出发点，提升学生道德境界为价值取向，运用诗性智慧的方式促使道德教化的主体化、生活化、审美化	冯铁山（2012）

续表

新思想	主要观点	作者（时间）
希望德育论	以希望为核心，超越日常生命的需要，引导和激励人追求美好幸福的理想生活	薛晓阳（2003）
智慧德育论	以提升受教育者的道德智慧为基本价值诉求，教育者灵活驾驭德育过程，与受教育者共同实现智慧生存的境界	王晶梅（2020）
需要德育论	以受教育者需要为契机，借助其需要的内部动力，引导和满足受教育者的需要、激发其道德需要	王仕杰（2010）
德育主体论	关注教育者与受教育者的主体性地位，并将尊重受教育者的主体地位和发挥其主体性作为德育实践活动的最终目的和终极目标	于光（2010）

德育人本化的个性化建构虽然有很多新名词，但其中影响最大的是生活德育论和情感德育论。前者凸显了个人生活世界的独特性、综合性与建构性，后者凸显了个人的情感、体验、生命历程的独特性和生成性。

其一，生活德育论，旨在突破理性中心与科学主义，反对知性教育，倡导回归生活世界。首先，生活德育论主张人性教化与知识习得是统一的。鲁洁批判了现代教育的弊端，认为人性教化和知识学习走向了二元分裂。道德之知本是一种实践之知，当代的道德教育却以普遍化、客体化的知识割断了与生活和实践的联系，走上了一条唯知识化的路。[①]鲁洁认为，实践性是人的本质规定性，道德教育的生活论转向是指人在现实生活的创造与可能生活的开启的实践中学习“做人之道”。[②]其次，生活德育论批判科学主义对人性与道德的宰制。高德胜抨击了现代科学主义打造的技术牢笼，

① 鲁洁．边缘化外在化知识化：道德教育的现代综合征［J］．教育研究，2005 (12)：11 － 14 + 42.

② 鲁洁．做成一个人：道德教育的根本指向［J］．中国德育，2008 (4)：94.

认为儿童一进入学校，就被从他们自身的世界连根拔起，陷入与自身生活和需要几乎毫不相干的冷冰冰的所谓“科学世界”，学校成为宰制、规训儿童的“异己力量”。[①] 何为生活世界？论者立场并不一致。有论者从胡塞尔等解释学的角度诠释生活世界，有论者并不赞同这种诠释。争论也取得一些共识：多数论者赞同生活“是现实与可能的二维统一”[②]。德育不是回归“现实生活”，而是建构“可能生活”；德育不是不要科学世界，而是要实现日常生活世界和科学世界的整合。[③] 当生活德育论逐渐成为指导新课程改革政治与品德学科课程制定的主要指导思想时，有论者对生活德育观点持批判态度，指出生活化的德育无力触碰时代精神生活矛盾，难以观照师生在德育过程中的内在精神冲突[④]；或认为知识具有重要的育人价值，可以化理性为德性。[⑤] 总的来说，生活德育论有其历史贡献：其一，在于它进一步促进了道德的世俗化，重申了“道德是为人的”，强调德育回到生活、服务生活；[⑥] 其二，在于“以生活的逻辑来改造道德知识的教学”，尤其体现在德育课程、教材编写的生活化上，使得德育课程更贴近学生的生活。[⑦]

其二，生命情感德育观，旨在突破道德教育中理性主义传统，凸显被理性压抑的生命情感的价值。情感德育论者指责概念化、浅表化、教条化

---

① 高德胜 . 生活德育：境遇、主题与未来［J］. 教育研究与实验，2012 (3)：5 − 10.

② 鲁洁 . 做成一个人：道德教育的根本指向［J］. 中国德育，2008 (4)：94.

③ 冯建军 .“德育与生活”关系之再思考：兼论“德育就是生活德育”［J］. 华中师范大学学报 (人文社会科学版)，2012，51 (4)：132 − 139.

④ 钟晓琳，朱小蔓 . 德育的知识化与德育的生活化：困境及其“精神性”问题［J］. 课程 · 教材 · 教法，2012，32 (5)：91 − 98.

⑤ 杨金华 . 生活德育论的理论隐忧与现实困境：对近年来“生活德育热”的冷思考［J］. 高等教育研究，2015，36 (8)：70 − 76.

⑥ 杜时忠 . 生活德育论的贡献与局限［J］. 教育研究与实验，2012 (3)：1 − 4.

⑦ 鲁洁 . 德育课程的生活论转向：小学德育课程在观念上的变革［J］. 华东师范大学学报 (教育科学版)，2005 (3)：9 − 16 + 37.

的学校德育不重视人的生命的内在情感，培养出来的往往是一些理性乖张、情感萎靡的“残疾人”。道德教育的目标应该指向一个完整的人，也就是“有内在的饱满的精神发育的人”。情感是人的生命和生存的重要表现方式，具有动力系统的优势，能够打开教育通往价值理性的道路。[①]朱小蔓主编的《当代德育新理论丛书》中推出了关怀德育、情感德育、生命德育、幸福德育、希望德育等理论，希冀以关心伦理来超越公正伦理，以生态伦理超越人类中心主义。

生命教育论者，或从狄尔泰、柏格森等生命哲学家理论出发主张德育要帮助学生建构意义世界，克服身心分离的疲惫感、宿命感等“存在性危机”，追求生命的永恒价值；[②]或认为要对学生进行生命观教育，将关心生命、敬畏生命作为德育的重要内容。[③]

情感关怀德育论者，或从诺丁斯的关爱伦理出发，或强调尊重学生生命体验等教育关怀的重要价值，[④]或强调要培养学生的关爱品质。[⑤]在德育目标上突出培养关心、同情等道德品质，要培养关爱生命、感恩自然和追求生命意义的个体。在方法上，情感德育论者也突出了移情、体验、审美、顿悟等对学生道德成长的意义。首先，认为关心的人际关系对于道德成长意义。虽然所用概念各异，但可用诺丁斯的话来表达他们的共识：“我们相信在强有力的、快乐的关系中可以最好地学习美德”“快乐的孩子很少是暴力的或是残忍的”。其次，强调体验的重要作用。体验是一种图景思维活动，它具有穿越具体时空，唤醒体验者过去生活阅历和对未来的梦想

---

① 马多秀．情感教育研究的回顾与展望［J］．教育研究，2017，38（1）：52－61.

② 梅萍．生命的意义与德育的关怀［J］．高等教育研究，2005（10）：77－81.

③ 李芳，刘彤．大学生生命观教育与思想政治教育探析［J］．思想理论教育导刊，2011（10）：98－100.

④ 班华．在关心性关系中学会关心［J］．思想·理论·教育，2005（17）：8－12.

⑤ 侯晶晶，朱小蔓．诺丁斯以关怀为核心的道德教育理论及其启示［J］．教育研究，2004（3）：36－43.

的力量，还会使体验者作为一个生存实践的主体在其当下体验的豁然贯通之中，发生道德境界的实质性变化。[①] 最后，学校道德教育必须关注叙事隐喻对于德育生命境界的提升及引领功能。[②]

其三，德育美学观，认为现代教育需要审美救赎，美存在于人的自由本质之中。审美意义上的自由、解放，即是合乎规律性和合乎目的性的统一。檀传宝倡导欣赏型德育模式的研究，认为德育的内容与形式能够经过审美化改造，德育就能够成为一幅美丽的画、一曲动听的歌的话，那么与这幅画、这首歌相遇的人，就会在欣赏中间自由地接纳这幅画、这首歌的内涵。[③] 道德教育的"价值引导"与道德学习主体的"自主建构"这两个相互对立的方面可以在自由的"欣赏"过程中得以统一和完成。[④]

二、德育思想人本化的社会维度

德育思想人本化建构的社会维度，主要围绕两个方向进行，其一是从哲学思辨层面探讨自由平等的人与人之间的现代交往方式，提出应建立在理解、对话和交往等关系之上求同存异，如主体间性德育等；其二，从现实生活层面，反思人与社会之间的新型关系，强调社会和谐和制度正义，强调培养群性，培养现代公民。（表 5-3）其中围绕一个观点做持续研究，而不是昙花一现式的研究主题便是公民教育和制度德育。

---

① 刘惊铎 . 道德体验论［M］. 北京 : 人民教育出版社 , 2003 : 308.

② 李西顺 . 萨宾的叙事隐喻思想研究 : 兼论学校道德教育的深层隐喻［J］. 外国教育研究 , 2012 , 39 (5) : 76 － 82.

③ 檀传宝 . 美学是未来的教育学［J］. 中国德育 , 2014 (2) : 18 － 24.

④ 檀传宝 . 欣赏型德育模式建构研究［J］. 中国德育 , 2008 (11) : 83 － 84.

表 5-3　德育思想人本化建构的社会维度

新思想	主要观点	作者（时间）
和谐德育论	和谐德育以构建和谐社会、促进个人全面发展为引，借以德育诸要素间协调相应、配合得当、形成合力，促进学生整体和谐发展。	詹万生（2008）
服务德育论	德育过程即提供教育服务过程，为学生持续不断地提供健康良好的、动态适宜的条件和环境来促其养成良好综合道德素质。	何玉海（2011）
对话德育论	以“创造性真理观”为核心主张，旨在相互碰撞、相互启发中生成道德共识，进而使人与人之间对话关系取代制度性关系。	方新文（2015）
制度德育论	制度德育以“道德的制度培养道德的人”为思想旗帜，认识到制度的道德教化价值，期冀以制度德性养成个人道德。	杜时忠（2002） 刘超良（2007）
群性群育论	群育是培养和发展群性的教育，建立和谐人群关系，促进个人“群化”、社会化而培养群性，使个性与群性和谐发展。	向春（2008）
交往德育论	师生共处主体间意义关系情境，通过人与人之间对话与理解，得以不断觉解、升华生存、提高境界。	彭未名（2010）
理解德育论	以相互理解范式为基础，以主体间交往、对话为手段，立足于生活世界，通过个体批判性反思和双方视域融合来达成意义共享。	陈志兴（2013）
公民教育引论	教育目标体系应以公民行动能力培育为核心、以公民的独立人格为前提、以权利与义务的统一为基础、以合法性为底线。	檀传宝（2011）

其一，主体间性和对话理论。进入当代以后，人与人之间的相互关联

日益密切，共生性存在开始凸显于人学理念之中。[①] 对启蒙运动的反思以及对现代性的批判导致主体性哲学受到质疑，主体摆脱了道德实践理性的约束，分化为“没有精神的专业人士”和“没有灵魂的享乐人士”。与之相应，主体性德育也面临挑战，主体往往被理解为单子式孤立个体，极易异化为罔顾他人利益、倾轧他人尊严的“精致利己主义者”。[②] 主体性产生于主客体之间对立、支配与被支配的关系之中，导致主体性的占有性和对立性思维方式。因此，主体性在 20 世纪末走向黄昏。[③] 进入 21 世纪，主体间性和对话伦理学试图修正和完善主体性概念。单子式主体概念日益被“交往对话式”主体概念所取代，“交互主体”“主体间性”被用来消解主体的对抗性带来的人际冲突和双重性带来的自我分裂。受保罗·弗莱雷、马丁·布伯、哈贝马斯等对话理论的影响，论者多强调对话双方的“敞开”与“接纳”，认为对话是在相互倾听、平等共享中实现“视界融合”、精神互通、共同去创造意义的活动。其中，哈贝马斯的交往行为理论影响最大。他以交往理性为核心，深入地研究了生活世界中建立在语言基础上的现实交往问题，反对工具理性盛行造成的“威权主义绩效社会”，他一再强调社会关系的安排要遵循这一原则：“任何有深远政治影响的规范的有效性，都有赖于在非强制交往中达成共识。”[④] 认为应该将技术主导的力量还给在行动和协商中寻求共识的公民。哈贝马斯通过提出言语行为的有效性要求，建构了客观世界、社会世界和主观世界三个世界，三者的有效性要求分别为真实性、正确性和真诚性，它们分别对应三个遵循各独特逻辑的知识领域：认

---

① 鲁洁 . 关系中的人：当代道德教育的一种人学探寻［J］. 教育研究，2002 (1)：3 − 9.

② 刘铁芳，刘艳侠 . 精致的利己主义症候及其超越：当代教育向着公共生活的复归［J］. 高等教育研究，2012，33 (12)：1 − 8.

③ 冯建军 . 主体教育研究 40 年：中国特色教育学建设的案例与经验［J］. 中国教育科学（中英文），2021，4 (4)：8 − 19.

④ 斯蒂芬·穆勒·多姆，于尔根·哈贝马斯 . 知识分子与公共生活［M］. 刘风，译 . 北京：社会科学文献出版社，2019：157.

识—工具领域、道德—实践领域和审美—表现领域。交往行为迥异于工具性策略行为，是以对话者之间的沟通和相互理解为目的，在非强制性的交往环境中，同时满足上述三个有效性要求的行为，三者的结合便是交往理性。具有交往理性和进行交往活动的人，无疑已经部分摆脱了“效能竞争伦理、身份竞争、占有驱动的物化和替代性满足等价值观观念”[①]。交往行为不仅发生在日常生活领域，也发生在公共领域。同时，自由的、批判的公共领域有助于引导人们理性的公共运用，从而使得公民在交往行为的基础上产生公共理性，达到差异化包容。主体间性和对话理论对德育实践提出的诉求是：在德育目标上培养拥有交往理性的主体[②]，在方法上从单向灌输走向双向对话[③]，在师生关系上强调二者是一种主体间的交互关系。

其二，继续围绕着人是权利主体的概念，进一步破除权威主义教育、驯化教育，明确提出德育目标在于培养公民，探索公民德育论。随着 2001 年中共中央《公民道德建设实施纲要》的颁布，2002 年以后，公民教育研究大幅度增加。学者们一致认为，公民和公民教育并非西方国家的专利，而应该具有普遍性。学者们对道德教育和公民教育的异同做了研究。一部分学者认为，公民教育区别于传统德育，标志着传统德育的历史性转型，其特征是：公民教育是主体性教育；公民教育必须把公民权利与义务统一起来；公民教育是以“合法性”为基本限度的教育，谋求“合理性”，不是“圣人教育”，而是“平民教育”。多数学者认为二者各有侧重，不能相互取代。每一个公民都是先学习家庭伦理，再学习社会伦理，然后学习民族、国家伦理，最后学习人类的普世伦理。公民教育或者公民身份教育必须从公民

---

① 斯蒂芬·穆勒·多姆，于尔根·哈贝马斯．知识分子与公共生活［M］．刘风，译．北京：社会科学文献出版社，2019：164.

② 郭劲松．交往理性与德育理念的重建［J］．伦理学研究，2005 (3)：74 － 77.

③ 方元山．论对话与德育［J］．中国教育学刊，2006 (1)：23 － 25.

置身社会中多重关系的层次性出发。[①]道德教育和公民教育分别以培养好人和好公民为目标，虽有差异但并不能切断二者之间“天然的联系”。在现代社会,必须同时推行道德教育和公民教育,而不是以一者取代另一者。[②]

公民教育理论成为德育理论研究的一个热点问题。2011 年底，檀传宝等人在人民出版社出版了“十一五”国家社科基金重点项目研究成果《公民教育引论：国际经验、历史变迁与中国公民教育的选择》。此后，2013 年刘铁芳的《公共生活与公民教育:学校公民教育的哲学探究》、李冰的《当代中国政治社会化中的公民认同研究》、2014 年冯建军的《公民身份认同与学校公民教育》、叶飞的《公共交往与公民教育》、2016 年檀传宝的《培育好公民：中外公民教育比较研究》、杜时忠与张敏的《重构学校制度生活培养现代公民精神》等著作相继出版，均是我国公民教育理论建设的重要努力。北京师范大学公民与道德教育研究中心组织出版的公民教育研究年刊《中国公民教育评论》2016、2017 两辑也陆续由社会科学文献出版社公开出版。东北师范大学饶从满、中山大学郭忠华等人也在公民教育研究著作的翻译引进、从事公民教育国际比较方面成绩斐然。[③]学者们的研究使得公民概念比较牢固地建构起来，“公民”成为一个与“人民群众”的同质化与无主体性相对的概念。公民意识被看作是公民关于自身权利、义务的自我意识和自我认同,尤其是自由、平等、参与和民主的意识。[④]总之，“公民”这一概念的流行，反映了社会大众不再只满足于国家政治舞台上的观众角色，而是发出了要成为演员的声音。梳理公民教育研究文献，可

① 朱小蔓，李荣安．关于公民道德教育的对话［J］．中国德育，2006 (5) : 30 − 36.

② 刘争先．为了美好生活：道德教育和公民教育的差异与共生［J］．道德与文明，2014 (4) : 74 − 80.

③ 檀传宝，陈国清．改革开放 40 年我国德育学科建设的探索与进步［J］．中国教育学刊，2018 (10) : 28 − 34.

④ 姜涌．中国的“公民意识”问题思考［J］．山东大学学报（哲学社会科学版），2001 (4) : 82 − 87.

看出其基本发展脉络。

第一，在公民形象上，从期待“大公民”的理想降落至“小公民”。“大公民”是亚里士多德式追求卓越、参与公共生活、爱惜名誉的美德公民，“小公民”则可能是施特劳斯所指责的只关注个人利益、爱八卦、疏离政治的普通人，公民的道德资格从“高大上”降至芸芸众生。

第二，在公民教育途径上，不再热衷于预设公民意识应该具体包含哪些内容，而认为制度建设及公民参与更重要，公民意识要在公民参与社会制度建设及参与社会服务中形成。但是，在公民道德领域，学者们因其个人旨趣和学术性向不同或更青睐自由主义，或更倾向于社群主义，于是产生了三大观点分歧：一是注重培养公民义务，还是权利优先；二是培养原子式、个人主义式公民，还是培养能维护群体利益和继承群体传统的社群公民，前者更注重坚守内心自由和信仰自由，高度评价公民不服从行为，后者则更看重群体成员资格及社会认可，为了共同体而让渡个人自由；三是培养能捍卫国家利益，具有民族意识和强烈爱国精神的国家公民，还是培养具有普世伦理精神、着眼全人类的世界公民。

第三，围绕着公平、自由等现代价值观，探索制度伦理，揭示制度对道德行为的影响机制。罗尔斯著《正义论》产生了深远影响，其基本主张是“正当优先于善”，正义的制度优先于个人品德之善。这与中国社会现状的要求不谋而合。制度伦理的相关研究增多。制度和伦理是一种形与实的关系：制度是物化的伦理，伦理是制度的内核，二者无法剥离。[①]公正是制度伦理的核心。[②]制度必须从合理性与合法性两个维度进行伦理审视，合理性是指制度是否符合事物本身发展的规律和内在逻辑或应然目的，合

---

① 檀传宝. 制度缺失与制度伦理：兼议教育制度建设［J］. 中国教育学刊，2005 (10)：14－15＋39.

② 王本陆. 教育公正：教育制度伦理的核心原则［J］. 华南师范大学学报(社会科学版)，2005 (4)：98－104＋160.

法性则包括内容合法性和形式合法性。[①] 综合而言，制度伦理的核心应为公正、效率与民主。

系列的研究催生了“制度德育”这一理念的产生。制度德育强调“以道德的制度培养道德的人”，对学校教育制度进行伦理反思是开展德育活动的前提。首先，制度德育论批判了道德教育中泛滥的榜样教育，认为“制度德性比个人德性更具普遍性”，制度是一种德育资源，制度育德比榜样教育更重要。[②] 制度育德的过程与机制被概括为“三步走”：第一步，在观念上，要认识到制度的育人作用，承认制度的育德功能——制度是教育资源，而不仅仅是管理手段；第二步，实现学校教育制度改造，制定优良学校制度——制度不只是约束学生的规范，而是民主的、促进人的自由发展的，优良制度的形成过程即为德育过程；第三步，把有形的具体的学校制度转化为学校生活方式，建构学校制度生活——制度是生活方式，而不是标语、口号。[③] 另外，学校制度不能脱离社会政治制度。一个民主、和谐、公正的国家，本身就是对国民最好的道德教育；反之，一个邪恶、暴虐、腐败、虚伪的国家，本身就是对国民最坏的道德教唆。因此，教育学理应对国家和政府保持警惕，助其向善，防其变恶。[④]

三、传统德育资源的现代化审视

价值本土化的趋势则强调“越是本土的便越是全球”，强调回归优秀传统文化，强调道德教育的文化属性。

---

① 郭大光．制度之善：高等教育制度的伦理追求——为朱平《高等教育制度伦理研究》一书而作［J］．清华大学教育研究，2012，33 (1)：121 － 124.

② 杜时忠．制度变革与学校德育［J］．高等教育研究，2000 (6)：51 － 56.

③ 杜时忠．制度何以育德？［J］．华中师范大学学报（人文社会科学版），2012，51 (4)：126 － 131 + 4.

④ 杜时忠，张敏．国家道德即德育［J］．教育研究与实验，2013 (1)：7 － 10.

其一，为弘扬优秀传统文化教育。经过20世纪八九十年代的理论储备，复兴传统文化已经成为势不可挡的趋势，并从底层走向政策、从理论走向实践，成为主导学校德育的重要趋势。论者多认同传统文化是中国人的精神家园，在全球化背景下，西方强势文化推向世界的时候，必须坚持走文化自主路线。[①] 有论者认为：2014年教育部颁布《完善中华优秀传统文化教育指导纲要》意味着中国的德育指导思想实现了结构性变革，即由2010年之前受马克思主义和社会主义道德一元指导的局面，调整为一种复合型建构性的德育指导方针。[②]

一些研究者致力于从传统文化中发掘现代道德教育的资源，探讨全球化进程中具有中国本土特色的道德教育。如认为传统道德之可贵处在于其强调精神，道德教育的中国形态是精神形态，而非西方的理性形态；强调伦理与天理良知相通，而非理智狡黠的算计。[③] 或认为传统“天人合一”“仁生爱物”的道德观可生发出现代生态道德教育思想。或认为传统道德蕴含丰富的生命教育意识、德性教育传统可资利用。可以以传统美德中的感恩教育、孝道教育、自强教育、责任教育为突破口，开拓新德育。[④] 或主张在教育理论研究中，以整体的、多视角的范式来实现对中国传统道德文化的多层次、立体式整体开发与利用，而非简单的、分割的碎片式继承。[⑤] 还有的研究者认为，应回应新时代需要，将耳熟能详的传统概念“格局”作为德育理论研究的主题。格局是对人的视野、胸怀、志向等品质的价值

① 鲁洁．应对全球化：提升文化自觉［J］．北京大学教育评论，2003 (1)：27 − 30.

② 张亚月．德育的历史性变革：从政治认同走向社会认同［J］．中国青年研究，2016 (8)：35 − 40.

③ 樊浩．道德教育的“‘精神’形态”与“中国形态”［J］．教育研究，2013，34 (2)：44 − 53.

④ 沈建华．传统文化视角下青少年道德教育的活化和链接［J］．教育研究，2015，36 (11)：25 − 29 + 48.

⑤ 易连云．传统道德教育研究的范式转换［J］．教育研究，2010，31 (4)：30 − 33.

性描述。“当我们通过一个由人的立足点、认识范围或视野、人的生存论抉择构成的空间描述人格的价值高低时，头脑中自然出现一个（立足）点—面（范围、视野）结构的、不断向外延展的生活世界图式，即我—家—国—天下的价值格局。”德育要培养具有家国天下的大局意识与开放格局，而不是任由儿童耽溺于物质主义或“小我”与“小家”意识。①

其二，为社会主义核心价值观教育。社会主义核心价值观凝聚着社会价值共识，吸纳了世界先进思想，中华民族传统文化是社会主义核心价值体系建构的前提与基础。② 对于教育来说就是要解决好学生的人生价值取向问题。培育和践行社会主义核心价值观需要从理论引领、舆论宣传、文化熏陶、实践养成和制度保障五个维度入手。③ 社会主义核心价值观应通过具体化、日常化、形象化和生动化的形式引导学生自觉认同。④ 社会主义核心价值观融入学校教育，应立足于优秀德育教材的开发、高水平师资队伍的建设、德育话语体系的合理转换及德育方式的多元创新。有学者指出，核心价值观只有经过合理的路径选择与恰当的过程环节，才能真正“进教材”。把核心价值观融入教材，要掌握三种逻辑即知识逻辑、生活逻辑和教育逻辑，打通三个世界即符号世界、意义世界和生活世界。⑤ 有学者指出家庭是传播社会主义核心价值观的主要渠道，应将“培养熔铸光明伟

---

① 孙彩平，周亚文．追寻格局：中国文化伦理图式敞开与德育路向［J］．教育研究，2021，42 (8)：69 － 77.

② 龚群，等．社会主义核心价值体系重大关系研究［M］．北京：北京师范大学出版社，2012．12：154.

③ 王琰．将社会主义核心价值观融入高校立德树人全过程的五个维度［J］．思想理论教育导刊，2015 (1)：124 － 127.

④ 靳玉军．论社会主义核心价值观教育的实践要求［J］．教育研究，2014，35 (11)：4 － 7 + 15.

⑤ 杜时忠，曹树真．社会主义核心价值观“进教材”的教育学探索［J］．教育研究，2015，36 (9)：34 － 39.

岸的道德人格”作为第一要务。[①]

第四节　德育理论现代化研究的反思

改革开放以来德育理论研究的主要特征及成绩可以总结为：其主要特征表现为由政治化的德育走向生活化、人性化的德育；其主要的社会价值追求由大公无私的圣贤伦理转换为追求社会正义和关怀的公正伦理（图5-1）。当然，从德育体系的理论建构来看，学校德育从封闭走向开放，从阶段性德育走向终身化德育，从学校孤岛走向家、校、社合作。总体上看，德育理论符合时代精神，适应了德育实践发展的趋势。

但中国德育理论亦有其内部独特的矛盾要去面对和解决，这些矛盾是中国教育特有的矛盾，即：从知识生产与社会存在、权力关系的实践维度来看，表现为政治化与人性化之间的博弈；在价值理念抉择上，体现为个人主义与集体主义观念之间的博弈；在发展的文化逻辑上，表现为西方化与中国化之间的此消彼长；在研究方法论上，则表现为人文主义与科学主义之间的博弈。

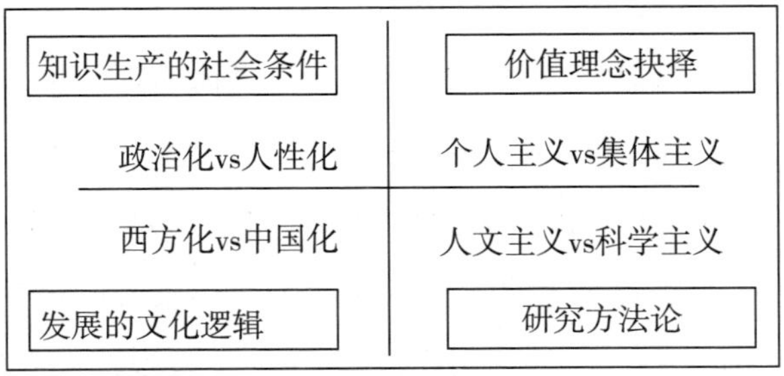

图 5-1　德育理论的发展趋势

① 翟博．树立新时代的家庭教育价值观［J］．教育研究，2016，37 (3)：92－98.

一、中国德育理论研究的现实张力

道德教育相对于其他学科领域来说，最重要的特点是深受政治影响。道德与政治之间具有千丝万缕、密不可分的关系，它们遵守同一套社会规范和规则，只是关涉的对象不同。亚里士多德认为：如果只关涉个人的善，则可以名之为道德；如果关涉众人与社会公共之善，则可以名之为政治。这一观点于今依然有效。从这个意义上说，道德教育是政治教育的前奏与奠基。从中国教育的历史来看，“修身—齐家—治国—平天下”是一条贯穿始终的逻辑线索，也是儒家思想中实现“内圣外王”的核心途径。道德教育是实现政治理想的基石。当今，“培养什么样的人”始终是一个至关重要的问题。这个问题的答案决定道德教育的中心，而这个问题的答案则主要是政治家从社会政治的需要中提取、总结和给出的。因是之故，道德教育不能超越社会政治，而是深受政治意识形态思想的影响。

中外学者们对人文社会学术研究受意识形态影响这一事实的态度是矛盾而复杂的。一方面，认为人文社科学术研究关注的是社会事实，而意识形态则是基于情感和信念的迷信式判断，前者优良，后者低下。因此，“由社会事实所确认的思想像一条纯净的溪流，水晶一样干净、透亮；意识形态化的思想像一条肮脏的河流，积满泥沙，被流入河中的脏东西所污染。前者可放心大胆地喝，后者是应避开的毒物”[①]。另一方面，更多学者对意识形态思想并不持非此即彼、黑白分明的态度，而是认为意识形态是一套复杂的体系，是“社会现实的地图以及产生集体良心的母体”，是看待世界的方法与共识的结合。[②] 对于中国等新兴国家来说，没有任何意识形态

---

① 克利福德·格尔茨．文化的解释［M］．韩莉，译．南京：译林出版社，2008：236.

② 同①.

的指引想找到穿越问题森林的道德似乎是完全不可能的。[①]

德育理论研究同样也无法回避与政治意识形态之间的关系。新中国十七年教育中，道德教育日趋政治化；“文化大革命”中，道德教育完全政治意识形态化，个人道德的价值被完全否定。改革开放以来，道德教育的政治意识形态化的色彩逐渐温和、解冻。但是，在改革开放之初的政治话语中，教育科研的合理性与必要性，是在它与国家目标和国家规划的直接关联中得到确认的。由于“发展生产力”成了最大的政治，所以这种确认并没有从根本上改变教育和教育研究为政治服务的思维逻辑，它只是从为一种政治（阶级斗争）服务转变到为另一种政治（经济建设）服务。经济工具主义的教育发展和教育科研观，因此成为20世纪80年代教育的主导话语。[②]历史的经验告诉我们：道德教育不能脱离社会政治，应该培养“接班人和建设者”，而非“背叛者与破坏者”；德育理论研究者的意识产生于特定的社会条件，也不可能脱离意识形态的制约，也应服务于国家意志与国家利益，为培养善良正直、具备社会主义核心价值观的公民服务。但如何避免政治化和过度意识形态化的泥淖和陷阱，如何保存学科的独立性，防止唯意识形态化和行政权力干涉道德教育的恣意泛滥，这成为道德教育学者们努力的一个重要方向。

改革开放以来，道德教育研究在国内经历了三次重大的主题转换，分别是走出“泛政治化”、实现“科学化”、实现人性化和生活论转向。道德教育研究不断地根据德育现实问题改变研究的主题，其中对“人”的关切成为不变的价值诉求与研究基点。[③]这些思想的吁求，反映了德育研究者

---

① 克利福德·格尔茨．文化的解释［M］．韩莉，译．南京：译林出版社，2008．05：274.

② 于述胜．改革开放三十年中国的教育学话语与教育变革［J］．教育学报，2008 (5)：3 － 19.

③ 胡金木．改革开放以来道德教育研究主题的回顾分析［J］．江苏教育研究，2009 (4)：16 － 18.

遵循科学逻辑和学术逻辑来挣脱唯政治意识形态化、建构学科自主地位的自觉意识。德育研究者以其对人的关切来化解唯政治意识形态对社会现实的可能扭曲与偏离。主体性教育、公民教育、主体间性教育、生活德育、制度德育等理论都是围绕着德育的现代化与人性化而进行的理论建构，它们响应时代精神，试图将人从强制僵化的制度牢笼的禁锢中解放出来。虽然研究使用的术语不同，但它们的诉求是一致的：其一，追求道德理性、道德自主和道德宽容的理论诉求是共同的；其二，反思道德教育弊端，反对道德教育的专制化、唯知识化、唯理性化，希冀道德教育促进人的完整发展、提升人的美好生活的态度也是共同的；其三，在众多学者的推动下，德育理论者也开始更多地关注儿童，更多借鉴西方道德心理学与道德教育的研究成果，逐渐从成人本位中摆脱出来，更多地关注儿童的道德发展与道德学习。

二、中国德育理论研究的价值博弈

中国德育理论研究面临的另一个理论难题便是在社会日趋多元的环境下，如何重构道德价值，并形成道德共识。在此过程中，必须重建道德规范，用以调解社会矛盾与人际冲突。

中国传统社会中，最基本的道德矛盾有三：其一，天人之辨。即对天人关系的认识，这是中国哲学中最基本的问题，具体到道德领域，便是天理与人欲之间的关系，“存天理、灭人欲”是主导的价值观。其二，义利之辨。即功利与道义、人欲与天理的矛盾，在传统的道德价值观中，二者是对立的，“君子喻于义，小人喻于利”“重利轻义”是主导的道德价值观。其三，公私之辨与人己之辨。在个人利益与他人利益、群体利益之间产生矛盾的时候，传统思想家强调“公而忘私”“大公无私”“先人后己”“群重己轻”。每逢社会改革（变法）的时候，义利之辨、人己之辨就会成为一个重要节点，面临重建和重组，因为改革必然涉及利益的重组与观念文化的更新。

新中国成立以后，对于共产主义道德的认识实际上延续了传统伦理观中的要素，如重义轻利、群重己轻的道德价值观，之后更是否定了个人合理欲望及追求个人幸福之行为存在的价值。改革开放后，随着市场经济对个人利益的肯定、保障及激发，义利关系发生了重大的变化与重组，即大众意识形态推崇义利并举，甚至是重利轻义。这一过程持续了数十年，使得学校教育面临一个不安全、不友善的社会道德环境，物质主义和拜金主义不断升温，教师对学生道德教育的难度变大，效果打折。社会主义核心价值观的提出，某种意义上可以看作义利关系重组过程的阶段性终结。即社会大众对义利关系、人己关系的认识不再混乱，而是逐渐达成了社会共识，义利并重、群己和谐成为主导的价值观。

群己关系认识的转向亦深深影响了中国德育的走向。随着 19 世纪下半叶，中国教育近代化的推进，在西学东渐的过程中，许多教育思潮和德育学说被引入中国，其中康德、涂尔干、杜威的理论可谓是影响中国德育思想最为深刻的三位学者。20 世纪 20—30 年代，杜威学说被翻译引进和大力传播。舒新城等一批教育家对杜威所宣扬的美国式的“民主”及其教育是否适合中国国情的问题进行反思并提出了疑问，他们不赞成当时的学校对青少年的德育采取放任自流的态度与措施。南京国民政府成立后，加强了对学校德育及训育的管理和控制。“杜威热”的逐渐降温，法国社会学家、教育学家涂尔干的道德教育学说逐渐引起国人的关注。涂尔干的道德教育学说改变了欧洲历史上长期以来形成的以个体为本位的伦理观，因而相应地被视为社会本位的道德教育论。无疑，涂尔干的学说更贴合当时中国学校教育的实践，更符合中国德育中注重集体利益、纪律观点的思想倾向。较之杜威和涂尔干的道德教育理论和学说，康德的伦理道德思想及其德育观并未对民国时期学校德育的实践产生广泛的影响，但它试图排除政治因素和意识形态的干扰，立足于道德本身来探讨德育，毕竟为道德教育树立起崇高标的[①]，亦为其再度勃兴埋下伏笔。

改革开放之后，人们又重温五四传统。20 世纪八九十年代，康德的主体理论经由李泽厚的阐发对中国思想界产生了重要的思想启蒙的作用，德育理论界亦受此影响，逐渐解放思想；20 世纪 90 年代，随着大众对民主的诉求变得强烈，杜威倡导的民主主义的道德教育学说也颇有影响。直至当今，仍可以说康德、涂尔干、杜威是对中国德育学者影响最大的思想家，他们的理论对德育学者理解群己关系、超越个人本位与社会本位的对立，具有重大的启发意义。德育理论界对上述三位理论风格和诉求截然不同的学者思想的吸纳，反映了中国德育理论界理性化、多元化及世俗化的特点。

同时，在义利关系和群己关系的转型中，道德价值观逐渐突破了传统价值观，走向多元。诺丁斯的关怀伦理的引入，不仅符合中国重视人际关系的传统，且其充满人性关怀的笔触也填补了康德、涂尔干、杜威理论中忽视个人情感的纰漏，成为教育理论的润滑剂。并且，诺丁斯所代表的女性主义伦理学，对过于注重理性与公正伦理的男性主义伦理学提出了挑战，引入了道德教育的性别视角，进一步推进了道德教育理论的多元化。此外，21 世纪以来，随着社会发展不平衡矛盾的凸显，大众对社会公平的呼声渐高。罗尔斯的社会正义理论影响广泛，在他的理论的影响下，人们开始认识到公正意味着权利平等、机会均等、社会关怀的统一。至此，德育理论界基本达成了价值共识：即推崇康德式的道德自由、涂尔干式的理性权威、杜威式的教育民主、诺丁斯式的人性关怀与罗尔斯式的社会正义。自由、理性、民主、关怀和正义成为德育学者共同的价值追求。这一诉求与整个中国社会转型中的时代精神是相符合的。

以德育现代化为主要理论诉求的研究时期正与价值观的历史转型与重

---

① 肖朗，田海洋．近代西方道德教育理论的传播与民国德育观念的变革［J］．社会科学战线，2011（7）：207－215.

塑过程相一致。德育学者积极寻找现代德育的理论与方法，以现代德育来替代传统德育，促进了德育理论从封闭到开放的发展，德育方法从灌输到对话的转变。在众多学者的努力下，现代德育的面孔逐渐浮现出来：在道德价值观上持义利并举观，在道德教育方法上反对道德灌输、反对强制、反对过度惩罚。德育中的现代性不断增长，体现出更多理性、正义、自由的开放色彩，然而，教育系统毕竟具有保守倾向，现代性的潮流使得它呈现出新旧杂糅、多种不同性质矛盾并存的斑驳状态——既有现代化水平不足的落后封闭而带来的个人自由匮乏，也有过度现代化而带来的个人意义感的匮乏。

三、中国德育理论研究的文化线索

中国文化包括教育发展中始终有一个基本的矛盾：即在现代化的过程中如何处理传统文化与现代文化之间的矛盾，如何在东方文化与西方文化之间进行选择。19 世纪下半叶，中国社会和文化被迫卷入了现代化的洪流中。教育现代化是社会政治、经济结构的变革在教育中的反映，它既是工业化、世俗化的产物，也是社会各层面理性增长的产物；教育现代化是教育整体上的深刻变革过程，远不限于教育手段、方法等方面，更应包括制度、组织行为、思想观念在内；教育现代化是一种世界性的教育变迁，世界上任何一个国家和地区，一旦纳入这个过程，就会呈一种不可逆转之势，其结果是世界范围内教育的共性增加。[①]现代化一方面代表理性化、世俗化，但另一方面也伴随着西方中心主义的文化霸权不可避免地入侵，制造文化的同质性和消解本土文化的主体性，所有的非西方文化都成为西方世界的“文化残存”或“文化次品”。因此，中国文化和思想方面的现代化过程，

① 郑金洲．教育现代化与教育本土化［J］．华东师范大学学报（教育科学版），1997 (3)：1 – 11.

充满了全球化与本土化、依附性与自主性这两对基本文化矛盾所带来的胶着、对抗与探索。

自五四新文化运动直至改革开放前期以来，传统文化被视为落后文化、黑暗文化，被攻击甚至被打倒，因此，教育现代化的目标是科学化与民主化，其过程即是不断舍弃传统文化，不断学习、引进和复制西方文化教育的过程。20 世纪 30 年代虽然曾有过关于教育中国化的短暂探讨，但并未形成气候。在社会主导的思想中，现代化被等同于西方化。直至改革开放之后，才逐渐出现文化寻根、传统文化热现象。21 世纪以来，随着经济全球化过程中民族主义的复兴、后现代哲学思想对西方中心主义和后殖民主义的挑战，世界各国的文化自觉与本土化需求变得越来越深刻和强烈。传统文化复兴成为必然的趋势。现代化不是西方化、一元化，而是本土化、多元化。早在 1990 年，费孝通便提出“各美其美，美人之美，美美与共，天下大同”的文化自觉论，试图通过文化之间的相互交流，在对话和沟通中取长补短，建构世界多元一体格局，以此来回应亨廷顿的“文明冲突论”。他认为知识分子在这种精神交流和相互理解中充当更为积极的作用，文化系统之间的对话首先发生在知识分子之间，并且他希望知识分子朝“下”看，解释社会变迁，推动社会的理性启蒙。①

这一强调本土化的“文化自觉”趋势同样表现在德育理论研究中。20 世纪 90 年代，德育现代化话语是强有力的，其探讨还主要是以康德等启蒙思想家的思想为武器，延续了西方化的道路；而进入 21 世纪，以追随和移植西方文化和教育思想为主要方法进行的德育现代化研究不再是主导的话语体系，运用后现代哲学思想对于现代德育弊病的批判的研究成果逐渐增加。德育理论研究者开始自觉地反思全球经济和信息一体化带来的价值多元与文化多元对道德教育的冲击、批判现代文明对人精神的戕害，自

① 杨清媚．“文化”与“文化自觉”辨析：论费孝通的文化理论［J］．中央民族大学学报（哲学社会科学版），2020，47 (5)：66 − 74.

觉地肩负起道德教育研究应承担的社会责任与文化使命。其实，德育现代化主题并非消失了，而是褪去了西方化、一元化、绝对化的色彩，更深地扎根于中国的文化传统与教育实践中，与传统文化复兴及社会主义核心价值观教育等主题融合交汇起来。可见，德育现代化必然包含传统文化教育的现代性转型和传统价值观的创新性转化，也必然包含了德育理论本土化的探索。当前对传统德育资源的挖掘、传统精神的重新阐述、对中国特色的德育理论的探索，均属于德育理论本土化的自觉尝试。何怀宏等认为：今天本土已不是历史上的本土了。三种传统影响着人们的价值观：一种是以周文汉制为核心的"千年传统",一种是以启蒙革命为核心的"百年传统"，第三种是改革开放以来以全球市场为核心的"十年传统"。三种传统真实存在,在不同层面发挥作用,既是创新的思想活力,又是创新的条件限制。[①]显然，传统文化复兴不是简单的文化复古主义，而是在吸纳西方现代价值观形成的"百年传统"和"十年传统"视角的审视之下，对于自身文化的再次定位和传统文化的重新建构。

可以预计的是，现代化与本土化必将成为中国教育基因的双螺旋，彼此相伴相生，不可或缺。美国教育学者阿克曼曾在《卡潘》杂志上发表了一篇题为《新世纪的根基：叩响最佳的传统教育与进步教育》的文章，十分幽默地告诫我们，不要把有关传统教育与进步教育看成是装饰华丽的手纺车中周而复始的转轮，并强调指出："引用生物学上的隐喻，学校最显著的哲学形式，就如同 DNA 的双链一样：进步派和传统派是相互缠绕、相互作用、相互补充的。这就是我们应提倡的学校。"[②]可见，现代化与本土化并非钟摆的两端，而是相生相伴的辩证统一体。

① 何怀宏，戴兆国．当代伦理学知识体系的转换与发明：如何构建具有问题意识和方法论特点的伦理学对话［J］．求是学刊，2021，48(5)：1－7＋176.

② 单中惠．学校变革与社会变革：基于西方教育历史的诠释［J］．河北师范大学学报（教育科学版），2013，15(11)：24－28.

四、中国德育理论研究的方法偏好

纵观中国德育理论研究的主题，经历了从学科本位、主义本位到问题本位的发展历程。20 世纪 80 年代，德育理论研究的重点是重建德育学科，思考德育的研究对象。20 世纪 90 年代，德育理论大量借鉴西方哲学流派和社会思潮，在人文主义的大旗下，汇聚了各种主义来武装德育理论，如主体论、存在主义、自由主义等。同时，德育各分支学科也开始建立起来，如德育社会学、德育文化学等。及至 20 世纪 90 年代晚期，聚焦于德育问题的研究更多了，如德育实效、德育课程、德育变革等，21 世纪以来全面而系统地对学校德育问题进行总结的著作相继出版，如陈桂生著《中国德育问题》（2006），孙少平等著《新时期学校德育热点问题研究》（2008），沈壮海、佘双好等著《学校德育问题研究》（2010），赵志毅著《当代中国德育热点问题研究》（2012）等。德育研究发生了从学科本位、主义本位到问题本位的转向，背后也体现了德育理论研究的方法论的转换。学科本位、主义本位侧重于以哲学思辨的方法来思想德育问题，主要的研究方法是演绎，即用某一哲学理论的视角来看德育问题，将其基本原理推至德育研究，其思维方式是一种综合性的，关涉许多问题，并不聚焦于一个问题。

以问题为本位的研究，则聚焦于一个个具体的问题，或不拘泥于教育学科，而是用多学科的视野来研究，如用现象学、语义学等学科来研究德育问题，凸显德育研究的跨学科性质①；或多运用实证研究的方法对问题存在的频率、后果进行揭示。用定量的实证方法，尤其是问卷法为主、访谈法为辅来揭示德育问题成为一种普遍的做法；用行动法研究法来验证德育理论效用的研究也渐多。同时，21 世纪以来，质的研究方法的合理性也得

① 戚万学，唐爱民，韩笑．改革开放 40 年德育理论研究的主题及进展［J］．教育研究，2018，39 (10)：20 － 31.

到承认，如叙事法、个案法等方法也逐渐被德育研究者广泛运用。并且，在生态学的影响下，强调德育研究的生态效度，承认德育理论知识的文化性、解释性、有限性，并不以追求放之四海而皆准的普遍性知识为主要任务。

总体看来，中国德育研究在方法论上已经超越了“主义”与“问题”的对峙，但是隐藏在其中的科学主义范式与人文主义范式之间的矛盾暗流涌动，随着研究者的方法自觉程度的提升，两者之间的争论必会明显化。

第六章
后现代与德育理论多样化研究

现代性道德以启蒙时代形成的自由、平等、博爱为主要价值，追求人类解放，对人类社会产生了深远影响。然而，随着现代晚期的出现，现代性道德面临危机。现代化带来的无疑是人的知识和能力的增强，而另一方面，人的工具理性和技术理性膨胀，由于人的异化而带来了存在的虚无和意义的匮乏。历史学家尤瓦尔·赫拉利曾不无嘲讽地说：现代性就是一项交易，人类同意放弃意义、换取力量。现代性存在诸多道德风险：人类合作能力与征服破坏能力的失衡；文明冲突与民族国家的利益冲突；物质财富极大丰富与贫富差距日益加剧的阶层冲突；欲望膨胀的人类中心主义与生态环境日益脆弱的生态危机；身份政治、社会极化产生的政治危机。应对现代性道德的危机，学术界出现了多种理论诉求。

其一，现代性道德所强调的普遍主义、理性主义与各种本土文化和多元文化的冲突加剧，道德多样化的呼声越来越高。社会生活的边缘薄弱地带，如少数民族群体、女性群体、环保人士等对同质化的普遍主义（主要表现为主流文化同化主义、男性中心主义、人类中心主义）发出了反对的声音，要求现代性道德尊重差异性和多元性，提出了去中心化的文化多元主义、女性主义伦理和生态伦理等诉求。这些去中心化的多元主义诉求本身并不反对现代性道德，而只是希望现代性道德能够更好地兼顾差异，呼吁更多道德宽容和相互承认，更好地保障边缘群体的自由权利。

其二，现代性道德的激进主义。社会学家齐格蒙·鲍曼认为，大屠杀不只是犹太人历经的一个悲惨事件，也并非德意志民族的一次反常行为，而是现代性本身的固有可能——科学的理性计算精神、技术的道德中立地位、社会管理的工程化趋势所必然造成的。从极端的理性走向极端的非理性，从高度的文明走向高度的野蛮，看似悖谬，实则有着逻辑的必然。将现代性道德中的理性主义、经验主义、多元主义推向极致，现代性道德于是走向了非理性主义和去道德化，陷入虚无主义和相对主义，几乎否定了道德真理的存在，否定了不同道德价值体系之间进行道德对话和产生道德共识的可能性。事实上，在崇高价值退隐之后，虚无主义和相对主义是现代性道德如影随形的伴随物。

其三，后现代理论对于启蒙运动以来形成的现代性道德展开批判，将“本质”“中心”以及“理性”等现代性特征进行解构，尤其对于启蒙运动以来形成的“主体”“人性”等话语进行了比较彻底的解构。

三种诉求表现了三种不同的方向：多元主义的呼声试图继续推进现代性道德的解放和启蒙精神的主流方向，试图将现代性道德的光芒照射到边缘的黑暗地区；激进主义则是现代性道德发展的支流方向，比较另类和小众，且有步入歧途的风险；后现代主义则试图对现代性道德进行根本性批判与重构。

第一节　多元主义与德育研究

马克斯·韦伯认为：“我们这个时代，因为它所独有的理性化和理智化，最主要的是因为世界已被祛魅，它的命运便是，那些终极的、最高贵的价值，已从公共生活中销声匿迹，它们或者遁入神秘生活的超验领域，或者走进了个人之间直接的私人交往的友爱之中。”[①] 现代化思想中占据主流的自由主义强调普遍主义与以个人自由为首要价值的价值一元论，同时也主张道德自由与道德宽容。然而，在现实生活中普遍主义和价值一元论往往为主流文化和主流人群代言，常常将他们的道德观强加给社会边缘人群，社会边缘人群因为不适应这种道德要求而被贴上“不道德”的标签。20 世纪 60 年代以来，随着民权运动的兴起，世界范围内文化多元主义和价值多元主义成为越来越有影响力的社会思潮。长期以来，西方社会在文化的丰富性中形成“一元与多元”“普遍主义与特殊主义”之间的矛盾与张力。韦伯认为文化与价值多元化是现代社会的基本事实，“价值的‘多神主义’是前现代的一元神（基督教上帝）世界被理性化‘祛魅’后的结果，现代社会的一个根本特征就是文化与价值的主观化、相对化与多元化”[②]。文化多元主义强调价值、文化的多样性，主张不同文化与价值之间不可通约，每种文化群体便有自身独特的文化身份。“把任何一种道德价值绝对化为一种统治性的道德权威都是不适当的，如果把只属于‘个别性’的伦理观念上升为‘普遍性’的道德价值，即使是出于善良的道德愿望或美好理想对于‘他人’来说，都可能是一种道德专制。”[③]

一、多元主义的研究主题

1924 年，美国学者卡伦在《美国文化与民主》一书中首次提出“文化多元主义”概念，认为文化多元论体现了美国自由平等的民族精神。随后，

① 马克斯·韦伯. 学术与政治：韦伯的两篇演说[M]. 冯克利，译. 北京：生活·读书·新知三联书店，1998：48.

② 张兴成. 价值多元与价值虚无：从施特劳斯与柏林的思想张力看文化多元主义的悖论[J]. 文化与诗学，2015 (1)：264－292.

③ 刘合行. 道德评价标准[M]. 长春：吉林大学出版社，2008：71.

文化多元主义成为文化学、政治学、人类学等不同学科的核心议题，其中，文化差异与承认政治，多元文化与相互包容、价值多元与道德共识等议题成为这一时期人们探讨与争鸣的重点。

（一）文化多元主义

文化多元主义发展和鼎盛于全球化的时代背景之中，并成为西方较有影响的社会思潮。

在文化学视野中，现代社会是由所属不同文化人群、社会团体所构成的“多元文化的社会”。联合国教科文组织于2001年通过的《世界文化多样性宣言》中明确定义：“文化多样性是文化在不同时代和不同地方具有各种不同的表现形式。具体表现是构成人类的各群体和各社会之特性所具有的独特性和多样化”①。文化多元主义所理解的“文化”是广义上的，不仅包括民族文化、宗教文化，还包括存在于个体之间、群体之间、个体与群体之间多元化、多样性、异质性的“文化特征”，如性别文化、地域文化等。因此，“我们不能将多元文化理论中的‘文化’理解成狭义的族群文化而已，将此文化视为是多样的‘社会身份’或‘主体位置’，毋宁是更恰当的。”②持有不同文化观念、社会身份的人们如何共处成为人们关注的焦点。文化多元主义者认为，公民不仅需要实现政治权利和经济利益的平等，而且强势文化与弱势文化之间要实现平等，不同文化都应该受到应有的尊重。“文化多元联盟”将文化多元主义定义为：“在不同文化的一个国家的边界或框架内，在相互支持的关系中，在平等共存的状态下，有着显著不同的信仰、行为、肤色，在许多情况下使用不同的语言。要实现文化多元化，必须有多元化的团结。每个人都必须意识到自己的身份，并且

① 范俊军．联合国教科文组织关于保护语言与文化多样性文件汇编［M］．北京：民族出版社，2006：99－100.

② 谭光鼎，刘美慧，游美惠．多元文化教育［M］．台北：台湾高等教育出版社，2008：44.

愿意向他人提供其期望享有的尊重和权利。”[①] 文化多元主义主张多元文化一体论，反对文化一元论的优越价值和某种文化的优先性，也不赞同文化相对主义将差异绝对化的主张，承认不同文化之间最低限度的“重叠共识”与“视域融合”。在文化多元主义背景下，文化认同与彼此尊重成为不同社会群体和谐共存、共生的价值基础，“多元文化主要要求‘政治共同体中相互尊重的成员’不仅要‘尊重彼此的平等权利’，而且‘要尊重和鼓励彼此的差异’”[②]。因此，诸种文化之间遵循“各美其美，美人之美，美美与共，天下大同”的发展趋势与“和而不同”“和谐为本”“和谐共生”的发展方向。

在政治哲学领域中，文化多元主义（在此领域更多被称为多元文化主义）涉及种族、族裔、民族、性别、国家等维度，在事实判断上承认主体多元、利益需要多元、价值取向多元，在价值判断上主张“承认政治”“差异政治”与“身份政治”，以实现文化多元主义的政治论证。“文化多元主义不是以某一既定的社会理念或价值观系统为前提预制的单极化或一元化普遍主义，而是在多元互补和公共商谈中达成观念共识和成果共享。”[③] 政治领域的文化多元主义有其关注的对象和群体，“概括地说，是关于少数民族、‘贱民’群体和女性主义对于承认的需求的政治话语”[④]。文化多元主义的应对之策是尊重不同群体的独特性，不因独特性而遭遇主流社会或他人的同化或者排斥、歧视、边缘化，主张平等原则、承认原则与差异的权利。

文化多元主义这一社会思潮在美国、英国、德国等多族群国家得到普及，且逐渐渗入到社会公共领域，并在教育领域引发了一场广泛的多元

---

① B.库玛.文化全球化与语言教育[M].邵滨，译.北京：北京语言大学出版社，2017：72.

② 周治华.伦理学视域中的尊重[M].上海：上海人民出版社，2009：175.

③ 张翠梅.公民身份认同研究[M].北京：中国政法大学出版社，2013：185.

④ 应奇.从自由主义到后自由主义[M].北京：生活·读书·新知三联书店，2003：165.

文化教育变革。檀传宝指出，文化多元主义是建立在政治日益民主、文化日益多元的多元文化社会的产物，“指对于社会上所存在的不同文化群体，尊重其自主性，包容其差异性，使之并存而不相悖”①。冯建军认为，“文化多元主义最核心的理念是要尊重文化的多样性，尤其是对少数民族、亚文化群体、弱势群体及其移民群体，要承认他们的差异性，承认他们的平等地位”②。学校德育的社会、文化背景已经发生变化，如何面对文化多元主义的冲击，确定传统德育的未来形态和发展方向，在多元文化、价值冲突中达成共识、和谐相处，成为学校德育的核心目标。“多元的价值标准和道德观念投射到道德教育中，使得传统的一元价值标准受到质疑和挑战，一元价值原有的绝对优势随之消失。”③

（二）价值多元主义

文化多样性、主体多元化是价值标准和价值观念多元主义产生的根源之一。“由于每个社会群体都有其特有的文化，特有的价值取向，因而难免会产生范围渐广、层次渐多、频度渐繁的价值差异乃至价值冲突。其结果，多元价值共存将逐渐成为几乎所有社会领域都存在的一种普遍现象，社会将逐渐走向真正意义上的‘价值多元化’。”④来自不同文化背景、民族、种族、阶层的多元主体有着不同的需要和价值追求，形成多元化的价值取向。价值多元论是现代社会的主流观点，反对传统社会占主导地位的价值一元论。“依照那种观念（价值一元论观点），社会发展被计划成一个遵照单一标准的价值上逐渐增加的过程。它依赖于一种相对于其他所有价值来说具有公度力的

---

① 檀传宝．当代东西方德育发展要览［M］．北京：人民教育出版社，2013：311.

② 冯建军．公民身份认同与学校公民教育［M］．北京：人民出版社，2014：64.

③ 戚万学等．道德教育的文化使命［M］．北京：教育科学出版社，2010：184.

④ 吴康宁．教会选择：面向21世纪的我国学校道德教育的必由之路：基于社会学的反思［J］．华东师大学报（教育科学版），1999（3）：10－18.

价值，其他的价值都被还原、缩减成一种具有绝对优势的基本价值，然后依照这种价值对于社会、政治的各个领域做出评判。于是，这种价值一元论的所谓‘进步’就或者是一个单一目标的逐步实现，或者是某种价值评判的单一的量的增加。”① 显然，价值一元论增加了政治权力集中和专断的风险。

那么，不同文化群体所秉持的多元价值之间是否会产生冲突？能否进行价值优先性的排序？受马克斯·韦伯“价值多神论”“价值领域的诸神斗争”思想的影响，自由主义大师以赛亚·柏林在价值多元论的基础上更往前迈了一步，旗帜鲜明地主张“价值多元主义”。他认为价值多元是现代人无可逃脱的宿命。“我们所生活的世界……是一个我们要在同样终极，同样自称为绝对的价值之间做出选择的世界。其中，一些价值的实现，不可避免地要牺牲另一些价值……在不同的绝对要求之间做出选择的必要性，是人类状况中一个无法逃避的特征。”② 他不认可黑格尔关于善与善之间的冲突可以在高级阶段得以化解的观点，坚持主张价值冲突是一种不可避免的、无法消除的冲突，不可能在社会发展的某个更高阶段得到消解。他认为价值具有多元性、冲突性或不可相容性，人类不同的价值目标之间常常是互相冲突的，对于这种冲突人们找不到一个普遍适用的价值量度标准去加以仲裁和解决，因为不同价值之间常常是不可公度的或者说是不可比较的。③ “人类的终极价值是客观存在的，但却不可归约地多样化；这些价值是冲突着的，而且往往无法结合；有时当它们彼此陷入冲突，无法根据任何理性标准对之进行比较。”④ 不但人类追求的四大价值真、善、美、圣彼

---

① 宫睿．价值多元论与进步［J］．哲学研究，2009 (6)：94 － 100 ＋ 129.

② 以赛亚·柏林．自由四论［A］//迈克尔·H. 莱斯诺夫．二十世纪的政治哲学家［C］．冯克利，译．北京：商务印书馆，2015：307.

③ 马德普，王敏．价值多元论与自由主义：论伯林遇到的挑战及晚年思想的转变［J］．政治学研究，2012 (3)：41 － 49.

④ 艾琳·凯利．柏林与赫尔岑论自由［A］//刘东．中国学术：总第 31 辑［M］．北京：商务印书馆，2012：181 － 197.

此之间无法排序，不能说某种价值能完全碾压其他的价值，甚至在每一价值内部都无法进行排序。我们很难说圣索菲亚教堂与泰姬陵相比哪个更美，也不能说西方油画比中国山水画美，更不应该以基督教的标准来评判无神论文化或伊斯兰文化。“道德上应当”的规范问题可能是一元的，而在“伦理价值”的选择问题上则是多元的，归根结底是因为人们眼中的善往往大相径庭，对于“好东西”“好生活”的评判标准也大不相同。“整个人类社会只有一个道德规范体系，而人们在社会生活中追求的价值目标是多样的，甚至在同一个社会中也会有不同的价值选择和冲突。”① 既然对于道德和政治问题以至任何价值问题不可能有一个最终解答，或者人们给出的解答是相互矛盾的，“如果要避免破坏性的冲突的话，就应该妥协，而最低限度的宽容，不管你情不情愿，都是必不可少的”②。理解、宽容与移情是必要的。

柏林鼓舞并开启了“当代道德哲学中的价值多元主义运动”③。价值多元论对哈耶克、罗尔斯、诺齐克为代表的新自由主义者的主张带来巨大冲击，“伯林的价值多元论及其所容纳的历史主义，对任何超越时空的普遍主义都构成了挑战”④。随后，伯纳德·威廉姆斯、约翰·格雷等西方政治哲学家都开始加入价值多元主义的队伍，为其辩护，摇旗呐喊，格雷在《自由主义的两张面孔》中开宗明义地指出：“正义本身包含着各种相互冲突的价值。”⑤ 罗尔斯“作为公平的正义”主张自由优先，诺齐克“持有正义”

---

① 王晓升．评哈贝马斯的道德普遍主义和伦理多元主义［J］．中共浙江省委党校学报，2010 (3) : 34 − 41.

② 拉明·贾汉贝格鲁．柏林谈话录［M］．杨祯钦，译．南京：译林出版社，2002.

③ 威廉·盖尔斯敦．自由多元主义［M］．佟德志，庞金友，等，译．南京：江苏人民出版社，2008 : 5.

④ 马德普．价值多元论与普遍主义的困境：柏林的自由思想对自由主义政治哲学的挑战［J］．天津师范大学学报（社会科学版），2001 (6) : 11 − 17 + 59.

⑤ 约翰·格雷．自由主义的两张面孔［M］．顾爱彬，李瑞华，译．南京：江苏人民出版社，2002 : 10.

主张个人权利的绝对优先性，但他们对普适价值与道德（伦理）普在性的认同可以看出他们理论主张的共通性远大于差异。以罗尔斯、诺齐克为代表的新自由主义者持价值多元论观点，但仍属于“一元价值论”与普遍价值原则的拥护者，强调要按照词典式的价值原则对价值进行排序。显然，价值多元论与价值多元主义者之间是有差异的，后者并不认同价值之间可以进行排序。

社群主义者麦金泰尔也承认价值多元主义的主张：“一切道德总是在某种程度上缚系于社会的地方性和特殊性，现代性道德作为一种摆脱了所有特殊性的普遍性的渴望只是一种幻想。”[①] 一项行为正确与否的终极价值原则并非唯一，不存在一个可以适用于所有情况的普适性价值原则。需要注意的是，价值多元主义并不等同于道德相对主义、怀疑主义与虚无主义，多元价值所代表的好与坏、善与恶、正义与非正义之间的区别客观存在，并可以进行理性辩护和对话。虽然，价值之间具有不可量度性，但是具有可相互理解性，这显然与相对主义或虚无主义不同。正如以赛亚·柏林夫子自道的一样：“如果我是一个多元主义者，这意味着我理解人们如何会接受那些其他价值，或者是因为他们的历史或地理环境，或者是无论其他什么原因：关键是我不会仅仅因为他们不是我的文明，觉得对我没有任何意义而拒斥他们——就像真正的相对主义者所做的那样——相反我会寻求理解，对于那些不与我共享我的信仰的人来说，这是一个怎样的世界，以及一个人怎么会追求那些不是我的价值的价值。”

（三）多元主义中的价值共识

我们继续追问：在文化多元主义的背景中，人们是否能够达成一种“最低限度”“最小主义”的价值共识？如果可能，如何达成价值共识？对于

---

① 麦金泰尔．追寻美德：道德理论研究［M］．宋继杰，译．南京：译林出版社，2008：142.

这个问题的回答是肯定的。首先，人类文化具有共通性。当今社会，多元文化主体、利益主体之间平等对话、互相协商的社会事实已普遍存在。随着全球化的发展，当人们探讨全球性的环境、教育、人口等问题时，需要不同文化、利益主体间的对话与商谈。人类的语言具有某种程度的共同性、可相互理解性，同时人类具有一些相同的类属性。这些都为达成价值共识创造了条件。

就达成价值共识的方法，在哲学领域曾有广泛的探讨，大抵有如下几种模式：其一，意识形态的建构式灌输、教化与渗透；其二，建立在契约基础上的价值共识；其三，罗尔斯的理性与重叠共识法，共识更多的是关于政治正义的价值共识。从这个角度出发，研究者更具体地提出要建构公共价值，公共价值是同个体或私域价值相对应的范畴是指同一客体或同类客体同时能满足不同主体甚至是公共民众（公众、民众）需要所产生的效用和意义。它主要由政府或社会团体设计、开发、制造、组织、治理、提供、分配给公众进行消费和享受的公共产品和公共服务。公共价值存在于公众的共同生产和生活之中，以公共领域为依托，以满足公众的需要和消费为旨归。[①] 其四，伽达默尔提出理解与视阈融合法。“不同的文化价值传统展开的是一个由前判断体系构成的视域。任何视域都不可能是固定和封闭的，不同的价值观念之间进行相互理解的时候，就产生一种视域融合的现象。视域融合既不是一方吃掉另一方，也不是同一化与均质化，而是通过差异性的交互作用超越最初各个视域的成见与问题，向着更高的普遍性提升，形成了一个你中有我、我中有你的全新视域——一种复杂的历史效果。这个全新的视域就可以理解为价值共识。”[②] 其五，哈贝马斯的交往与商谈伦理法，通过主体之间的交往理性和交往行为，走向理解和产生共识。

在一个价值观念多元化的社会里，价值共识是多元利益主体相互妥

---

① 胡敏中．论公共价值［J］．北京师范大学学报（社会科学版），2008 (1)：99 － 104.

② 沈湘平．价值共识是否及如何可能［J］．哲学研究，2007 (2)：107 － 111 ＋ 128.

协的产物，“似乎必须放弃建立一种能够涵盖所有的问题且所有个体及集团均能认可的共识的努力”①。充分认识到文化、价值多元化及政治多极化的全球趋势，在此基础上“尊重而不是否定多元文化和生活方式的自主发展，保持彼此间的宽容、理解、合作与交流，这是目前形成、维护和扩大人类普遍价值的根本途径”②。我们应该看到,“文化的多元差异与文化的多元共识乃是一枚硬币的两面。差异既是多元比较的结果，也是多元对话的目的”③。然而文化的多元差异并不会自动地成为多元对话的起点。“全球化和一体化的趋势越强，人们维护这类差异的冲动和努力就会越大。”④在这一过程中，教育有反思价值冲突、增强价值共识的作用。在价值多元化世界中，价值共识想要获得广泛的支持和认同，必须求助于具有普遍性教化机制和功能的现代教育；价值观教育应坚持“差异性”的价值立场。⑤学校教育中也面临着价值冲突——当教师教育学生“勇敢”时,他可能说“生命第一”“保护自己最重要”；当教师教育学生“勤俭节约”时，他可能说“勤俭节约是过时的观念，超前消费才是当今社会的明智选择”；当教师教育学生“要有集体观念”时,他可能说“重要的是捍卫自己的自由和权利”，诸如此类。对于此类问题，道德上的灌输和放任都是无效的，道德教育要坚持“价值引导和自主选择”的结合，通过开放性的协商与对话，培养具有公共理性和宽容意识的共生型人格。⑥另一些学者提出，要在中小学开展价值教育。“21 世纪，教育竞争力不仅体现在造就多少有创新精神和能力的人才上面，而且还体现在一个国家的教育体系在多大程度上能够为提

---

① 甘绍平．道德共识的形成机制［J］．哲学动态，2002 (8)：26 − 28 + 45.

② 李德顺．普遍价值及其客观基础［J］．中国社会科学，1998 (6)：4 − 14.

③ 万俊人．普世伦理如何可能［J］．现代哲学，2002 (1)：37 − 46.

④ 汪信砚．普世价值·价值认同·价值共识：当前我国价值论研究中三个重要概念辨析［J］．学术研究，2009 (11)：5 − 10 + 159 + 2.

⑤ 王玉萍，黄明理．价值共识及其当代意义［J］．求实，2012 (5)：37 − 40.

⑥ 冯建军，提秀雷．多元价值时代需要怎样的道德教育［J］．人民教育，2009 (11)：2 − 5.

升民众的价值素养、促进不同社会群体的价值理解、凝聚社会价值共识做出贡献”。价值教育要帮助他们认识、体验、认同并在日常生活中践行那些被社会所公认的正当性原则，主要进行人类基本价值教育、民族优秀传统价值教育和社会主流价值教育。[①]

二、文化多元主义与德育研究

文化多元主义蕴含着极为丰富的教育意义。在文化、民族、种族、宗教信仰、意识形态多样化的今天，“多元价值共存与统一”的基本立场逐渐成为人们的共识。这部分主要探讨文化多元主义与德育研究的相关领域——多元文化教育、价值观教育、公民教育、身份认同等相结合所产生的问题。

（一）文化多元主义中的多元文化教育

价值、文化的多元化、多样性对传统社会秩序发出挑战，在社会领域涉及国家内部的民族、族群关系，少数民族的政治权利、边缘群体的话语权、合法权益；在文化领域关乎多元文化、大众文化、少数民族文化保存、青少年亚文化等；教育领域的主要任务是引导学生形成对以上各个领域诸多问题的理性认识。实践文化多元主义的重要方式之一便是多学科综合视野中的多元文化教育，人们常常结合人类学、社会学、民族学、心理学等学科，以人种、种族、职业、性别、年龄等的文化共同体为研究对象制定教育政策，规划教育内容，构建教育体系。

如何呈现文化多元主义背景下的道德教育规范、形成青少年的道德教育价值观，成为各国德育变革的核心议题。詹姆斯·A. 班克斯主张从道德

① 石中英. 关于当前我国中小学价值教育几个问题的思考［J］. 人民教育，2010 (8)：6－11.

认知、道德情感、道德行为等方面进行多元文化教育，“旨在在深度不安定和极端民族化的国家和世界里使所有学生成为有知识的、富有同情心的和积极的公民”[①]。他将多元文化教育的主要目标指向教育平等，“通过改革学校、学院和大学，使来自不同种族、民族和社会阶层的学生能够体验到教育的平等”[②]。李曼尼和劳拉·布鲁斯认为，儿童和青少年多元文化教育主要有两个任务：“一是教会学习者认识、接受和欣赏不同的文化、种族和社会阶层、性别差异、宗教信仰、能力差别；二是使儿童和青少年在他们发展的关键期形成在未来民主、平等和公平社会中工作时所必备的责任心和公共性。”[③] 由此，在学校教育中教会学生认识到差异并包容、尊重差异，消除固有认知上的偏见与歧视，形成“和而不同，多元并存”的关系正义成为多元文化教育的主要目标，“通过传递包容文化差异的民主理念，帮助学生消除对其他文化的误解和歧视，学会对异族文化的欣赏，包容和尊重文化差异和价值多元，并通过对多元文化的包容，形成一种文化间的合作与共融”[④]。

（二）文化多元主义中的价值观教育

建立在文化多样性基础上的文化多元与价值观多元是文化多元主义的必然产物，其本质是在保持国家文化多元性与统一性之间寻求平衡，使具有不同文化背景的人平等地、和谐地相处。首先是存在于不同国家、文化、意识形态之间的理解与对话。由于民族问题、种族矛盾凸显，20 世纪 70 年代开始，加拿大、澳大利亚、美国、瑞士等国开始实行文化多元主义政策。

---

① BANKS J A. Multicultural Education: Historical Development, Dimensions, and Practice [J]. Review of Research in Education, 1993 (1): 3 − 49.

② 班克斯. 文化多样性与教育：基本原理、课程与教学 [M]. 荀渊，译. 上海：华东师范大学出版社，2009: 3.

③ 王鉴，万明钢. 多元文化教育比较研究 [M]. 北京：民族出版社，2006: 18.

④ 冯建军. 多元文化主义公民身份与公民教育 [J]. 比较教育研究，2014 (1): 43 − 49.

但从实践效果来看，文化多元主义政策及其相关的文化模式和教育计划限制了标准化教育体制的推广，也为消除社会不公平和非正义带来困难。“尤其是 2010 年以来，面对移民融入、族群撕裂、价值分歧、本国价值异化等问题，德国、英国、法国领导人先后宣布放弃‘文化多元主义’，转而加强本国传统核心价值观教育。”[①] 英国教育标准局将检查课程是否符合“英国核心价值”纳入监管体系；美国学校和社会利用多种形式强化“美国意识”，进行“美国精神”（对民主和自由的捍卫）和爱国主义教育；2005 年《澳大利亚学校价值观教育大纲》提出了公民教育的九大价值观：关怀与同情、勤奋努力、公平公正、自由、诚实守信、正直、尊重、责任、理解和包容；德国在文化多元主义价值观的基础上形成“存异求同”“和而不同、和谐为本”的教育政策，“一方面承认德国已成为移民社会的事实，尊重和保护少数族裔的语言、文化和宗教，为非主流文化的延续和发展创造必要的法律框架条件和教育支持条件；另一方面，要求所有外来移民必须融入德国主流社会，必须学习德语和接受德国社会的主流价值观，如人权、民主、法制及正确的爱国主义”[②]。在文化多元主义的背景之下，如何形成“价值共识”与“核心价值观”成为多民族国家共同面对的首要问题。

在中国转型社会和文化多元主义的背景下，学生的价值观呈现多元形态。裴娣娜、文喆通过对北京市中学生的政治价值观、经济价值观、文化价值观和生活价值观现状的调查分析，发现“中学生价值观的基本特征是矛盾与多元”[③]。冯建军在调查研究中发现，中学生价值观呈现多

---

① 郭婷．社会主义核心价值观融入日常生活研究［M］．西安：陕西师范大学出版总社，2019：12.

② 岳伟，邢来顺．文化多元主义与联邦德国的移民教育政策［J］．华中师范大学学报（人文社会科学版），2012（5）：119－125.

③ 裴娣娜，文喆．社会转型时期中学生价值观探析［J］．教育研究，2006（7）：3－10.

元并存与冲突的状态，具体表现为传统与现代价值观共存，观念的认识与行动脱节，传统消极价值观与现代积极价值观、主流社会价值观和非主流个人价值观、个人本位与传统本位、重义与重利之间的冲突，其中，“中学生认可度较高的五种价值观为：诚实守信、尊重、合作、开拓创新、公平正义”①。与一元价值观教育强调灌输不同，“多元价值观教育强调的是选择，选择或澄清符合自己生活的价值观，它培养的是价值选择、价值判断和道德思维的能力，但又因此缺失了道德内容，出现了无道德的‘道德空心人’”②。

（三）文化多元主义中的公民教育

文化多元主义反对自由主义普遍的公民资格观与“普遍的他者”，强调少数民族、亚文化群体、弱势群体以及移民等群体的差异公民资格观与“具体的他者”，主张从价值取向、基本目标、教学内容等多维角度进行公民教育。文化多元主义在批判自由主义公民身份的基础上提出差异公民身份，“承认他们的差异性和平等地位，承认他们的平等参政权和社会经济权，在此基础上，解构传统的话语权力，对正统和主流的话语体系进行修正。换言之，承认、平等和解构是族群身份的三大价值取向”③。多元文化公民教育有其基本要求和主要目标，“将承认、理解和尊重作为现代公民适应全球化发展的基本要求，学校要培养未来公民的健全人格特质，包括开放的自我，对待他人的态度，与他人共享价值的能力，多元而不是一元的价值取向”④。在文化异质多元的台湾地区，公民教育的精神内涵主要有两个

---

① 冯建军．差异与共生：多元文化下学生生活方式与价值观教育［M］．成都：四川教育出版社，2010：198.

② 同①180.

③ 庞金友．族群身份与国家认同：多元文化主义与自由主义的当代论争［J］．浙江社会科学，2007（4）：69－74.

④ 万明钢．论公民教育［J］．教育研究，2003（9）：37－43.

方面："第一，进行对文化相互尊重的公民教育；第二，进行有能力积极面对与解决文化冲突的公民教育。"[①]现代公民须具备尊重少数、关怀弱势、平等参与、宽容异己等资质与多元文化的素养，由此，多元文化教育统摄的学校公民教学内容主要有："第一，反对歧视，强调平等；第二，尊重差异，倡导包容；第三，提倡多元，共荣共存。"[②]多元文化公民身份的培育须诉诸多元文化教育和跨文化教育："第一，培养公民对异文化的承认和尊重；第二，培养公民积极面对与解决文化冲突的能力。"[③]

（四）文化多元主义中的身份认同

身份认同是社会学、心理学、政治学、文化人类学等共同关注的核心议题。"Identity"可译为"身份""身份认同""自我同一性"，身份是联结个体和社会之间关系的纽带，个体作为群体成员所获致的归属感与价值感促成个体身份的确立，并在情感、心理、信念上回答和解决"我是谁？""我想成为谁？"的问题，以形成身份认同。在回应"何种身份认同"的问题时，相关研究集中在个体的社会身份认同、文化身份认同、政治身份认同与公民身份认同等领域，本书在此主要探讨政治身份认同、身份政治及认同政治。"身份政治的哲学基础是文化多元主义"[④]，艾里斯·M. 杨在文化多元主义中强调差异政治，指出压迫的"五张面孔"与形式——剥削、边缘化、能力褫夺、文化帝国主义和暴力，并将其作为判断是否受到压迫的客观标准，在反抗压迫中迈向社会公平正义，实现

---

① 章玉琴．多元文化论公民观及其公民教育观之探究［J］．台湾师范大学公民训育学报，1999 (6)：343－370.

② 洪泉湖．从多元文化教育的观点论公民养成［J］．台湾师范大学公民训育学报，1999 (6)：167－179.

③ 冯建军．公民身份认同与学校公民教育［M］．北京：人民出版社，2014：74.

④ 许纪霖．政治正确、文化宽容与身份政治的限度何在？［M］// 许纪霖，刘擎．西方"政治正确"的反思．南京：江苏人民出版社，2018：79.

真正的平等。“多元文化主义要求承认各种文化、生活方式的正当性，特别是被视为受压制的少数和边缘群体、族裔的文化与生活方式。各种群体的身份和认同自身获得了某种正当性,并不断强化。”① 文化多元主义认为，身份认同的对象是在社会中遭受排斥、歧视、压迫与偏见的弱势群体，“呼吁重视少数群体的文化权利，主张尊重并承认多元的公民身份，开启由主流‘普遍’公民资格向当代‘差异’公民身份，以及与此相关的‘分配政治’向‘身份政治’的重要转折”②。

文化多元主义在教育场域的相关研究包括教师身份认同与学生身份认同。有研究认为身份认同视域下的教师道德发展有三重意蕴：“自我认同是教师道德发展的内在根源，他者认同是教师道德发展的生存图式，群体认同是教师道德发展的现实尺度。”③ 有研究指出，云南多民族聚居区户籍不在当地且自身文化背景与学生文化背景差异较大的教师，其文化身份认同包括三个阶段：“文化心理束缚、文化身份厘清与多元文化主义。”④ 有研究认为多元异质的流动少年群体在“先赋性身份与后致性身份，社会表征性身份与自我认定的身份之间，存在着冲突、矛盾与张力”⑤。作为社会中灵活的个体，他们并非被动地接受制度、他人和社会对自己身份的规定，而是在与不同群体的互动中，实现身份认同的建构和解构。

---

① 崇明．消极自由、多元主义与政治正确［M］//许纪霖，刘擎．西方“政治正确”的反思．南京：江苏人民出版社，2018：46.

② 王葎．文化多元主义的身份政治困境［J］．山东师范大学学报（哲学社会科学版），2019（6）：57－65.

③ 李清雁，易连云．身份认同视域下的教师道德发展［J］．高等教育研究，2009（10）：69－73.

④ 王艳玲．多元文化背景下的教师文化身份认同：基于民族地区“外来教师”的案例考察［J］．全球教育展望，2017（8）：95－109.

⑤ 石长惠．我是谁？流动少年的多元身份认同［J］．青年研究，2010（1）：25－39.

三、多元主义德育研究述评

在价值取向上，文化多元主义理念的兴盛意味着原有精英价值秩序与普遍主义的终结。在不同学科领域中呈现较为丰富的研究成果，在研究内容、研究方法、研究问题域等方面呈现鲜明的特征。

（一）研究述评及反思

第一，在研究内容上，关于“是什么”的相关研究中，由于西方国家与我国的制度情境、文化生态有着较大差异，对文化多元主义的意涵有不同理解。国外的文化多元主义主要针对不同族群、民族、阶层、性别、地域等的政治身份、文化与社会认同，多元文化教育包括民族教育、多民族教育、女性教育、残疾人教育、低社会阶层教育等社会弱势群体的教育。多元文化主义在我国社会制度情境中并非指文化性质的多元，而是指社会转型时期与全球化背景下，传统价值观与现代价值观、消极价值观与积极价值观、个体价值观与社会价值观、核心价值观与非核心价值观等复杂的、多层面并存的现实样态，在这种情境下人们的价值选择、思想观念及生活方式的差异、冲突与共存的问题。

第二，在研究方法上，有关文化多元主义的概念、内涵、定义方面主要采用理论研究法和比较研究法，在人类学、文化学、政治学、教育学等多学科综合视野中厘清何谓“文化多元主义”。在关于文化多元主义的政策与实践研究中，往往将文化多元主义的理论与移民教育政策、双语教育、身份政治等议题相结合，结合某一地区的文化多元主义政策进行研究。这一领域缺乏文化多元主义理论视野下的质性研究，较少深度分析文化多元主义政策与教育制度、个体身份认同之间的互动。

第三，在研究的问题域上，从文化多元主义到多元文化教育，从理论视野转入教育视野，产生价值观教育、公民教育、身份认同等议题。这一领域缺乏文化多元主义中有关教育正义的视野，如针对残疾儿童教育的全纳教育，针对“失踪的女童”的性别公平教育，针对弱势群体的差别补偿教育等。同时，缺少跨学科的融合研究，综合运用人类学、文化学、政治学等多维学科视野分析教育政策与教育实践问题的研究较少。

（二）未来展望：走向多元的教育愿景

文化多元主义的时代终结了吗？非但没有，而且在全球化这一时代背景中愈发显现出差异与多元中的尊重和包容等主题的价值所在，文化多元主义所主张的价值差异与多元化“是对一种宰制的、同一价值的时代的解构，故与它所反映的社会经济生活的多样化一样，它首先应该被看成是社会开放、进步、充满活力的表现与保障”①。文化多元主义对德育目标、德育内容等诸多方面有着重要的启示。

第一，在德育目标上，继续寻求开放与自由灵活。文化多元主义推动各国教育目的更加注重人类普世价值观的教育，在内容上更具包容性和开放性。如美国高等教育旗帜鲜明地指出培养世界公民的主张；日本注重培养国际化人才，并将培养爱国热情和民族精神作为大学德育的核心目标；德国主张培养具有向世界开放的人格的人。如何培养学生的跨文化敏感性与跨文化交流能力成为新时代背景下的德育目标。

第二，在德育内容上，文化多元主义中不同国家之间、同一国家不同民族之间如何交流、理解、沟通，以实现“民主”“正义”“尊重”“文化宽容”“承认问题”“情感关怀”成为学校德育内容的核心议题。“文化多元主义者曾经面对和摒弃的那些极端行为——同化或隔离——仍然威胁着我们，他们对美国会变成什么样的构想——即一个尊重文化差异并因此而丰富多彩的民主社会——现在已经成为一个真正跨民族的和世界

① 沈湘平．价值共识是否及如何可能［J］．哲学研究，2007 (2)：107－111＋128.

主义的民主构想。”[①]如何消除学校教育中排斥、蔑视、羞辱、边缘化等支配结构带来的非正义，是德育内容的重要议题。

第三，在德育方法上，学校德育需要通过平等的道德对话、交谈、讨论等方式，让学生体验不同文化系统的人之间互相理解与尊重；通过价值澄清、价值引导等方式实施国际理解教育；通过整合、借助多元化资源培养学生的跨文化交流能力，如德国通过馆校合作使学生认识到文化多样性与不同文化和谐共处的重要性，以培养他们的跨文化能力。

文化多元主义需要文化学、人类学、政治学、教育学等多维学科融合的研究视野，在此基础上寻求新的议题，运用新的研究方法、视角开展研究。在运用文化多元主义视角研究德育问题时，需要深入挖掘这一社会思潮的哲学基础与理论背景，拓宽研究思路，深入分析问题；同时，需要关注教育现实与学校德育目标，为提高学生跨文化的实践能力而努力。

第二节　边缘的呼声：现代性道德的纵深发展

当代许多道德理论论争都是围绕着康德的自主性概念展开的，在康德看来，自主性在道德上等价于启蒙运动的座右铭——“要有勇气运用你自己的理智！”[②]以康德为代表的现代主体性道德强调基于理性基础上的道德自律，这使得西方传统中理性和情感的固定等级区分得以延续下来，即理性与男性相关联，而情感与女性相关联。女性主义试图打破这种理性主义的佞妄和男性中心主义的符号暴力，揭示关怀和亲密关系对于道德的重要

---

① 理查德·J. 伯恩斯坦. 文化多元主义[J]. 高丽娟，张国敬，译. 国外理论动态，2017 (3)：36－43.

② 康德. 历史理性批判文集[M]. 何兆武，译. 北京：商务印书馆，1990：22.

作用。女性主义对于以强调公正为主的现代性道德做了重要修正，增加了现代性道德的丰富性。

另一方面，动物由于缺乏理性一直被看作是被人类征服和主宰的对象。随着动物权利和环境保护意识的觉醒，人类中心主义被挑战，一些学者要求扩大道德共同体的半径，将动物包含在道德共同体之中，谴责对动物进行残酷和粗暴的行为，以生态中心主义取代人类中心主义。因此，生态环境教育、可持续发展教育等教育理念应运而生。

女性主义伦理学和生态伦理学对道德观念的更新产生了深远影响，并且两种从边缘发出的呼声逐渐形成了影响政治生活的潮流，对于道德教育理论与实践也产生了较大影响。

一、女性主义与德育研究

中西方传统社会是一个以男性文化为主导的父权制社会，在道德发展理论的有关论述中，女性一直是被贬抑的对象。柏拉图、卢梭、尼采等人，有时把女性简单地描述为道德上长不大的孩子，有时完全忽视或遗忘女性。这是一种以男性为中心建立起来的伦理思想，道德生活以及道德教育也表现出明显的男性特征，面对社会的性别歧视，女性主义关注女性的道德体验，对传统道德推理机制与道德判断标准进行批判与解构，要求破除观念中的性别歧视与偏见，追求道德教育领域的两性平等。

基于西方学者的解释，清华大学肖巍教授认为：“女性主义定义包括三个层面，政治、理论和实践。从政治上说，女性主义是一种社会意识形态的革命，一场提高女性地位的政治斗争。从理论上看，女性主义是一种强调两性平等、对女性进行肯定的价值观念、学说或方法论原则。从实践上来讲，女性主义是一场争取妇女解放的社会运动。女性主义实际上是这三个层面的集合体。”[①]女性主义教育思潮兴起于20世纪60年代的美国，其错综复杂的流派众多，但其共同的关注对象都是女性的教育问题和两性教育公平问题，揭示和批判教育中的性别不平等现象，主张实现男女之间的教育公平。

（一）女性主义伦理学

女性主义伦理学将道德问题纳入其研究范畴，并将其置于整个人类“性别化存在”的历史背景下加以考察，寻求对西方社会价值体系与伦理观念的重新诠释，通过批判传统规范伦理学中的男性中心主义，揭示伦理学的父权制结构存在的问题，关注当代人类道德生活的实践，建构一种女性主义社会，以批判由男性主导的契约社会。[②]

西方学者对“女性主义伦理学”的界定主要是通过对“女性主义伦理学”和“女性伦理学”的区分来进行的。贝蒂·A. 西奇尔认为：“‘女性（伦理学）’就目前而言，指的是那些寻求女性独一无二的声音，最普遍的是，提倡一种包含了教养、关怀、同情和交流网络的关怀伦理学。而‘女性主义（伦理学）’则是被那些激进主义的、自由主义的或东方的理论家所坚持，这些理论家反对父权统治、要求平等的权利和稀有资源公平正义的分配。”[③]苏珊·雪雯也持相似的观点，她说：“（很多妇女）所关心的问题可以分为两个不同的部分，第一部分，我把它定义为‘女性’伦理学，主要是研究传统伦理学在哪些方面不适应女性的道德体验和道德直觉，包括对伦理学应该如何修正才能体现女性的价值等方面提出意见。另一个部分，我认为

---

① 肖巍. 女性主义伦理学［M］成都：四川人民出版社，2000：3.

② 罗蔚. 当代伦理学的新发展：女性主义伦理学评介［J］. 伦理学研究，2005（3）：58－61；星河. 女性主义哲学学术报告会记略［J］. 哲学动态，1995（5）：5－7.

③ SICHEL B A. Different Strains and Strands: Feminist Contributions to Ethical Theory［J］. Newsletters on Feminism and Philosophy, 1999 (2) : 90.

称之为女性主义伦理学更合适，它提供一种具体的政治视角，同时，当伦理学以统治和压迫的形式影响女性时，为伦理学提供修正的意见。”[①] 罗斯玛丽·童结合了贝蒂和苏珊的观点，对两者也进行了区分，她认为女性伦理学重点探讨与女性道德体验相关的特征，如重视关怀、同情等，而女性主义伦理学则重点探讨应如何修正政治议程与社会政策，从而改变女性相对于男性的从属地位。

美国科罗拉多大学的艾利森·贾格尔教授认为西方女性主义伦理学有两个来源，一是普通妇女的讨论，二是哲学学术研究。[②] 在日常生活中，美国妇女热衷于讨论女性主义伦理问题，但缺乏哲学层面的深层讨论。“哲学层面上的女性主义伦理学有两个倾向：实践倾向和理论倾向。前者以更系统的方式讨论普通妇女关心的问题，它的立足点是压迫妇女在道德上是不正当的。它的目标在于对使压迫妇女永久化的行为和实践做出道德批评，对抵制这些行为和实践的道德上可证明是正当的途径提出建议，展望推动妇女解放的令人向往的道德抉择。”[③] 这些问题已经涉及诸如何为道德行为、何为正当的行为等传统伦理学和道德哲学问题了。清华大学肖巍教授基于西方学者的理解，认为“女性主义伦理学实际上是以女性主义视角来批判、来建构的一种旨在妇女解放的伦理学理论。它要批判的是贬低和歧视妇女的伦理理论和道德实践，它要建构的是男女平等的伦理学说”[④]。

以凯特·米丽特于 1970 年出版的《性别政治论》为标志，女性主义作为伦理学的一个新流派出现，由此开启了对西方社会价值体系与伦理观

① SHERWIN S. No Longer Patient: Feminist Ethics and Health Care [M]. Philadelphia: Temple University Press, 1992: 42－43.

② 肖巍. 西方女性主义伦理学：访艾利森·贾格尔教授 [J]. 哲学动态, 1997 (2): 33.

③ 同②.

④ 肖巍. 女性主义伦理学 [M]. 成都：四川人民出版社, 2000: 23.

念的深刻反思与批判进程。1982 年，卡罗尔·吉利根的《不同的声音——心理学理论与妇女发展》出版，表明以关怀伦理学为代表的女性主义伦理学形成。卡罗尔·吉利根通过研究发现，女性都倾向于把道德定义为实现关怀和避免伤害，女性的道德发展始终围绕关怀一词。她提出的以关怀为道德取向的女性主义道德观给科尔伯格理论带来了很大的冲击。关于这一点，科尔伯格在面对吉利根批评的回应中说："吉利根对关爱和责任取向的强调扩大了我们所关注的公正推理的道德领域。"①此后，学术界逐步重视对关怀伦理学的研究。1984 年，内尔·诺丁斯《关怀：伦理学和道德教育的女性视角》一书认为道德行为具有情境性，应该以人类的情感而不是道德原则来引导人的道德行为。诺丁斯把关怀与关系当作具有本体论意义的基础，要求重视道德教育，主张把伦理道德观念的培养作为所有教育的初始目的。诺丁斯教授在该书中对关怀做了以下说明："关怀包含了人类最深情感的各种因素。我可以把关怀等同于负担，如果我对相关事物存在担忧或责任，那么我就会关怀这些事。同时，如果我对他人存在某些渴望，我自然也会关怀这个人；我会关怀长辈是因为我对他们的健康有着不可推卸的责任。关怀的必要因素是对关怀者与被关怀者之间关系的探讨。"②《关怀：伦理学和道德教育的女性视角》的出版，标志着关怀伦理学的系统理论的形成。

随后，女性主义伦理学进入蓬勃发展期，其中以对关怀伦理学的研究最为显著。卡罗尔·吉利根的《在十字路口相遇》以及论文《倾听差异：联系的理论化》进一步推动女性主义伦理学的研究与发展。内尔·诺丁斯的著作《妇女与罪恶》奠定了她在女性主义伦理学领域的地位。继卡

① KILLEN M, SMETANA J. Handbook of Moral Development [M]. Lawrence Erlbaum Associates, 2005.

② NODDING N. Caring: A Feminine Approach to Ethics & Moral Education [M]. Berkeley: University Of California Press, 1984 : 9.

罗尔·吉利根和内尔·诺丁斯之后，西方又出现了几位女性主义伦理学的代表人物。萨拉·拉迪克教授的《母性的思考：通向和平的政治》关注的焦点是母性与母亲。她认为应该在社会政治生活中贯彻“母性原则”，这样才能建构一个和平的世界。琼·特朗托的《道德的界限：对关怀伦理学的政治辩护》将伦理学的思考逐步扩大到了政治领域，主张将关怀伦理学当作一种政治策略来实施，当作一种政治理想来追求。同时，由凯瑟琳·B与琼·特朗托合著的《妇女改变政治》对女性在政治领域的价值提供了理论上的依据。由克劳迪娅·卡德主编的《女性主义伦理学》收录了当时影响较大的女性主义伦理学者的代表作，如艾莉森·M. 贾格尔的《女性主义伦理学：方案、问题与未来》。弗吉尼亚·赫尔德著的《女性主义道德：对文化、社会和政治的改变》阐述了女性主义对性别、暴力、生存与死亡等观点的塑造。而其主编的《正义与关怀：女性主义伦理学的基本解读》则收集了当时学术界对正义伦理与关怀伦理基本解读的代表性文章，是女性主义伦理学研究进程中不可或缺的一笔。20 世纪 90 年代末期到 21 世纪初，女性主义研究的发展进入高潮期，呈现一个百花齐放的状态。女性主义伦理学的研究也开始渗透到各个领域，形成诸多交叉学科。

（二）女性主义德育观

女性主义强调道德教育的情境化，主张教育应该培养有能力、关心人、爱人也值得人爱的人。从此教育主张出发，其形成了女性主义的德育观。

1. 社会文化塑造观

精神分析学派认为两性生理结构的不同导致了两性道德发展的不同。女性主义者认为这是一种生物决定论，他们通过批判弗洛伊德的理论，对两性道德发展差异的形成原因做出了不同的回答。代表学者有玛格丽特·米德、阿尔弗雷德·阿德勒、卡尔·霍尔内、克拉拉·汤普森等。人类学家玛格丽特·米德的研究为批判“生物决定论”提供了充足的理由。为寻找有关性别差异方面的线索，米德考察了新几内亚的三个原始部落得出结论，“两种性别的性格是由社会原因造成的”①。心理学家阿德勒认为，两性的生物差异并非在逻辑上或者不可避免地导致某些心理特征。②生物性并不能决定命运，它仅仅只是人类用来形成独特自我的素材罢了。卡尔·霍尔内强调环境对于个人成长所起的作用，女性在道德上的发展有别于男性，其根本原因在于父权制文化和男权社会对男性价值的崇尚。克拉拉·汤普森认为对两性道德的解释是在社会观念中产生的，即社会文化对女性的偏见导致对女性道德价值的贬抑。女性主义学者对两性道德发展差异的分析，旨在说明两性道德发展的差异是社会文化作用的结果；女性道德发展被解释为低于男性，也并非和女性的生理结构相关，而仅仅只是一种文化的建构，是被这种文化背后深藏着的政治、经济、制度等所塑造的。

2. 女性主义德育目的观

女性主义认为不应以民主和机会平等的名义而企图让所有的人都上大学，而应教育学生尊重一切诚实劳动。为劳动而准备、为养育孩子而准备、为尽公民义务而准备。让所有的孩子都学会关怀他人，在关怀他人的过程中找到一种终极观。以关怀为主题的教育对整个人类智能表示了极大尊重，它不仅仅是一种使人们变得善良和可爱的情感，还暗含着对能力的持续不断的追求。因此，女性主义主张德育的目的是培养对自己、他人、环境和世界有足够理解和重视的人，而这种教育必须建立在关怀的基础之上。③它存在于教育的整个过程之中，教育的任何环节都要以此来检验；削弱这一目的的将遭到拒绝，怀疑这一目的的将被延缓，增强这一目的的才能被接受。由此可见，女性主义提倡的德育目的即注重学生的个性发展，强调德育既要为将来的生

---

① 玛格丽特·米德．性别与气质［M］．宋正纯，等，译．北京：光明日报出版社，1989：292.

② 罗斯玛丽·帕特南·童．女性主义思潮导论［M］．艾晓明，等，译．武汉：华中师范大学出版社，2002：201－204.

③ 肖巍．女性主义伦理学［M］．成都：四川人民出版社，2000：50.

活做准备也要让学生感觉到当前的幸福，同时也要处理好个人与集体，个人与他人的关系，提倡以关系和合作代替竞争，以和谐取代纷争。

3. 女性主义德育课程观

女性主义德育课程观具体表现在以下三个方面：首先，在课程计划中，女性主义德育把课程分成传统的课程和以关怀为主题的课程。以关怀为主题的课程内容，是由关怀自己开始，向外扩展至关怀身边的人，然后是陌生人和远离自己的人，再扩展到对动物、植物、地球的关怀，对于人类创造的物质世界也可以引发我们对历史文化的关怀之意与敬意，最后是对于知识的关怀。再者，揭露和批判了传统课程内容中存在的性别偏见，指出这种偏见对女子教育消极的影响，特别在学生学业成败方面的影响。女性主义认为课程是建构男女平等的关键，有些学者对教材中的图文进行了细致研究，认为这些图文更多的是关注男子形象和男子的语言，站在男性角度去思考问题，关于女性的形象和女性语言的表达则相对匮乏。女性主义认为这些具有性别偏见的课程，缺乏女子形象，忽视了女子的知识经验，使得女子在教育当中处于不利的地位，这势必影响女子对这些课程的学习，变得疏远或者排斥这些课程。再者，揭露和批判课程中存在的性别刻板印象和性别再生现象。[①] 女性主义研究者们发现传统德育教材中男性常常被赋予理智的品格，他们独立、客观。而女性则被赋予情绪化的品格，她们较多具有依赖性、主观性。教材是学生学习最重要的资料，其中的性别刻板印象往往潜移默化地被合理化。女性主义德育课程的根本目的是通过消解主流课程观中的男性霸权，以谋求妇女身心的解放。

4. 女性主义德育方法观

与传统德育灌输讲授法相比，以女性主义为价值取向的学校道德教育更重视运用榜样示范法、对话交流法、实践养成法、认可赞赏法来教育学

---

① 胡振京. 女性主义课程观述评［J］. 比较教育研究，2003：(11).

生。榜样法在女性主义德育中非常重要，这是因为女性主义伦理学不是靠理性推导出伦理原则的，而是靠伦理的感觉来激发的。通常关怀教育中的榜样由教师来担当。第二种德育方法是对话。对话是双方真正的交流，这种对话是开放式的。对话“允许我们讨论我们正在试图展示什么。它给学习者去问为什么的机会，它帮助双方达成有见地的决定”①。对话主要在关怀者的关注状态中发生，连续的对话也能指导被关怀者做出回应。第三种德育方法是实践。实践既是教授某些技能又是在塑造心理，所以女性主义德育的实践就是教授关怀的技巧和塑造关怀的心理。在关怀实践中，重要的是关怀态度的真实，实践必须能给学习者带来真正的关怀体验。②第四种德育方法是认可。认可是认出他人更好的自我并鼓励其发展的行为。关怀教育不应该建立每个人都应该达到的期望，而应该根据不同的人确定其希望的东西。认可通常包括两个方面：一是对与现实相符的最好动机的归因；二是引导人们朝向更好的自我去发展。

5. 女性主义德育师生观

传统的教师中心、课本中心、课堂中心的“三中心论”一直是教育的主旋律，师生关系以知识为中介，教师控制了知识而具有权威性，学生则是非权威、被动者、听众。传统的师生关系是僵硬的、是二元对立的，具有压迫性，这种师生关系往往使得德育陷入困境。女性主义德育认为关心最重要的意义在于它的关系性，即人与人之间的连接和接触。女性主义德育主张师生间建立师生间的关心型关系，同时也有责任培养学生的关心意识，帮助学生发展关心能力，学生也应以积极的反应来促成师生间关心关系的形成，并在这一过程中学会关心。对于如何建立这种以关心为核心的

---

① NODDINGS N. The challenge to care in schools [M]. New York: Teacher college press. 1992 : 23.

② 石中英，余清臣. 关怀教育：超越与界限：诺丁斯关怀教育理论述评 [J]. 教育研究与实验，2005 (4) : 30 − 33.

师生关系，女性主义认为教师和学生肩负不同的责任，他们各自对师生关系的贡献也是不一样的。师生关系永远是双向互动的。

（三）女性主义德育观反思与展望

西方女性主义自传入我国开始，给我国道德教育及研究提供了新的视角。学者们在此视角下对道德教育目标、道德教育方法、道德教育过程、师生关系等有了新的认识。需要注意的是，女性主义伦理学虽对两性道德发展差异形成原因和表现形式进行了批判性分析，但不同的女性主义学者、不同的女性主义流派在对待以下问题时都小心翼翼以避免步入“雷区”，即强调社会文化对两性道德发展的作用，容易导致无视两性差异；而强调两性道德发展存在公正与关怀取向上的差异，又容易导致“女性天生就是关怀者”的结论，无法逾越传统的女性社会角色。所以，在借鉴女性主义伦理学研究成果的时候，必须注意有选择地吸收其思想。在两性道德发展差异这一问题上，我们从女性主义的研究中可以提炼的结论是：在道德发展方面，承认两性之间存在某些差异，但不应该将这种差异扩大化。事实上，两性道德发展的相同之处要远远多于其相异之处；两性在道德发展上所呈现的某些差异主要是由于社会文化的作用，且这些差异又被社会文化赋予不对等的价值，导致在社会主流话语中女性道德的价值被贬抑。

时至今日，女性主义理论学派仍在不断地发展求新，丰富着女性主义德育的理论与实践。女性主义哲学家塞拉 · 本哈比曾这样概括说：“一个解放了的社会和充分发展的个人暗示着另外的社会和个人……因此，未来的方案始于在我们的需要和愿望方面进行一场革命。”[①] 女性主义诸多学派对德育提出的主张从最初的争取男女两性享有平等的受教育权，发展到对德育中的知识、权力、制度、价值等问题的分析和批判，从性别的视角来

---

① BENHABIB S. Critique, Norm and Utopia: A Study of the Foundations of Critical Theory [M]. New York: Columbia University Press, 1986 : 336.

观察、批判、反思德育中两性不平等的处境与不合理的利益和权力关系，形成了女性主义德育研究的特色。

但女性主义德育还存在以下问题，以期进一步深入探讨：首先，女性主义思想所做出的贡献之一是强调道德情感在道德教育中的重要地位，道德情感与道德认知、道德行为是紧密联系在一起的，但对于它们之间如何和谐统一，女性主义并没有给予深入研究。其次，为推进从女性主义视角出发的德育研究的深入，需要建构一套既吸收以往德育领域话语系统精华，又有女性主义个性特色的话语系统和理论体系。虽然女性主义学者付出了诸多努力，取得了一定成绩，但与强大而精细的主流德育理论相比，还有很大差距。如吉利根虽然揭示了女性道德发展的三个阶段，但在理论的成熟度方面还无法与科尔伯格"三水平六阶段"的精细理论相比。从女性主义理论出发，建构一套包含情感、关怀、对话等女性因素又不排斥理性和公正的话语系统是一项艰巨而又迫切的任务。

二、非人类中心主义与生态德育研究

经济的高速发展、社会的快速变革，必然引起人与人之间、人与自然之间关系的变化，人类在面对与处理新型人际关系和人与自然关系时体现出来的道德规范和道德品质也在不断发展与更新。改革开放以来，我国经济社会快速发展的同时，环境污染、气候变化以及自然灾害等生态问题也日渐凸显，使得我们必须思考与探寻人与自然可持续发展的路径。

（一）生态中心主义

生态伦理学围绕着人与自然界之间是否存在伦理关系、人类对自然物承担道德义务的根据是什么、动物有无道德权利、生命和生态系统有无内在价值等问题展开了广泛的讨论。一种具有代表性的观念认为：非人动物（至少像鸡和鱼那样的低智商动物）无自我意识，不能像人那样理解生死，因此只要使用适当的屠宰技术迅速和无痛地杀死动物就是道德的。更进一步，因为人与许多非人动物（如蝙蝠）很少有共同点，所以非人动物不能成为人的朋友。[①]

动物福利论的主要代表人物彼得·辛格从实用主义和功利主义的考虑提出，对动物的道德考量只要（只能）减少动物的痛苦、增加动物的幸福感和满足感即可，而动物能够获得这些福利是因为它们具有感知苦乐的能力，这种动物伦理的现实可能性就在于人可以对这种动物诉诸同情。动物福利论者，提出动物的五种自由：免于饥饿、免于恐惧和悲痛、免于物理或热的压力、免于疼痛与病变或疾病、表达正常行为的可能。这些观点被生态主义者认为太过保守，仍然陷入人类中心主义的视角，没有给予自然（包括动物）以真正的地位。他们认为："人类只是更大范围存在着群体的一个部分，这个群体每个成员的福利依赖于地球总体的福利。在此视角下，人类社会只有作为这个地球上更大群体的一部分进行自我约束，并且以一种与宇宙运行基本法则相符的方式，才能维持和繁荣。"[②]非人类中心主义生态伦理观反对推崇工具理性的人类中心主义，强调人类对自然环境的道德义务不是出于自然环境对人类的效用性，而是根据自然环境本身拥有的不依赖于人的主观偏好的内在价值，即自然环境本身就是目的，它自身就具有应该受到人类尊重的客观价值。[③]非人类中心主义认为人并不是自然的主宰者，地球上所有生物物种和个体都有其存在的内在价值，人应该将道德关怀的范围扩展至整个生态系统。[④]

---

① 汤明洁．从权力技术反思动物伦理困境：从人类中心主义到生态中心主义［J］．浙江学刊，2021 (6)：130－140.

② 同①.

③ 曹孟勤．自然界：人类反观自我之镜：对自然界价值的再解读［J］．烟台大学学报（哲学社会科学版），2007 (3)：8－12.

④ 刘贵华，岳伟．论教育在生态文明建设中的基础作用［J］．教育研究，2013，34 (12)：10－17.

西方生态哲学是生态伦理学的重要理论基础。怀特海的过程哲学所强调的“他者开放”“他者关联”“有机并存”的精神为解决现代人类的生存困境和道德信仰困惑提供了宝贵资源，并为“理性生态人”指明了新的道德性生存逻辑。[①] 另一些研究指出，马克思主义对生态伦理学也有重要启发，马克思主义揭示出自然界正是人类反观自身之镜。人向合乎人性的人复归，自然界就向合乎自己本性——和谐、美丽、稳定的自然复归。因为人与自然界本质完成统一，人自身就获得了解放并真正占有自己的本质。随着人的这种解放，人的一切感觉特性也同时获得了解放，眼睛不再是物质效用性的眼睛而成为人的眼睛，耳朵不再是物质效用性的耳朵而成为人的耳朵。人的需要和享受失去了纯粹的利己主义性质，自然界就失去了自己的纯粹的物质有用性。自然界不再是人的物欲的占有和掠夺的对象，它自身也就获得了彻底解放。人在自身内部完成了与自然界本质的统一，这种统一必然随着人类改造自然界的实践活动对象化给自然界，使自然界成为现实的与人统一的自然界。人成为与自然界和谐的人，自然界才能成为与人和谐的自然界。[②]

我国儒家思想中蕴含着丰富的生态平等观、生态整体观和生态保护观，这些思想是生态德育得以产生和立足的根基之一。儒家“天人合一”观的基本倾向是：从人道出发，以人道体天道，以人道去塑造天道，把人类社会的道德属性赋予自然界，极力使天道符合人道的理想要求，引导人们按照社会的伦理规范去实现人与自然的合一。2015 年，中共中央、国务院《关于加快推进生态文明建设的意见》进一步指出：“把生态文明教育作为素质教育的重要内容，纳入国民教育体系和干部教育培训体系。”这意味着，“为了环境保护的教育”已经升级为“为了生态文明的教育”。生态文明以

① 袁祖社，董辉．从“规范与教化”到“过程与实在”：生态道德信仰何以可能［J］．南开学报（哲学社会科学版），2010 (6)：84 － 93.

② 曹孟勤．从对立走向统一：生态伦理学发展趋势研究［J］．伦理学研究，2005 (6)：78 － 83.

人与自然和谐共生为核心，彰显“尊重自然、顺应自然、保护自然”的文明理念。此时，环境保护已超越了“保护环境为我”或“保护环境为后代”的人类中心主义思维定式，转向了“保护环境是对一切生命的生存福祉负责”的生命共同体视角。①

（二）生态德育的主要观点

20世纪90年代以来，以“可持续发展教育、生态文明教育和生态道德教育”等为主题的文章逐渐出现在各类学术期刊，道德教育的外延从关注人与人的关系逐步延伸到人与自然和谐共处的领域。1992年，杨学良发表了《应该重视生态道德教育》一文，首次提出了“生态道德教育”，将生态道德与社会道德的研究范畴作了明确的区分，指出“生态道德反映的是人与自然的关系，是协调人与自然关系的一种行为准则”②。1994年，鲁洁详细论述了德育自然性功能的具体表现，将“自然道德，生态良心”作为道德教育研究的重要内容，认为人类的“善”的概念应当扩展，“一种伦理理论如果不包括人与自然的规范，就不算是完善的伦理”。③随后，学界对生态道德教育展开广泛讨论。21世纪以来，人类进入信息高度发达、知识更新迭代频繁的多元经济时代，关注人与人、人与自然和谐共处的生态道德教育逐渐成为道德教育研究的新阵地。我国可持续发展思想进一步升级为生态文明建设。2003年，刘惊铎和权利霞发表了《生态德育的理论架构》一文，对生态德育的理论定位、理论特征、理论目标以及内容架构作了详细论述。“生态德育”这一术语的合理性得到政府和学界承认，并与“生态文明教育”同声相应。生态道德教育扩宽了道德的研究领域，以

---

① 岳伟，陈俊源．环境与生态文明教育的中国实践与未来展望［J］．湖南师范大学教育科学学报，2022，21 (2)：1 − 9.

② 杨学良．应该重视生态道德教育［J］．教育理论与实践，1992，(12).

③ 鲁洁．试述德育的自然性功能［J］．教育研究与实验，1994 (2)：13 − 14.

独特的精神意蕴对现代生产方式和生产关系进行了反思与批判，为消除人类异化、复归人性开辟了一条新的道路。[①]

目前我国学术界关于生态德育的共识如下：生态德育既是一种德育观念，也是一种德育范式。生态德育突破了传统的人际德育观念，将伦理视野拓展到人与自然的关系上，使人们重新认识二者的关系，帮助人们树立保护自然、共存共荣的观念。从社会角度来看，生态德育与构建和谐社会之间是相辅相成的关系：现实背景的一致性，内在要求的吻合性，价值诉求的相融性，实现目标的衔接性，实施途径的统一性。[②]

从更加广阔的视角来看，与生态文明教育一样，生态德育提出了一种新的教育观念。教育是应对人类现代以来全球性生态危机的关键途径。要从人类中心主义教育学转向非人类中心教育学，在社会使命上，从促进人类内部经济社会发展的社会正义转向促进人与万物和谐共生的生态正义，在实践方式上,从主客二分的"认识—宰制"范式转向我他一体的"关怀—共生"范式。[③]教育在促进生态正义中处于基础性地位，发挥着传播生态知识、唤醒生态自觉、养成生态人格、培育生态文化的功能。[④]教育者从人与自然相互依存、和睦相处的生态道德观点出发，引导受教育者为了人类的长远利益和更好地享用自然、享用生活、自觉养成爱护自然环境和生态系统的生态保护意识、思想觉悟和相应的道德文明行为习惯。[⑤]教育目

① 宋晔，牛宇帆．人性复归新思路：生态德育——基于生态伦理的德育思考［J］．教育发展研究，2017，37（2）：69－75.

② 季海菊．论生态德育与构建和谐社会的内在关联性［J］．江苏社会科学，2011（6）：122－125.

③ 杨道宇．与世界共生：迈向2050教育范式变革［J］．比较教育研究，2022，44（4）：3－10.

④ 祁占勇，王书琴．教育在促进生态正义中的基础性地位及其行动逻辑［J］．中国教育学刊，2023（6）：42－47.

⑤ 刘惊铎，王磊．生态德育及其跨世纪意义［J］．教育评论，1998（5）：36－37.

标也需要转化，要培养和造就具有优良的生态道德意识、生态道德品质和生态道德行为的新人类——“生态人”（“生态公民”），以增强保护和改善生态环境的道德感和责任感，最终达到人与自然、人与社会和人与人的和谐统一。[①]生态人格要求作为德性主体的人类在检视与批判占有式人格的基础上，对人与自身、人与他人的道德伦理关系进行创造性的更新，并将道德伦理范围从人类自己延伸至整个自然界。[②]

从生态德育的实践策略来看，学者注重生态环境保护领域，希望唤起大众对生态环境保护的重视；强调把生态伦理纳入学校德育，以人的发展促进社会可持续发展，这是道德进化的结果，也是道德生活现实和道德教育本质的共同要求。[③]生态德育是在人与自然和谐发展观以及可持续发展观指导下进行的培养受教育者生态道德意识、生态道德行为的教育活动。要注重生态德育与环境教育的整合与互补，要把环境教育和生态德育融于校园文化中，学校要成为环境保护、生态平衡的实践示范和道德楷模，让学生在浓郁的环境保护氛围中感受体验，自觉促进自身的环境道德素质。[④]从课程改革的视角，改变教学的内容和方法，引导中小学生对人与自然的关系进行深入思考，进而养成一种自觉的生态道德行为。[⑤]

（三）生态道德教育的未来展望

在全人类所面临的共同生态问题面前，亟须倡导一种“全球合作精神”，

---

① 李海菊．“生态人”的当代意义及其德性培育［J］．南京社会科学，2016 (7)：133 − 139.

② 徐洁．论生态人格的内涵及其培育［J］．当代教育科学，2020 (1)：19 − 23.

③ 周谷平，朱绍英．重视进行生态道德教育［J］．教育研究，2001 (11)：57 − 60.

④ 周谷平，朱绍英．生态德育与环境教育之关系探析［J］．教育发展研究，2005 (3)：96 − 98.

⑤ 李建红．生态道德教育：生态文明新形势下青少年德育的新课题［J］课程·教材·教法，2011，31 (7).

使人类共同担负起保护环境、珍惜能源、拯救地球的责任。而生态德育能够促进人类承担起这个重任。它突破了“民族”与“国家”的界线，引导受教育者认识到不同国家和民族的互惠共生关系，养成具有“地球村”“宇宙村”的崇高德性。可以预见,我国生态德育的未来发展将更加趋向全球化，它将在思想上引导人们充分认识生态问题对人类持续生存的威胁，树立共同保护治理的全球意识；它将在行动上大力推进“全球合作精神”，并使这种世界范围内关于生态保护治理的合作越来越多、越来越频繁，我国的生态德育理论研究也将会持续扩展深化。

生态德育的未来基本走向是注重教育的系统化，突出教育内容的时代性和适应性，在教育形式上日趋综合化、网络化、生活化，在方法上凸显渗透性与行为性，在制度上依法保障实施。①

理论研究的目的是更好地指导实践，生态德育理论研究的最终目的在于实现环境正义。目前我国生态德育理论在可操作性方面的研究并不完善，在教育实施主体这一方面虽然提到了学校教育、家庭教育和社会教育共同配合进行生态德育的观点，但研究重点依然落在了学校教育方面，对家庭教育和社会教育研究甚少。生态德育和道德教育一样，需要的不仅仅是某一方的教育影响，而是整个社会体系的合作与协同。

第三节　虚无主义、相对主义与德育研究

不同于多元主义，虚无主义与相对主义认为不存在道德真理，否定道德规范的权威性和合法性，也抹杀了不同文化之间道德对话的可能性。虚无主义和相对主义作为现代道德多元化、自主化推至极端的产物，有着较

---

① 李太平.论社会发展生态化趋势对德育的影响［J］.教育理论与实践，2001(8)：38－41.

为广泛的社会思想基础，并对学校德育思想产生了重要影响。

一、道德虚无主义与德育研究

“虚无主义”最先源于17世纪到18世纪启蒙运动时期，在批判宗教传统价值与君主制思想时，产生了反抗和否定宗教封建体制历史的虚无主义。而关于“虚无主义”这个词的含义，直到19世纪中期才开始在西方广泛使用。

（一）虚无主义的产生与发展

俄国作家伊凡·屠格涅夫在1862年出版的一部小说《父与子》提到“虚无主义者是不服从任何权威的人，他不跟着旁人信仰任何原则，不管这个原则是怎样受人尊敬的”[①]。其中的虚无主义被认为是一种政治虚无主义，即对某一时代的政治规范和制度的拒绝，认为唯有我们感官所经历和体验的存在，才是现实存在的，其他的皆为虚无。“虚无主义”作为概念被尼采正式提出，他认为“虚无主义是迄今为止对生命价值解释的结果”[②]，“意味着最高价值的自行贬值，没有目的，没有对目的的回答”[③]。从西方社会的精神发展来看，上帝是西方社会认同的最高价值的代表和最高的道德权威，而“上帝死了”[④]意味着对最高价值的否定，即人们没有上帝这个精神支柱，其生存也失去了目的、价值和意义。从形而上学的角度来看，西方哲学中设置的“超感性领域”失效了，柏拉图理论建立起的永恒的理念

---

① 屠格涅夫．父与子［M］．巴金，译．北京：人民文学出版社，1991：25.

② 尼采．权力意志：重估一切价值的尝试［M］．张念东，凌素心，译．北京：中央编译出版社，2005：64.

③ 同②121.

④ 尼采．快乐科学［M］．黄明嘉，译．上海：华东师范大学出版社，2007：191.

世界及与之相伴的精神世界崩塌了。[①] 由此，尼采批判“现代灵魂”，即构成现代人的观念与精神，认为他们对“客观性”的诉求，乃是由于他们没有人格、没有意志、“对爱无能”的中庸行为的结果。他认为现代人是意志力衰退和颓废衰弱的人。破除这种困境的希望，在于重估一切价值，人要勇敢地承担起无信仰的全部重负和苦难，勇敢地面对事实，在“一切皆虚无”的基础上树立起“一切皆允许”的生命意志[②]，借助酒神精神，用积极的虚无主义来对抗这种消极虚无主义。

海德格尔认为尼采“完成”了西方自笛卡儿以来为现代这一“新世界”寻求其本质基础的形而上学，将其理性自我主体的形而上学基础置换为一种“全新的”、以权力意志为本质的生命哲学基础，从而实现了“从现代的准备性阶段向现代之完成的过渡”。[③] 他认为尼采的虚无主义是一种价值虚无主义，而不是存在上的虚无主义。海德格尔认为要克服虚无主义就要追问存在本身。他认为存在本身就是虚无的，人的存在可以被理解为此在，此在之“此”可被解释为林中空地。作为此在的人就站立于林中空地之中。所谓此在的整体结构又被描述为“人生于世界”，此在被世界所规定，存在的经验只是世界的经验。此在的根本性规定是走向死亡的存在。死亡关涉此在的整体性，但是它更关涉此在的本原性。因为它是此在本真的、毫不关涉的、不可逾越的确定而不确定的可能性，也就是虚无。海德格尔的晚期思想集中于关于语言的倾听和对答，认为语言是存在的根据，在诗意语言中找到人类存在的家园。[④] 类似地，萨特所提出的“虚无”也是一种基于“存在”的虚无，即虚无由之

① 邓晓芒．欧洲虚无主义及其克服：读海德格尔《尼采》札记［J］．江苏社会科学，2008 (2)：1 − 8.

② 王恒．虚无主义：尼采与海德格尔［J］．南京社会科学，2000 (8)：8 − 12.

③ 陈嘉明．现代性的虚无主义：简论尼采的现代性批判［J］．南京大学学报（哲学・人文科学・社会科学版），2006 (3)：119 − 125.

④ 彭富春．西方海德格尔研究述评（一）［J］．哲学动态，2001 (5)：39 − 44.

来到世界上的存在应该是它自己的虚无。[①]存在具有优先性，人的存在便是虚无。但萨特从这种虚无中看到了积极因素，由于虚无，人获得自由，这就决定人总是不断地谋划自己，造就自己，这可以通过人的存在的超越性与时间性加以说明。[②]萨特挖掘了虚无的积极价值，认为虚无恰使自由成为可能。

此外，唐纳德 · 克罗斯比进一步对虚无主义的类型进行了划分，包括道德虚无主义、认识论虚无主义、宇宙论虚无主义和生存论虚无主义，其中前三者都否定了生活中的一种重要领域的意义，而在传统上人类认为在这些领域是存在意义的，且大多数历史中，人们都认为意义需要有一个客观基础，而否定价值、真理或意义的绝对性和客观基础时，就很难不滑入虚无主义，生存论虚无主义是前三类虚无主义的必然结果，是虚无主义最重要的表现，即一种否定人类生命意义和价值的哲学观念[③]。

总体上，研究者们对于虚无主义持担忧态度，认为虚无主义是现代文明危机的一种表现形式。西方的形而上学传统是虚无主义产生的理论根源，现代文明中的各种文化矛盾是虚无主义泛滥的催化剂。虚无主义代表着现代社会的悲观与颓废精神，其破坏性在于瓦解各种意义与目的，把任何信仰、价值都看作是可有可无的，使人们的精神世界陷于纷争不已的状态，并最终分崩离析、没落乃至衰竭。[④]

国内的虚无主义研究始于20世纪50年代的美学教学研究[⑤]，随着对“价值虚无主义”的研究不断增多，尤其是在20世纪80年代，随着现代化进

---

① 萨特．存在与虚无［M］．陈宣良，等，译．北京：三联书店，2012：51.

② 路淑英．萨特“虚无”概念的解读［J］．北京师范大学学报（社会科学版），2012（3）：139－144.

③ 唐纳德·A.克罗斯比．荒诞的幽灵：现代虚无主义的根源与批判［M］．张红军，译．北京：社会科学文献出版社，2020：3.

④ 杨金华．当代中国虚无主义思潮的多元透视［J］．马克思主义研究，2011（4）：117－123.

⑤ 阎丽川．美术教学中有没有“虚无主义”和“自然主义”［J］．美术，1956（11）：13－14.

程的不断发展，批判历史虚无主义、民族虚无主义[①]、文化虚无主义[②]的研究也越来越凸显，在道德主题中也逐渐兴起了对道德虚无主义的研究，道德虚无主义的研究始于20世纪90代初期，集中于对道德虚无主义的批判研究。[③]当前对道德虚无主义的研究基本仅限于哲学学术领域。

（二）道德虚无主义的观点及其影响

针对道德虚无主义是什么的研究，学术界已有很多讨论，其观点也基本形成一致性。道德虚无主义被定义为一种否定社会道德的理论和态度。它表现为对所有道德规范、道德原则、道德理想持否定的态度，并否认道德遗产的批判继承。道德虚无主义有三种类型，即非道德主义的道德虚无主义、道德主观主义的道德虚无主义以及利己主义的道德虚无主义。第一种道德虚无主义，指的是对所有道德原则的拒绝，没有任何道德地生活的决心；第二种道德虚无主义认为道德判断是纯粹个体性的和任意性的，没有理性的判断或评判标准的；第三种道德虚无主义认为任何个体承担的唯一义务就是对他自己的义务，因而他不需要为他的行为对他人的影响做出道德的考虑。[④]

道德虚无主义是一种具有某种深刻社会根源的道德哲学，“如果我们不能证明或确信宇宙和人生都是有意义的，那么道德虚无主义将是我们的必然归宿”[⑤]。处于转型期的中国社会，“很多人由批判道德空想主义的虚

① 李振纲．民族虚无主义及其理论误区［J］．东岳论丛，1992 (2)：67 － 73.

② 孙丽珍，李泽泉．文化虚无主义的表现、本质及治理［J］．红旗文稿，2018 (9)：26 － 28.

③ 范大章．谈反传统的道德虚无主义思潮［J］．道德与文明，1992 (1)：30 － 31 + 12; 杨金华．物化时代的道德虚无主义及其批判［J］．伦理学研究，2014 (4)：10 － 14.

④ 唐纳德·A. 克罗斯比．荒诞的幽灵：现代虚无主义的根源与批判［M］．张红军，译．北京：社会科学文献出版社，2020：16.

⑤ 刘时工．道德虚无主义和柏拉图的对策［J］．华东师范大学学报（哲学社会科学版），2003 (6)：57 － 62 + 120.

伪性而走向抛弃一切道德的虚无主义，把对伪君子的愤慨迁怒于道德本身，从某些人伪善的事实中推论出道德本身是虚伪的而应该抛弃的价值判断”[①]。另外，社会的价值观开始多元化，道德判断不再单一，而公民意识的缺乏、契约精神的匮乏也是道德虚无主义滋生的土壤。当然，一些研究也指出，道德虚无主义也有形而上学的原因，与道德观从实在论到建构观的转型相关。现代社会发生的“认知革命”使得人们认识道德的观点发生了变化，更加强调道德建构性，而非实在性。建构性道德不等于虚无主义，但却包含了虚无主义的可能。道德虚无主义是因为道德话语失去了对于道德实践的影响力，道德话语无法赋予人们行为以意义。[②]导致道德虚无主义的理论还有强决定论，即否认个人自由意志的存在，否认人们对自己的行为负有道德责任。一个人做什么，是由他本人的性格（他的思维方式和行为方式）决定的，而他本人的性格则是由外部环境和内在基因塑造的。“一个人的行为就是由先前所发生的相关事件决定的。这些先前的事件构成了一个因果锁链，沿着这条锁链，我们可以一直追溯到行为者出生之前。对于一个人出生之前的事情，他显然无法成为其原因。”如此，“我们是我们现在的这副样子，但是我们不能认为是自己把自己造成这样的”，所以，个人自由与道德责任只是人类的幻想。[③]

从学理上看，道德虚无主义将道德由意义置换为价值，又将价值等同于个人偏好，取消了道德及道德规范的自在客观性，最终使得任何人都可以根据道德对于自己的效用而设定道德的价值大小。或者说，道德有无价值全凭主体的主观视角。如此，道德虚无主义使人的存在成为现成存在

---

① 杨深．从道德虚无主义走向道德秩序重建［J］．哲学研究，1995 (5)：28 － 32.

② 汤云．虚无主义与道德的建构性：兼论施特劳斯道德哲学之困境［J］．世界哲学，2012 (5)：141 － 151.

③ 姚大志．道德责任是一种幻想？——评强决定论的道德理论［J］．社会科学战线，2016 (5)：11 － 18.

物，生活成为无意义的生活，即人的价值只能在被利用、使用中得以展示。不能被利用，这个人也就没有了价值。[①]道德虚无主义否定了人们生活中的道德原则，并且试图假托自创的哲学概念把道德虚无主义的思想合理化，如此社会道德会陷入极端相对主义的困境，在怀疑、否定中直至虚无。[②]从其现实影响来看，道德虚无主义给社会带来的影响是负面的，会导致对道德秩序的破坏。道德虚无主义通过对道德基础的质疑，动摇人们对已有的道德体系的信心，不仅是对一切道德价值的拒斥，而且还将这种拒斥演变为一种看似合理化的逻辑向社会生活各个领域渗透。[③]如果道德虚无主义盛行，那么人与人之间互相算计、互相怀疑、互相伤害的风气必将使社会道德体系走向解体。[④]人们丧失了追求道德生活的动力；社会缺失了维系良序发展的因素，导致社会精神力量的没落甚至衰竭。[⑤]当然，道德虚无并不是一无是处的。在某些特定时期，道德虚无主义似乎又有某些正面的意义，它对各种道德学说发起挑战，它想粉碎道德虚伪的外壳来呈现生活中真实的一面，充当“道德领域的解毒剂”作用[⑥]，为新道德的生成和确立创造条件。从这一观点出发，道德虚无主义能对道德领域产生一定的警示作用。

（三）道德虚无主义的教育应对

道德虚无主义使得道德价值缺席，带来道德教育意义的窄化及其内容

---

① 刘丙元．当代道德教育价值危机审理［D］．济南：山东师范大学，2008.

② 刘丙元．道德虚无主义的价值论［J］．济南大学学报（社会科学版），2009，19 (6)：40 － 44 + 90.

③ 同②.

④ 刘时工．道德虚无主义和柏拉图的对策［J］．华东师范大学学报（哲学社会科学版），2003 (6)：57 － 62 + 120.

⑤ 桑志坚．道德虚无主义和道德教育的可为空间［J］．教育学术月刊，2011 (12)：70 － 72.

⑥ 同④.

的形式化，导致道德教育过程中的道德放任。[①] 为迎接道德虚无主义对社会道德体系和道德教育的挑战，学者们提出了一些促进道德教育理论变革和实践变革的设想。

首先，一些伦理学学者认为道德虚无主义产生于怀疑论与独断论，主张用多元主义克服了独断论的缺陷，超越了否定的、怀疑的道德标准。多元主义既非绝对主义的，也不是相对主义的，而是在一定程度上超越这种对立，以底线伦理与多元主义的制约与互补来解决道德虚无主义这一问题。[②] 教育学者大体也认同这种观点，认为在现代多元开放社会存在着多元的善，一元至善论的道德教育不可避免带来强制，而强制会带来对道德生活的败坏。因此道德教育要引导学生在坚守"道德底线"的前提下自由地追求多元的善。道德底线属于不可违反的最低限度的道德要求。当然，只坚守道德底线，也会带来生命的干枯平庸。因此，为了引导青少年在坚守道德底线的前提下自由地去追求道德理想和美好生活的道德教育，一个优秀的道德教师应当充当着类似苏格拉底的角色，以其智慧和热情，唤起和引导每一个青少年对自身的灵魂和相互竞争的多元价值理想进行省察。[③]

还有一些研究者指出道德教育要坚持道德理想，而不要"理想主义"，承认人和世界的不完善性，这是我们走出道德理想主义而又不步入道德虚无主义的基本态度。在努力走出道德理想主义的同时应倡导（当然不是强迫）个体对道德理想与信念的追求，在关注个体正当权利的同时也关注个体的社会责任。[④] 道德教育本身必须是道德的，在道德教育中让人们体验

---

① 刘丙元．当代道德教育价值危机审理［D］．济南：山东师范大学，2008.

② 马新宇．底线伦理、多元主义与道德虚无主义的克服［J］．西北大学学报（哲学社会科学版），2017，47 (5)：83 － 88.

③ 余维武．现代道德教育中的道德底线与道德至善［J］．华东师范大学学报（教育科学版），2014，32 (3)：69 － 77.

④ 刘铁芳．在理想与虚无之间：当前道德教化价值目标问题的困境与超越［J］．国家教育行政学院学报，2005 (6)：49 － 52.

一种道德的存在，这是道德教育对道德虚无主义最直截了当的反击。①

另一些学者试图另辟蹊径，为道德教育引入一些新的思想。如基于对列维纳斯提供的一种主体性伦理学中的道德责任，即对人际相遇与道德起源的伦理学洞察，将主体性事件与教育相遇，创造一种相遇的教育空间，正确地领受与理解善，重塑对善的信仰，进而实现伦理的超越，克服道德虚无主义。② 此外，还可以通过正义价值及正义制度的建构来应对道德虚无主义的挑战。③

二、道德相对主义与德育研究

虚无主义本质上是一种怀疑论，与之相似的是，相对主义是一种排斥确定性的学说，相应地也不承认任何确定的价值。④ 因此相对主义也否认普遍价值，不承认道德原则的绝对性与客观性，但并不否认价值或善的存在，只是认为价值具有相对性、随意性、流变性、短暂性和主观性。⑤ 道德相对主义的极端化，即是道德虚无主义的盛行。⑥ 当前，道德相对主义随着后现代社会的到来而勃兴，其基础是以多元价值观为前提，多元主义、主观主义、非理性主义和相对主义取代了本质主义、客观主义、理性主义

---

① 桑志坚.道德虚无主义和道德教育的可为空间[J].教育学术月刊，2011 (12)：70－72.

② 张桂.道德虚无主义的应对：列维纳斯伦理学与教的超越性[J].湖南师范大学教育科学学报，2015，14 (5)：33－39.

③ 刘时工.道德虚无主义和柏拉图的对策[J].华东师范大学学报(哲学社会科学版)，2003 (6)：57－62＋120.

④ 马新宇.底线伦理、多元主义与道德虚无主义的克服[J].西北大学学报(哲学社会科学版)，2017，47 (5)：83－88.

⑤ 安希孟.价值相对主义就是价值虚无主义：苏格拉底论正义与定义[J].哲学分析，2018，9 (2)：14－21＋195.

⑥ 魏艳丽.走出道德相对主义与价值虚无的迷乱：现代道德秩序重构之道德标准的厘定[J].经济与社会发展，2012，10 (2)：57－59.

和实体主义，进而产生了道德相对主义。①

（一）道德相对主义的内涵

道德相对主义又称为伦理相对主义或相对主义伦理，强调道德判断和道德价值规则的相对性与可变性，即同一问题在不同的文化系统中有不同的伦理判断标准，没有决定性的推理方法能够裁决这些冲突性的判断，由此表明没有客观的伦理真理和普遍存在的道德原则。20 世纪初以来道德相对主义备受道德哲学家的关注，20 世纪 60 年代，道德相对主义便非常盛行。

国内学者黎良华提出道德相对主义中道德价值与道德观念与不同的个人或社会密切相联系，因此没有绝对的价值与普遍适用的道德观念，认为所有的道德价值或道德观念都是相对于特定的实践、地点或个人而言的。②道德相对性指的是道德标准的具体性、差异性和不确定性。③万俊人进一步指出“道德相对主义的根本特征之一，是否认任何确定的道德价值标准，甚至否认道德判断本身的真实可能性。因此，在道德相对主义这里，既不存在任何确定的或客观的‘对’与‘错’或‘正当’与‘不当’、‘善’与‘恶’的评价标准，也不存在任何确定客观的道德行为规范，更不存在任何形式或名义的‘绝对价值’，诸如‘至善’‘完美’和‘真理’”④。

与此相似，国外学者麦金泰尔认为“我们不能指望找到一套道德概念，不能指望我们的社会对道德词汇有共同的界说……因为每一种生活方式都

---

① 王晓丽．超越道德相对主义：生成性思维中的道德共识［J］．学术研究，2015 (8)：27 － 32 + 159.

② 黎良华．论道德相对主义的基本形式及其支撑理据［J］．大理大学学报，2016，1 (1)：45 － 48.

③ 熊慧君．论道德相对性及其道德实践意义：兼析道德相对主义［J］．伦理学研究，2008 (1)：63 － 67.

④ 万俊人．关于美德伦理学研究的几个理论问题［J］．道德与文明，2008 (3)：17 － 26.

有它自己的人性画面”[①]。哈曼认为道德是通过人与人之间相互协调、约定产生的，不同的人与人之间达成的共识不一样，所以不存在一个适用于所有人的道德要求。由此而言，道德源于一些约定或者说人与人之间的约定，这是很明显的。约翰·拉德认为“行为在道德上的正当与否随着社会的变化而变化，不存在适用于一切时代、一切社会、一切人的绝对的、普遍的道德标准”[②]。可见，道德相对主义的根本特征都是坚持道德的相对性、易变性，反对道德的绝对性和恒定性，否定道德判断有一个普遍的永恒的标准和原则，否认各种道德或价值观之间的等级差别以及在它们之间进行任何比较和评判的可能性。[③]这种道德原则的主观性实际上带来了不同文化、社会或个人所持的价值之间的不可理解性和不可对话性。

布兰特将道德相对主义分为描述性相对主义、规范相对主义和元伦理学相对主义三类。描述性相对主义也称为文化相对主义，源自对不同文化（或社会）道德习俗的经验观察。描述性相对主义只是对不同文化所实行的道德习俗或不同人们所持有的道德信念的事实陈述。正如人类学家所发现的一样：人们认为什么是正确或错误，因个人、国家或文化的差异而不同，也就是道德观是因文化等差异而不同。[④]相应地，文化相对主义的主要观点是：道德判断的标准脱离不了具体的历史、文化、传统，也不存在超越社会与历史的道德规范。首先，道德相对主义主要是指不同的社会存在不同的社会道德规范与标准；其次，如果某种社会的道德规范说某种行为是对的，那么这个行为就是对的，至少对于这个社会内部来说是对的，因为各个社会的道德规范之间没有一个客观的评判标准，不存在一种普遍的道

① 麦金泰尔．伦理学简史［M］．龚群，译．上海：商务印书馆，2003：345.

② LADD J. Ethical Relativism［M］. Lanham: University Press of America,1985 : 1.

③ 鲁洁，王逢贤．德育新论［M］．南京：江苏教育出版社，2007：630.

④ 李晔，苗青．马克思伦理思想与道德相对主义问题［J］．广西师范大学学报（哲学社会科学版），2018，54(6)：33－40.

德真理，适用于任何社会、任何人。不能用现代道德标准和文化标准来直接评判原始部落，也不能用西方社会标准来直接评判东方文化。最后，我们社会中的道德规范只是从属于我们社会中的道德规范，因此我们对于其他不同于我们的社会文化，应该采取一种宽容的态度，而不应该以自己的道德标准加以评判。①

规范性相对主义认为相对于一个人所接受的根本道德观念或他所处的文化的根本道德观念，道德要求对此人是有效的，因此，规范相对主义有时也被称为“道德要求相对主义”。其中有被分为个人规范相对主义和社会规范相对主义，前者认为一个行为是一个人的道德义务，当且仅当该行为为此人所接受的根本道德原则所规定；后者则认为一个行为是一个人的道德义务，当且仅当该行为为此人所在的社会所接受的根本道德原则所规定。显然，前者以个人价值诘难社会道德规范及其标准，道德选择与行为表现出相对主义、主观主义、个人主义、情感主义趋向，主张道德本质是“唯我的”。②

元伦理学相对主义认为，当不同文化的根本道德原则发生冲突时，我们没有客观的标准可以用来判断它们的优劣，也没有办法对它们的权威性或合法性进行客观的辩护。按照元伦理学相对主义，任何道德判断或道德知识都无法得到客观的辩护；对于任何给定的伦理学问题，并不存在着唯一正确的评估或判断。③

（二）道德相对主义的消极影响及其教育应对

道德相对主义虽然推动了人类社会的道德平等与多元化发展，促进了道德宽容与道德自由，但是其回避了由于道德语言分裂而带来的道德风险，

---

① 王明珠．道德相对主义：自由与困惑并存的模糊性世界［D］．郑州：河南大学，2018.

② 孙秀丽，王圣祯．论道德个人相对主义及其治理［J］．学术交流，2007 (11)：29－32.

③ 陈真．道德相对主义与先天道德客观主义［J］．道德与文明，2014 (1)：12－22.

终将在道德实践中陷入无法自圆的逻辑悖论。[①]

“我们的时代是一个强烈地感受到了道德模糊性的时代，这个时代给我们提供了以前未享受过的选择自由，同时也把我们抛入一种以前从未如此令人烦恼的不确定状态。”[②] 这是鲍曼对道德相对主义时代特点的解释。列维－施特劳斯曾经质疑相对主义，“一切价值都是相对的”的价值论本身不就成了绝对的吗？[③] 同时也是回应了亚里士多德所指出的：“从严格意义上讲，相对主义的质疑必然会针对其自身宣称的真理性。”[④] 因此，学者们对道德相对主义进行了多方面的批判：首先，道德相对主义容易引发社会道德危机与道德底线失守，忘却了人自身精神世界的内在价值[⑤]，造成道德信仰与对道德理性的缺失、功利主义与享乐主义的泛滥以及主流道德价值和道德规范的失灵。[⑥] 失去道德价值原则的引导，人们会对普遍存在的道德失范行为麻木不仁，社会将陷入道德冲突加剧而又丧失道德谴责标准和能力的道德困境之中。[⑦] 道德相对主义理论内含悖论、其内容与形式割裂、道德评价模糊。[⑧] 激进的道德相对主义在逻辑上自相矛盾、道德相对主义者注意到了人与人、文化与文化之间的差异，但夸大了这种差异。

---

① 邹贵波．道德风险：逻辑困境、心态危机及伦理矫正［J］．西南石油大学学报（社会科学版），2020，22（6）：36－43.

② 齐格蒙特·鲍曼．后现代伦理学［M］．张成岗，译．南京：江苏人民出版社，2003：24.

③ 萌萌．启示与理性：从苏格拉底、尼采到施特劳斯［M］．北京：中国社会科学出版社，2001：102.

④ 亚里士多德．形而上学［M］．吴寿彭，译．北京：商务印书馆，2003：221.

⑤ 刘尚明，李玲．论确立绝对价值观念：兼论对价值相对主义与价值虚无主义的批判［J］．探索，2011（3）：161－165.

⑥ 王明珠．道德相对主义：自由与困惑并存的模糊性世界［D］．郑州：河南大学，2018.

⑦ 洪明．基于正义建构共识：对大学生道德教育中道德相对主义的回应［J］．高等教育研究，2019，40（1）：17－21.

⑧ 唐汉卫，王夫艳．相对主义道德教育思潮及其对当代中国学校道德教育的启示［J］．外国教育研究，2010，37（12）：83－87.

相对主义对于道德教育也产生了负面影响。相对主义道德教育醉心于个体的道德谋划，无法消弭随处可见的道德分歧与冲突，从而消解了实现人类共同道德理想的动力与热情。相对主义道德教育取消了判断学生道德优劣的标准，模糊了善恶的界限，动摇了道德教育的根基，根本上不利于学生的道德成长与进步。总之，道德相对主义之无标准、无界限、无权威的道德观，极易诱发学生在道德上要么自以为是、为所欲为、各取所需，要么则无所适从、反复无常、惶恐焦虑。① 学者批判相对主义道德教育钟情于碎片化、相对化的道德理解与体认，颠覆了道德通则存在的合理性，从而瓦解了道德教育的价值指向性与合法性。道德相对主义会抵制对道德成长至关重要的教育资源等。② 总之，相对主义道德教育割裂了道德的相对性与绝对性、价值的特殊性与普遍性的内在联系，片面强调个体的道德感受与自主选择，遮蔽了道德教育的价值引领作用。

学术界也提出一些方法来应对道德相对主义，如少数学者重提绝对价值。绝对价值是一杆标尺，为衡量各种具体的、相对的价值提供了最终的尺度，它可以协调人类生活中不同价值之间的对立和冲突。它既是人类追求的终极目标，又是人类生活的范导。绝对价值观念是我们生活的安身立命之所，是超越思想史及现代生活中价值相对主义泛滥的迫切要求，是人类存在的根基、生活的根据，给人类生活以行动指南。③ 更多的学者则认为要在多元、差异的价值中对道德形成共同性认识，在一定程度上弥合人们彼此之间对道德的差异性认识。道德共识是不同主体在道德的认知上所达成的一致性认识和理解，是人类历史上社会成员对道德价值与规范的一

---

① 戚万学，唐爱民．相对主义道德教育思潮的困惑与澄明［J］．高等教育研究，2016，37 (11)：10 － 16.

② 黄向阳．道德相对主义与学校德育［J］．全球教育展望，2001 (6)：5 － 8.

③ 刘尚明，李玲．论确立绝对价值观念：兼论对价值相对主义与价值虚无主义的批判［J］．探索，2011 (3)：161 － 165.

致性理解。从不同民族和文化所形成的道德传统中，发现某些具有普遍性和共同性的道德内容，这些道德内容即使具有不同的表达方式和载体，可表达的意义都是一致的。①

当前学者对道德共识做持续的思考，并归纳出四种类型的多元道德共识：第一种是以底线伦理为基础的最基本的道德准则。底线伦理就是最起码的行为要求，一种强调基本义务的普遍主义的义务论道德体系，是一种现代性的道德观。底线伦理所强调的最起码的行为要求其实并不是一个充要的道德伦理问题，而是一个法律和政治问题，且对于人类行为而言，法律就是行为的底线或界限之所在。② 可从自然义务、制度和法律相关的义务以及职业道德三个层次实现底线伦理。③ 第二种是多元主体基于共生共存而共同认可、共同信守、共同护卫的价值理念和道德行为准则，确证着不同主体比较一致的共同道德价值。服从平等、健全的生活世界共同体逻辑，一方面强调建立制度化基础作为共同集体行动的逻辑体系，另一方面依托"人类命运共同体"的创建、实践以及不懈推进。④ 第三种是对美好价值如和谐与秩序的追求。如江畅提出美好的伦理秩序：社会中的各种人际关系都达到了和谐的状态，彼此之间充满了互助友爱，人际关系达到了和平共处、相辅相成、相得益彰、良性互动状态。⑤ 在"存异"的基础上求取最大的公约数并为培育共同价值而努力，进而实现道德的"上线共识"。⑥

---

① 刘飞．道德共识及其边界［J］．伦理学研究，2018 (5)：43 − 49.

② 郭良婧．论底线伦理的"后退"与信念伦理的"缺乏"［J］．伦理学研究，2017 (6)：27 − 30.

③ 陈化．底线伦理：公民社会的理性精神与道德建构［J］．中州学刊，2014 (2)：99 − 103.

④ 袁祖社．道德共识与人类共同价值建构：后全球化时代人类公共性实践及其集体行动的逻辑［J］．学术研究，2020 (6)：17 − 23 + 177.

⑤ 江畅．我国底线伦理秩序面临的挑战及对策［J］．湖北社会科学，2014 (8)：98 − 105.

⑥ 王泽应．关于道德共识的几个问题［J］．北京大学学报（哲学社会科学版），2019，56 (6)：24 − 33.

第四种是对终极价值、终极关怀的求索与意义建构，比如对真善美和人格完善诸价值的追求。

此外，在德育理论界，学者们提出一些应对道德相对主义的困境的德育途径。有研究者认为，道德相对主义的部分主张是有一定合理性的，其问题在于夸大相对性而否定了绝对性，因而要正确理解道德相对性在道德实践中的重要意义，需要提高道德自主性和道德判断力、道德选择能力。[①]另有研究者强调道德相对主义的问题在于阻断了道德对话和道德理解，因此在教育中需要培育文化间性与促进跨文化对话活动。学校德育不仅需要培养理解本土文化的国家公民，更需要培养具有文化移情能力和文化对话能力的全球公民。[②]还有的研究者强调在道德相对主义的背景下，道德教育应是一种弱道德教育，在多方主体互动中找寻、生成或“走向”一种弱康德式的或弱义务论式的“有限共识”。对于学习者来讲，道德教育不是已完成、封闭和控制的，它应该体现一种未完成、敞开、变革、诗性的“弱式”特征，只有道德教育的“弱”，才能体现学生主体精神的丰富性，才能真正体现学生生命的在场。[③]

第四节　后现代德育思想研究

后现代德育思想的梳理离不开对后现代思潮的理论清梳。后现代思潮中的一些关键概念，如权力批判、话语批判、去一元化、去中心化、解构

① 熊慧君. 论道德相对性及其道德实践意义：兼析道德相对主义［J］. 伦理学研究，2008（1）：63－67.

② 程红艳. 道德相对主义时代的公民道德教育［J］. 高等教育研究，2015，36（8）：20－27.

③ 赵旺来. 道德教育中的多元主义与相对主义对话：一项有限共识之可能性的探究［J］. 教育学报，2022，18（1）：14－22.

等在我国德育研究中不断显现，这些关键概念来源于学者后现代思潮的归纳和梳理。然而众所周知的是，后现代思潮纷繁复杂，理论清梳的工作比较困难，我们有必要选出其中一些具有代表性的思想家，力求从中把握后现代思想的基本内涵。

一、后现代哲学对现代性的批判

后现代哲学著述浩繁，其中具有代表性的包括但不限于以下：尼采的《瞧，这个人》(1888)，海德格尔的《存在与时间》(1927)，怀特海的《过程与实在》(1929)，费耶阿本德的《无基础的知识》(1962)、《反对方法》(1975)，德里达的《书写与差异》(1967)、《论文字学》(1967)、《多重立场》(1972)，福柯的《疯癫与文明》(1961)、《规训与惩罚》(1975)，利奥塔的《后现代状况》(1979)，哈贝马斯的《现代性的哲学话语》(1985)，罗蒂的《实用主义的后果》(1982)、《偶然、反讽与团结》(1989)，格里芬的《后现代科学》(1988)、《后现代精神》(1988)，詹明信的《后现代主义，或晚期资本主义的文化逻辑》(1990)，等等。在这些文献中，有些不仅仅是纯粹意义上的后现代主义，还广泛涉及了前现代性和现代性，同时也涵盖了后现代思潮中的多元主义、去中心化、反基础主义、解构主义等诸多理论流派。当代中国后现代德育理论对这些思潮的借鉴不可谓少，然而并不是所有文献都受到德育理论研究者的广泛重视，我们仅选取一些对国内德育理论有较大影响的典型思想进行梳理。

（一）后现代哲学观

在《现代性的哲学话语》中，哈贝马斯将尼采视为现代性向后现代性转折的关键人物。随着尼采进入现代性的话语，“整个讨论的局面发生了翻天覆地的变化”[①]。他在《瞧！这个人》一书中将理性看作是危险的，甚至是“埋葬生命的暴力”[②]，对理性的批判使得一切本质都变得空洞无物。尼采将理性与逻辑联系起来，它本质上是对逻辑的迷信，而建构理性的逻辑体系是虚构的。逻辑只不过是一种工具而非自明的真理，因而也不具有可靠性和权威性。[③]

福柯的后现代思想是一种微观的权力批判路径。他摆脱了一些先验的观念，通过对监狱、疯癫、精神病院、性观念等现象的考察，揭示了社会维度和历史维度中普遍存在的规训与控制。通过福柯的考察，启蒙运动所追求的自由社会非但没有实现，反而依然处于权力的支配下。权力是无处不在的，“这并非因为它拥有将一切会聚在它的不可战胜的一致之下的特权，而是因为它随时随地都会产生，或者，更明确地说，在任意两点的关系中都会产生权力。权力无所不在，并不是因为它包含一切，而是因为它来自一切方面。”[④]规训是权力支配的主要形式，规训可以理解为训练、惩罚、纪律等控制技术，它通过对肉体的微观操控已达到驯服的目的。在《必须保卫社会》中，福柯认为权力的运转依赖话语，在任何社会中，“复杂的权力关系穿过和建立社会实体，并规定其特征；它们相互不可分离，权力也不能在没有真理话语的生产、积累、流通和运转的情况下建立和运转”[⑤]。福柯的研究开辟了后现代批判理论的新思路，他摆脱了宏观的公共权力分析，进入了权力批判和话语批判的微观视域。

德里达是后现代思潮中的关键人物，他的解构主义理论是后现代主义的重要理论范型。西方形而上学中向来有二元论传统。二元论是一种封闭

① 哈贝马斯．现代性的哲学话语［M］．曹卫东，译．南京：译林出版社，2011：99.
② 尼采．瞧！这个人［M］．孙周兴，译．北京：商务印书馆，2016：77.
③ 陈嘉明．现代性与后现代性十五讲［M］．北京：北京大学出版社，2006：150－151.
④ 福柯．福柯集［M］．杜小真，编译．上海：上海远东出版社，1998：345.
⑤ 米歇尔·福柯．必须保卫社会［M］．钱翰，译．上海：上海人民出版社，1999：23.

的概念解构，其中存在着一个“中心”。例如唯物论和唯心论在关于物质和精神谁为第一性问题的争论，本质上就是争论何者为中心。德里达的解构主义就是要去中心化。德里达认为，中心的特征在于它是这样一个点，“在那里内容、组成成分、术语的替换不再有可能。组成部分（此外也可以是结构所含的结构）的对换或转换在中心是被禁止的。至少这种对换一直都是被禁止的（我有意使用这个词）。因此人们总是以为本质上就是独一无二的中心，在结构中构成了主宰结构同时又逃脱了结构性的那种东西”①。所谓去中心化可以理解为“对人性的主体实行去中心化，对权力机关去中心化，对逻各斯去中心”②。权力中心是一种等级关系，权力的施动方与受动方处于二元对立之中，对立双方中“一个支配着另一个（在价值论上、在逻辑上等），或者有着高高在上的权威。要消解对立，首先必须在一定的时机推翻等级制”③。在这一方面，德里达与福柯有着不同的出发点但却有相似的思想进路，即打破权力的支配形式。

在后现代思潮中，建设性后现代主义是一个重要的流派。正如它的名字所指示的，这是一种富有建设性的理论思潮。其主要代表人物包括了怀特海、格里芬、罗蒂等。该种理论认为，现代性为人类世界带来了诸多灾难：全球战争、大屠杀、生态危机……更严重的问题在于人类面临着现代性带来的精神文明的衰落，如人的异化、意义的丧失、信仰的消退，等等，都使人类在迈向未来的道路中步入迷途。面对这些问题，格里芬指出：“我们可以，而且应该抛弃现代性，事实上，我们必须这样做，否则，我们及地球上的大多数生命都将难以逃脱被毁灭的命运。”④在建设性后现代主义

① 雅克·德里达．书写与差异（下）[M]．张宁，译．北京：生活·读书·新知三联书店，2001：503.

② 尼古拉斯·罗伊尔．导读德里达[M]．严子杰，译．重庆：重庆大学出版社，2015：18.

③ 雅克·德里达．多重立场[M]．余碧平，译．北京：生活·读书·新知三联书店，2004：48.

④ 大卫·格里芬．后现代科学[M]．马季方，译．北京：中央编译出版社，1995：16.

理论中，抛弃现代性意味着超越现代性的个人主义、人类中心主义、机械论等思维方式。与德里达一样，建设性后现代主义的批判矛头也指向了二元论。他们认为，现代性坚持一种二元论和还原论的哲学观，二元论的哲学观使主体与客体、本质与现象、必然与偶然等概念处于对立之中，它以非此即彼的思维方式排除了多元性。现代世界中的一系列问题，如生态危机、民族主义、军国主义等都与此相关。还原论则是一种形而上学的思维方式，它建立在分析方法的基础上，要求将事物从复杂还原为简单、从多元还原到一元。二元论和还原论实际上都是机械主义的方法论，机械主义的要旨在于将一切事物还原为一些基本的要素，各种要素之间相互独立且分离，整体的运动仅仅是由于各要素之间相互作用而发生的。建设性后现代主义提出了有机整体论来超越机械主义。他们认为，所有的生命个体都是有机体，它们之间是主体与主体的关系，所有生命都有其自身利益和内在价值。各种生命或事物内部都是一个整体，不同生命与事物组成的世界也是如此，它们之间并不孤立而是具有普遍的联系。整体的运动不只是各个要素之间机械地相互作用而发生的，而是有机地组织协同，这种有机整体论深刻改变了现代性的世界观和人的思维方式。

（二）后现代主义对现代性道德的批判与重建

后现代哲学思潮在道德领域中延伸出了一系列后现代道德理论，这些理论对现代性道德的批判与重建体现了鲜明的后现代色彩。这一主题上具有代表性的文献包括列维纳斯的《总体与无限》(1979)，利奥塔的《后现代道德》(1981)，鲍曼的《后现代伦理学》(1993)、《生活在碎片之中——论后现代道德》(1995)、《后现代性及其缺憾》(1997)，等等。

鲍曼在《后现代伦理学》一书中认为，现代社会的流动性和高度自由化趋势打破了共同体的壁垒，个体纷纷脱离共同体以孤立的方式存在，这使得个体进入了典型的后现代状态：“这个时代给我们提供了以前从未享受过的选择自由，同时也把我们抛入了一种以前从未如此令人烦恼的不确定状态。我们怀念我们能够信任和依赖的向导，以便能够从肩上卸下一些为选择所负的责任……我们不信任任何权威，至少我们不依赖任何权威，不永久地依赖任何权威：我们对任何宣布为绝对可靠的东西都表示怀疑。”①没有了权威，道德自我的建立就处于不确定性之中，这使他认为“道德自我是一种无根基的自我”②，面对这种状况个体一方面必须摆脱原子化的孤立状态，为他者负责，另一方面摆脱对利益的理性算计，转向一种“道德冲动”，这样一来，基于道德责任和道德自我才能在后现代社会建构真实的道德自我。

鲍曼的道德责任与列维纳斯的他者伦理有共同的价值旨归。列维纳斯在其著作《总体与无限》中批判了西方哲学的总体化传统。总体作为一个支配性的概念，使“个体被还原为那些暗中统治着它们的力量的承担者”③，以致个体正是从这种总体中借取它们的（在这一总体之外不可见的）意义。④列维纳斯认为，现代社会建立在抽象的、原子式的个体主义之上，是一种基于理性计算而建立起来的秩序。本质上这是一种政治的社会而非伦理的社会。从霍布斯到功利主义，现代社会的进程莫不如此。现代世界所追求的和平只不过是战争中的间隙，这与永久和平有着巨大的差别。真正的和平只有“他者”伦理才能建立起来，他者伦理意味着“自我既维持着自己又不带自我主义地实存着”⑤。在自我与他者的关系中隐含着真正的多元性基础，所谓真正的多元性是既避免多元之间的对立，又防止相对主义。多元论是对他者的尊重和责任，他说：“多元论在从自我出发而达于他者的善良之中实现出来；唯有在此善良中，那作为绝对他者的他者才可以产生

---

① 齐格蒙特·鲍曼．后现代伦理学［M］．张成岗，译．南京：江苏人民出版社，2003：24.

② 同①74.

③ 伊曼努尔·列维纳斯．总体与无限：论外在性［M］．朱刚，译．北京：北京大学出版社，2016：2.

④ 同③48.

⑤ 同③299.

出来，同时不存在这样的事情：一种对此运动的所谓侧视会拥有某种在这一运动中掌握某种真理的权利，这种真理要高于那在善良本身中发生的真理。”[①]

注重道德的差异性和多元性是后现代道德理论的突出旨趣，利奥塔的后现代理论中也包含了这样一种思想。众所周知，利奥塔是后现代思潮中反对元叙事的理论中坚,他认为后现代就是“对元叙事的怀疑”[②]。本质上，元叙事就是这种为权力、制度、统治方式乃至生活机会辩护的形而上学话语形式，旨在用一种普遍原则统合不同的领域，形成某种普遍的思想意识与价值规范，从而为制度的认同与权力的运作提供合法性的基础。[③]可以看出，利奥塔的元叙事与列维纳斯的总体性概念有相似之处，元叙事同样被一种外在的总体性所支配，这种支配形式在道德领域中同样是存在的。现代道德哲学强调道德原则的普遍性，它一旦被确立就成为所有人都应该服从的行为准则，解构“元叙事”的思维对这种具有支配性质的普遍性道德准则具有较强的破坏力。它追求一种异质性甚至是带有“悖谬”色彩的道德观，反对任何总体的、普遍的道德原则。

二、后现代思潮影响下的德育思想研究

（一）道德观去中心化

伴随道德观去一元化而产生的是对道德观多元化的研究，去一元化是

① 伊曼努尔·列维纳斯.总体与无限：论外在性［M］.朱刚，译.北京：北京大学出版社，2016：298.

② 让-弗朗索瓦·利奥塔.后现代状态：关于知识的报告［M］.车槿山，译.南京：南京大学出版社，2011：4.

③ 陈嘉明.现代性与后现代性十五讲［M］.北京：北京大学出版社，2006：216.

多元化的前提，多元化是去一元化的结果，二者是一体两面的。这一主题中诞生的文献相对比较丰富，包括王鉴和万明钢的《多元文化教育比较研究》(2006)、戚万学的《道德教育的文化使命》(2010)、唐汉卫的《全球化、文化变革与学校道德教育的文化使命》、石书臣的《主导论：多元文化背景下的高校德育主导性研究》(2011)等著作，丁锦宏的《品格教育论——全球化与多元化时代中国道德教育取向探索》(2003)、李耀臻的《论大学生道德选择教育》(2005)、刘先义的《德育价值论——道德教育中的价值问题研究》(2008)等学位论文，以及鲁洁的《道德危机：一个现代化的悖论》(2001)、樊浩的《应对"全球化"的价值理念及其道德教育难题》(2002)、张应强的《后现代主义与我国的教育研究》(2006)、冯建军的《多元价值时代需要怎样的道德教育》(2009)等期刊论文。

道德观去一元化德育的基本观点是：不存在适用于一切人与一切情境的、普遍而抽象的、现成的道德标准。唯一的道德标准就是没有绝对的道德标准或规范，而只有个人的价值。面对道德问题，我们只负责以最适合自己的方式来解决。反映在学校教育中，则不存在普遍的真理和价值。学生所能做的最好的事就是形成令自己满意的观点，对一个问题形成他们自己的感觉。① 道德观的去一元化或多元化对德育的影响是直接而鲜明的。国内研究者普遍认识到，去一元化或多元化是当代德育无法忽视时代课题。② 樊浩指出，坚持全球化与多元性的辩证互动，坚持和发展文化多元性，是人类必须确立的关于全球化的基本文化立场。中国的道德教育如何坚持这个文化立场？理论前提是确立全球化背景下伦理发展和道德教育的价值理念。③ 鲁洁从人格教育的角度探讨了为何应该建立一种普遍的价值观：当代中国所要培养的不是单子式的独立人格，而是共在型独立人格。这种

---

① 戚万学．相对主义道德教育思潮的困惑与澄明[J]．高等教育研究，2016 (11)：11 － 16.

② 戚万学．道德教育的文化使命［M］．北京：教育科学出版社，2010：2.

③ 樊浩．应对"全球化"的价值理念及其道德教育难题[J]．教育研究，2002 (5)：26 － 31.

共在型独立人格的特征可以归纳为以下各点：其一，它是一个独立性的存在，而不是一种依附性的存在。他能以自己的独立思考、批判精神去选择自己的生活方式、价值取向，而不是顺服、委归于各种依附关系；其二，这种独立性是以承认他人的独立性，以人与人之间的平等公正为其规定性的，正是在这种普遍独立性的基础上才能发展出人与人之间的"共生"关系；其三，共生性是一种新的人与人之间的结合关系，这种新的结合关系不是依附性关系的回归，而是它的否定之否定。它既内含着独特性、多样性的个体价值，同样也显示当代人在价值上的普遍相关性；其四，这种共生性也不是追求完全的同质性，它更多的是一种异质文化之间的"和而不同"。对于异质文化的理解、宽容，与其对话与沟通当成为一代新人的至关重要的品质。①

（二）德育研究中的权力批判和话语批判

作为具有后现代精神的思想家，福柯在深刻把握晚期现代性特征的基础上开创了权力批判的微观视域，将权力话语批判理论刻上了后现代的思想印记。自此以后，权力话语批判成为后现代思想家批判现代性的有力武器。伴随着一批后现代思想家对权力话语批判的研究，这一理论也逐渐受到教育学界和德育学界的关注。学界关于这一主题的相关成果包括了牛海斌的《教育场域的教师话语批判与重构》（2010）等专著，刘君的《教师话语霸权消解与师生关系重建的研究》（2008）、李卉婷的《建构主义知识观下教师话语权力的反思与重构》（2015）、杨春妮《促进初中生道德发展的教师语言研究》（2017）等学位论文，以及郑富兴的《话语伦理学与学校道德教育》（2002）、赵志毅的《高校德育的后现代语境》（2005）、冯永刚的《刍议德育教师话语霸权》（2007）等期刊论文。

---

① 鲁洁．转型期中国道德教育面临的选择［J］．高等教育研究，2000 (5)：6－10.

在德育研究中，话语分析是一种重要的研究方法和理论视角，话语的意义并非拘囿于文本本身，其背后隐藏的是复杂的权力关系。“话语是负载价值、表达权力关系、具有对话性的语言”①，研究者指出，这些话语的这三重功能在德育中逐渐演变成了“话语霸权”，具体表现为：“德育教师以其绝对的地位和独特的身份控制、支配话语，无视学生表达的需要，剥夺、隔离学生发表意见的机会，压制并吞并学生的话语权利，以自己的意识形态主宰和左右学生的内心世界，一厢情愿地将自己的观点、思想和认知方式灌输、强加于学生的权力。”② 无独有偶，其他研究者同样发现了这一问题：“在道德教育的实践中，教育者凭借对知识的优先占有而掌握了教育教学的主导权、道德教育文本的解释权，在教育者和受教育者的话语体系中处于绝对的主宰和支配地位，牢牢地控制和操纵受教育者的话语和思维。”③ 还有研究者通过考察发现，德育中的教师话语霸权不仅在中小学中十分常见，在高校中同样存在，这种话语霸权支配了师生之间本该平等的对话形式。④

除此以外，还有研究者认为，德育中教师的话语霸权引发了道德教育的同一性危机，不容学生们反驳或质疑，忽略了学生的内在需要和个体差异。这种道德教育方法本身就违背了尊重、平等的道德价值与规范。⑤ 基于以上认识，研究者得出结论认为，“德育教师话语的膨胀和学生失语的现象，直接影响和制约了学生良好道德品质的形成和健全个性的发展，背离了道德教育的初衷，其危害性是不言而喻的”⑥。

---

① 谢登斌．当代美国课程话语研究［D］．上海：华东师范大学，2005：3.

② 冯永刚．刍议德育教师话语霸权［J］．江苏高教，2007 (5)：95 − 98.

③ 陈飞．道德教育话语权探析［J］．现代大学教育，2009 (1)：82 − 86.

④ 赵志毅，赵艳平，肖鸿雁．高校德育的后现代语境［J］．高等教育研究，2005 (12)：89 − 92.

⑤ 郑富兴．话语伦理学与学校道德教育［J］．比较教育研究，2002 (12)：12 − 17.

⑥ 冯永刚．刍议德育教师话语霸权［J］．江苏高教，2007 (5)：95 − 98.

国内研究者对德育中的权力话语进行批判是有意义的，这些研究从观念上破除了德育教师的话语霸权，有助于革除灌输式德育的弊端，为协商、对话的德育模式开辟道路，从而有助于实现促进学生道德成长的目的，有较强的现实意义。但整体来看，德育研究对于话语霸权和权力操控的批评范围过窄，主要指向教师，立论未免有失公允。未来的研究需要拓宽研究领域，对现代性道德和道德教育的同质化和中心化倾向加大批判与反思的力度。

第七章
中国特色学校德育体系的理论研究

每个国家的教育体系，都是学校教育系统与外部社会环境在时空不断交互过程中发展起来的，既具有历史沉淀性，又有不断生成的灵活性与变动性。因此，各国学校教育系统都是独特的。我国学校德育理论是我国文化和教育在现代化过程中的本土化探索，揭示了我国公民道德生活的独特要求，反映了我国社会生活和教育系统中的独特经验和矛盾。研究我国学校教育体系尤其是学校德育体系的特点，有助于增强对于教育未来发展的自觉性，保存优良传统和吸取失败教训。

21 世纪以来，我国学校德育实践逐渐在内容规范、实践方式、整体规划等方面形成了独有特色：在内容规范方面，我国学校道德教育形成了主旋律，即爱国主义教育、集体主义教育和社会主义教育；在实践方式上，我国学校德育实践者探索了环境营造、榜样学习、社会实践、自主管理等方式，强调学生服从规范和习惯养成。在此基础上，德育学者开发了形式多样、具有可推广性的德育模式；在整体规划方面，德育学者们反思和提炼了我国学校德育实践的特色与精髓，探索建构学校德育系统，克服我国学校德育各年级段条块分割的情况，探索大中小学各学段一体化发展，在目标建构、课程设计和教学内容上实现了更好的有机融合。本章主要研究中国特色学校德育理论体系在规范建构、模式建构和体系建构方面所做的研究与探索。

第一节　中国特色学校德育体系的规范建构研究

一般说来，我国学校德育在价值规范和内容选择上具有鲜明特点，主要体现为三大要求，即爱国主义教育、集体主义教育和社会主义教育。社会主义教育、爱国主义教育和集体主义教育，一直是改革开放 40 多年来我国德育反复强调的重点[①]与主旋律。爱国主义是对所有公民的共同要求，集体主义体现了我国公民在处理利益关系方面应遵守的基本规范；社会主义则提出了政治和意识形态方面的要求。三者对于学校德育应该培养什么人、怎么培养人提出了价值规范要求。在历史发展的进程中，三者既有稳定性和前后承继性，又表现出与时俱进的创新性。

一、爱国主义教育研究

爱国主义教育是一种通过处理民族意识、文化传统、制度信息、历史知识等材料，并按照国家要素重新安排其意义，以培养学生对国家和民族形成稳定认同感的教育活动。它与国家治理权威的塑造、国家形式的合理性论证和民族共同体的建构之间存在密切关系，因而被研究者长期关注和研究，取得了极为丰富的研究成果。为厘清关于爱国主义教育的研究线索和现状，本节在梳理关于爱国主义教育研究认识过程的基础上，分类呈现当前研究的要点及进展，进而审视爱国主义教育研究存在的不足，展望未来的研究趋势。

---

① 冯建军．四十年德育改革的中国道路与中国经验［J］．东北师大学报（哲学社会科学版），2018（6）：118 － 124.

（一）爱国主义教育的理论研究

在民族国家出现之前，王朝国家的教育活动致力于培养驯顺的臣民，并不重视人的自主性。“天下之本在国，国之本在家，家之本在人。”（《孟子·离娄上》）所谓家国天下是以个人为中介的社会连续体，将个体镶嵌在从家国到天下的关系之中。在此生活境遇中，个体要么处在天下秩序和礼法制度之内，要么居于家族宗法与习俗传统之中，从而获得一种相对性的、情境化的身份感，既匮乏存在意义上的自我认同，也缺失现代意义上的爱国主义。“中国人心目中所有者，近则身家，远则天下，此外便多半轻忽了。”[①]这种情况延续到清末，及至发生了个体摆脱王朝国家控制的“大脱嵌”，引发了天下秩序崩解、家国体系断裂，现代国家开始形成。一方面，国家从家国连续体中剥离出来，开始占据核心地位并重塑了国家和个人的关系；另一方面，个人从天下体系的宗法和习传束缚中超离出来，行动和生活获得了独立的价值与意义。然而，通过冲决网罗、除魅去惑，个体面对的却是陌生的、无所依傍的虚无主义。为了明晰自身的价值和生活的意义，个体借由“再嵌化”重置于新的意义框架之下——民族国家，而关于爱国主义教育的认识也随之转变。此时，关于民族国家的主导观念是一种“国家整体论”，强调国家是有自身目的、利益、精神和行为的有机体，具有鲜明的竞争进化论色彩。[②]梁启超在引介伯伦知理理论时指出：“国也者，非徒集人民之谓也，非徒有府库制度之谓也，亦有其意志焉，亦有其行动焉”；与之相应，“国民者人格也，据有机之国家以为其体而能发表其意想，制定其权利者也”。[③]可见，个人与国家关系是“人下国上”的比附关系，

① 梁漱溟.中国文化要义［M］//中国文化书院学术委员会.梁漱溟全集：第3卷.济南：山东人民出版社，1990：163.

② 梁启超.梁启超全集：第1册［M］.北京：北京出版社，2000：467.

③ 梁启超.饮冰室合集：第2册［M］.北京：中华书局，1989：70－72.

是残存的家国思想与民族国家观念融合的产物。

在国家至上观念统摄下，爱国主义教育呈现出明显的依附性特征。一方面，重视国家人格的至高性和权威性。爱国主义教育传递的是人格化国家观念，宣扬其具有终极的认同价值，而个人被定位为国家的组成部分，不具备独立的价值和意义。“国之有民，犹身之有四肢五脏筋脉血轮也。”①梁启超循着国家和个人一体化的理路，提出“新民”应具有爱国、义务、公德等品质，强调个体对国家的比附。这种理念被贯彻到教育政策之中，继而渗透进教科书。《奏定学堂章程》规定：“设初等小学堂，令凡国民七岁以上者入焉，以启其人生应有之知识，立其明伦理、爱国家之根基。”②其中，历史科目重在传递圣主贤君、文化德政，以成学生忠君爱国之源；地理科目侧重传授疆域大略、五洲简图，以使学生养成爱国之心。《蒙学读本全书》通过叙述“开国盛业，平逆中兴”，让学生“展读之下，感戴皇庥”，进而“踔厉奋扬，爱情勃发”。另一方面，忽视个体权利的正当性和合理性。在萌生状态的民族国家中，个人和国家的关系还没得到合理建构，以致爱国主义教育重视国家权威而忽视个体权利。“国家者，由竞争淘汰不得已而合群以对外敌者也。故政府当有无限之权，而人民不得不服从其义务。”③依此思想，国家是以自身利益为第一目的，而个人是实现国家利益的器具，在必要时甚至需为国家付出生命，更遑论行使正当权利。“伯氏之意，则以为国家者，虽尽举各私人之生命以救济其本身可也。”④正如《奏定学堂章程》规定：“国民之智愚贤否，关国家之强弱盛衰”⑤，明确从国家视角考察民众贤愚，要求学生服从国家需求。是时畅行一时的《新订蒙学课本》

---

① 梁启超．饮冰室合集：第 6 册［M］．北京：中华书局，1989：1.

② 璩鑫圭，唐良炎．中国近代教育史资料汇编·学制演变［M］．上海：上海教育出版社，1991：271.

③ 梁启超．饮冰室合集：第 1 册［M］．北京：中华书局，1989：19.

④ 梁启超．饮冰室合集：第 2 册［M］．北京：中华书局，1989：88.

⑤ 同②272.

中亦强调："故国而强，国民之荣也；国而弱，国民之耻也。尔辈虽年幼，非皆中国之国民乎？既为其民，即当爱之，爱之则欲其强，不欲其弱矣。"①可见，这种爱国主义教育是国家至上的整体主义，将国家利益作为最高目的，视个体为国家实现目的的工具，而个体的特性被遮蔽、价值的内化遭阻滞，公共权利亦流于空洞。

在整体论爱国主义教育发展过程中，还伴生着另外一股国家观念——国家工具论——认为社会的基石是原子式个人，拥有不可剥夺的自然权利，而国家是为了维持社会秩序、保护个人权利的工具。随着现实境况的演变，国家工具论在五四运动中被一战余波催化为世界主义国家思想，并深刻影响了爱国主义教育的发展进程。这种变化趋势在梁启超的国家思想转变中呈现出明显脉络，他在认识到伯伦知理的国家整体论存在缺陷后，开始借助卢梭的国家工具论重构国家与个人的关系。"国者何？积民而成也。国政者何？民自治其事也。爱国者何？民自爱其身也。故民权兴则国权立，民权灭则国权亡。"②与此同时，梁启超还批驳了世界主义国家观，"世界主义，属于理想；国家主义，属于事实。世界主义，属于未来；国家主义，属于现在。今中国岌岌不可终日，非我辈谈将来、道理想之时矣"③。然而，梁启超在周游欧洲时看到世界大战的惨烈，遂放弃基于竞争进化论的国家有机论，重新协调国家主义和世界主义。"我们的爱国，一面不能知有国家而不知有个人，一面不能知有国家而不知有世界。我们是要托庇在这国家底下，将国内各个人的天赋能力尽量发挥，向世界人类全体文明大大的有所贡献。"④这种国家观念的调转，为世界主义国家观的勃兴疏浚了渠道。正如五四运动旗手高一涵高呼："确认国家无自身之目的，唯以人类之目

---

① 陈懋治，等．新订蒙学课本［M］．上海：上海商务印书馆，1901.

② 梁启超．梁启超全集：第1册［M］．北京：北京出版社，2000：273.

③ 同②357.

④ 梁启超．梁启超全集：第5册［M］．北京：北京出版社，2000：2978.

的为目的”[①]。陈独秀、蔡元培、傅斯年等人则更进一步，将国家视为虚伪的偶像并进行破坏。“我只承认大的方面有人类，小的方面有‘我’是真实的。‘我’和人类中间的一切阶级，若家族、地方、国家，等等，都是偶像。我们要为人类的缘故，培成一个‘真我’。”[②]此时，国家与个人之关系彻底反转——国家由支配变为隐退、个人由比附变为主导，而“国下人上”的世界主义国家观也成为主流社会思潮，为工具型爱国主义教育的出现铺平了道路。

在世界主义国家观影响下，爱国主义教育遂从国家至上转向工具型。“要问我们应当不应当爱国，先要问国家是什么。……我们爱的是人民拿出爱国心抵抗被人压迫的国家，不是政府利用爱国心压迫别人的国家。我们爱的是国家为人类谋幸福的国家，不是人民为国家做牺牲的国家。”[③]在此基础上，陈独秀主张学校应推行“共和国民之教育”“发挥人权平等之精神”。[④]考虑到学生缺乏基本的民主自由、世界和平意识，学者在编写教科书时有意识地以世界主义国家观作为指导思想。“甲、遵守教育部所定教育宗旨，注重道德教育，以实利教育军国民教育辅之，更以美感教育完成其道德。乙、开发共和及自由平等之真义，以端儿童之趋向。丙、提倡国粹，以启发国民之爱国心。丁、兼采欧化，以灌输国民之世界知识。”[⑤]例如，在教科书《万国公法》中频繁出现民主、自由、权利等关键词，较为完整地介绍了国际交往原则。蔡元培编写的《中学修身教科书》，以民主平等、自由博爱为基点，既着重论述了培育学生的爱国心之迫切，也深

---

① 高一涵 . 近世三大政治思想之变迁［J］. 新青年 , 1918 (1).

② 傅斯年 . 新潮回顾与前瞻［J］. 新潮 , 1919 (1).

③ 陈独秀 . 我们究竟应当不应当爱国［M］// 任建树 , 等 . 陈独秀著作选 : 第 2 卷 . 上海 : 上海人民出版社 , 1993 : 22.

④ 陈独秀 . 近代西洋教育［J］. 新青年 , 1917 (5).

⑤ 中华书局 . 编辑新制中华教科书缘起［J］. 中华教育界 , 1913 (1).

入探求了以国民性改造推动国家走向世界的路径。[①] 当个人从国家的阴影中脱离，具有独立价值和自明意义时，国家整体论的根基就彻底瓦解了，而国家与个人亦从“国上人下”的一体关系倒转为“国下人上”的工具关系，这必然引发爱国主义教育形态的转变。然而，随着民族危机的日益深重，民族主义国家观代替世界主义国家观掌握了社会话语主导权，形成了反抗型国家主义思潮。其挟制下的爱国主义教育在一定程度上统合了学生意识、弥合了群体利益，但也与民主自由出现了断裂和游离，甚至诱发了情感的狂热和价值的虚幻。

经过国家整体论、工具论思潮的洗礼，马克思主义思想催生出新的国家观念——国家和谐论——认为国家和个人不是价值和方式、目的与手段的工具关系，而是交互发展的和谐关系，即个人是国家存在的前提，而国家是个人实现价值的基础。“个人与社会，不是不能相容的二个事实，是同一事实的两方面……离于个人，无所谓社会；离于社会，亦无所谓个人。故个人与社会并不冲突，而个人主义与社会主义亦绝非矛盾。”[②] 于是，国家和个人的二元对立关系被化解，实现了个体解放和国家团结的统一、个人主义和社会主义的融合。“一方面是个性解放，一方面是大同团结。这个性解放的运动，同时伴随着一个大同团结的运动。”[③] 新中国成立后，民族国家的建构基本成型，国家和个人也由“国下人上”的工具关系转变为“国人平等”的和谐关系。此时，人的地位被重置了，由中心地位变换为互动的一端。然而，理论的逻辑演进并未直接催发形成群体共识，更未能有效填充教育实践层面的意义真空。一方面，整体型和工具型国家意识依旧潜隐，冲击着国家和谐论的社会心理；另一方面，爱国主义教育不够健全，难以支撑国家和个体互动的生活实践，以至于国家和谐论难以获得根植的

---

① 蔡元培．蔡元培全集：第 2 卷［M］．北京：中华书局，1984：228.

② 李大钊．李大钊文集：第 4 卷［M］．北京：人民出版社，1999：62.

③ 李大钊．李大钊全集：第 4 卷［M］．石家庄：河北教育出版社，1999：157 – 158.

苗圃。进入新时期,社会主义核心价值观“回答了我们要建设什么样的国家、建设什么样的社会、培育什么样的公民的重大问题”，从根本上厘清了国家的精神追求和价值标准、公民的权责意识和生活取向,也让“国家和谐论”真正成为社会共识。

在国家和谐论引领下，爱国主义教育从工具型转变为平衡型，即借由相应的教育活动让国家和个人在互动过程中实现平衡发展。在此语境中，爱国主义被分解为承认政治共同体的赞同性认同和认可文化共同体的归属性认同。[①] 与之相应,爱国主义教育通过处理制度信息、法律体系、文化传统、民族意识等材料，让学生经由生活经验和实践体认，在接纳、认可和欣赏所属国家基础上形成认同感。这意味着新时代爱国主义教育基于国家与学生之间的双向建构，而非学生的单向演绎或学校的纵向灌输。或言之，国家的制度品质决定着学校塑造学生形成爱国主义的能力，而爱国主义教育也会以学生为中介推动国家品质的提升。因此，当前爱国主义教育主要从两方面着手：一方面，传递国家的制度建设理念。“在全球化、现代化与民主化的大时代背景下，围绕现代国家建设所形成的国家认同建构，一定以民主为基本前提，以国家制度及其所决定的国家结构体系的全面优化为关键。”[②] 爱国主义教育着力于培养学生形成政治性认同态度——对国家的政治体制、基本制度的承认以及对以宪法为支撑的政治体系、法律规章的认可。经由爱国主义教育的多重塑造，青年一代被整合为共享一套制度安排并具有相同价值观念的共同体，继而形成稳定的爱国主义感。另一方面，培育学生的参与能力。现代国家的治理基础是法理型权威，其运行和维系依赖于不同成员对制度活动的共同参与、相互承认。换言之，“对共同体

① 肖滨．两种公民身份与国家认同的双元结构［J］．武汉大学学报（哲学社会科学版），2010 (1) : 76 − 83.

② 林尚立．现代国家认同建构的政治逻辑［J］．中国社会科学，2013 (8) : 22 − 46 + 204 − 205.

利益的自觉服务，对公共善福祉的自觉诉求，构成了国家认同主体的美德践行的意愿、能力”[①]。于是，爱国主义教育引导学生不断调整自身的角色和行为，从私己性领域过渡到共同体生活，在积极参与和权利实践中适应并认可国家的规章制度和文化传统。经由爱国主义教育，个体和国家在互动中不断均衡发展。

（二）爱国主义教育的实践研究

学者关于爱国主义教育的研究呈现出日益丰富的态势，不仅在新的时代背景下探索其教育价值，还深入到学校教育场域分析其实践路径，并围绕其存在的现实问题和挑战从理论上建构出较为完备的教育体系，极大地推动了爱国主义教育实践的发展。

爱国主义教育具有国家和个人层面的双重功能：在个人层面，爱国主义教育动之以情、晓之以理、授之以道、导之以行等方式，有利于升华情感境界、建构身份认同、形塑价值观念、引导成长实践，从而全面推动个体的成长和发展；[②]在国家层面，爱国主义教育则有助于传递集体记忆、民族意识、传统文化等内容，以维护国家的稳定性存在和持续性发展，实现中华民族伟大复兴的中国梦。[③]随着经济全球化和逆全球化的趋势交织，价值多元化和民族主义的观念碰撞，尤其在国际竞争催发下国家间的冲突更加激烈，我们必须重新审视新时代爱国主义教育的基本特性和多维内涵。[④]即通过树立高度的文化自觉和文化自信，探寻以中华优秀传统文化、革命文化和社会主义先进文化，厚植爱国主义教育文化底蕴、提升爱国主义教

① 李兰芬．国家认同视域下的公民道德建设［J］．中国社会科学，2014 (12)：4 − 21 + 205.

② 温静．论爱国主义教育的个体价值［J］．教学与研究，2021 (2).

③ 韩震．全球化时代的公民教育与国家认同及文化认同［J］．社会科学战线，2010 (5).

④ 许瑞芳，张志恒．新时代爱国主义的诠释及教育理路［J］．江西师范大学学报（哲学社会科学版），2020 (2).

育文化品质的致思理路和实践方略。[①] 当然，在厘清爱国主义教育的必要性和合理性之后，还必须处理好三对关系：一是赓续优良传统与凸显当代价值相统一[②]；二是注重思想深度与关注个体情感相统一[③]；三是显性理论传递与隐性柔和表达相统一[④]。协调好三种逻辑，即文化传承的历史逻辑、爱国爱党统一的理论逻辑和立足生活的实践逻辑。[⑤] 显然，新时代爱国主义教育具有鲜明的价值指向性，不仅在个人层面上有利于学生树立个人利益与国家利益结合的价值观，进而形成文化认同、制度认同、国家认同、民族认同，还在国家层面上有助于实现政治价值、经济价值、文化价值，促进国家的持续性发展。[⑥]

爱国主义教育有独特而完善的实践路径，以学校教育为主要渠道，以家庭教育和社会教育为协调途径，引导学生逐步形成爱国之情、强国之志和报国之行。具体而言，爱国主义教育实践通过传递规整的知识、构建同质的情境和整齐稠密的规范影响学生对国家的认识，从而形成共享一套历史图景、制度安排并具有相同价值观念的共同体，继而生发出稳定的国家认同感。[⑦] 这要求必须对爱国主义教育的总体要求、基本内容、群体对象、载体方法等进行系统设计，将政治主线、时代主题、价值主张全程贯通，在教育实践中做到古今交融、显隐相济、情理互通，从而能为青少年提供全程和全域指导。[⑧] 为提升爱国主义教育实践的实效性，学校之间必须打

---

① 任志锋．论新时代爱国主义教育的文化理路［J］．思想理论教育，2019 (9).

② 朱小娟．论新时代爱国主义教育的“古”与“今”［J］．思想教育研究，2020 (5).

③ 蒋雪莲．论新时代爱国主义教育的“情”与“理”［J］．思想教育研究，2020 (5).

④ 单文鹏．论新时代爱国主义教育的“显”与“隐”［J］．思想教育研究，2020 (5).

⑤ 刘晓哲，刘子成．深刻认识新时代爱国主义的三重逻辑［J］. 2021 (2).

⑥ 闫闯，郑航．社群主义的国家认同与爱国主义教育［J］．教育学报，2015 (6).

⑦ 孙银光．爱国主义教育的实践逻辑［J］．中国教育学刊，2015 (1)：54 − 59 + 83.

⑧ 王易，王凡．《新时代爱国主义教育实施纲要》的理论创新与路径优化［J］．思想理论教育导刊，2020 (7)：57 − 63.

通学段的“断点”，实现教育目标和内容的统一；将校外“影响源”纳入教育体系，形成家校社育人的合力，从而构建出“多维立体、多方协同”的爱国主义教育全流程。① 在课堂教学过程中，教师应着力于从话语体系、理论转移、情景创设、文化植入等维度进行创新，引导学生超越狭隘的国别意识和族群偏见，注重坚持立足中国又面向世界，将弘扬爱国主义精神与扩大对外开放相结合，实现民族国家利益和人类共同利益的统一。②

新时代爱国主义教育已经突破了学校教育场域，形成了一个家校社协同的系统工程。其中，家庭是培养国家情感的初始之地，是青少年爱国主义教育的开端。学校教育因自身的系统性和循序渐进性，是培养青少年国家认同意识的重要途径。社会教育为培养学生的爱国行为提供活动场域，可以发挥大众媒体的导向功能和现实活动的引导作用。有鉴于此，爱国主义教育有必要联合家庭、学校和社会的教育功能，充分发挥政府的保障作用、学校的主导作用、家庭的基础作用和社会的依托作用，构建一体化的爱国主义教育体系。③ 这种爱国主义教育体系可以概括为“四个子系统”（大学、中学、小学、幼儿园）和“四级联动机制”（学校、家庭、社区及自我教育），能够有效培养学生形成国家认同。④ 当然，爱国主义教育体系要想发挥良好的效用，还需要健全以领导保障、人才队伍保障、投入保障、动力推进、考核评估、信息反馈为主要内容的机制，实现组织机构、工作制度和运行方式等各种构造性条件和部分之间既相互作用又相互统一的

---

① 冯秀军，许创强，王先亮．新时代爱国主义教育的流程优化与创新[J].中国高等教育，2020 (11) : 23 − 25.

② 赵海燕．新时代爱国主义融入青年工作的逻辑理据与实践策略[J]．思想教育研究，2019 (12) : 49 − 53.

③ 曾水兵，陈油华．论青少年国家认同教育的三种基本途径[J].教育科学研究，2016 (4) : 5 − 9.

④ 孙杰远．个体、文化、教育与国家认同[M]．北京：商务印书馆，2019 : 362 − 365.

有机体。[①] 相关学者积极探索了爱国主义教育的体系化建构，包括多元主体协同、多方力量发力、多类资源整合、多位领域推进、多个重点并举，为克服爱国主义教育的实践问题提供了较为清晰的理论思路。

由于时代的发展和社会的变迁，爱国主义教育正在遭受多重挑战。一是全球化和逆全球化交织。在全球化背景下，个体在思想观念上出现了许多模糊认识，既有民族文化意识模糊，甚至突破道德和法律底线的问题；也有民族主义意识狭隘、思想偏颇激烈等问题。在这种情况下，爱国主义教育可能会引发学生认知和行动层面上的价值失衡。[②] 与此同时，逆全球化潮流也在涌动，致使国家间的交流被滞碍、边界被阻隔，甚至让“脱钩论”甚嚣尘上，这对爱国主义教育产生了极大的冲击，进而也对个体的国家认同造成了影响。[③] 二是国家化和个体化颉颃。伴随着多元价值主义的冲击，致力于推动学生“国家化”的爱国主义教育正遭受“个体化”思想观念的多维冲击。一方面表现为全球化时代不需要爱国主义；另一方面表现为爱国主义就是民族主义、爱国主义是个体自由选择，从而导致爱国主义教育的作用不断弱化甚至消解。[④] 三是大数据和精分化并行。大数据建构了爱国主义教育传播方式的“微型化”环境，促进爱国主义教育传播的微趋向，传播载体向小巧化发展，信息传播向简短化发展，信息受众向精分化发展，传播结构向扁平化发展。面对大数据发展带来的冲击，爱国主义教育也需要进行微转向，要求教育者树立大数据思维、优化大数据处理、

---

① 蔡中华．当代中国爱国主义教育及其机制研究［J］．兰州学刊，2011 (6)：160－165.

② 杨茹，吴燕燕．全球化时代爱国主义教育的挑战与对策思考［J］．北京工业大学学报（社会科学版），2017 (1).

③ 周光辉，刘向东．全球化时代发展中国家的国家认同危机及治理［J］．中国社会科学，2013 (9)：40－54.

④ 沈东．冲击与回应：新时代青年理性爱国主义的“社会化”转向［J］．中国青年研究，2019 (5).

整合大数据价值、紧随大数据趋势，不断提升爱国主义教育的质量与效率。[①] 尽管如此，爱国主义教育依然会出现多重问题，主要表现为虚化历史与极端民粹倾向、拟态环境因素、资本逻辑宰制风险、图像表意狂欢等问题，从而弱化爱国主义教育效果，扭曲学生的世界观、人生观与价值观。[②] 因此，新时代爱国主义教育必须坚持政治性与道德性、历史性与时代性、理论性与实践性相统一的基本原则，以开放意识拓展教育思路，以正向引导坚守价值导向，以发展理念创新工作方式；[③] 以系统思维设计爱国主义教育主题、建设主线、基本要求、总体布局等，让教育实践呈现出整体性、层次性、动态性、开放性等特质，以明确目标引导性、促进过程贯通性、增强要素耦合性、提升成效聚合性。[④] 可见，诸多学者已经注意到爱国主义教育面临的现实挑战，并对围绕全球化、个体化、大数据等典型问题进行了较为深入的探索，为爱国主义教育实践的发展趋向梳清了思路。

（三）爱国主义教育研究述评

综观爱国主义教育的发展历程和研究成果，学界已经形成了一套以社会主义核心价值观为思想引领，以大中小学衔接和家校社协同为主要环节的理论共识，推动了理论研究和实践活动的发展。然而，由于历史原因导致的视野局限，当前研究也存在一定局限性，对爱国主义教育的研究有进一步探索的空间。

---

① 徐瑾，石娟．大数据时代爱国主义教育传播“微”检视［J］．学校党建与思想教育，2020(24)：17－19.

② 赵丽涛．“后真相”时代青年网络爱国主义教育的挑战与应对［J］．中国青年研究，2019(5).

③ 黄世虎，张子悦．新时代青年爱国主义教育：逻辑、原则与路径［J］．中国青年研究，2019(5)：24－29.

④ 胡华．系统论视域下新时代爱国主义教育的多维分析［J］．思想理论教育，2021(2)：55－60.

从现有成果和发展线索来看，学者关于爱国主义教育的研究集中关注了时代价值、实践路径、体系建构、现实挑战等重要主题，积极探索了爱国主义教育面临的现实问题，实现了理论研究和实践研究的视域交融，取得了较大进展，也达成了系列共识。一方面，克服了人对国家依附性关系，建构了国家与人的平衡发展。学者强调要借由爱国主义教育活动让国家和个人在互动过程中实现平衡发展，不仅克服了整体型爱国主义教育对个体价值的压制，也超越了工具型爱国主义教育对国家地位的忽视。这意味着新时代爱国主义教育应是基于国家与学生之间的双向建构，而非学生的单向演绎或学校的纵向灌输，即通过处理民族意识、文化传统、制度信息等材料，并按照国家要素重新安排其意义，让学生经由生活经验和实践体认对国家和民族形成认同感。二是超越了条块分割的现实，建构了完备的爱国主义教育体系。相关研究者认识到零散的教育实践无法实现一体化协同育人，制约着爱国主义教育的实效性。

通过对爱国主义教育研究成果的梳理，我们会发现由于历史原因导致的视野局限，学者对爱国主义教育的实践经验、育人机制、域外理论等方面的研究还较为欠缺。其一，未重视对我国爱国主义教育经验的反思提炼。新中国成立以来，我国爱国主义教育积累了极为丰富的实践经验，如专门的实施机构（基地）、清晰的培养目标、丰富的教育内容等，也存在极为严重的教训。研究者有必要对新中国成立以来爱国主义教育实践进行历史反思，厘清其发展线索，揭示其问题和教训，析出值得继承和发展的经验，从而为建构新时代爱国主义教育理论提供思想资源。其二，未重视对国外爱国主义教育经验的有效吸收。爱国主义教育的出现和民族国家的兴起具有同步关系，西方国家在理论和实践层面积累了丰富的成果和经验，包括现代国家理论、国家认知和情感发展规律、国家认同的建构逻辑等。学者可以通过分析主要发达国家爱国主义教育的发展现状，积极吸收国家认同理论、文化民族理论、公民道德建设等理论，为构建新时代爱国主义教育理论体系注入域外经验。其三，未揭示爱国主义教育实践的育人机制。爱国主义教育的育人机制直接制约着相关教育实践的实效性，否则教育举措会滞留于经验层面。从目前来看，学者尚未从多学科视角揭示出新时代爱国主义教育实践的育人机制，比如爱国认识的提升机制、爱国情感的培育机制、爱国行为的践行机制等，导致无法在实践活动中建构出适应国家战略发展、中华民族伟大复兴和学生发展需求的新时代爱国主义教育体系。

二、集体主义教育研究

在教育领域中，集体主义教育在我国作为一种重要的教育形态，一直发挥着重要作用。为了更深入地了解集体主义教育，发挥集体主义教育的价值，本节对集体主义教育的相关研究进行了整理、归纳，以揭示集体主义教育研究的完整图景。

（一）集体概念辨析

综观已有研究，对于“集体”这一概念的解释，学者们的观点如下：集体是以一定社会关系（如利益关系、血缘关系等）为纽带的共同体，由一定组织系统、组织形式和活动方式的个人联合组成，具有多层次、多样化的面貌（如血缘的、民族的、行业的等）。不同于一般意义上的“群体”，集体是由一定的利益关系、权利和义务关系以及一定的组织系统联系起来的人的各种社会有机体。[①] 共同目标、共同利益、共享规则是集体的主要条件。集体成员之间存在着情感上和利益上的密切联系。[②] 集体通常是指处于“人类个体”与“人类整体”之间的各种层次和形态，换言之，也被看作是个人与社会之间联系的中介。[③] 集体具有层次性，可以分为小集体

---

① 王兵．国内集体主义思想研究述评［J］伦理学研究，20212 (7) : 74 − 78.

② 石中英．重申集体主义教育［J］．北京教育，2017 (9) : 17 − 19.

③ 张博颖．近三年集体主义研究综述［J］．理论前沿，2002 (10) : 43 − 44.

和大集体，小到一个单位、社团，大到一个民族、国家、人类甚至宇宙生命体。①

什么是理想的集体？显然，理想集体不只是某一个具体的单位、组织，具体单位、组织是基于社会分工所产生的，目的是物质利益的最大化，而集体的目的是所有人的自由发展。集体并不是为现实的国家进行辩护，而是追求集体中个体成员的自由发展。②马克思、恩格斯对“真实的集体”和“虚假的集体”进行了具体且翔实的论述。在他们看来，真实的集体是“自由人联合体”。在集体中，个人是自由的，没有压迫和斗争；同样，个人离不开真实的集体，只有在集体中，个人才能重新驾驭这些由于分工而转化的物的力量，个人才能获得发展，正如马克思所说，“只有在共同体中，个人才能获得全面发展其才能的手段，也就是说，只有在共同体中才可能有个人自由”③。而虚假的集体充斥着压迫和剥削，集体高高在上，个人屈从于集体，“从前各个个人所结成的那种虚构的集体，总是作为某种独立的东西而使自己与各个个人对立起来；由于这种集体是一个阶级反对另一个阶级的联合，因此对于被支配的阶级来说，它不仅是完全虚幻的集体，而且是新的桎梏”④。

许多研究者对“真实的集体”进行了深入探究。真实的集体是“自由人联合体”，它肯定人的独立性和差异性，承认每个个体的自由选择和自主担责。真实的集体能够满足所有个体全面而自由发展的需求，使个体获得满足感。集体为个体的发展创造积极的环境，提供全面的支持；个体将自身的发展融入集体发展之中，将个人目标与集体目标相结合，在实现集

---

① 叶穗冰．中国青年：从垂直集体主义到水平集体主义［J］．当代青年研究，2021 (5)：19 – 24.

② 丁绍宏．大学生集体主义教育研究［D］．长春：东北师范大学，2014.

③ 马克思恩格斯文集：第一卷［M］．北京：人民出版社，2009：571.

④ 马克思恩格斯全集：第三卷［M］．北京：人民出版社，1960：84.

体目标的同时促进实现个人发展。在这样的集体中，集体利益与个人利益是辩证统一的，集体承认个人利益的正当性和合法性；并且个人利益与集体中其他成员的个人利益是一致的，相互促成。真实的集体有以下三个规定：一是肯定人的自由和独立性；二是它代表的集体利益是每个成员可共同参与、共同分享的利益；三是它是“自由人联合体”，只有在生产力高度发展、消灭私有制和社会分工的前提下，才可能大面积、大概率地涌现真正的集体。①

所谓“虚假的集体”，即生成于私有制和人对物的依赖关系之中，独立于个人并作为个人异己的统治力量而与个人相对立的集体。②虚假的集体与个人是分离的，它的目的是对个体的支配和控制。在虚假的集体中，个体被束缚和压迫，失去自由。因此，个体的成长需求无法得到满足。虚假的集体忽视甚至蔑视个人的自由权利，将个体视为集体的附属品。在虚假的集体中，往往是少数特权人士拥有自由和权力，他们将自身的利益包装成集体利益，置于优先地位，而无视弱势群体的利益。正如马克思所说，虚假的集体利益是统治阶级的利益，他们“为了达到自己的目的把自己的利益说成是社会全体成员的共同利益”③。虚假的集体不只存在于资本主义社会，即使在今天的社会主义社会，仍然存在以实现公共利益之名谋求私人利益、小集团利益而损害他人利益和共同利益的虚假集体。

概言之，对集体性质的辨析，关键在于集体中的所有个体是否自由，个体的成长需求是否得到满足。而对集体性质考察，也是深入认识集体主义的前提。许多研究者认为，集体主义具有层次性，大致可以分为三层：

① 杜时忠．德育十论［M］．武汉：华中师范大学出版社，2019：138.

② 金德楠．何为“集体主义道德”：走出“虚假集体主义道德”与个人主义道德的理论遮蔽［J］．甘肃社会科学，2020（2）：95－102.

③ 马克思恩格斯全集：第一卷［M］．北京：人民出版社，2009：537.

一是大公无私、公而忘私，它是集体主义的最高境界；二是先公后私，这是集体主义的中间层次；三是不损害国家和集体的利益，公私兼顾，它是集体主义的最低层次。[①]

（二）集体主义教育的发展历程与类别划分

集体主义的发展是以人的社会性为基础的。马克思认为，人是一切社会关系的总和，社会性是其本质属性；以人与集体关系的发展演变为主线，是一个逐渐演变、完善、成熟的过程。有研究者提出，应该以历史的、发展的、系统的眼光来解读、评价集体主义。[②]集体主义是随着社会发展，表现出不同的形态，经历了漫长的曲折发展过程。许多研究者对集体主义的发展脉络进行了研究。

从我国历史来看，"集体主义"的概念传入我国，以中国"家族本位""群体本位"的传统文化为基础，产生了一个逐渐中国化的过程。罗国杰认为，整体主义是社会主义的集体主义的根源，贯穿于中国封建社会时期。[③]在整体主义境况下，个人是不存在的，没有独立存在的价值；个人依附于集体，是集体的附属品。个人离开集体就无法生存，从而表现出对集体的绝对服从。"家庭之上，形成宗族；宗族之上，形成家族；家族之上，形成社会。中国古代的集体主义由此得以产生。"[④]这种集体主义也可称之为宗法集体主义。新文化运动虽然倡导个体自由、个性解放，但是仍然强调"群体""社会"等组织的重要性，为集体主义的传入和发展奠定了基础。[⑤]新中国成立后集体主义可以划分为四个阶段，分别是单级绝对的集体主义、矫枉过

---

① 徐雅芬．集体主义教育的几点思考［J］．高校理论战线，2002（10）：41－42.

② 朱小娟．从历史分析方法的角度把握集体主义［J］．思想理论研究，2017（7）：31－37.

③ 王易，朱小娟．罗国杰集体主义思想研究［J］．思想理论教育导刊，2016（12）：40－47.

④ 陈桐生．中国集体主义的历史与现状［J］．现代哲学，1999（4）：60－66.

⑤ 冯洁．论"集体主义"概念在近代中国发展的历史脉络和内在逻辑［J］．理论月刊，2012（9）：137－142.

正的集体主义、双向兼顾的集体主义以及成熟理性的集体主义。[①]新中国成立之后，社会主义制度取代封建主义制度，宗法集体主义逐渐衰落。受到苏联社会主义模式的影响，一种绝对的集体主义出现，即强调集体价值高于个人价值，集体利益高于个人利益，个人必须无条件服从集体。随着社会的迅速发展，市场经济体制的逐渐完善，个体的合理利益诉求被承认，个体独立性、自我意识和权利意识逐渐凸显。在此境况下，集体主义逐渐发展演变成一种平衡、温和的集体主义，即在个体和集体之间形成一种平衡关系。有研究者将其视为完善的社会主义集体主义，这种集体主义建立了个人与集体的双向义务模式。[②]这也是许多研究者所提到的"新集体主义"。"新集体主义"是一种成熟理性的集体主义，承认个体的主体性和独立性，倡导合作精神，集体为个人施展才华提供更大的空间。[③]

美国学者特里安迪斯把集体主义分为"垂直集体主义"和"水平集体主义"两种，区别是垂直集体主义"更加集中和传统"，水平集体主义则强调"相互依赖和现实主义"。我国学者对垂直集体主义和水平集体主义进行了研究。垂直集体主义价值观表现为认同社会成员之间的等级关系，强调群体内团结一致，提倡个人为集体服务、奉献甚至牺牲；水平集体主义价值观认可社会成员身份平等、相互依赖、不轻易屈从权威。[④]

垂直集体主义注重权力的集中，具有等级性、权威性。垂直集体主义将人划分为不同等级，一部分人位于金字塔的顶端，拥有较大的权力和权威。一部分人位于金字塔的底层，失去权利和自由。在垂直集体主义者看来，

---

① 陈雨田．新中国建立以来集体主义内涵的嬗递式发展进程［J］．理论导刊，2011 (4)：63 − 66.

② 耿步建．关于社会主义集体主义的历史考察与再认识［J］．马克思主义与现实，2007 (5)：180 − 182.

③ 王书侠．社会主义市场经济条件下对集体主义的再认识［J］．前沿，2008 (9)：13 − 15.

④ 杨莉明，徐智．垂直集体主义价值观在新冠防疫中的说服作用与行动影响［J］．新闻记者，2021 (9)：36 − 47.

集体的权利就是全部权利，个体没有任何权利，只能履行义务，而集体则没有对个体的义务。在特定的时期，垂直集体主义有其积极的价值，如有研究者认为垂直集体主义价值观在中老年群体的新冠防疫中具有积极的作用，中老年群体的垂直集体主义价值观普遍较高，集体的归属感和责任感较强。①

水平集体主义注重个体之间的平等，尊重个体的权利，承认个体的差异性。当代中国青年多秉持水平集体主义的价值观。他们追求平等、自由；同时又崇尚并积极参与集体生活。根据腾讯网与南京航空航天大学社会学研究所联合开展的研究表明："00 后"既追求个性自由和自我独立，又具有明显的群体认同倾向，带有集体性的特征；简言之，对"水平集体主义"最为认同。② 在水平集体主义者看来，个人与集体同样重要，个体不是集体达成目标的工具，集体也不是个人追求个人成就的手段。在水平集体主义中，成员之间是平等的，即使有领导者，领导者与被领导者之间没有所谓的命令与服从。成员之间可以进行平等的对话与协商。水平集体主义关注个体，包括个体的自由、权利、利益等。集体不仅仅强调集体权利，同样保障个人权利，"注重个人权利是当代青年对垂直集体主义的突破"③。集体中的个体以追求集体利益为目标，在这个过程中实现自身的利益。当且仅当集体出于"公共利益"考量损害个体权利时，必须对利益受损的个体予以相应的补偿。④

综观集体主义教育的发展历程，一直在对集体与个人之间的关系进行

---

① 杨莉明，徐智．垂直集体主义价值观在新冠防疫中的说服作用与行动影响［J］．新闻记者，2021 (9)：36 － 47.

② 殷文，张杰．水平集体主义与参与式文化：网络化时代青年个人价值观新变化研究［J］．南京师大学报（社会科学版），2019 (3)：120 － 129.

③ 叶穗冰．中国青年：从"垂直集体主义"者到"水平集体主义"者［J］．当代青年研究，2021 (5)：19 － 24.

④ 同②．

调整，试图在集体与个人之间寻求一种平衡。在这个过程中，集体主义教育逐渐认识到个体的价值，从否定个体到承认个体。与此同时，集体主义教育从片面肯定集体和集体利益,到辩证地看待集体。马卡连柯曾提出“在集体中、为了集体、通过集体”的集体主义教育方式，已有研究中许多研究者提出了一系列的实践路径，具体可以概括为以下几个方面：创新教育内容、培养集体感情。从学生的人格发展角度出发，通过人际交往活动，引导学生尊重自我、尊重他人、体验责任，进行集体主义教育。①学生的人际交往最主要的就是在班级、学校内进行，因此，应该积极组织集体活动，培养学生对班级、学校的热爱和依存之情。②通过集体活动和社会实践活动培养学生的集体荣誉感和集体归属感。有学者认为，“劳动实践是最为有效的途径。苏霍姆林斯基认为，劳动是道德之源，必须在集体的精神生活中始终贯穿尊重劳动和劳动人民的教育”③。

集体主义教育也可能产生异化。尼布尔在《道德的人与不道德的社会》中提出，社会群体（包括国家、民族、团体等）表现出明显的利己倾向，这是一种群体利己主义。在学校教育中，学校为了所谓的“集体利益”，要求教师和学生弄虚作假，以获取某种荣誉。这种集体利益不包括学校所有成员的利益，而只是凌驾于个体利益之上的整体利益或群体利益。有研究者提出了“虚假集体主义道德”④，这种道德忽视了人作为道德主体的社会性，将个人与集体对立起来，实行一种权威型道德模式，过度强调道德

① 白萍. 健全人格培养：高校集体主义教育的现实路径选择［J］. 现代大学教育，2009(5)：61－64.

② 罗道全. 高校集体主义教育的必要性、面临的挑战及对策［J］. 求实，2013(1)：241－243.

③ 钟志凌. 新时代中小学集体主义教育面临的挑战及应对［J］. 中国德育，2018(5)：35－39.

④ 金德楠. 何为“集体主义道德”：走出“虚假集体主义道德”与个人主义道德的理论遮蔽［J］. 甘肃社会科学，2020(2)：95－102.

命令、约束与制裁功能。以此为逻辑，虚假集体主义道德教育强调集体权威，将服务于集体需要的道德原则、道德标准等灌输给学生个体，要求学生绝对地服从。① 真实集体主义教育尊重学生的个体自由和独立自主，最终目的是使每一个学生实现个体自由与全面发展，这与教育的本质相契合。“使集体利益最大限度地覆盖个人利益，把整体的根本利益尽可能地转化为个体的具体利益，把长远利益转化为阶段性利益。”② 真实集体主义教育关注每个学生的个体权利和自由发展，“在完善个体权利意识的基础上，促进个体将‘自我实现’与集体的‘共同善’相融合”③。

（三）共同体：集体主义的突破与超越

随着社会的发展，集体主义被占有型个人主义所挑战，面临着观念的重构。为了更好地平衡个人与群体的关系，共同体作为一种有效理论被引入并落实到实践中。

现代学术意义上的共同体概念最早由德国社会学家滕尼斯提出，他认为：共同体与社会是对立的，共同体是基于自然意志的有机体，是“持久的、真实的共同生活”④，是基于人的本质意志，建立在血缘、地缘和精神基础上的传统共同体。在此基础上，共同体可以划分为血缘共同体、地缘共同体及精神共同体。此后，不同国家的众多研究者从不同的学科视角对共同体理论进行了研究。在经济领域，韦伯提出：社会行为根据其参加者主观上以某种方式所把握的意向，可能旨在获得纯粹经济的成就，即满足需求或者盈利，于是它建立起经济共同体，又可称为利益共同体。⑤ 在政

① 杨建朝．从虚假到真实：集体主义教育的反思［J］．教育学报，2011（10）：41－47.

② 邱伟光．理性审视大学生集体主义教育［J］．思想理论教育，2006（7）：47－50.

③ 白萍．健全人格培养：高校集体主义教育的现实路径选择［J］．现代大学教育，2009（5）：61－64.

④ 斐迪南·滕尼斯．共同体与社会［M］．张巍卓，译．北京：商务印书馆，2019：71.

⑤ 马克斯·韦伯．经济与社会（上卷）［M］．林荣远，译．北京：商务印书馆，1997：376.

治领域，杜威提出了民主共同体、马克思提出了自由共同体。在杜威看来，共同体成员必须共同具备的是目的、信仰、期望、知识——共同的了解——和社会学家所谓志趣相投。[①]其中，有些共同性是本来就存在的，而有些共同性则需要通过协商方式达成，因此民主是共同体的核心特征。在马克思看来，自由共同体即自由人联合体，由具有共同目标、自由权利的个体组成的联合体。“在这个共同体中各个人都是作为个人参加的，它是各个人的一种联合，这种联合把个人的自由发展和运动的条件置于他们的控制之下。”[②]在伦理领域，麦金泰尔提出了道德共同体，提倡回归传统美德。他认为：在道德共同体中，个体都是作为某种特殊的社会身份的承担者，某种独特的社会角色的扮演者而生活其中，在此境况下，个体获得了成员身份，确定了自己的责任与义务，产生强烈的归属感。[③]在流动的现代性社会背景下，鲍曼提出了共同体理论，共同体是“‘温馨’的地方，一个温暖而又舒适的场所”[④]，其最主要的特征是关爱，因此又称为关怀共同体。这个共同体可以满足个体对自由的向往和对生活确定性的追求。

共同体涉及的范围可大可小，小至家庭共同体，大至人类命运共同体。但一般认为，小规模的共同体具有更强的凝聚力和行动能力，规模越大，责任感和归属感越分散。共同体理论的内涵是丰富的，滕尼斯提出的共同体存在于传统社会，杜威、马克思、韦伯等所提出的共同体是现代社会的共同体，鲍曼提出的则是后现代社会的共同体。但是这些理论实际上是解决同一个问题，即个人与集体的关系问题。在个人与集体关系不协调的情况下，试图通过共同体来平衡个体与集体的关系。因此，共同体是对传统集体主义的一种发展和突破，适应新时代学校教育发展和人的发展需要。

---

① 约翰·杜威．民主主义与教育［M］．王承绪，译．北京：人民教育出版社，2001：9.

② 马克思恩格斯文集：第一卷［M］．北京：人民出版社，2009：573.

③ 麦金泰尔．追寻美德［M］．宋继杰，译．南京：译林出版社，2011：42.

④ 齐格蒙特·鲍曼．共同体（序曲）［M］．欧阳景根，译．南京：江苏人民出版社，2003：2.

共同体与集体主义存在诸多方面的共性。首先，两者都强调人的社会性。正如马克思所说，“人的本质并不是单个人所固有的抽象物。在其现实性上，它是一切社会关系的总和”。这就意味着：人只有生活在群体中才能充分实现人的本质与潜能。[①]可以说,真实集体也是一种共同体。但是,共同体与集体主义存在差异。有学者指出，“集体主义是马克思主义思想在特定时代的应用，而同样聚焦于公共性的共同体，在马克思对虚假共同体批判基础上而建构‘自由人联合体’才是真正的共同体，是人类的普遍而永恒的期待”[②]。共同体是集体主义的一种发展和突破,而“自由人联合体”可谓是人类社会生活的最高追求。共同体与集体主义存在的差异主要体现在以下几个方面：第一，共同体的情感互动多于集体主义，情感忠诚度高于集体主义。共同体是基于人的本质意识和自然情感建立起来的，注重双向的情感互动，即个体付出情感而获得归属感和他人的尊重。而集体主义往往强调个体对集体的情感付出和牺牲，对于个体的获得感关注不够。第二，共同体中对于个人价值的强调高于集体主义。集体主义的价值主要体现在组织生活中,强调组织性、纪律性;而共同体的价值体现在社会生活中,对于个人利益和群体之间的利益共享更为重视。虽然集体主义关注到了个体，但是在一定程度上仍然存在有压制个体权利和个体自由的可能性。共同体则强调尊重个体的主体性和自由,提倡倾听“他者”的声音,肩负对“他者”的责任。共同体在成员之间相互承认的关系基础上，体现出情感依恋、权利赋予、价值共享等特征。[③]第三，共同体与集体主义的分配原则不同，共同体强调平等主义与按需分配，而集体主义强调有差异的平等和建立在

---

① 马克思恩格斯文集：第一卷［M］. 北京：人民出版社，2009：501.

② 黄洪霖，程琳 . 学校德育从集体主义到共同体精神的实践演进［J］. 教学与管理，2021（1）：20－23.

③ 陈开林 . 共同性的反思与超越：基于对德育共同体的承认研究［J］. 南京政治学院学报，2017，33（6）：125－128.

个人贡献与业绩基础上的按劳分配。

因此，提高集体主义教育的实效性，需要在德育理论与德育实践中引入共同体作为集体主义的必要补充。需要致力于将班级、学校打造成共同体。有学者提出，从个体出发，引导个体不断自我认识、自我完善，不断与他人交往，共同经验，进而达成共识，构建共同体。[①] 还需要建构多主体互动合作、资源共享的德育共同体，这是立足于本土的解决德育问题的中国方案。[②] 我国学校在德育实践中显现出目标一致性、主体交互性、集体协同性的三大特征，目标一致性可以导向价值共同体，主体交互性可以建构关系共同体，集体协同性可以生成实践共同体，因此事实上已经初步形成学校“德育共同体”。[③] 但这还是不够的。学校兼具知识共同体和德育共同体的性质，两者不应该彼此分割，而是要以共同体中多元主体的知识结构为德育起点，在德育过程中优化德育与智育的场域耦合，畅通多元主体之间的能量耦合，构建以“共同善”为内核的系统耦合，实现知识共同体和德育共同体之间更好地互动、互补与相互催化。[④]

三、社会主义教育研究

我国社会主义教育主要体现为马克思主义哲学观和世界观教育、思想政治教育、共产主义信念和信仰教育、社会主义核心价值观等教育。这些教育被认为在塑造学生的世界观、人生观和价值观方面具有重要价值。

---

① 王彦力．集体主义教育：从个体出发构建共同体［J］．中国德育，2018（3）：1.

② 吕成祯，任少波．德育共同体：内涵、特征与时代使命［J］．国家教育行政学院学报，2018（4）：41－46.

③ 任少波，楼艳．论高校德育共同体的三重意蕴［J］．高等教育研究，2018，39（8）：86－90.

④ 任少波，单珏慧．构建基于“知识共同体”的“德育共同体”：高等学校立德树人的二维耦合［J］．教育研究，2019，40（7）：44－50.

（一）思想政治教育基本理论研究

思想政治教育作为社会主义教育的重要组成部分，一直颇受研究者的关注。马克思恩格斯并没有直接使用"思想政治教育"这一概念，但是他们的思想中蕴含着思想政治教育理念。可以说，马克思恩格斯思想政治教育思想是思想政治教育理论的源流。因此，众多学者对之进行了长期的关注和细致的研究。对马克思恩格斯思想政治教育思想的研究，可以分为以下几类：

第一，研究马克思恩格斯经典著作。诸多学者对马克思恩格斯的经典著作进行研究，分析其中包含的思想政治教育论断。目前学界研究较多的是《1844 年经济学哲学手稿》《巴黎手稿》《共产党宣言》《反杜林论》等。有学者对《1844 年经济学哲学手稿》进行分析，其中提到的"人是特殊的个体也是总体""人是有意识的生命活动""共产主义是人的本质的现实生成""理论的对立本身的解决，只有通过实践方式"等思想分别揭示了思想政治教育的逻辑起点、活动本质、价值理想和方法原则。[①] 也有学者认为，马克思恩格斯在其著作和文章中使用了大量的相关概念，如"宣传""宣传工作""政治宣传工作""鼓动""政治教育"等，已具备了思想政治教育的现代内涵。[②] 有学者研究马克思恩格斯经典本文中思想政治教育相关论断，当然也有学者另辟蹊径，将马克思恩格斯经典文本创作本身视为一种思想政治教育行动。理论与实践相统一是马克思恩格斯思想政治教育实践的突出特点。[③] 常宴会对《共产党宣言》进行了分析并提出：《共产党宣言》

---

① 钟启东 .《1844 年经济学哲学手稿》中的思想政治教育理念［J］. 学术探索，2021 (7)：151 － 156.

② 李征 . 马克思恩格斯关于思想政治教育相关概念的论述［J］. 思想政治教育研究，2011 (12)：46 － 49.

③ 常宴会 . 马克思恩格斯的思想政治教育实践初论［J］. 思想政治研究，2021 (7)：45 － 50.

实现了主体与客体、理论与实践、原则与策略、理性与修辞的统一，这是马克思主义思想政治教育的应有品格。① 实践不仅包括物质生产劳动，而且包括知识和观念的生产，即物质实践和精神实践两个方面。教育是一种精神实践，主体之间的知识传递、交往互动、合作共享等都是实践的方式。

第二，马克思恩格斯道德理论的研究。道德观是思想政治教育的主要方面，马克思主义道德观是对传统道德观的挑战，有学者提出：马克思主义道德观终止了对道德超自然起源的诊断，终止了道德评价和道德规范来自自由意志的观点，形成和发展了具有辩证唯物主义特征的科学道德观。②马克思主义道德观是建立在唯物主义基础之上的，是一定社会经济关系的反映。关于道德的本质，有学者认为，人的自由而全面发展才是马克思主义道德观的本质，实现人的自由全面发展是贯穿马克思主义的主线和本质。人的自由发展包括人的各方面能力、人际关系、人的个性都得到充分发展。③可见，马克思主义道德观的最终落脚点是人。道德批判和道德实践是马克思主义道德观的两个方面。关于道德批判，马克思批判的是资产阶级的道德，是资产阶级将道德作为一种奴役人的工具。马克思批判以追求“特殊利益”为核心的法权道德，弘扬“真正人的道德”。④ 关于道德实践，“道德的真谛在于实践。在马克思看来，道德的真谛和意义绝不在于抽象的概念、空洞的说教，甚至是系统的理论，而主要在于实践和行动、批判和斗争、

---

① 常宴会.《共产党宣言》:马克思主义思想政治教育的实践典范[J].思想教育研究，2018(11)：48－53.

② 蔡小葵.马克思主义道德观及其对思想政治教育的价值[J].学校党建与思想教育，2020(7)：40－42.

③ 王新红.马克思的马克思主义道德观解读[J].中共福建省委党校学报，2013(1)：15－19.

④ 曹洪军.论马克思道德观的辩证批判性特质及其当代价值：基于“利益”与“道德”关系的视角[J].马克思主义研究，2019(12)：120－129.

革新和创造”[①]。可见，马克思恩格斯及马克思主义道德理论是以人的自由全面发展为主旨，以实践为主要方式的理论体系。这一思想对思想政治教育甚至整个教育都产生了重要的影响。

第三，探讨了思想政治教育的本质属性，并与时俱进研究思想政治教育的时代新特点。有学者认为，思想政治教育的本质是以受教育者思想政治素质的养成为指向的政治价值观再生产。[②]思想政治教育的本质特点体现为目的性与实践性。[③]思想政治教育主体与客体的关系贯穿于教育的始终，主体的主导性与客体的主动性相结合是有效开展思想政治教育的必不可少的条件。因此，既不能否认和放弃思想政治教育主体的主导作用，也不能否定受教育者的主动作用。[④]新形势下思想政治教育也具有显著的民主性和主体性等，体现出思想政治教育的新规律：主导性与多样性统一规律、社会化规律、主体间多向互动规律等。[⑤]体现出主体间性，是教育者和受教育者在交往实践过程中的相互影响。[⑥]另一些研究重温了马克思主义原理，强调劳动价值观与劳动教育观是马克思主义教育理论的重要内容，劳动不仅是人的本质规定，更是人类自身生产和再生产的创造过程，重申教育与生产劳动相结合是社会主义教育的根本原则。[⑦]

---

① 张之沧．论马克思的道德实践［J］．道德与文明，2007 (3)：8－10.

② 宇文利．论思想政治教育本质：政治价值观的再生产［J］．马克思主义与现实，2013 (1)：183－188.

③ 郑永廷．论思想政治教育的本质及其发展［J］．教学与研究，2001 (3)：49－52.

④ 骆郁廷．论思想政治教育主体、客体及其相互关系［J］．思想理论教育导刊，2002 (4)：34－38＋48.

⑤ 张耀灿．思想政治教育的特点和规律探析［J］．思想·理论·教育，2005 (3)：4－10＋1.

⑥ 张耀灿，刘伟．思想政治教育主体间性含义初探［J］．学校党建与思想教育，2006 (12)：8－10＋34.

⑦ 胡君进，檀传宝．马克思主义的劳动价值观与劳动教育观：经典文献的研析［J］．教育研究，2018，39 (5)：9－15＋26.

（二）社会思潮研究

从新世纪社会思潮重大转向演进来看，随着世界的大发展、大变革，世界社会思潮出现了三个重大转向：格局转向、方向转向和主体转向。[①] 就格局转向而言，马克思主义思潮出现新格局，进入振兴发展阶段。有研究者指出：当代世界马克思主义思潮已经成为一种多元多彩、复杂多样和独具特色的国际性社会科学理论和思想体系，具有多元性、复杂性倾向，地域化、时代化特色，凸显内在批判性，强化现实针对性。[②] 就方向转向而言，世界社会思潮正在从西方中心主义的视角转向多元的东方视角。有研究者指出，资本主义意识形态所谓的“普世价值”根植于资本主义社会的现实生活与物质基础，本质上是资本主义的虚假观念，具有虚幻性、颠倒性和欺骗性。[③] 近年来，诸多学者对习近平新时代中国特色社会主义思想进行了研究[④]，也有学者从全球治理角度探讨习近平新时代中国特色社会主义思想[⑤] 和生态文明建设思想[⑥]。

就主体转向而言，从以美国为代表的西方发达资本主义国家在引领的全球化思潮开始转向以中国为代表的新兴国家引领的全球化思潮。一些学

---

① 韩海涛 .21 世纪世界社会思潮重大转向演进趋势探究［J］. 思想理论教育导刊，2020 (5)：87 － 92.

② 徐军 . 当代世界马克思主义思潮的理论途径和未来展望［J］. 思想理论研究，2020 (1)：38 － 44.

③ 赵政鑫 . 对资本主义意识形态所谓“普世价值”的辨析［J］. 学校党建与思想教育，2021 (10)：19 － 21 + 55.

④ 秦宣 . 全面掌握习近平新时代中国特色社会主义思想的主要内容［J］. 四川大学学报（哲学社会科学版），2022 (1)：5 － 9.

⑤ 刘鑫鑫 . 习近平新时代中国特色社会主义思想全球治理理念的实践路径［J］. 世界社会主义研究，2021 (12)：31 － 37.

⑥ 郇庆治 . 生态文明及其建设理论的十大基础范畴［J］. 中国特色社会主义研究，2018 (4)：16 － 26 + 2.

者指出，大约形成于20世纪70年代中后期的生态马克思主义，批判了资本主义反生态本性和侵略本性。而中国特色社会主义生态文明实践及其建设话语，是一种致力于超越“生态帝国主义逻辑”的努力，已然构成了中国积极参与未来全球“碳政治”治理进程的中国理念和理论表达。[①]另一些学者指出，中国提出了以“人类命运共同体”为引领的全球化新理念，成为一种新的全球化思潮。众多学者对“人类命运共同体”思想进行了深入的研究，主要集中在思想理念溯源、逻辑框架分析、价值意义阐释、实践路径探索等四个方面，涵盖了政治学、社会学、法学等多个学科。[②]全人类共同价值是构建人类命运共同体的伦理基础，全人类共同价值包括了和平、发展、公平、正义、民主、自由。[③]

（三）理想信念教育和信仰教育

中共中央、国务院发布的《关于进一步加强和改进大学生思想政治教育的意见》中提出“以理想信念教育为核心，深入进行树立正确的世界观、人生观和价值观教育”。理想信念教育是思想政治教育的主要任务。目前，我国对理想信念与信仰教育的研究颇多，主要包括马克思主义信仰教育、政治信仰、宗教信仰和道德信仰等研究。

“理想信念”是一个综合性的、具有中国特色的概念，这个概念是我们在改革开放新时期进行理想信念教育过程中，适应现实的需要而逐步形成的。“‘理想信念’不等于‘理想’和‘信念’的简单相加，而是近似于‘信仰’一词所表达的内涵。而‘信仰’是人类精神生活的内核，是一种终极性的、

---

① 郇庆治．“碳政治”的生态帝国主义逻辑批判及其超越［J］．中国社会科学，2016（3）：24－41＋204－205.

② 刘培东，吴志成．人类命运共同体研究的发展进路与思考［J］．教学与研究，2022（1）：70－81.

③ 孙春晨．全人类共同价值是构建人类命运共同体的伦理基础［J］．马克思主义与现实，2022（1）：27－32.

统摄性的信念，是对人生最高价值和社会最高理想的反映、评价和把握。”[①]关于信仰概念的界定，中国人民大学马克思主义学院刘建军教授认为，“信仰是人们对最高层次以及最核心的观念的信奉和相信，常用来表示一个人有机结合在一起的各种信念的体系”。[②]在人们的印象中，“信仰”一词具有某种宗教来源，带有强烈的主观性色彩，甚至与某种不切实际之想象有关；而“理想信念”则具有世俗文化的来源，带有较多的理性或客观性色彩。因而，讲马克思主义或共产主义追求时则往往用“理想”或“信念”，而不用“信仰”一词。[③]上述概念虽在表述上稍有不同，但都表明“理想信念”一词的含义与内容大体与“信仰”一词相同，是中国语境下的统一体。

结合我国学者对信仰教育的研究态势以及信仰的内容，信仰教育的形态包括政治信仰教育、宗教信仰教育、道德信仰教育三种。从信仰的历史流变看，在原始社会，“人类信仰最古老、最成熟、最影响人的形态——宗教信仰”[④]。进入政治社会后，出现了对政治形态（如资本主义、三民主义、马克思主义、社会主义等）表示价值认同的“政治信仰”。同时，还出现了相对于政治信仰而言，从个体或组织的价值取向向政治信仰过渡的“道德信仰”。从当代大学生信仰的内容指向看，主要表现为以马克思主义为核心的政治信仰、道德信仰、宗教信仰等方面。[⑤]

政治信仰教育是社会主义政治文明建设的一项重要内容，也是思想政治教育的重要组成部分。政治信仰是关于政治生活和社会理想的信仰，是政治信仰内容与政治信仰心态的统一。政治信仰的功能在于对人起规范作

---

① 王文利，白向宁. 新形势下大学生理想信念教育的境遇及方式探求[J]. 思想教育研究，2006 (4)：36 - 40.

② 刘建军. 马克思主义学术视野中的信仰概念［J］. 教学与研究，2007 (8)：45 - 46.

③ 刘建军. 关于理想信念教育的几点理论思考［J］. 教学与研究，2004 (11)：14 - 15.

④ 荆学民. 现代信仰学导论［M］. 北京：中国传媒大学出版社，2012：141.

⑤ 万美容，吴倩. 21 世纪初我国大学生信仰问题研究述评［J］. 思想教育研究，2010 (10)：106 - 109.

用且给人提供内在精神动力及价值判断的标准，同时也能增强群体本身的凝聚力。[①]政治信仰主要针对意识形态，我国诸多研究者对政治信仰的研究多集中在政治认同、政治价值观、马克思主义信仰研究，尤其对马克思主义信仰的研究颇多。马克思主义信仰是指对马克思主义和共产主义的相信和信奉。[②]马克思主义信仰强调的是学理基础层面，而共产主义信仰更强调现实追求层面。关于马克思主义信仰的特征，有学者认为“与宗教信仰相比，马克思主义信仰所信奉的则是已经被实践证明了的马克思主义科学真理，具有现实性和科学性”[③]。亦有研究者认为马克思主义信仰是科学性和价值性的结合，超越性和现实性的结合，个体性和社会性的结合。[④]上述界定虽在分析角度上稍有不同，但学者们都高度肯定了马克思主义信仰的科学性，在此基础上进一步归纳出现实性和崇高性等属性。在我国，大学生的政治信仰主要为对马克思主义的信仰、对共产主义的信念、对共产党的信任和对建设中国特色社会主义的信心。[⑤]关于马克思主义信仰的现状研究，学者们主要通过问卷、访谈等实证研究法进行。有研究者以北京工业职业技术学院的 2017 级学生为对象进行调研显示：58.3%的人坚信马克思主义，有 33.1%的人说不清楚。[⑥]这表明，大学生对马克思主义信仰的整体状况良好，但存在信仰迷失和困惑，马克思主义信仰教育还有待

① 刘建军 . 信仰的呼唤：社会主义市场经济条件下的信仰问题研究［M］. 北京：人民出版社，2011：43 － 50.

② 陈建民，阳鲁平 . 科学认识马克思主义信仰［J］. 求索，2004（6）：129 － 131.

③ 郑敬斌 . 怎样认识马克思主义信仰与宗教信仰的关系［J］. 思想理论教育导刊，2016（3）：85 － 89.

④ 林雪原 . 高校马克思主义信仰教育研究［M］. 北京：中国社会科学出版社，2013：51 － 56.

⑤ 万美容，吴倩 .21 世纪初我国大学生信仰问题研究述评［J］. 思想教育研究，2010（10）：106 － 109.

⑥ 杜新安，孙丽萍，李志珍 . 当代大学生马克思主义信仰的现状及培养路径：以北京工业职业技术学院为例［J］. 北京工业职业技术学院学报，2019（18）：67 － 70 + 78.

进一步的优化。在德育研究领域，要避免信仰教育目标的单一政治化和单一模式化。不能用政治信仰教育代替信仰教育，造成信仰教育的单一政治化倾向。其结果不仅会使得信仰消融，在政治之中也会削减了信仰作为个体终极价值追求的本性，从而失去信仰教育的实效性。①

德国古典哲学家康德第一次明确提出“道德信仰”的概念，在此之前只有道德规范、道德原则而无道德信仰。他将信仰分为实用的信仰、学说的信仰（或教条的信仰、教义的信仰）和道德的信仰。“至道德的信仰则全然不同，盖在此处某某事象之必然发生，即我在一切方面必须与道德律相合之一事，乃绝对必然者”②，他认为道德信仰是信仰的最高层次，道德信仰是人们在行动中对至善、幸福、自由的追求。道德信仰并不是对某种道德原则或义务的信仰，而是指作为有限的理性存在者的人在道德律的基础上对作为意志客体的至善及其可能性——条件不朽、自由和上帝的信仰，它追求的是道德与幸福统一的至善。康德对道德信仰的论述，即以信仰来保障全部道德体系的成立与实践理性的完成，这对我国学者在关于道德信仰的研究方面以深刻的启示。诸多学者对道德信仰的概念施以阐析。如荆学民认为：“所谓道德信仰是指道德的形而上学之基础，应包括两个含义，一方面包括道德形成的精神基础，另一方面包括道德的最高目标和最高境界。”③道德信仰是介于实用信仰和宗教信仰之间的一种信仰形式，与实用信仰相对比，道德信仰是在人的精神生活领域中，对人与人之间关系的目的或状态的超越性把握。贺麟认为：“道德信仰是对于人生和人性的信仰，相信人生之有意义，相信人性之善；是对于良心或道德律的信仰，相信道德律的效准、权威和尊严。”④魏长领如是说：“道德信仰由两个部分或两个

---

① 杨冬艳．论信仰教育与高校德育［J］．洛阳师范学院学报，2007（3）：166－169.

② 康德．纯粹理性批判［M］．北京：商务印书馆，1982：563.

③ 荆学民．社会转型与信仰重建［M］．太原：山西教育出版社，1999：122.

④ 贺麟．文化与人生［M］．北京：商务印书馆，2015：98.

方面构成，一是对一定道德价值理想及其规范的信仰；二是对这种道德价值理想及其规范得以成立的根据或者所能达到的理想结果的笃信。”[①] 观之可知，学界对道德信仰的认识大体已形成共识，即道德信仰是对道德的始终信仰和对至善的终极追求，兹不赘述。

目前,确有诸多学者在信仰教育层面开展德育研究工作。如魏雷东提出，“道德信仰教育不能停留在‘术’（知识）的层面，而要在‘道’（信仰）的高度去认识和把握”[②]。最有代表性的著作是檀传宝编撰的《信仰教育与道德教育》。该书采用专题研究的方式对信仰教育和道德教育展开研究，包括宗教信仰与道德教育专题、政治信仰与道德教育专题，以及人生信仰与道德教育专题等三个方面，对中国道德教育中所涉及的信仰教育问题进行了深入的论述。他认为信仰与道德、信仰教育与道德教育的关系问题是一个敏感、现实和富有挑战性的课题。研究这一问题的出发点在于目前中国德育现实中业已存在的“价值无根性”的德育已经导致德育实效上的“实质性低迷”。如果不加以矫正，中国德育所面临的危机将日益严重。[③] 此研究为当下中国的道德信仰教育提供了指导意见，应坚持合道德性与合教育性、客观规律性与主观能动性相统一，坚持制度安排与道德规范、显性教育与隐性教育相协调。

现有的关于理想信念与信仰教育的研究成果较为丰富，但存在如下问题：一是研究视域窄化。研究多集中于信仰教育，对理想信念的理论性研究、理想信念与信仰教育关系等研究成果相对较少。国内对马克思主义信仰的研究成果数量总体偏多，关于政治信仰、道德信仰等一般意义上的信仰研究成果较少。二是研究群体的局限。绝大多数研究成果是关于大学生、

---

① 魏长领 . 道德信仰与自我超越［M］. 郑州：河南人民出版社，200：17.

② 魏雷东 . 大学生道德信仰教育基本方略探析［J］. 国家教育行政学院学报，2012 (7)：53 – 56.

③ 檀传宝 . 信仰教育与道德教育［M］. 北京：教育科学出版社，1999.

党员干部，而对中小学生、群众等一般社会个体的研究相对较少。三是研究方法的拘囿。就目前关于理想信念与信仰教育的研究现状来看，大多数学者通过问卷、访谈等方法进行研究信仰现状及原因，抑或基于纯理论和纯文本的逻辑推演论证马克思主义信仰的科学性。未来关于理想信念与信仰教育的研究可综合运用多学科方法展开研究，加强比较分析方法的运用，注重定性分析与定量分析相结合、历史分析与现实分析相结合，从而实现静态研究与动态研究相互融合。①

第二节　中国特色学校德育体系的模式建构研究

新中国成立 70 余年来，我国教育体系历经从教育为政治服务到教育为经济建设服务的重心转移，不断趋于现代化，人才培养的质量不断提升，从人力资本大国开始迈向人力资本强国。学校德育是培养社会主义建设者和接班人、培养公民和社会价值共识的主要基地。我国学校德育也逐渐在坚持社会主义、集体主义和爱国主义的主旋律的基础上，采取了多种学生喜闻乐见而又行之有效的方法，如说理法、榜样法、社会实践法、情景陶冶法等，并在此基础上开始了德育模式的探索。

一、德育模式概述

"模式"即"典范""范例"，是一个包含许多"部分"的有机整体。②一般是指研究对象在理论上的逻辑轮廓，是经验与理论之间的一种具有可

① 陈士勇．改革开放以来大学生马克思主义信仰教育研究综述［J］．山东农业工程学院学报，2021，38 (3)：98 － 103.

② 班华．现代德育论［M］．合肥：安徽人民出版社，2001：238.

操作性的知识系统，是再现现实的一种理论性的简化了的结构形式。[①]“教育模式”是研究教育现象、解决教育实际问题的一套模型，或者说是一套思想体系或思维方式。[②]当人们面对一个处于多种因素交错的复杂现象时，采取“模式”研究的方法，即撇开那些相对次要的因素，将事物的重要因素、本质联系、核心过程凸显出来，用简明化的概括获得关于原型客体的认识。

（一）德育模式的概念研究

“德育模式”属于一种教育模式，具体而言是指在一定的德育思想理论的指导下，经长期德育实践而定型的德育活动结构及其配套的实施策略。按照这个定义，德育模式的结构包含着理论指导、德育目标、活动的结构与程序、实施原则、操作要领、评价体系等诸因素统一结合构成的德育活动形式。班华认为，德育模式是运用“模式”研究法，对在德育现象中逐步形成的、相对稳定的、较为系统而具有典型意义的德育经验，加以抽象化、结构化，使之形成特殊的理论形态，我们称之为“德育模式”。[③]可见，模式是连接德育理论与德育实践的中介，可以操作化的多种德育方法之间的有机组合。

“中国德育模式”则是指教育者基于中华优秀传统文化、革命文化与中国特色社会主义先进文化的德育目标、内容、过程、方法与途径等一系列要素互相作用与互相统一，并指向学生终身发展的整体运作体系。深入研究德育模式，对推进新时代德育事业的持续稳定繁荣发展，具有基础性的理论意义和广远的实践价值。

---

① 段作章，刘月芳．德育与班级管理［M］．南京：南京大学出版社，2014：41.

② 易连云．“中国特色德育模式”理论建构中的方法论导向［J］．教育学报，2018，14（6）：43－48.

③ 班华．现代德育论［M］．合肥：安徽人民出版社，2001：238.

（二）德育模式的发展历程

20 世纪 80 年代以来，在中国中小学德育领域进行了大量的德育改革。早期改革的主流就是借鉴发达国家如英、美、日和西方其他国家的德育模式，如西方流行的“关怀德育模式”“价值澄清模式”“美德袋模式”“两难故事模式”“伦理困境模式”等。西方道德教育理论大量地被引进到中国来，形成了一股西方道德教育模式的热潮，这个潮流对于中国学校德育打开眼界，提高学校德育工作者的理论视野起到了不可忽略的作用，可以说是一种新潮的启蒙。

自 20 世纪末至 21 世纪，学校德育改革的注意力开始转向了中国自身的传统文化与道德，一些基于中国优秀文化精神的学校德育模式开始不断涌现。如“活动道德教育模式”“生活德育模式”“情感德育模式”“积极德育模式”“生命教育德育模式”“生命·实践德育模式”等，出现了东西方文化交融与交流的新局面。①

（三）德育模式的特点

第一，德育模式具有中介性。德育模式联结德育抽象理论与德育具体实践，既是德育理论的范型化，又是具体经验的概括化。它以范式所独具的具体性、可操作性相异于一般德育理论，又以其内在的逻辑性和完整的科学性而有别于具体的德育经验。②

第二，德育模式具有整体性。因而它对学校德育影响是全面的，一种德育模式的实施不仅改变着学校教育者的行为，更是对学校道德环境的一种重新塑造和建构。在德育模式的影响下，学校道德环境的内涵发生了变

---

① 易连云．“中国特色德育模式”理论建构中的方法论导向［J］．教育学报，2018，14(6)：43－48.

② 班华．现代德育论［M］．合肥：安徽人民出版社，2001：238.

化和提升。[①] 此外，还有学者认为，德育模式有一套完整的结构和一系列的运行要求，体现着理论本身的自圆其说和过程的有始有终。[②] 乔伊斯在《教学模式》中提出："一种教学模式就是一种学习环境。"[③] 也可以说，一种德育模式就是创设一种道德教育与道德学习的环境，环境是多种文化因素整合而成的。

第三，德育模式具有指向性。每一种德育模式都是根据一定的德育目标设计而成，每种德育模式的有效运用也需要特定的教育条件，因此不存在对任何德育过程都普遍适用的德育模式。在一定的情况下，达到特定目标就是最有效的德育模式。

二、学校德育模式类型

根据不同的划分标准，德育模式分为不同的类型。美国道德教育专家哈什将德育模式分为理性建构模式、体谅模式、价值澄清模式、价值分析模式、道德认知发展模式以及社会行为模式。我国道德教育研究专家班华认为，德育模式可分为两类：普通模式与特殊模式。其中，普通模式又可分为三个子类：德目模式、能力模式（又称为全面主义模式）和生活模式。

（一）借鉴西方的德育模式

根据道德认知、道德情感和道德行为在德育模式目标中的地位和作用，国内学者范树成把西方的德育模式分为主知型德育模式、主情型德育模式

① 宋晔．德育模式的道德价值［J］．河南师范大学学报，2010，37 (6)：244 − 249.

② 段作章，刘月芳．德育与班级管理［M］．南京：南京大学出版社，2014：41.

③ 乔伊斯．教学模式［M］．荆建华，宋富钢，花清亮，译．北京：中国轻工业出版社，2002：15.

和主行型德育模式三种类型。[①]我国早期的学校德育理论与实践中大多借鉴了西方的道德认知发展模式、关怀德育模式与价值澄清模式。

1. 道德认知发展模式

认知发展模式最早是在20世纪30年代由瑞士心理学家皮亚杰提出的道德认知发展的理论发展而来。20世纪70年代，美国道德心理学家科尔伯格构建了道德认知发展模式。科尔伯格认为道德教育是为了促进个体道德判断按阶段有顺序地发展，人类存在文化上的普遍性的基本道德价值，这些基本价值体现在一个阶段性的连续发展过程，即“道德发展的三水平六阶段”。个体在不同发展阶段所运用的推理方式和性质也不尽相同，并且呈现道德认知由低到高的趋势和特点，高水平与高阶段的道德推理能够兼容相对低水平和低阶段的道德推理方式。

根据道德认知发展模式的理论主张，在学校德育实践中发展出了两种德育方法，即“道德讨论法”（“两难故事法”）与“公正团体法”，这两种方法在我国中小学德育实践中被广泛应用。其中，“道德讨论法”就是教师引导学生就两难故事进行讨论，诱发学生的认知冲突，引起学生积极的道德推理，促进学生道德判断能力的发展。“公正团体法”即学校创设民主的道德氛围，给予教师与学生更多的民主参与机会，培养教师与学生的集体行为规范，促进学生道德发展。

2. 价值澄清模式

价值澄清模式，又称为价值辨析模式，是20世纪六七十年代以来在西方学校德育中广泛使用的模式之一。其主要理论观点包括三阶段和七步骤，主要方法有价值澄清应答法、价值表填写法和价值延续体法等；其显著特点是凸显学生的主体性，具有很强的可操作性等。[②]价值澄清模式认为，

---

① 范树成．当代德育模式分类研究与评价［J］．外国教育研究，2004 (7)：47 − 51.

② 邹绍清，方开学．论价值澄清模式及其对我国学校德育的启示［J］．道德与文明，2006 (6)： 53 − 55.

当代社会根本不存在一套公认的道德原则或价值观可传递给儿童，当代儿童生活在价值观日益多元化且相互冲突的世界，在每一个转折关头或处理每件事务时，都面临选择。选择时人们都依据自己的价值观，但人们常常不清楚所持的价值观到底是什么就已做出了选择。在此基础上，拉思斯等人提出了价值澄清的四大要素："以生活为中心、对现实的认可、鼓励进一步思考、培养个人能力。"①

价值澄清理论的基本假设前提是："儿童处于价值观冲突的复杂社会，这个社会没有一套公认的道德准则和价值观，这就决定了教师不可能直接把价值观教给学生，而只能通过学习、分析、讨论、评价和反思等方法来帮助学生形成适合他自己的价值观体系。"② 在我国学校德育实践中，对价值澄清模式的运用表现为学校道德教育要注重培养学生的道德判断能力和选择能力。在实践中，一方面要将保证人类社会共同生活的基本价值作为教育和引导的基本参照点，帮助学生积极追求这些价值；另一方面要通过有效的方法，积极引导学生分析不同价值选择所导致的不同后果，帮助学生修正和升华自己的价值选择，以形成真正个人自律的道德准则，并且努力在生活中实践。

3. 关怀德育模式

关怀伦理的提出者是美国学者吉利根，她在借助科尔伯格的道德两难问题进行访谈研究发现，科尔伯格的道德认知发展理论存在性别偏见，认为女性是以与男性截然不同的方式来开展道德推理的。男性倾向于以正义作为解决道德问题的核心价值，而女性则倾向于以关怀和责任作为核心价值来解决道德问题。吉利根在批判科尔伯格"以正义为核心"的道德教育的基础上创建了关怀伦理学。其思想集中体现在其专著《不同的声音——心理学理论与妇女发展》之中。之后，美国著名的哲学家、

① 路易斯·拉思斯. 价值与教学[M]. 谭松贤，译. 杭州：浙江教育出版社，2003. 1－2.

② 冯文全. 论拉思斯的价值澄清德育思想及其启示[J]. 比较教育研究，2005 (1)：54－57.

教育家内尔·诺丁斯试图从伦理学层面对关怀伦理学进一步系统化和理论化，并将这一理论应用到学校的道德教育实践中，形成了道德教育的关怀模式。[①]

我国对关怀理论的引进和研究始于20世纪90年代中期。首先提及这一理论的是袁桂林教授，他从道德教育的角度对关怀理论进行了介绍和分析，把诺丁斯的关心理论与麦克菲尔的体谅理论结合成道德教育的一个新的流派——体谅关心理论，[②]其思想集中体现在《当代西方道德教育理论》（1995）一书中。此外，国内对关怀伦理学进行比较全面介绍的学者还有清华大学的肖巍教授。她比较全面、客观地描述了关怀伦理学理论，说明了这一理论产生的理论基础和实践背景，分析了它产生的原因和历史必然性，并在此基础上指出了关怀伦理学理论的得失和意义所在，[③]其研究集中体现在其专著《女性主义关怀伦理学》一书中。[④]近年来，随着“学会关心”这一目标的提出，国内出现了研究关怀理论的热潮，先后有多篇研究关怀理论的硕士博士论文问世，他们大多从道德教育的角度对关怀理论进行了分析和研究。

（二）基于本土的德育模式

在我国学校德育实践中，主要包括活动德育模式、生活体验模式、情感德育模式等，此外，还有诸如积极德育模式、心理辅导模式等新兴的德育模式也在我国学校德育实践中广泛应用。

---

① 赵雪霞．西方道德教育模式的比较：正义与关怀［D］．长春：东北师范大学，2015.

② 袁桂林．当代西方道德教育理论［M］．福州：福建教育出版社，1995.

③ 肖巍．女性主义伦理学［M］．成都：四川人民出版社，2000.

④ 肖巍．倾听“不同的声音”：《不同的声音》译后感［J］．清华大学学报（哲学社会科学版），1998(2)：31－34.

1. 活动德育模式

“活动道德教育模式”（以下简称“活动德育模式”）是戚万学教授在全国教育科学“八五”规划青年专项课题——“活动道德教育模式建构”研究的基础上提出的，也是全国教育科学“九五”规划国家教委重点研究课题——“面向 21 世纪中国现代道德教育的理论建构与实践模式探讨”之实验研究的核心内容。该模式一经提出，便得到广大教育理论界同行的关心、支持和鼓励，引起教育实践工作者的广泛关注。

所谓“活动道德教育”，简单来说就是在活动中、通过活动、为了活动的道德教育。[①]活动道德教育模式受苏联维列鲁学派与活动理论的影响，是对当代认知主义道德教育的一种补充，在于突出道德教育的实践性特征。活动道德教育模式中的“活动”范畴，简言之，就是具有道德教育意义或功能的个人外部活动，或影响个人道德意识、道德行为、调节人际关系的外部活动。具体说，就是在学校道德教育过程中，由学生自主参与的，以学生的兴趣和道德需要为基础的，以促进个体道德的整个发展和社会和谐为目的的现实的社会交往活动。[②]活动德育模式是通过“活动”的方式实现德育目标的实践体系。其中的“活动”是指具有德育意义或功能的个人外部活动，或影响个人道德意识、道德行为、调节人际关系的外部活动，包括学生主动参与的游戏、劳动及其他集体活动等。该模式的核心要素包括：一是必须为学生自由自主的活动；二是必须贯彻“关注兴趣，尊重需要”的原则；三是必须以促进个体品德发展为目标。[③]活动德育模式注重发展个性，促进身心和谐;培养团队精神，深化自我意识，培养自我实现的能力。

活动道德教育模式“建构”的核心在于从理论上论证该模式的合理性，

① 戚万学 . 活动道德教育论［M］. 天津 : 南开大学出版社 , 1994 : 5.

② 戚万学 . 活动道德教育模式的理论构想［J］. 教育研究 , 1999 (6) : 69 － 76.

③ 戚万学 . 活动课程 : 道德教育的主导性课程［J］. 课程 · 教材 · 教法 , 2003 (8) : 45 － 50.

在实践中证明其实效性。活动德育模式的实践路径包括：①活动渗透；②情境暗示；③思维引导；④自然孕育；⑤"对话"活动。传统的德育往往囿于课堂和校园，而忽略了另一片更广阔的德育天地——大自然，要通过各种形式，挖掘各种渠道，从中体验自然，享受自然。让学生在活动中扮演主角，亲自体验，形成认识，感知自我，实现自我。[①]

2. 生活体验模式

生活体验模式创立于20世纪90年代，是一种强调以自然真实的生活为基本途径的德育实践样式，引领学生学会按照一定的品德规范去生活。从源头看，最早由陶行知基于杜威的生活经验理念而首倡，强调把学校的一切伸展到生活之中的"生活教育"。鲁洁提出道德弥漫在学校生活的各领域，德育应该面向学生的生活世界，在生活世界，以生活为教育资源，引导学生成为会生活的人。生活世界需要道德，德育要把人引向自觉自愿的幸福生活。[②]李坤崇秉持品德即生活的理念，强调德育应从生活体验出发，着重体验生活的意义。生活体验乃真实生活情境的深度接触，乃做中学的生活实践。德育课程设计、教学方法与评价均起自生活、承之生活、转用生活及合于生活。从生活体验串联自我、社我到物我，推动德育从自我发展、社会和谐到自然永续的阶梯，以便使道德认知、情感与行动在生活体验中交融，进而将此体验概念化、实践化，以扭转知情意行分离的缺失。生活体验模式自觉回应时代诉求，以人为本，使德育生活化。

3. 情感德育模式

情感德育模式创立于20世纪90年代，是从情感体验切入的一种实践样式。德育若要真正抵达心灵，一定要诉诸情感体验。道德转化为人的德性，必须要有情感上的认同与接纳。德育要以人的情感体验为中介，通过体验才把德育与个体的生活经验及感受联系起来，从而达到真正理解，落

---

① 刘惊铎．由多样性模式而来的德育新格局［J］．中国德育，2014，125（5）：17－22.

② 鲁洁．生活·道德·道德教育［J］．教育研究，2006（10）：3－7.

实到行为。[①] 依据我国情感教育专家朱小蔓的研究，培养学生的道德情感至少要注意以下三点：第一，道德情感的形成有自身的发展轨迹，道德情感教育的目标要求和内容确定存在明显的阶段性和层次性。比如，小学阶段的重点在于自我认同感和对他人的尊重感、关怀感和学习勤奋感；初中阶段的重点在于友爱感；而高中阶段的重点在于责任感。第二，要把握情意感通机制和需求冲突机制，让学生在情感场的氛围中，积累道德情感的感受和体验，从而使道德情感得到内化和升华。第三，道德情感教育要重视教育者的情感资质和人格魅力的独特作用。[②] 在道德教育实践中，德育模式的新建构是与教师的成长、学生的成长均密切相关的，而且，从教师和学生个人的成长到促进学校的成长与发展，这也是德育模式研究的价值延伸。[③] 情感德育之完整的过程是由逻辑、认知与情感、体验共同构成的。德育是一个逐步内化的过程，一定是伴随着人的情绪、情感系统。要引导学生的情感健康成长，必须尊重学生的感觉，教会其用合理的方式表达感觉，给予其表达感觉的机会，并对其表达的场合、方式及分寸加以指导，如教会学生控制情绪，积极支持学生发展其感受系统。

情感德育模式有利于丰富学生的道德情感，其共同的方法特征在于强调情境、体验、道德直觉、人际关系和人格魅力等。情感德育模式针对科技理性对人性的割裂，自觉凸显了情感因素，密切了德育与人的情感的关联。该模式具有原创性理论气质，有较强的可操作性，有较长时间较大样本的实践探索。在实践应用中强调触动人的情感，关注德育实效。

21 世纪以来，德育模式的研究逐渐式微。人们虽然承认德育模式的有效性，但却发现比德育模式更重要的是教师的教学能力与实践智慧。模式再完美，在一个教学能力不足的教师那里却只能是机械模仿，学些皮毛。

---

① 朱小蔓 . 当代情感教育的基本特征［J］. 教育研究 , 1994 (10) : 68 － 71 + 75.

② 朱小蔓 . 情感德育论［M］. 北京 : 人民教育出版社 , 2005 : 74 － 79.

③ 宋晔 . 德育模式的道德价值［J］. 河南师范大学学报 , 2010 , 37 (6) : 244 － 249.

教育研究的重点不再致力于寻求处方式、指南式操作模式，而是转到了教师专业发展和能力提升。

第三节　中国特色学校德育体系的系统建构研究

中国特色学校德育体系研究，主要表现在两个方面：其一，是对中国学校德育实践体系的特色进行总结与反思，试图从历史研究和比较研究的角度透视中国学校德育实践的特色；其二，是从系统论的角度，将学校德育看作一个系统，探讨德育要素和要素之间的相互关系及由其产生的结构的优化，并进一步提出大中小学德育一体化的设想，解决德育中存在的学段割裂、内容重复、缺乏合力等问题。

一、中国学校德育实践体系的特色研究

相对于其他国家，中国学校德育体系的特色表现在什么方面呢？虽然研究者对于中国学校德育体系中的灌输、保守、封闭、学校孤岛等展开了系列的批判，但应该看到每个国家的学校德育体系都不是完美的，总是在避免一些问题的时候产生了另一些问题，因此，都是优点与缺点共存的。

总体来说，我国学校德育体系的优点表现为：能够及时贯彻和体现国家意志，因为有组织、机构、人员、政策、课程、基地和资源等多方面的保障；学校承担了重要的甚至是主导的道德教育责任，学校德育从专人化、专职化和专门化正在迈向专业化；德育课程努力反映学生的年龄特点，体现了学段差异。[①] 我国学校德育体系的短板表现为："学生是主体" 的教育价值

---

① 杜时忠．全面加强学校德育体系建设研究［M］．北京：经济科学出版社，2019：15.

观尚未完全实现，德育还无法满足学生的个性化成长需要，规范化德育与主体性德育的冲突还比较激烈；应试教育挤压了促进学生身心健康成长的德育空间，德育功利化和短效性表现突出；德育工作者数量大与专业化程度低之间存在冲突；学校德育体系相对封闭保守，还未能形成与外部社会良性互动、边界清晰的较为开放的秩序，家校社协同育人机制尚未形成。[①]

在新时期，要建立具有中国特色的学校德育模式，还需要认识到：我们要建立与创新的德育模式具有自身的理论自洽性。在中国特色的学校德育创新模式构建中，我们完全不必、也不可能完全照搬西方的学校德育模式，这一方面是因为中国与西方发达国家有着完全不同的文化传统，在学校教育中，不同的文化对学校德育的理解不尽相同，这一点，在中国的学校德育理论研究中已经有不少的研究成果进行了论证。另一方面，中国传统道德思想自身具有自我创新与变革的能力，同时也有着自身的文化之根，它根本不可能也不能进行简单地借鉴甚至是复制或者说是移植。在中国的古老文化传统中，以“阴与阳互动、冲突中和谐”的平衡机制使得中国传统道德精神的发展具有强烈的内在动力与外在约束机制。

从教育发展的整体来看，在今后一个长时期的教育改革过程中，马克思主义理论将始终是我们所要坚持的科学世界观和方法论。在新时期加强学校德育改革，构建具有中国特色的学校德育模式必须坚定地以马克思主义思想为指导，坚定不移地以中国特色为目标与基础，构建属于中华优秀文化自身的、具有内在生命力的德育模式，这也是教育者的使命。德育体系的一体化建设是以普遍性与特殊性的唯物辩证法的哲学理念为基础的，它所期望的是实现德育工作的共性与个性、一体与多面的辩证统一，坚持公共价值与个体价值共融的基本价值导向。[②]

---

① 杜时忠．全面加强学校德育体系建设研究［M］．北京：经济科学出版社，2019：18.

② 叶飞，檀传宝．德育一体化建设的理念基础与实践路径［J］．教育研究，2020，41(7)：50－61.

从方法论的角度来看，复杂开放系统论、自组织理论、协同理论等系统理论也有助于打破“学校德育孤岛”的封闭系统，改善和优化学校德育体系。詹万生认为：系统科学是整体构建学校德育体系的方法论基础，系统科学的思想原则和方法主要体现在整体性、有序性、动态性、开放性和最优化五个方面。整体性原则强调要把德育体系看作一个合乎规律的、由要素组成的有机整体；有序性是指系统内部要素的相互联系及其组织结构的层次性和等级性；系统的动态性和开放性是相互联系的，任何系统都不是凝固不变、孤立存在的，系统总是在同外部环境的相互作用中调整着自己的要素和结构，系统是在从无序到有序、低序向高序和从有序又向无序的反复过程中，以整体性的运动方式得以形成、演化和发展的；最优化是用系统科学方法研究问题的最终目标。学校德育系统由子系统组成：可以把大、中、小三个学段的德育工作作为三个相对独立的子系统，三者的集合构成学校德育系统，还可以把德育目标、内容、途径、方法、管理、评价六个方面看作德育的分系统。①

同时，中国特色的学校德育体系还需要遵从德育规律和学生身心发展规律，要以培养社会主义合格公民为目标，尊重生命、服务生活、注重过程。②2012 年以来，华中师范大学道德教育研究所承担了教育部人文社科重大攻关项目“全面建设学校德育体系”的研究，主要以学生成长需要为中心来建立学校德育体系。他们认为成长需要是一种为了成长、促进成长的需要，是一种满足了会促进学生成长，同时学生成长又进一步激发对这种需要的渴望的需要③，包括安全需要、自主需要和关系需要。④学生的成长需要应该放在学校德育的首要位置和优先位置。更多的研究者以尤·布

---

① 詹万生．整体构建学校德育体系研究报告［J］．教育研究，2001 (10)：8 － 13.

② 杜时忠．全面加强学校德育体系建设研究［M］．北京：经济科学出版社，2019：23 － 37.

③ 程红艳．以学生成长需要为中心构建学校德育体系［J］．中国德育，2021 (24).

④ 杜时忠．全面加强学校德育体系建设研究［M］．北京：济科学出版社，2019：57.

朗芬布伦纳发展生态学理论为基础，强调个体在发展过程中并不是孤立的存在，而是能动地与周围的环境相互依赖、相互依存、相互作用。个体的发展与周围的环境之间相互联系构成了若干个系统，即微观系统、中介系统、外在系统以及宏观系统。因此，要提升德育实效，需要将四大系统结合起来，更加具体地体现为家庭德育、学校德育和社会德育彼此之间是相互联系、相互渗透、有机配合的“三位一体”的关系。①

二、大中小学德育体系建构研究

改革开放后，我国社会从封闭走向解放，但社会转型带来的巨大落差使很多人产生了迷惘和失落，这在学校层面表现得尤为明显，而如何处理好社会转型给德育提出的高要求与青少年思想道德素养较低的矛盾，在学校层面建构起合理、有效的德育工作体系，开始引起党和国家的高度重视。为解决这一问题，全国教育科学“八五”规划将“关于大中小学德育衔接的研究”“大学与中小学德育的衔接问题研究”以及“我国初等、中等、高等学校德育体系的实施研究”等列为研究课题，关涉大中小学校德育体系建构的研究也就此开启。

关于学校德育体系建构研究的历史进程，有论者将之分为确立三个阶段：“整体规划学校德育体系”理念的开创阶段、提高“理论一体化”水平的建构阶段和反思学校德育体系建设实践困境的全面推进阶段。而笔者根据德育体系研究的实然进展与时间节点将其分为：理论初探期（1980—2000 年）、系统探索期（2001—2010 年）、理论深化期（2011 年至今）。

理论初探期，主要是对德育体系进行界定，德育体系是包括德育思想

---

① 车广吉，丁艳辉，徐明．论构建学校、家庭、社会教育一体化的德育体系：尤·布朗芬布伦纳发展生态学理论的启示［J］．东北师大学报（哲学社会科学版），2007 (4)：155 － 160.

体系、德育目标体系、德育内容体系、德育方法体系等丰富的内涵，每一方面都是整个德育体系的子系统；另有研究者指出，德育体系由德育目标、德育内容、德育原则、德育途径、德育考评和德育实施所组成，以施教者、受教育者、德育媒介和德育环境为结构特点的综合性很强的系统工程。

系统探索期主要体现为由中央科教所德育研究中心主任詹万生主持的从“八五”时期开始的“我国现阶段各级学校学生思想、政治、道德现状及其成因与对策的研究”、“九五”时期的“构建学校德育体系的研究与实验”到“十五”时期的“整体构建学校德育体系深化研究与推广实验”三个从理论建构到实践运用的衔接性国家重点课题研究成果。采用“自上而下，总分结合；先块后条，条块结合”的工作方式开展研究，构建起时间上具有全程性，空间上具有全面性的整体性德育体系。[①] 除理论建构外，研究者还深入实践一线，在全国设立了 1000 余个实验地区，5000 多所大中小学（含高职、幼儿园）先后参与实验，实验教师达万人，通过实验的方式将理论体系与学校德育相结合，“构建了主要由德育途径、德育方式与方法、德育管理与评价系统构成的‘结果验证’与‘过程体验’辩证统一的操作机制”[②]。

理论深化期主要呈现为教育部人文社科重大攻关项目“全面加强学校德育体系建设研究”的研究成果，学者基于德尔菲法界定了德育体系的内涵与要素，并论证了学生成长需要、国家德育意志与德目逻辑层次这三个德育衔接依据，以此为基础，还探讨了目标衔接、课程衔接、内容衔接、活动衔接和教材衔接的具体方式，揭示了社会主义核心价值观在 1~9 年级德育教材中的分年级图谱，且指出德育体系建构需关涉学校内部要素与学校—家庭—社会多方协同配合两个层次、学校制度的更新与重构以及法律

① 詹万生．整体构建德育体系研究论文集［M］．北京：教育科学出版社，2001：4.

② 冯铁山，詹万生．整体建构学校德育体系与中小学德育课程改革［J］．德育与心理，2005（5）：47 － 50.

保障等多个方面。[1]

总体看来，从运动式德育到大中小学德育一体化，从孤立的德育到全员、全程、全方位的德育成为德育体系化发展的趋势。[2] 如何从各学段独自育德走向大中小学“有机衔接”的整合德育体系的建设已成为德育理论界和各级学校德育工作者关注的重点，大中小学德育体系的统一建构是学校德育的“新增长点”。研究者主要从德育目标、课程、内容、实践方法等方面对大中小学德育一体化建设开展研究。

（一）大中小学一体化德育目标研究

德育目标是学校德育实践的出发点和归宿，是制定德育内容的依据。大中小学德育目标既有一以贯之的价值指引和总体目标，以立德树人为统领，以学生年龄特点和心理发展为基础，又体现为分层化的学段目标和年级目标，形成大中小学德育目标一体化的层次结构。总体目标，一以贯之；学段目标，各有侧重；年级目标，具体明确。[3] 其中蕴含着总体目标与学段目标的从属关系、学段目标与年级目标的分解关系以及各年级目标之间的衔接递进关系三层逻辑关联，如此这般，实现了学校德育目标从认知到理解、从具体到抽象、从内化到外化的有序过渡。[4]

一些研究者倡导制定大中小学一体化的德育大纲，整体规划大中小学德育目标体系，将党和国家对青少年一代品德发展的要求和青少年成长需要相结合，将公民道德教育、爱国主义教育、理念信念教育贯穿始终，并予以逐步贯彻实施。另一些研究者指出，一体化的德育目标除了要考虑国家德育

---

① 杜时忠．全面加强学校德育体系建设研究［M］．北京：经济科学出版社，2019：8.

② 冯建军．改革开放四十年中国德育的转型发展［J］．南京社会科学，2018(4)：143－150.

③ 詹万生．构建大中小学整体德育体系［N］．光明日报，2017－03－16.

④ 叶鑫．大中小学德育目标一体化的逻辑进路［J］．思想理论教育，2017(2)：58－62，100.

意志和学生的成长需要之外，还须按照德目的逻辑进行分层设计。比如爱国这一目标，依据儿童认知发展，对于国家的认知可分为三个层次：象征的国家、物质的国家和抽象的国家。三个层次并不截然割裂，而是螺旋上升的。德育目标便可针对各个目标在认知和情感上预计达到的不同层次而设定。[①]

还有一些研究者基于社会认知领域理论，认为《教育部关于整体规划大中小学德育体系的意见》和《中小学德育工作指南》两个文件关于我国大中小学德育总体目标和层次目标的分类没有按照道德、习俗和个人三大领域进行区分，这样可能会使得本属于习俗、个人等领域的问题全部泛化为道德问题。因此，可从道德、习俗和个人三个方面分领域对现行大中小学德育目标进行初步分类。[②]

（二）大中小学一体化德育课程研究

德育课程是根据学生身心发展规律，引导学生获得德育的基本事实、基本概念与原理，按照一定的逻辑——心理顺序组织而成的知识体系及其路径。2005 年教育部印发《关于整体规划大中小学德育体系的意见》对大中小学德育体系做出了整体规划，从原则、目标到内容、课程设置都提出了明确的要求，大中小学德育教育不仅具有针对性，而且内容更加丰富，层次更加清晰。

研究者指出，德育课程一体化需要回归生命成长的价值立场。叶澜认为："努力在传统与现代、个体与社会、精神与物质、崇高与平实、道德主体与道德对象、关联与差异、传承与创生的关照之中，以每一个作为社会人的道德主体在人生中不可规避的基础性道德关系和道德角色为分析框架，以当代中国社会及个体自身发展对人的道德要求作为选择核心道德内

① 杜时忠.全面加强学校德育体系建设研究[M].北京：经济科学出版社，2019：66－75.

② 袁尚会.大中小学德育目标建构的反思与改进[J].学校党建与思想教育，2019(19)：43－44.

容的依据，来建构适应中国特色社会主义市场经济发展的道德体系。”[①] 生命价值与道德从根本上说是一致的，人的生命价值与道德互为条件，没有人的生命存在，也就没有道德的存在。[②]

整体规划大中小学德育课程，在德育内容的安排上，不仅要依据社会规范，更要遵循学生的年龄特征和品德形成发展规律。[③] 围绕德育目标，形成循序渐进、螺旋上升的德育内容序列，其深度和广度为受教育者年龄特征和思想品德发展水平所制约，其针对性要从学生成长的需要，符合学生实际，贴近学生生活。要将小学、中学、大学三阶段的德育课程进行合理配置，大中小学德育内容的衔接应该注重阶段性和层次性，力求符合学生的思想特点和年龄特征，并从德育自身的逻辑出发，结合社会主义核心价值观，将道德教育和公民教育结合起来。[④] 在德育内容上，小学阶段要注重生活体验，培养良好习惯；中学阶段要引领学生感悟，提高品德水平；大学阶段要侧重理论传达，引导思想进步。有效衔接、分层实施，实现诸阶段课程的有机整合及协同发展，这是整体构建学校德育体系的关键部分，也是增强学校德育实效性的重要途径。为确保实现大中小学德育课程教材内容的循序渐进和相互协调，要建立统筹协调、顶层设计的工作机制，通盘考虑大中小学德育课程和教材的内容及其呈现方式，做到标准研制，教材编写、审核与编辑人员之间的有机配合。[⑤]

当前德育课程内容还存在着内容断裂缺失、简单重复、层次倒置、断

---

① 叶澜．试析中国当代道德教育内容的基础性构成［J］．教育研究，2001 (9).

② 赵野田，潘月游．论生命价值的道德支撑［J］．东北师大学报：哲学社会科学版，2010 (2)：11.

③ 詹万生．整体构建学校德育体系研究报告［J］．教育研究，2001 (10)：8 – 13.

④ 孙银光，杜时忠．公民教育视角下的学校德育体系重构［J］．教育发展研究，2016，36 (2).

⑤ 韩震．大中小学德育一体化思路下的德育教材体系建设［J］．教育研究，2020，41 (3)：14 – 18.

层脱节等一系列问题，需要通过系统化意识提升、课程整体编制、教师队伍建设以及保障机制健全等系统举措加以治理。[①] 我们应从整体构建大中小学德育课程一体化建设的统筹体制、多维度建立大中小学德育课程一体化建设的协同机制、全方位构建大中小学德育课程一体化建设的能力提升机制、建立健全大中小学德育课程一体化建设动力机制等方面努力。[②] 推进大中小学思政课一体化建设，要树立系统思维，把思政课建设置于教育改革大生态环境之中考量，在治理体系创新上取得突破，发挥“立德树人”和“不可替代作用”。[③] 另外，德育课程的开发、编制和实施不仅要依循国家的顶层设计和宏观指导，同时也要发挥多元主体的合作共治，实现德育课程的整体架构的“一体”与各个层级类型的“多元”的有机结合，促进地方德育课程和校本德育课程的开发。[④]

（三）大中小学德育一体化实践路径研究

研究者们对大中小学德育一体化的过程、途径和方法进行了深入的探讨，强调德育过程的有机衔接以及德育要素的融合。长期以来我国学校内部普遍存在“教书”与“育人”分离、德育工作部门化等问题，导致德育实效性低。因此，学校应实现内部德育要素的融合，将课堂教学、校园文化、教育管理、教学实践等纳入德育要素的范畴，分析其德育意蕴。[⑤] 为此，要做到全科育人、全员育人、全程育人。全科育人，构建跨学科德育实施

---

① 郑敬斌.学校德育课程内容衔接问题与治理路径［J］.思想理论教育，2015 (1)：59 − 63.

② 王宏舟.论新时代大中小学思想政治理论课一体化体制机制建设［J］.思想理论教育，2021 (11)：66 − 71.

③ 宗爱东.大中小学思政课一体化与治理机制创新［J］.中国高等教育，2020 (1)：4 − 6.

④ 叶飞，檀传宝.德育一体化建设的理念基础与实践路径［J］.教育研究，2020，41 (7)：50 − 61.

⑤ 杜时忠.全面加强学校德育体系建设研究［M］.北京：经济科学出版社，2019. 112 − 117.

体系，要加强德育学科课程与其他学科课程的协同合作；全员育人，构建跨学校德育实施体系，重视多元主体对于德育的全员参与，包括学校、家庭、社会、教师、家长等均作为责任主体参与德育工作；全程育人，构建跨学段德育实施体系，应当为各学段的学科专家的协同合作建立交流、研讨和协同合作的平台，使他们能够对不同阶段的德育共性以及特殊性展开深入的意见交流，推进学段之间的基本理念和课程实施的有效沟通和衔接。①

学者们特别强调建立开放的协同育人体系，认为学校不是封闭的德育孤岛，要建构家校社高效德育场。受爱泼斯坦交叠影响阈理论的启发，学者们强调家庭、学校与社区三大环境在学生的成长中会产生交互叠加的影响。这种叠加或放大或抵消各自的教育效果。三者应围绕学生成长进行高质量的沟通与互动。学校在协调家校和学生的关系中处于主导作用。家庭、学校与社区三者应明确各自责任边界，建立平等协作的伙伴关系。其中育人导向强调以关怀为核心的，突出家庭、学校和社区合作过程中以关心学生成长为中心的情感导向与联结。大体有六种家校社协作参与模式：当好家长、相互交流、志愿服务、在家学习、决策制定和与社区协作。②

（四）大中小学德育一体化管理研究

如何整合学校各项工作中的德育功能，成为学校德育管理工作的重心。学校德育管理工作主要包括三个方面：学校管理对学校德育资源的整合与协调、学校德育组织机构的建设和学校德育制度的制定与执行。③

首先，要建构以人为本的德育管理理念。教育作为培养人的一种社会

---

① 叶飞，檀传宝．德育一体化建设的理念基础与实践路径［J］．教育研究，2020，41(7)：50－61.

② 唐汉卫．交叠影响阈理论对我国中小学协同育人的启示［J］．山东师范大学学报（人文社会科学版），2019，64(4)：102－110.

③ 周彬，高星原．学校德育变革30年：困境与突破［J］．教育科学研究，2009(3)：29－33＋42.

活动，必须关注人的问题，追求人的全面发展。从大中小学德育的目标、内容、方法及管理等方面着手构建以人为本的整体性的德育体系是十分必要的。[①] 构建大中小学一体化德育体系既是一个德育理念问题，更是一个德育实践问题，必须研究和遵循人性生成发展规律、道德认知生成发展规律、道德情感生成发展规律、道德行为生成发展规律。[②]

其次，研究者探讨了德育组织机构的建设。20 世纪 80 年代中后期，随着学校办学规模的扩大，教导处分化为管教学工作的教务处与管德育工作的德育处，学校德育有了独立的管理机构与负责机构，于是学校形成了由校长总负责，学校党支部（总支）书记具体负责，德育处具体管理，班主任、团委、学生会和各班班委组成的系统化学校德育组织。在普及九年义务教育过程中，尤其在 20 世纪 90 年代中期，学校办学规模再次扩大，年级组开始应运而生，成为联系学校德育处与各班班主任的纽带，成为学校德育管理工作中的一级行政组织。随着学校德育管理组织的逐步完善，学校德育工作在组织管理上更系统，但却因此而越来越独立，离全员德育的本意越来越远。[③]

再次，研究者们探讨了如何建构一体化德育资源环境。德育离不开德育资源，德育主体将所需要的各种德育资源按计划和要求进行调配、组合，使其相互联系、相互制约、相互作用、相互影响，提高德育效应，从而推动德育发展。[④] 大中小学德育体系有效衔接，必须加强对德育资源的梳理与整合，开展大中小学德育资源一体化设计，构建“纵向衔接、横向贯通、分层递进”的德育资源共享格局。在纵向上，根据不同学段的德育目标，

---

① 孙明瑞 . 浅谈以人为本中小学德育体系的构建［J］. 教育探索，2005 (10)：72 − 73.

② 李健 . 构建新时代中国特色大中小幼一体化德育体系的四个维度［J］. 深圳大学学报（人文社会科学版），2018，35 (1)：116 − 121.

③ 周彬，高星原 . 学校德育变革 30 年：困境与突破［J］. 教育科学研究，2009 (3)：29 − 33 + 42.

④ 常立飞 . 我国德育资源配置现状研究［J］. 现代教育科学，2004 (8)：1 − 6.

加强对大中小学德育资源的分层梳理;在横向上，厘清“德育资源”与“一般教育资源”之间的关系，深入挖掘一般教育资源的德育潜功能。在资源共享方式上，应改变高校单向度资源供给模式，构建各学段纵向衔接的网状资源共享机制。[①]大中小学德育工作应有全局视野，整合各类育人资源，创建具有情境性、渗透性、弥漫性、体验性、长效性的德育生活空间。要整合利用传统文化资源、家庭德育资源、社区德育资源、大众传播资源、企业文化资源、德育网络平台资源等，合理配置德育资源，解决物质资源短缺和人力资源浪费等问题，提升德育效率。[②]

最后，研究者们探讨了学校德育制度的现存问题与变革方向。学校德育制度大致包括如下内容：班主任工作制度，对班主任工作的职责与权益进行规定，由于班主任工作的复杂性与广泛性，这项制度是最早就有的，但也可能是最不完善的一项制度；班主任考核与奖励制度，对如何考核班主任并就班主任的待遇与奖惩给予规定。[③]此外，还有德育评价制度和学生管理制度。研究者们指出，必须消除终结性的考试评价体系的不良影响，建构起以诊断性评价、形成性评价和发展性评价为核心的综合评价模式。一体化评价不是一元评价，而是多元主体评价，可以采用道德银行、道德积分卡、品德记录本等，促进学生综合道德素养的发展。[④]随着法治水平的提高和公众维权意识的提升，创新学生管理制度也非常必要。学生管理制度改革的方向必须由以行政管理主导向以法治化为主导转变，变管理为服务，建立保障学生权利、促进学生参与的充满生机和活力的学生管理

① 李凡.大中小学德育资源一体化机制建设探究[J].黑龙江高教研究,2016(5):91－94.

② 常立飞.我国德育资源配置现状研究[J].现代教育科学,2004(8):1－6.

③ 周彬,高星原.学校德育变革30年:困境与突破[J].教育科学研究,2009(3):29－33＋42.

④ 叶飞,檀传宝.德育一体化建设的理念基础与实践路径[J].教育研究,2020,41(7):50－61.

制度。[①]

三、大中小学德育体系建构研究述评与展望

综观现有德育体系研究成果，虽然取得了一定进展，但也还存在些许问题。无论是从研究文献的数量，还是从研究方法、研究问题来看，研究都有待深入。

（一）大中小学德育体系建构研究的问题

第一，研究数量偏少，理论水平有待深化。发文数量随年代分布的结果显示，近 14 年大中小学德育一体化的相关文献数量虽然有了一定积累，且逐年增加，但整体而言数量仍然偏低，相对于德育过程、德育方法等相对较少。且研究的整体水平也不高，在理论界引起较大反响的代表性论文寥寥无几。在推进大中小学德育一体化建设的过程中，科学研究的引领和支撑作用还相对欠缺，有待进一步加强。

第二，研究论域较狭隘，观照视野较窄。目前有关德育体系的研究虽已涉及目标、课程、内容、途径、管理等多个方面，但研究的整体关照视域并不均衡，存在着严重的“一头热一头冷”现象。一是高校德育体系建设的研究相对较多，但探讨大中小学德育衔接的研究并不多见；二是有关德育体系问题的研究多侧重于对各个具体的德育问题及其优化对策的考察，对德育体系的系统建构的研究较少。

第三，限于思辨式研究，实证性研究较少。统而观之，现有研究多为一些“书斋式”的个别性、经验性研究，研究者仅从理论层面进行细微、浅显分析，建立在系统调查之上的实证性研究匮乏。

---

① 马海泉，吕东伟.创新高校学生管理势在必行：教育部学生司有关部门负责人访谈[J].中国高等教育，2004(8)：10－12.

（二）大中小学德育体系建设研究展望

实现大中小学德育一体化，是增强德育实效性、落实立德树人根本任务、培养德智体美劳全面发展的社会主义建设者和接班人的有效途径。从当前研究热点与趋势来看，我国大中小学德育一体化研究仍要进一步拓展。

第一，加强对大中小学德育一体化领域的研究。加大对德育一体化的理论基础的研究，在教育系统与外部社会系统互动、德育体系与整个教育体系的互动中去建构德育一体化的理论基础。建构个体、组织和系统相互嵌套的德育一体化理论模型。一体化应该是体现在多个层面的，是立体网状的开放结构，而非线性的封闭结构。在这一开放结构中，包含着个体、组织和系统三个相互嵌套的层级。层级之间相互作用，以个体品德发展和人格完善为基础、以学校组织文化建构为重点、以学校系统与外部社会系统良性互动方式及形成的合力为推动力，才能更好地推进学校德育一体化的建构。

第二，注重德育课程的横向衔接和纵向贯通。德育课程是学校德育的重要载体。建议进一步加强大中小各个学段内和学段间德育课程目标、结构、内容、实施各环节的整体规划和设计。

第三，注重把握体系建构与重点突破的关系。体系架构不应是面面俱到却缺乏活力与重点的空架子，这样体系建构会流于形式。体系建构应该从核心问题入手，以局部变化带动整体变革。而德育体系建构中的核心问题应是人的问题，如何调动教师的积极性与自发性，如何让各种因素、资源配置等围绕着人的发展进行，以促进学生的道德连续性成长为中心。

现代化是一种行进中的历史潮流和社会转型运动，这一背景是中国教育发生和发展的基本背景，也是教育研究者置身于其中的背景。它既赋予德育理论研究以机遇，也因社会关系、生活方式和价值观念的剧变而给德育研究带来了诸多前所未有的挑战。“历史是一条永远奔流不息的长河，长河中的每一代人都处于不同的历史场景，面临着不同的历史性问题；每一种主义或思潮都是在特定的场景中对特定问题的一种反应，而场景和问题的转换也必然会导致不同思潮的生灭消长或同一思潮的革新变迁。各种思潮就像历史长河在奔流途中不断汇入的条条支流一样，它们都对这条长河产生了或大或小的影响，但谁都无权宣称它是这条长河中所有美好价值的拥有者或贡献者，谁也无权断言它所偏好的首要价值或价值体系就是这条长河中所有世代人的共同理想和希望，并且，谁也无权奢望它针对特定时代问题提出的解决问题的方案，就是能够一劳永逸地解决所有历史问题的唯一答案。”[①] 或许正是因此之故，理论研究才具有源源不断、生机勃勃的生命力。理论研究是对现实问题的回应，也是历史的回响，它不顾险阻、穿越重重障碍面向未来而去。虽然中国德育理论研究声势不大，人数不多，因此理论之流的水势不大，不可用“奔腾而去”来形容，只能是潺潺流水，却依然继往开来，源源不断。

---

① 马德普，王敏．价值多元论与自由主义：论伯林遇到的挑战及晚年思想的转变［J］．政治学研究，2012(3)：41－49.

主要参考文献

一、中文文献

[1] 麦金泰尔 . 伦理学简史 [M] . 上海 : 商务印书馆 , 2003.

[2] 爱弥尔・涂尔干 . 道德教育 [M] . 陈光金 , 等 , 译 . 上海 : 上海人民出版社 , 2006.

[3] 班华 . 现代德育论 [M] . 合肥 : 安徽人民出版社 , 2001.

[4] 杜时忠 . 德育十论 [M] . 哈尔滨 : 黑龙江教育出版社 , 2003.

[5] 杜时忠 . 全面加强学校德育体系建设研究 [M] . 北京 : 经济科学出版社 , 2019.

[6] 樊浩 , 等 . 中国伦理道德报告 [M] . 北京 : 中国社会科学出版社 , 2012.

[7] 范树成 . 德育过程论 [M] . 北京 : 中国社会科学出版社 , 2004.

[8] 哈贝马斯 . 现代性的哲学话语 [M] . 曹卫东 , 译 . 南京 : 译林出版社 , 2011.

[9] 胡守棻 . 德育原理 [M] . 北京 : 北京师范大学出版社 , 1989.

[10] 扈中平 . 教育学原理 [M] . 北京 : 人民教育出版社 , 2008.

[11] 黄向阳 . 德育原理 [M] . 上海 : 华东师范大学出版社 , 2000.

[12] 霍夫曼 . 移情与道德发展 [M] . 杨韶刚 , 万明 , 译 . 哈尔滨 : 黑龙江人民出版社 , 2003.

[13] 康德 . 纯粹理性批判 [M] . 北京 : 商务印书馆 , 1982.

[14] 刘惊铎 . 道德体验论 [M] . 北京 : 人民教育出版社 , 2003.

[15] 鲁洁 , 王逢贤 . 德育新论 [M] . 南京 : 江苏教育出版社 , 2010.

[16] 鲁洁 . 德育社会学 [M] . 福州 : 福建教育出版社 , 1998.

[17] 马克斯・韦伯 . 学术与政治 : 韦伯的两篇演说 [M] . 冯克利 , 译 . 北京 : 生活・读书・新知三联书店 , 1998.

[18] 尼采 . 权力意志 : 重估一切价值的尝试 [M] . 张念东 , 凌素心 , 译 . 北京 : 中央编译出版社 , 2005.

[19] 帕尔玛 . 为什么做个好人很难? 伦理学导论 [M] . 黄少婷 , 译 . 上海 : 上海社会科学院出版社 , 2010.

[20] 裴娣娜 . 教育研究方法导论 [M]. 合肥 : 安徽教育出版社 , 2000.
[21] 彭绪琴 . 当代大学生理想信念教育 [M]. 北京 : 中共中央党校出版社 , 2008.
[22] 皮亚杰 . 儿童的道德判断 [M]. 傅统先、陆有铨 , 译 . 济南 : 山东教育出版社 , 1984.
[23] 戚万学 , 杜时忠 . 现代德育论 [M]. 济南 : 山东教育出版社 , 1997.
[24] 戚万学 . 道德教育的文化使命 [M]. 北京 : 教育科学出版社 , 2010.
[25] 齐格蒙特・鲍曼 . 后现代伦理学 [M]. 张成岗 , 译 . 南京 : 江苏人民出版社 , 2003.
[26] 檀传宝 . 当代东西方德育发展要览 [M]. 北京 : 人民教育出版社 , 2013.
[27] 檀传宝 . 学校道德教育原理 [M]. 北京 : 教育科学出版社 , 2000.
[28] 王道俊 , 郭文安 . 主体教育论 [M]. 北京 : 人民教育出版社 , 2005.
[29] 西塞罗 . 论老年・论友谊・论责任 [M]. 徐奕春 , 译 . 北京 : 商务印书馆 , 2003.
[30] 肖巍 . 女性主义伦理学 [M]. 成都 : 四川人民出版社 , 2000.
[31] 谢弗 . 发展心理学的关键概念 [M]. 胡清芬 , 等 , 译 . 上海 : 华东师范大学出版社 , 2008.
[32] 雅克・德里达 . 多重立场 [M]. 余碧平 , 译 . 北京 : 生活・读书・新知三联书店 , 2004.
[33] 亚当・斯密 . 道德情操论 [M]. 谢宗林 , 译 . 北京 : 中央编译出版社 , 2009.
[34] 亚里士多德 . 尼各马可伦理学 [M]. 廖申白 , 译注 . 北京 : 商务印书馆 , 2003.
[35] 约翰・罗尔斯 . 正义论 [M]. 何怀宏 , 何包钢 , 廖申白 , 译 . 北京 : 中国社会科学出版社 , 2009.
[36] 约翰・罗尔斯 . 政治自由主义 [M]. 万俊人 , 译 . 南京 : 译林出版社 , 2000.
[37] 张典兵 . 德育学原理 [M]. 徐州 : 中国矿业大学出版社 , 2014.
[38] 张汝伦 . 历史与实践 [M]. 上海 : 上海人民出版社 , 1995.
[39] 张晓东 . 德育政策论 [M]. 北京 : 人民教育出版社 , 2011.
[40] 周治华 . 伦理学视域中的尊重 [M]. 上海 : 上海人民出版社 , 2009.
[41] 朱小蔓 . 情感德育论 [M]. 北京 : 人民教育出版社 , 2005.
[42] 朱贻庭 . 伦理学小词典 [M]. 上海 : 上海辞书出版社 , 2004.
[43] 朱义禄 . 儒家理想人格与中国文化 [M]. 沈阳 : 辽宁教育出版社 , 1991.
[44] 朱永新 , 李学农 . 中国教育改革大系 : 德育卷 [M]. 武汉 : 湖北教育出版社 , 2016.
[45] 诸宏启 . 教育政策学 [M]. 北京 : 北京师范大学出版社 , 2011.
[46] 邹进 . 现代德国文化教育学 [M]. 太原 : 山西教育出版社 , 1992.
[47] W. 威尔士 . 理性 : 传统和当代 [J]. 张敦敏 , 译 . 哲学译丛 , 2000 (4).
[48] 班华 . 德育要适应培养创造型人才的要求 [J]. 南京师范大学学报 (社会科学版), 1986 (1) : 31 – 35.
[49] 班建武 , 檀传宝 . 改革开放 30 年中小学德育课程的变迁与发展 [J]. 思想理论教

育, 2008 (24) : 14 − 19.
[50] 曹孟勤. 从对立走向统一：生态伦理学发展趋势研究 [J]. 伦理学研究, 2005 (6) : 78 − 83.
[51] 陈真. 道德相对主义与先天道德客观主义 [J]. 道德与文明, 2014 (1) : 12 − 22.
[52] 程红艳. 道德相对主义时代的公民道德教育 [J]. 高等教育研究, 2015, 36 (8) : 20 − 27.
[53] 杜时忠, 曹树真. 社会主义核心价值观"进教材"的教育学探索 [J]. 教育研究, 2015 (9) : 37 − 38.
[54] 杜时忠. 人文教育的理念 [J]. 教育理论与实践, 1999 (9) : 2 − 7.
[55] 杜时忠. 生活德育论的贡献与局限 [J]. 教育研究与实验, 2012 (3) : 1 − 4.
[56] 樊浩. 中国社会大众伦理道德共识的群体差异 [J]. 探索与争鸣, 2020 (11) : 64 − 80 + 178.
[57] 冯建军. 改革开放四十年中国德育的转型发展 [J]. 南京社会科学, 2018 (4) : 143 − 150.
[58] 冯文全. 关于德育学学科性质的思考 [J]. 高等教育研究, 2007 (10) : 22 − 26.
[59] 冯向东. 高等教育研究中的"思辨"与"实证"方法辨析 [J]. 北京大学教育评论, 2010, 8 (1) : 172 − 178.
[60] 高德胜. 现代德育困境研究述评 [J]. 现代教育论丛, 2000 (3) : 12 − 15 + 11.
[61] 韩震. 大中小学德育一体化思路下的德育教材体系建设 [J]. 教育研究, 2020, 41 (3) : 14 − 18.
[62] 黄枬森. 关于人道主义和异化问题的讨论 [J]. 北京大学学报 (哲学社会科学版), 2010, 47 (1) : 5 − 10.
[63] 刘丙元. 当代道德教育价值危机审理 [D]. 济南 : 山东师范大学, 2008.
[64] 刘惊铎, 王磊. 生态德育及其跨世纪意义 [J]. 教育评论, 1998 (5).
[65] 鲁洁. 德育之文化功能探索 [J]. 教育研究, 1992 (1) : 12 − 15.
[66] 鲁洁. 转型期中国道德教育面临的选择 [J]. 高等教育研究, 2000 (5) : 6 − 10.
[67] 罗国杰. 关于伦理道德的价值导向的反思 [J]. 高校社会科学, 1989 (5) : 7 − 14.
[68] 戚万学, 唐爱民, 韩笑. 改革开放 40 年德育理论研究的主题及进展 [J]. 教育研究, 2018, 39 (10) : 20 − 31.
[69] 戚万学. 活动课程 : 道德教育的主导性课程 [J]. 课程 · 教材 · 教法, 2003 (8) : 45 − 50.
[70] 石中英. 本质主义、反本质主义与中国教育学研究 [J]. 教育研究, 2004 (1) : 11 − 20.
[71] 石中英. 重申集体主义教育 [J]. 北京教育, 2017 (9) : 17 − 19.
[72] 孙伟平. 史蒂文森与黑尔的伦理观比较研究 [J]. 伦理学研究, 2019 (6) : 49 − 55.
[73] 檀传宝, 陈国清. 改革开放 40 年我国德育学科建设的探索与进步 [J]. 中国教育学刊, 2018 (10) : 28 − 34.

[74] 檀传宝 . 欣赏型德育模式建构研究 [J] . 中国德育 , 2008 (11) : 83 − 84.

[75] 万俊人 . 关于美德伦理学研究的几个理论问题 [J] . 道德与文明 , 2008 (3) : 17 − 26.

[76] 万俊人 . 普适伦理如何可能 [J] . 现代哲学 , 2002 (1) : 37 − 46.

[77] 万美容 , 吴倩 .21 世纪初我国大学生信仰问题研究述评 [J] . 思想教育研究 , 2010 (10) : 106 − 109.

[78] 肖川 . 市场经济呼唤主体性道德人格教育 [J] . 首都师范大学学报 (社会科学版), 1999 (4) : 99 − 104.

[79] 肖巍 . 关怀伦理学 : 主题与思考 [J] . 教学与研究 , 1999 (3) : 39 − 44 + 79.

[80] 杨金华 . 物化时代的道德虚无主义及其批判 [J] . 伦理学研究 , 2014 (4) : 10 − 14.

[81] 叶飞 . 德育理论的中国探索与转型之路 (1949 — 2019) [J]. 南京师大学报 (社会科学 版), 2019 (4) : 27 − 39.

[82] 叶澜 . 试析中国当代道德教育内容的基础性构成 [J] . 教育研究 , 2001 (9).

[83] 易连云 . 传统道德教育研究的范式转换 [J] . 教育研究 , 2010 , 31 (4) : 30 − 33.

[84] 袁振国 . 教育规律与教育规律研究 [J] . 华东师范大学学报 (教育科学版) , 2020 , 38 (9) : 1 − 15.

[85] 袁祖社 . 道德共识与人类共同价值建构 : 后全球化时代人类公共性实践及其集体行动的逻辑 [J] . 学术研究 , 2020 (6) : 17 − 23 + 177.

[86] 钟晓琳 , 朱小蔓 . 德育的知识化与德育的生活化 : 困境及其 “精神性” 问题 [J]. 课程·教材 · 教法 , 2012 , 32 (5) : 91 − 98.

[87] 朱小蔓 . 当代情感教育的基本特征 [J] . 教育研究 , 1994 (10) : 68 − 71 + 75.

二、外文文献

[1] BANKS J A. Multicultural Education: Historical Development, Dimensions, and Practice [J] . Review of Research in Education, 1993 (1) : 3 − 49.

[2] BLOOM P. Empathy and Its Discontents [J] . Trends in Cognitive Sciences, 2017, 21 (1) : 24 − 31.

[3] BLUM L. A.Moral Perception and Particularity [M] .Cambridge: Cambridge University Press, 1994.

[4] BURKE T P. The Concept of Justice: Is Social Justice Just ? [M] . New York: Continuum International Publishing Group, 2011.

[5] FLEW A. The Concept, and Conceptions, of Justice [J] . Journal of Applied Philosophy, Vol . 2, No. 2 , 1985 : 191 − 196.

[6] GILLIGAN C. In a Different Voice: Psychological Theory and Women's Development. [M] .

Cambridge: Harvard University Press, 1982.

[7] GLASER B G, STRAUSS A. The Discovery of Grounded Theory: Strategies for Qualitative Research [M] . Chicago: Aldine Publishing Company, 1967.

[8] GREENE J D. Why are VMPFC patients more utilitarian ? A dual-process theory of moral judgment explains [J] . Trends in Cognitive Sciences, 2007 , 11 (8) : 322 − 323.

[9] HAIDT J. The New Synthesis in Moral Psychology [J] . Science, 2007 , 316 (5827) : 998 − 1001.

[10] HAIDT J. The Emotional Dog and Its Rational Tail: A Social Intuitionist Approach to Moral Judgment [J] . Psychological review, 2001 , 108 (4) : 814 − 834.

[11] ZAKI J. Empathy: a motivated account [J] . Psychological bulletin, 2014 , 140 (6) : 1608 − 1647.

[12] KAGAN J. The Nature of the Child [M] . New York: Basic Books, 1984.

[13] HAMLIN J K, WYNN K, BLOOM P. Social evaluation by preverbal infants [J] . Nature, 2007 , 450 (7169) : 557 − 559.

[14] KOHLBERG L. The Cognitive-Developmental Approach to Moral Education [J] . The Phi Delta Kappan, 1975 , 56 (10) : 670 − 677.

[15] LADD J. Ethical Relativism [M] . Lanham: University Press of America, 1985.

[16] NODDING N. Caring : A Feminine Approach to Ethics & Moral Education [M] . Berkeley: University Of California Press, 1984 : 9.

[17] SHERWIN S. No Longer Patient: Feminist Ethics and Health Care [M] . Philadelphia: Temple University Press, 1992 : 42 − 43.

[18] SIMON H A. Reason in Human Affairs [M] . California: Stanford University Press, 1983.

[19] TRIANDIS H C, GELFAND M J. Converging measurement of horizontal and vertical individualism and collectivism [J] . Journal of Personality and Social Psychology Copyright, 1998 (1) : 125.

[20] TURIEL E. The Development of Social Knowledge: Morality and Convention [M] . Cambridge: Cambridge University Press, 1983.

后　记

《德育基本理论研究》的书稿终于完稿了。从 2021 年 6 月 21 日“中国德育研究大系”丛书计划出版的初次启动仪式到今日，历时 2 年，历经多次修改，最初的粗粝之处被不断地打磨平整，终于开始呈现出些微文从字顺的样貌。我不由得长舒了一口气，一种平静的欣慰之情涌上心头。

改革开放 40 余年，中国经历了一个快速发展和急剧变革的历史性转型时期，这一时期必将在中国上下五千年的历史篇章中留下浓墨重彩的印记。对这个时期的教育思想进行研究、对教育实践进行总结是非常有必要的。经历了跨世纪的转折，站在新世纪四分之一的时间轴上，思考中国德育研究的基本理论问题、厘清其中的发展脉络、探索未来的发展方向，对于教育事业的发展和教育科学的研究也是大有裨益的。作为时代教育研究与德育理论研究的观察者、记录者与反思者，我们何其有幸！通过本书的写作，本人和华中师范大学道德教育研究所团队对于改革开放以来德育学者的研究也更加熟悉，为所取得的研究成果而欢欣鼓舞；对于德育研究中尚存在的不足与问题的反思也更为自觉与深入。我们与德育学术界同行的联系更为紧密，对于德育理论研究的热情再度被激发，对于德育理论研究的前景也充满了期待。

感谢丛书主编檀传宝教授和杜时忠教授洞察先机的创意策划、总揽全局的系统设计、不失时机的持续推进，让我们这些作者走出舒适区，不断去思考德育研究中的未知，思考我们作为学术共同体的一员应肩负的时代使命；感谢湖北教育出版社和方平社长一直以来的支持，为丛书出版创造了最有利的条件；感谢责任编辑孙亦君对本书的编辑与完善工作所付出的心血；还要感谢为本书撰写及收集资料付出时间的华中师范大学道德教育研究所团队的师生们。其中，张添翼负责撰写了道德心理学部分，卢旭负责撰写了道德社会学部分，孙银光负责撰写了爱国主义教育部分，季轩民负责撰写了传统价值观部分，杨坚负责撰写了现代价值观部分。还有一些德育所的毕业生和在读博士生同学也参与到写作过程与资料收集工作中来，在此一并表示感谢。他们是孙永敏、许桂林、姜子豪、潘小芳、杜佳慧、卢迎丽、罗艳华、付东兵、廖思伦、刘志芳、刘璐、刘晶、陈金平等同学。

虽然我尽了最大努力想将本研究做得完善一些，然而时间紧、任务重、主题多、难度大，再加上本人学识有限、精力有限，错漏之处在所难免，许多重要主题的论述还有待深入。期盼有识之士不吝指正！幸莫大焉。